泰源隆投资理财系列丛书

财 富 论

刘钟海 韩 冰/著

经济管理出版社

ECONOMY & MANAGEMENT PUBLISHING HOUSE

图书在版编目（CIP）数据

财富论/刘钟海，韩冰著. —北京：经济管理出版社，2016.12
ISBN 978-7-5096-4699-1

Ⅰ.①财…　Ⅱ.①刘…　②韩…　Ⅲ.①经济学—研究　Ⅳ.①F0

中国版本图书馆 CIP 数据核字（2016）第 265181 号

组稿编辑：勇　生
责任编辑：王格格
责任印制：黄章平
责任校对：雨　千

出版发行：经济管理出版社
　　　　　（北京市海淀区北蜂窝 8 号中雅大厦 A 座 11 层　100038）
网　　址：www. E-mp. com. cn
电　　话：(010) 51915602
印　　刷：三河市延风印装有限公司
经　　销：新华书店
开　　本：720mm×1000mm/16
印　　张：22.5
字　　数：309 千字
版　　次：2017 年 1 月第 1 版　2017 年 1 月第 1 次印刷
书　　号：ISBN 978-7-5096-4699-1
定　　价：58.00 元

前　言

财富来了。

它来了，又走了，然后又不断地来，不断地走……有时候它就像我们从搬家公司的大货车上往下搬行李，一件一件，没完没了。有一天我们突然发现新居太狭小了，装不下那些包裹、行李了。于是我们需要扩建，需要一间大一点的屋子，这个大屋子就是我们的胸怀——灵魂乃至精神。我们需要大格局，否则财富来了，我们是留不住它的。

财富这种东西，有的人无即是有，有的人有却似无，有的人一伸手就能把它搂住，有的人即便不伸手、不挪脚也会被它砸个正着，而有的人手足并用、脑洞大开却摸不到它一点皮毛，滚滚财富似乎跟他们没有半点关系……

古人讲"天地坤，君子以厚德载物"，不管世界以多快的速度演进，国家山河依旧，地球仍是圆的，世界却在变平，人类进入共享时代，信息、资源、财富已经没有了时空概念。问题的要义在于：我们的德够厚吗？德不厚，何以载物？假如一个人缺德又面薄，做人就比较狭促。一个人的人格小了，财富是不会亲睐他的。尽管在古今中外的巨富阶层当中从来就不乏"慧、财"兼具的"高大上"者，但细数起来寥若晨星……所以我们更感兴趣的是那些与财富相关的东西而不是财富本身。

财富问题是人类一个亘久的话题。

中西方不同的历史信仰与文化背景一直影响并决定着不同政体下人们的财富观与价值观，包括各自聚财敛富的手段和方法，而现在我们生存的这个时代，又恰如狄更斯以法国大革命为背景创作的《双城记》开篇所说：这是最好的时代，这是最坏的时代；这是希望之春，这是绝望之冬……

但无论如何，我们怀揣信仰，满怀希望，拥抱财富的春天。

我们相信财富世界有一扇上帝之门是一直敞开着的。

我们也相信那些已经拥抱住财富的人，会有接踵而至的新的期望与新的困惑。

无论趋势如何，财富踏冰而来，它来了，在那个春天点燃了我们希望乃至欲望的火花。在我们栖身的这个物质世界里，每一个人都依附着一个不同的群，在各自的群里，我们都是微角色，但即便那个最卑微、最渺小的角色，内心深处也一定闪耀过属于他（她）自己生命的火花（梦）……我们想要做的事情就是助燃它。

我们希望每一个人都能把心里的那点火花放大为一团光明，我们渴望、向往光明，希望这些光明聚合在我们的头顶上方以照亮脚下的行程。我们相信"大宇宙"超能的潜物质，也相信"小宇宙"潜忍的爆发力，更相信人类的正能量，同时我们也为一部名为《超体》的科幻电影中那位教授的话所触动："当你回想生命之初，从生物演变最初的那一刻起，当第一个细胞分裂成两个细胞，生命唯一的意义就一直在于传递已经学到的知识，除此之外，再无更高意义。"

当我们闯入这片领地，妄图为"财富意义"及"恰适归属"建言立说时我们发现："财富意义"原本是需要被发现的。是的，它需要发现、探索、经历、实践，而绝非那些主观断言或道听途说，事实是我们崇尚财富，渴求它，也畏惧它，尽管今天世界演进的速度有时以光速计，但我们仍像负重的蜗牛，在攀援之道，小心行走。

我们最想要说的是：无论我们为读者诸君端上的是一道多么朴素的菜品，我们都力求让它健康、干净、绿色。这是必须的，也是我们孜孜以求的。

文字很奇妙，组合赏心目，玩文字如调三味，唯求：视之有欲，食之有味，食后有养。

以飨诸位。

目 录

— 上 篇 —

— 下　篇 —

— 上 篇 —

在我们的口袋和这个星球上，决定这场革命性财富未来的不仅是各种市场的相互影响。除了偶尔在理论上是这样外，至于谁得到什么、谁制造什么，从来没有被市场这个唯一的因素决定过。

——阿尔文·托夫勒《财富的革命》

第一章 觉醒

人类的早期历史其实就是饥饿生命不断追寻食物的历史和因食物不断引发的争斗史。后来的文明社会把食物及与之相关的东西升华为财富战争……仅此而已。

第一节 法则

生存密约

我立大地根基的时候……是谁定地的尺度？是谁把准绳拉在其上？地的根基安置在何处？地的角石是谁安放的？那时辰星一同歌唱，神的众子也都欢呼。

——《圣经·约伯记》第三十八章

在旧约中，西方世界尊崇的约伯身上体现出的创世本身是用歌唱把天国同地上的人类联结起来。那时候辰星齐颂，众子欢呼，天地动容……看看吧，那个万能的上帝呈现给世界的那一刻，是一个多么和谐、多么美妙、多么激动人心的时刻啊！

但创世之后呢？

漫长的严冬之后，人类最后一个登场，但最后登场的人类却是唯一运用自己的大脑来征服环境并主宰地球和自身命运的。在人类爬上陆地、走出丛林、搭起茅棚的漫漫旅程之中，所有的生命之音已渐失创世初始时的大气恢宏与谐美动听，现实世界的生存法则是严酷的，每一个看似不经意的微细环节都十分严谨而且残酷。耶和华这样道出大地生命的生存密约：

母狮子在洞中蹲伏，少壮狮子在隐秘处埋伏，你能为它们抓取食物，使它们饱足吗？

乌鸦之雏，因无食物飞来飞去，哀告上帝，那时谁为它预备食物呢？

是谁呢？是上帝吗？创世初始上帝为人类创造了多么美好的园子，在这个园子里遍布五谷蔬果、海鱼珍禽，但上帝之手还会伸着吗？他还要摘取这些美食填入每一张饥饿之口吗？回答是否定的，上帝之手不会伸着，不会把任何食物填进任何生物的口腹，一个生命要以野果谷物填充口腹以维持自己的生命，要强食弱肉以使自己在藏身的这一片林子里存活，无论人、兽、虫、蚁全都要靠自己。强势的雄狮，必须在隐秘处设伏，伺机出击。羸弱的雏鸦，也必须飞来飞去，哀觅乞食。

当地球开始进入漫长的冬天，冰冻随之而来，树叶蓑草再也遮蔽不住寒风的侵袭，人类剥下兽皮，筑起土屋，飞鸟搭起巢，猛兽蚁虫钻进洞穴深处并开始享用夏天储备的食物。那个时候，即便思维最简单的昆虫也开始行动，它们采集多余的食物在洞穴储存，蚂蚁终年不歇地搬运，蜜蜂采集百花酿蜜，脑干发达的人类更是在生命的衍进中窥伺到索取与创造之妙，人类渐次有了财货、富足的最初概念，平衡开始被打破。

生命是世界的一切，无论大小强弱、智商高下，它们都以自己的生存法则和生存智慧不断提高、扩延自己的生存技能和空间。自然界开始了循环的、反复无常的生存竞争：攫取、豪夺、巧取、抱团、抗御与隐忍……那么这时候对于所有生命个体（所有微生命）而言，时间与空间有什么关系呢？即便谐美动听的神曲环响天宇，并确曾温暖过众生的冰寒之心、鼓动过众生的生命之翼，也仍难以替换或抵挡食物对众生的诱惑。

人类的早期历史就是一个饥饿生命不断追寻食物的历史，也是一个饥饿生命不断因食物而引发的争斗史。所有生命都周而复始地不停汲取、生长、奔波、竞争、强盛、衰落，作为高智生命的人类，没有人生而雄狮，也没有人生而雏鸦，更没有所谓的"起跑线"，所谓的"同一起跑线"只是一道游戏幌子，生存之竞，道无止息，所有来到这个空间的生物都将适应这个世界，都将遵循"物竞天择"这条宇宙公理。

禅师悟道曰：人的一生，总是在无止境地忙碌，不断地和时间赛跑。生活中也始终不歇地对种种外境驰逐：时间、爱情、财利。贫穷的追逐富有，富有的追逐快乐，快乐的追逐长寿。

人类没有过穷尽的理想。

不断膨胀的欲望鼓动着人心的翅膀。

生命之乐

生活中有朋友见面，会相互拍一拍肩膀，问："怎么样，最近还行吗？"

对于这个既随意又隐含了颇多意味的问题，我们到底该怎样回答呢？是摇头、唏嘘、叹息，还是莞尔一笑？抑或很低调、很淡然却又较自信地回答一声"还行"呢？

说"还行"的，潜台词大概就是：成功人士。心平神定、人生充盈，当一个人把一种不可言喻、欲抑还扬的优越感掩在骨子里时，这种自信、底气、傲气浑然形成独有的气场，成功能让人笃定，衍生快乐与满足，所以成功是快乐人生重要的基础之一。

但这个快乐还是短暂的。

因为成功只是结果，不是结局，它并不意味着结束。如果你的生命还没有谢幕，如果你对当下并不满足，那么紧追着快乐而来的便是烦恼，无穷无尽的烦恼。是的，也许今天的你已经狠赚了一笔，或者已经赚翻了，正过着锦衣玉食的生活，但你的心呢？心满了吗？心不满，为不足；不足，则无止；无止，则无乐。一个无休无止的人能够有多少真正的快乐？

一个人生命里有多种快乐：追逐的快乐、成功的快乐、意得志满的快乐、静享的快乐、衣食的快乐、富足的快乐、亲情的快乐、儿孙满堂的快乐……所有这些快乐，必须是从心底流淌出来的，只有心底衍生出来的生命之乐才是真正的快乐。

因为我们生活在一个"心随物转"的时代，人的物欲在无限度地膨胀、放大，人心一方面充满欲望，另一方面十分虚浮，所以我们很难再有平静。如果我们处在一个"以利为利，不以义为利"的社会，有幸做富人，是富足的，也是不安的，因为在很多时候，我们会因为富足而不安。

回想当年，我们血气方刚纵身江湖，挥舞着自己的"开山刀"一路过来，终于杀出重围，站上高地，这时候呈现在我们眼前的已然是一个别样世界：重峦叠嶂，云天徒高，疆域浩大……它已经远非我们初入世时观感到的世界！惊诧之余，心绪难平：世界原来这样！为什么不可以再那样呢？站得高了，眼界大了，欲求随之放大，烦恼、危机也随之放大。

我们原本是在重重人围之中，奋力而艰苦卓绝地或是不经意地切到一块财富蛋糕，当我们将它托在手上的时候，远处会有人贪婪地盯住它，对于我们，那是一种危险信号。

我们自己，则往往在志得意满的时候疏于防范，有时候我们的大脑预警系统意识到某种东西，却心存侥幸，不谙应对，懒得梳理，在精于外防之时，疏漏内防，没能防住我们的内心，在我们输掉之前，先输给自己的惰性与贪念，这时我们同那些落在后面的人一样，心里想的、眼睛看的，多不是危机，而是前方那一块更大的蛋糕，我们的目光越过丛林般的手，盯住那块更大、更诱人的蛋糕，它就在前面，近在咫尺，似乎伸手可触，却又很远，远到我们不敢奢望、难以企及。

这时候我们的内心是惶惑的。既要努力保住手里的，又要担忧脚下踏着的，还要窥觑前面更大的，处心积虑要摘取更大的……于是我们妄想、焦虑、烦躁，这似乎要比远处落下那一群人的焦虑烦躁要多得多、大得多、错综复杂得多，所以我们的心难生快乐。

然而在"利为利"的世界里选择做一个穷人、贫弱之人，就能够快乐吗？回答是肯定的：不能。

先说一个穷人所面临的基本生存权，表面看，"衣食住行"只是一些琐碎小事，但这些小事，每一件都是一堵墙，都可以压垮一个人的尊严，从某种意义来说，一个人活着就是因为尊严而存在的。如果一个人只是填饱了肚皮，穿暖了身子就够了、满足了，当然就另当别论。但无数事实证明，一个人的快乐不会如此简单。

我们再来看一下当下跟饮食相关的物价，1元买不了一根大葱，超市门口的烤白薯要6元1个，1斤羊肉要近50元……而生活中有人却还要把1元钱掰成几瓣来花，如一个打工父亲，他要养孩子，光是上幼儿园、小学、兴趣班，动辄上万甚至数万，从孩子呱呱坠地起他就愁奶粉钱，愁家庭里所有花销，而他打工挣来的那点钱远远不够这些基本的、必需的日常费用，这种日子他快乐吗？

是的，一个穷人很少快乐，当衣食不足时，他为饱暖发愁，当衣食有依时，他为尊荣而忧，一个心存卑微的人形象很难潇洒，一个心存不平的人面容也很难优雅，一个人长夜难眠、辗转愁苦，生命里哪会有多少快乐呢？所以从精神层面说，贫穷不快乐，而现实生活中也很少有人会甘于贫穷。

历史是不同的，但又是相似的。

无论你所处的时代以怎样的方式演进，一个物质社会，一定会不断衍生出新的富穷，分化出新的高低，裂隙日渐加大，不平、不安、躁动会因此蔓延。当一场新的角逐拉开，一场新的杀伐征战之后，败者倒下，强者立住，弱者被挤向边缘，他们惴惴行走在危岩小径，艰难地求生、图存、奔命，犹似行走危岩的黄羊，脊瘦、腿细、心虚、忐忑不安又心有不甘。

草履虫长出许多小脚，每天密密不歇地奔跑，终其一生能抵达岩鹰的巢穴吗？可谁又能够阻止它划动的脚步呢？苹果园里栖身的小鸟和远方岛礁飞来的候鸟谁先啄到新叶下的第一口鲜果有什么关系吗？后者一如既往，冬去春归，年复一年，乐此不疲。

人生本来就是一场一场的接力。

父辈、我们、子孙，几代人必须共同完成一场竞技游戏。承前启后，在我们接棒的这个环节中，我们有责任不被落下，起码不被抛出跑道。

重要的是全身心融入你所处的环境，然后竭尽全力参与，无论结果怎样，我们会因此拥有过程，享受过程。

生命的过程丰富，我们的心，由此生出快乐。

第二节　分野

高地隆起

浩浩苍穹之下，高山凸显，低谷回环，那是自然的形态。

自然形态即生命形态。人类生存的这个世界，原本就不存在绝对的均等。

我们曾去过西部边城，在雪峰下面的高尔夫球场乘坐一辆球车游览，眺望雪峰，云岭相接，蓝天之下的绿茵草场上，那些挥杆击球手的一招一式真潇洒。其间有两个健硕的中年男子，身后跟着两个球童，从绿茵草坡的一边走过来，他们衣着朴素，皮肤黝黑，工作人员对我们说："这两个人是专程从南方飞过来度周末的。"从南方到这个球场，几千里路程，专程飞过来度周末？真是深藏不露的富人，而他们是怎么富起来的呢？

在球场入口的练习场，更是呈现出勃勃生机。

一大片绿茵草地里，几十个挥杆击球的青壮年男子，个个神情专注，炫目的小白球在蓝天下划出一道道弧线。工作人员说，几乎每天有近百人来这里练球，练一小时的花费几十元到几百元不等。在这群人里，有国企、私企老板，白领，公务员，个体从业者，自由撰稿人，学生……这是一群时刻准备着，即将跨入或正在跨入中国富豪行列的新时代中国人。

难道不是吗？

能够来这里，本身就说明他们已具备拥抱财富的渴望和潜质。今天的世界，在你的身边无论发生什么，都不要惊讶，不要觉得是什么奇迹，行走在熟悉的大街，你会不经意地发现，原来我们身边那个来去匆匆、衣着朴素、相貌平平的人，竟然是一个腰缠万贯的富豪。在北京、上海、广州甚至一些边远城市的街头，来往行驶的豪车目不暇接，那些挂私家车牌照的宾利、宝马、保时捷、捷豹、奔驰等，呼啸而过，成为中国城市街头一道炫目的风景。

即便当美国次贷危机点燃全球经济危机的导线，恐慌如洪水漫延开来，整个世界惨云密布，不少人掰着指头时度日艰的时候，有人工作一天挣不来一张薄饼，有人却一夜暴富成为新贵。当牛肉、猪肉走下一些人的餐桌，大葱白菜比鸡蛋昂贵，这时生物链的两极，愈渐分明，差距日显，富者渐入佳境，贫者日趋窘促。

古往今来都不乏前仆后继的仁人义士，他们一腔热血，奔走呼号，追求所谓"平等"，那是因为天地之间，从来都存在着"不平等"。更何况今天这个世界，时间与空间已不再是问题的关键，财富的此消彼长不再需要漫长的血汗累积与点滴滋长，不再需要兵刃相向、血流成河，魔幻般的虚拟经济兵不血刃地在世界各地不断上演着大大小小的财富神话。在今天的财富世界，一小步、一闪念、点击弹指间，一个人或一个家族就有可能"闪"变为富翁，或"闪"变为穷人。虽然华尔街金融危机把全世界经济拽入泥淖，次贷危机把全球债主搅得夜不能寐，世界百万富翁的部落依然在一年年壮大。

2008 年，全球有 60 万新人跻身百万富翁的行列之中。据联合早报网消息，美林公司和凯捷集团发布的第 12 期《世界财富年度报告》显示，全球至少拥有百万美元资产的富人数目 2008 年增加了 6%，达到 1010 万人。

2009 年，据美国波士顿顾问集团的调查报告显示，全球百万美元富豪数目增加 14%，其中中国增加了 31%，增速排全球第四位。

2010 年，据美国波士顿顾问公司公布的调查报告，全球坐拥家财百万美元的富豪家庭数量又增加了 12%，达到 1250 万户。中国的百万美元富豪家庭数目增加到 110 万户，排在全球第三位。

2011 年，中国富豪人数继续快速扩大。其中百亿元富豪达到 127 位，比 2010 年增加近三成，比 2009 年翻了近一倍；10 亿美元富豪比 2010 年增加四成多，比 2009 年翻了一倍多。粗略算一下，每 1300 个中国人中就有 1 个人是千万富豪。

2013 年，中国已超越美国成为全球资本市场创造 10 亿美元富豪最多的国家，富豪数量达到 212 人，美国为 211 人。

2014~2015 年的调查报告显示，中国的超级富豪有 17000 多人。这个超级富豪是什么概念呢？就是个人身价达 5 亿元以上的人。现在亿万元富翁已经不算富翁了，中国 100 亿元以上身价的有 300 多人，20 亿~100 亿元身价的有 2900 多人。

中国财富正在飞速增加并快速向富人集中。

这是一个耀眼的群体，是近几年在华夏土地上迅速隆起的一片财富高地。

新穷人

随着"富群"隆起，消费时代来临。

有人简单认为衡量消费时代创造财富的标准不再是汗水，而是消费，财富质量与劳动力付出的大小难成正比，消费的水平衡量价值的奉献，你消费了，就为这个社会做出了奉献，就创造了财富和价值；反之你不消费或根本没能力消费，你就没有为这个社会做奉献，就没有创造财富，也就没有价值。

在人类社会进入虚拟经济时代的今天，社会把穷人变为劳工的政治经济作用已被削弱，或者根本已不复存在，一些土地承包者、农牧经营者、企业主、资本大鳄们，不再需要佃农、长工、工厂、中层管理者、技师或工人，他们仅凭智慧聪明就可以让财富像流水一样源源不断流进自己的腰包。财富不再是时间、辛劳、汗水的累加。社会由此不断衍生出大量新穷人，他们包括那些老店小商业者、失去土地的农民、流动的农民工、下岗工人、部分城市低学历者、城市小手工业者、部分"上班族"、"啃老族"、"宅族"……这个庞大的"群"已然失去先前那个"大生产车间"的"温床"。

德国人奥斯瓦尔德·斯宾格勒在他所著的《西方的没落》一书中这样说：城市变成了金融市场，变成了价值的中心，而当作为中心的都市将扩张的鹰爪试图伸向郊区土地的时候，他们要达成的目的就是把土地变为动产，使所有财产都变成动产，这就是金钱的目的。

今天我们正是处在这样一个被"动化"的过程之中。当地产商宣称他们所盖的房子不是为穷人所盖时，一些精英也开始不断发声讨伐贫穷，他们说"贫穷是个人的无能、是一种元耻辱、是酝酿各种耻辱的土壤和病原体"，他们把贫穷耻辱罪过的"盆子"不讲道理地扣在贫穷者头上，其中最无良、最无德的结语这样来定位新穷人：物质时代的穷人都是懒人，只有懒人才沦为穷人。

"新穷人"被定义为一群不作为的人、一群懒人，因为懒惰所以受穷……这套无耻至极的说辞意在不仅在物质上剥光穷人，而且在精神上沦陷穷人，使他们在失去社会物质的同时也失去社会道德的同情，于是"新穷人"成为一个失去动力、热源，失去讨价还价资本的另类群落。

这时候任何空泛的道德承诺对于"新穷群落"的个体者来说都变得苍白无力，就像保健品广告，相信它能使你强壮起来结果却把你带进大坑，尽管操控规则的精英像画师在雾霾重锁的天空为他们描摹出一片蓝天，但穷人真正摆脱和对付"雾霾"的最好办法，不是把自己闭锁在装有高级净化器的室内，而是闭紧嘴巴——用鼻孔呼吸。

是的，你得靠自己，任何时候请相信自己，唯一能够拯救你的只是自己，而且你不能坐着等待，你得"动"起来。

尽管西方基督教义认为穷人也是上帝的子民，是上帝创造的一部分，充满了意义和目的，上帝说，"你若有行善的力量，不可推辞，就当向那必得的人施行"（《圣经·箴言》第三章）。但是我们真的可以指望上帝吗？你真的相信有多少商客精英的脉管里流淌着道德血液吗？

以色列总理佩雷斯曾说："当富人和穷人谈判的时候，穷人总会说，先把我们搞成像你们这样的富人后我们再谈吧，我觉得他们这个立场很对。"佩雷斯认为穷人要富人帮助他们变富是合理的。但富人成为经济生活的主导者后，手中握有行善和帮助的力量，心中未必有施善和助力的愿望，他们未必认为自己有这样的义务，而作为穷人的你同样也没有权利、没有理由要求任何人站出来为你做点什么。

老子在《道德经》中说："天地不仁，以万物为刍狗；圣人不仁，以百姓为刍狗。"在中国古代社会，刍狗是指百姓用作祭祀的祭品，老子认为：天地无所谓仁慈，万物都等同于祭品，上天不会因为仁慈而对万物有什么偏爱；圣人君主也同样，他们视天下百姓为祭品，不会因仁慈对谁有所偏爱，天地和圣人一样，都任由万物及百姓自己主宰自己的命运，不加干预，任其自生自灭。

听起来似乎有点冷漠，却是最好的诠释。人类最终都将依附在生存的食物链上，富层与穷人分附在截然不同的两端，除非改变。美国电视剧《纸牌屋》里那个高傲自大的政客——党鞭弗兰西斯·J.安德伍德赤裸裸地告诉世人："对于爬到食物链顶端的我们而言，绝不能心慈手软，在这里只有一条规则：弱肉强食。"

现在你还相信世界上有什么救世主吗？你还会等待富人伸出手来把你拽出泥淖吗？世界上没有什么救世主，也没有神仙皇帝，要创造幸福生活，的确只能靠我们自己……

第三节　重设

挣出泥淖

美剧中的党鞭弗兰西斯在独白中还有一句经典台词："如果你不喜欢桌子的摆设，就掀翻桌子。"

在现实生活中，我们没有能量去掀动世界的桌子，我们当然也不妄图去掀动任何一张别人的或社会的桌子，但是我们可以掀翻自己的桌子，这是一张决定你命运的桌子，是属于你自己的，是你的桌子，你可以也有能力掀翻它、重设并摆放它。

在经济生活中，贫穷犹如泥淖。当有人用贪婪的眼神环顾身前身后那些崛起的小"高地"时，他的双脚或许正陷在一片泥淖之中，每一个身陷其中的人都试图挣扎出来。但是，正如旧约中上帝对世人发出的呼唤："昏睡之人，你要睡到几时呢？你何时醒呢？再睡几时，打盹几时，抱着手躺卧片时，你的贫穷就必如强盗速来。"

西方人尊崇的上帝为什么发出这样的呼唤？上帝的本意是，他并不宠幸贫穷。他视贫穷若强盗，钟爱富仁兼济之人，呼唤那些仍在昏睡的人快一点醒来。

虽然贫穷本身不是过错。但我们试着找一找那些关于贫穷的主语动词时，它们大多是"拯救、善待、施舍、同情、恩赐、可怜与鄙夷"之类的，我们难道还有什么理由不需要奋然挣起吗？尽管贫穷是很无奈的，但我们相信没有人会安于贫穷。世界上有谁会真正出自内心安贫呢？有谁会抵触和抗拒财货富裕吗？

孔子说"君子固穷"，那是有道德、有操守的士大夫们面临困境时的一种态度，那只是一种姿态。君子在乱世的时候，在道德普遍沦丧的时候，坚持自己的操守和原则是可敬的。在盛世的时候，君子不固穷，盛世时不需要固穷。这时候有人硬是嚷着闹着要固穷，那是矫情，有伪君子之嫌。无论世道盛与衰，孔子老先生要想长久活命的话，他是一定要进食的，如果他想活得体面一点，也一定会穿上得体的衣服，所以真的君子未必以"固穷"为荣耀。世间很少有人简单地自视贫穷为高尚，视敌腹为高雅，视褴褛为体面。那些因为消极、怠惰、昏睡而陷入泥淖还坚称"固穷"的所谓"君子"们也未必是真的君子。那西方上帝呼唤的还在昏睡打盹的人又是谁呢？

是你吗？是我吗？是我们身边的人吗？是我们的亲人、朋友兄弟或普罗大众吗？所有这些都是安于"固穷"的人吗？

历朝历代，那些揭竿而起的劳苦大众为的什么？当年陈胜、吴广振臂一呼为什么？先辈们抛头颅、洒热血，打江山为什么？中国改革开放几十年呕心沥血又为什么？为的是赶走贫穷：家国的贫穷、民族的贫穷、人民的贫穷……积弱积贫，民贫国弱，近代中国的屈辱历史历历在目。我们的先贤先辈，为家国、为民族、为大义驱除贫穷，国弱民贫，他们不甘其弱，国强民弱，他们不甘其辱。我们生存在今天，即便不具家国情怀，也该为自己、为衣食、为家人和孩子驱走贫穷吧。因为面子，我们曾经很难启齿，羞谈财货。然而柴米油盐酱醋茶，一日三餐，哪桩哪件，我们离得开呢？

所以财货之道，其实就在我们身边，其玄，却简。

前些年中国连续两位数的经济增长率以及股市的繁荣，造就了前所未有的财富爆炸，几乎每天都有新贵诞生。在这些一夜冒出的新富豪贵群之中，如果没有你，你大可不必忐忑，因为那不一定全是你的过错；如果侥幸有你，你也须淡定，因为那也不一定是你的福音，财货如水，它流来，也流去，这是宇宙规律。

从趋势看，今天的新富豪贵，大多由股市、房地产创造。中国《福布斯》富豪榜制榜人范鲁贤发出这样的感叹："几乎所有富豪的财富均通过国内或国外的资本市场获得。"

资本市场显示出强大魔力，为人们提供致富机会的同时，也把危机、疯狂和挑战带给世界。老谋深算的国际炒家们联手掀浪，无孔不入的"金融大鳄"们游弋于世界各大资本市场，他们呼风唤雨、布云弄雾、高抛低吸，张大血腥之口、贪婪之口，有多少人万劫不复，又有多少人复杀进来。尽管今天的投资大鳄们自己也难逃厄运（股神巴菲特也曾被套并损失惨重），但他们仍犹如潜伏在洞中的雄狮，窥伺时机，等待出击。

中国的资本市场则更加神秘莫测。

就在那些历年荣登富豪榜首的新贵们一个个中了魔咒一样先后倒下的同时，更有 90% 的散户们输得片甲无存。血雨腥风、哀鸿遍野、危机重重，但血拼者仍犹如一波波潮水，前仆后继。追富者们一如既往地疯狂着、悲壮着、静候着新一波时机的到来，幸存者们不弃不离，趴伏在前沿阵地的弹坑和硝烟之中，喘息未歇、屏息观望、挣扎坚守，抱着百折不挠的信念，相信太阳还会升起，相信奇迹还会发生，相信"集结号"会再次响起，相信成功一定会来。

最终成功能属于他们吗？属于坚守者吗？这个危机与机遇并存的时代，

真的是人人都可以吗？但为什么人人又不可以呢？

有多少人梦想成为富豪！

但一个沉溺懒睡的人能成为富豪吗？一个终身辛勤的人就一定能成为富豪吗？

看看我们的身边，不乏一生忙碌的人，不乏敬业勤恳的人，他们犹如一只只辛勤的蚂蚁，披星戴月、奔波不歇，却大多与贫穷为伍，为什么呢？勤劳致富是中国人的古训啊！古往今来，有多少应变机智的人、颇具行动能力的人、雄心勃勃的人，他们终其一生却与成功无缘。他们付出的努力和汗水并不比别人少，却为什么最终没能迈进最后的那道门槛呢？

杀伐征战，有多少人倒下，有多少人变得弱小？

尚未散尽的硝烟之中，又有几个人立着？为什么？

身体意识

1982 年，美国人约翰·奈斯比特在他出版的《大趋势》一书中提到人的"身体意识"的觉醒。奈斯比特认为："在农业社会中，我们是依靠自己的身体劳动来完成日常杂务的。同样，在工业社会，我们也要在工作中卖力气。随着信息时代的来临，我们开始进入一个'身体意识'的时代。"

人的"身体意识"的觉醒，标志着人类告别农耕时代和工业化时代后的新生活与新财富观。

抛开环境因素，我们首先要具备的即是自身意识的觉醒。

因为进入这个时代的人们在创造生活与财富的过程中，不再凭体力，而是靠智慧。一个人的智慧，又在于他"心、脑"的作用。人的"心"与"脑"是一个由低级向高级中枢神经作用发展的结果。二者一脉相承，互为一体，共同调节人体机能的全部活动。心是开启、智源，是产生动力的情绪体；而脑是判断、指挥、控制人行动的高级神经中枢。我们经常送一个人祝愿，祝他能够"心想事成"，那是因为我们对于想达成的任何一事，哪怕是小事，也只有先用"心想"了，才能够有后来的"事成"。当一个人心有所向、心有所想，大脑第一时间就会做出筛选、判断、决断，并发出指令，付诸行动。日常生活中，当我们的判断能力受阻，我们就会"伤脑筋"；当我们的情感因素受挫，我们就会"伤心"。

《黄帝内经》（素问·灵兰秘典论）中这样说："心者君之官也，神明出焉。"它的大意是：心脏好比国家的君主，体现神圣与精明。一国君主英明则天下安；君主不英明，则天下不安。

《黄帝内经》（灵枢·邪客篇）也说："心者，五脏六腑之太主，精神之所舍也。"心是人体生命活动的主宰，人的五脏六腑必须在心的统一指挥下才能进行统一协调，进行正常的生命活动。所以心作为身体的君主，所有的脏腑百骸，都要听它的命令。

孟子说："心之官则思，思则得之，不思则不得也。"孟子认为一个人心的作用在于思考，只有思考才能获得，不思考就不能获得。

所以我们平常说一个人心高气盛、心宽体健、心明眼亮，就是说他拥有和保持着一颗强大的、自由的、灵动的心——这很重要。今天我们在节奏超速、忙碌繁琐的现代生活中，需要更多的呵护并使用好自己的"心"，我们不能让高级发达的"脑"（如智能手机、电脑）逐步控制和压制我们的"心"。当我们的"头脑"仍很活跃，行动却更加迟缓的时候，那就说明我们的"大脑"已经拴死了我们那颗曾经"灵动的心"。所以我们不要过早地失去童年的无忧、少年的纯真和青年的神勇。

奈斯比特在他新出版的《定见》一书中说："心态就像是雨（信息）所灌溉的土壤，土壤的不同会导致植物不同。心态就是我们接受信息的方式，这才是问题的关键。"

有什么样的土壤，就会培植出什么样的植物。影响土壤、为我们的"土壤"导入信息的是什么呢？是"眼睛"。《圣经·新约》告诉世人：眼睛就是身上的灯，你的眼睛若明亮，全身就光明，眼睛若昏花，全身就黑暗。

在现实生活中，我们的眼睛就是我们"心脑"的"寻像器"，我们在这个世界目光所及的，必将直接影印、作用到"心"，而从眼睛里折射给外面世界的，也必定是我们"心"的深忧。所以《圣经·箴言》告诫世人："不要容你的眼睛睡觉，不要容你的眼皮打盹。"

我们说过，对于我们身边的这个世界，我们必须睁大这样的两只眼睛：一只光明的，一只暗夜的。前者盯着日光照耀下的世界，后者盯着雾夜遮蔽下的世界。当我们专注地瞪大这样的两只眼睛，良机又怎能逃得出你的神视呢。

其实无论穷人与富人，每一个人都曾在自己的身体里或骨子里有过不同层级的栓塞。那些不同质的天分和特质，都曾被短暂或长期地尘封、沉眠。当某一个部分和层面的意识与心智被禁锢、尘封，久不觉苏，我们就会"短路"，就会有一种缚绑之困扰，我们的拳脚就很难得以伸展。但你只要有一颗强大的、灵动而内聚的心，有一个智慧的头脑，有一双神视的眼睛，我们就可以肢体轻盈、灵敏快捷、其疾如风、动若雷震。

今天我们正步入一个更高级的文明时代，社会越发达、技术越先进，手段和方式却趋向简单。只是在简单面前，我们经常把自己陷入艰难与复杂。复杂思考，往往会使我们陷入一团乱麻。我们面对无数机遇，无所适从，无法抓住，无从下手，不知道从何做起，眼睁睁地看着它们从面前溜走。

当一场游戏通关受阻时，我们打不上去，有时会很轻易放弃。而身边那个咬住不放的家伙，却在人们对他近乎痴蠢的行为习以为常的某一个时刻突然掀动了"老虎机"的"暗钮"，在一片"哗哗"流淌的币声中，瞬间成为新贵。

生活就是这样，有时候，简单即智慧。

一个动机单纯的人，比一个心机复杂的人更容易抓住机会。

第四节　门

财富之"道"

旧约告诫世人："要修平你脚下的路，坚守你一切的道。"坚守一切的道，你就能赢得未来。那么到底什么是"道"呢？"道"又在哪里呢？

《辞海》中对"道"的解释与老子对"道"的解释是不同的，《辞海》这样解释："道路，指法则、规律。"另一种说法是：道与具体事物的"器"，是相对的，又与事物特殊规律的"德"是相对的。

"道"与"德"是相对的，是宇宙万物的本原、本体（这似乎比较接近老子的"道"），"德"是指一个人内心的情感或者信念，用于人伦，则是指人的本性和品德，它是对"道"、对自然规律的认识和理解，道家以天地万物之自然为"道"，而各种事物所得之自然为"德"。

随着中国富豪群的崛起壮大，其中一部分新富豪贵在许多人当中引起了非常复杂的反应，有人仰视、追捧、向往他们，也有相当一部分人对他们不齿，这不是简单的"仇富"心理作祟，对一些新富豪贵致富的方式和"阔起来"后的张扬，人们颇有微词，有人很不屑地直接称他们为"暴发户"、"土豪"。那么剔除富人所说的嫉富因素，我们应该通过什么样的途径致富，怎样获取财富，怎样成为一个真正意义的富豪，并赢得世人的认可与尊重，也的确是一个值得深思的问题。

在经济生活中，一个人"入市"之后，会身不由己，会深陷于财货雾嶂的迷惑之中，这时候能够保持清醒的头脑尤为重要。

我们如何在角逐竞争中"知进退，识大体"；面对甄选、抉择时如何"权利弊、衡取舍"；如何理解成功后的"舍"与"得"、体悟"放弃与回馈"之妙，更要紧的是我们如何巧妙躲避或化解富至祸降的魔咒？《福布斯》中国"富豪榜"曾被网友谑称"杀猪榜"，那些曾经叱咤风云的精英大亨，晨登红榜，夕遭"棒杀"，实在是令人扼腕痛惜，当散发着漆香的华宅豪车尚残留着主人的体汗和手温时，转瞬间主人已被斩落马下。这些"落马大亨"们多年的血拼与努力，因此付之东流。

在这之前，他们缺少什么吗？

名誉、地位、尊荣、享受，他们全有。所有这些东西，一个人只要努力，只要有钱，都能获得。这时候的他们最不缺努力，也最不缺钱甚至精明、勇气，所有这些他们全具备，但是他们缺道义，缺人的正直、纯正的勇气与品性。

今天，一个人拥有了很多钱财，无论他通过何种方式、何种手段积攒起了自己的财富，他未必就称得上真正意义上的富豪，一个拥有很多钱财的人，他可以称自己为富人、财主、有钱人，或土豪，但不足以称为富豪。

一个拥有了大财富的人，他同时又必须具备一些基本要素：他必须具有道德力量、公信力、智慧和非凡的品质；必须有卓尔不群的特殊经历；还要言谈得体，举止优雅，富有同情心，睿智、正义、博爱；他也必须懂得财富的真义，懂得它生成于宇宙天地及其终极归属，从而懂得如何获取如何放下，懂得享受过程而不是结果。一个拥抱住财富的人，弄懂和做到这些是必须的，也并不难。

先贤们比我们沉得下心来，思虑也更加精深而简略。曾子《大学》篇曰："知止而后有定，定而后能静，静而后能安，安而后能虑，虑而后能得，物有本末，事有终始，知所先后，则近道矣。"

我们把它译过来，大意即：一个人知道自己的目标和境界，才能够志向坚定；只有志向坚定，才能够镇静不躁；而只有镇静不躁，也才能够做到心安理得；一个人的心安定下来了，他就能够周详地思虑；只有思虑周详的人，才能够有所收获。每一种事物都有根系和枝末，每一件事情也都有开始和终结；一个人明白了这个本末始终的道理，他就接近事物发展的规律，也就接近了"道"。

所以一个人穷尽一身，苦拼奋争，最终要成为一个富人并非遥不可及，原因很简单，有钱即富。一个人挣钱的途径、手段很多，但是如果在坐拥万金之后背离了"道"，就比较危险，很难善终，所以最先切到"蛋糕"的人，要成为真正意义的富豪，是需要修身的。古人提"修身、齐家、治国、平天下"，修身居其首，是第一要位。假如来不及修身就大富贵了，也一定不要忽略这样一个环节，要放下身段来补课，这对你真的很重要。一个集大成者，他一定是离不开修身的，因为时间与机遇不可等待，我们一不小心或不择手段抢下了第一桶金，这里有自身的精明，也有天时、机遇，切不可自得，这时我们最好冷静一下，内省体味一下：我们接住了它，但抱得住吗？

享得了吗？想一想我们如何感恩回报，心谢上苍？

不能学那个带着足球满场疯跑的前锋，因为在你前面的那片场地上横着十一条壮汉，他们全都死盯住你，找机会对你下脚、使绊。这时候为你呐喊助威的人多是场外的人，场内人是不喝彩的，所以你最好头脑清醒、目光清明、体观六路，找准下家，把球传出去，接下来你只要继续跑位，卡出位置，"球"自然又会传回你的脚下来，只要你射门欲望强烈，你就能寻到良机起脚射门。

《圣经·启示录》警言世人："你说我是富足，已经发了财，一样都不缺；却不知道你是那困苦、可怜、贫穷、瞎眼、赤身的。"上帝在这里要告诉我们的意思是：一个富裕而道德良心低下的人，是另一种意义的残缺，是真的穷人。

所以今天的富豪定义，不再单指原词义解释的那些有钱、有权、有势的人，也不再单指某个财阀富家统治集团的成员，精明的新富豪贵大都不再注重显赫的声名，也大都不高高在上、遥不可及，他们行走江湖、潜泳市井、苦寻良机，从小处着手、从脚下起步，一阶一阶地攀爬上来。到了一个高度，目及一个更为广大的世界，而后内省、蓄力，再持续不歇地攀越人生的巅峰。比之财富，他们更看重道义的力量，他们非常注重并享受的是财富累积的过程。在累积的过程中，他们默默地滋长素养、沉淀气质，不断地设计、历练、削磨和打造，逐步完善自己。举手投足间，他们渐露出那种真正"富豪"的优雅气质。在追逐的旅程中，他们的内心渐归平静、质朴、从容。

门一直开着

上帝说："我在你面前给你一个敞开的门，是无人能关的。"

无数事实证明，即使我们身处重重危机之中，也总会在某一个暗处，有一扇门为我们一直敞开着。在追财逐富的道上，不管有否上帝存在，也不管上帝是否真的留门，我们都相信"一切皆有可能"这个基本定律。

一个被危局困住的人想要破局，是有可能的，我们相信财货之门始终存在于某个不经意的暗处，尽管绝大多数人仍在苦寻，他们仍然面临贫穷，但在他们的窘境与困惑的重围之中，在他们侧前身后的某个暗处，总会有一丝缝隙，一缕清凉，那会给予我们一些暗示，我们只需要静下来，摒除杂念，鼓足勇气，举手一敲、一推，一扇虚掩的门或许就会为我们打开。

但我们时常让自己陷入一种情绪。很多时候，我们会面对窗外的雾霾困扰、惶惑、愤懑，为明天尚未发生的事情忧心忡忡，我们成天在琐碎与怨愤中挣扎，畏首畏尾、患得患失，缺少果决和勇气，在思绪焦虑的乱网中徒劳挣扎，直至精疲力竭。美国人希尔在《人人都能成功》一书中说："你能够改变你的世界。但你需要清除你思想上的蛛网，要敢于探索你的心理力量，要探索更大、更多的东西……人人能行，你也行，你也可以。"

心理的力量决定我们的成败。翻阅王阳明的《传习录》时，偶读到这段记述，学生陆澄问："心要逐物，如何则可？"王阳明答："眼要视时，心便逐在色上；耳要听时，心便逐在声上。"一个人的心统领着五官，眼睛要看时，心就追逐在颜色上，耳朵要听时，心就追逐在声音上，一个人要想身入某处时，心就会专注在这个入口，这个入口就是所谓的门。

当然这个门首先要真实存在着，且一直存在。但它有时是不可触摸的，只可意会，它始终隐匿于我们客观世界的某一个地方，当我们心无所觅时，就无以洞见，它就似乎并不存在于你的世界，也对你没有任何意义；当心有所向、有所求索时，它即呈现于你的主观世界并于你有了特殊的意义，这便是王阳明的哲学主体：心本体论。

"心本体论"大意是：一个人的所见、所闻、所感、所想，存于心脑，心脑的全部构成你全部的世界。除此以外，对你来说不存在另外的世界，或者说，另外所有客观世界对你来说不存在任何意义，所谓"无心外之理，无心外之物"，而"视、听、言、动便是一物"。

这里有一个关键词"动"。有一次王阳明和友人春游，正是花开时节，一路上，丛丛艳花丽树，阵阵芳香诱人，友人指着岩间的花树问："你说天下没有心外之物，可是这些花树在深山中，每年自开自落，和我的心有什么关系呢？"

王阳明回答："当你没有来到山中，没有看到此般花树时，花树与你的心一样，处于沉寂之中，无所谓花，也无所谓心；现在你一路走来，看到此花，此花的颜色，才在你心中一时明白起来，可见这花并不在你的心外。"王阳明认为，在你没有看见花之前，花的存在与否，你既不能肯定，对你来说也不存在任何意义。现在你来了，看到花了，闻到香了，花的鲜艳和香味因此在你心中留下了印象，让你感到开心愉悦，这时候的花对你来说是存在的，也因此有了意义。

所以，这里的要义就是动起来。

我们说任何事物和所有游戏一样，都存在同一规律：入门。初始时我们不谙熟各种"门"的妙在，就像我们并不知花、并不知香，但它们却一直存在，我们只是不知其存在，当我们动起来，移步出去入到"门"里才体观到游戏和规则，才闻见花香，辨识到色香，尽管在我们辨识到或弄清楚这些色香与规则的时候，游戏或行将终结，鲜花也行将消殒，但这又有什么关系呢？山川宇宙仍在，花会再开，香也会再来，山川会有新的色香，世事如局，一轮游戏终了，又将开启新一轮游戏。

其实很多事情就是这么简单，即便我们两手空空、两眼摸黑地闯入进去，又有什么关系呢？进入之后，以其自身的禀赋灵敏，感知体悟并习学，那些我们生命中原本没有过的新鲜经历、成功、失败，就会激活我们的身体意识，唤醒我们并教会我们，我们完全可以在感知与践履中体悟新的艳香，掌控新的规则，惊觉入门之妙，这时我们会庆幸自己的那次懵懂，贸然而果决地进入为我们打开的是一个全新世界。

所以这是一个人人都可以玩的时代，人人可以，你也可以。"门"永远存在着，且一直开着，就像花，一直悄悄在山岩中艳开。

美国人托马斯·弗里德曼在《世界是平的》这本书里独具慧眼地重新发现并定义世界。他告诉我们世界的平坦化趋势是如何在 21 世纪来临时发生的，这个趋势对于国家、社会，乃至我们个人又意味着什么？他描述了当代世界发生的重大变化：科技、网络、通信等领域迅如闪电的变化发展使全世界人空前地彼此接近，竞争越来越激烈，是否能够让全球的资源为我所用，是我们能否在这个平坦的世界上立足的标准。

现实如此，世界的扁平化导致全球竞技场变得更加神奇莫测，更加惨烈，网络、电脑、手机、电邮、微信、远程会议和各种创新软件把人们紧紧拴连在一起，我们用很短的时间，就可以把大洋东岸、西岸，把通用、微软、海尔、股票、基金、石油、战争、金融危机、市场等一股脑收进方寸之间，"坐地日行八万里，巡天遥看一千河"，我们似乎真的进入了一个幻想超级世界，这个超级世界给所有人提供了"玩"的机会。

难道不是吗？

我们今天坐在自家的窗户下，面对阳光、车流、人流、大海、风景，就可以同世界各个角落越来越多的人交流、论战、搏杀竞争。有时候我们真的只需要动一动手指，就有可能像罗杰斯（《玩赚地球》一书的作者）那样在点击之间，玩赚地球。这个世界人们的机会开始变得平等，尽管仍有很多不平等，但会越来越趋于平等。

所以即使你身处重重困境，你的身边都会有一扇门。它一直敞开着，是无人能关的。

第五节　开工

拿起你的镰刀来，收割

> 拿起你的镰刀来，收割。
>
> 因为收割的时候已经到了，地上的庄稼已经熟透了。
>
> ——《圣经·启示录》第十四章

在远古时期，人类没有时间概念，不知道时间意味着什么。但随着时间推移，人们大概知道了季令轮回的规律。严寒的冬天过去，接踵而至的是温和的春天，紧随着春天而来的，是炎热的夏天，夏天走了，树上的果子熟了，然后成熟的秋天来了……在秋风扫过的田野大地上，庄稼熟了，稻谷的穗粒饱实了，收获的季节来了，于是人们走下田地，开始采摘。

人类从此有了期盼，有了收获的概念。即便人类文明发展到了今天，人类的时间概念已经精确到年、月、周、日、时、秒，而人类的某些情结和习性依旧顽固地保存下来。

2013年的秋天，在成都平原的府南大道边上，蹒跚着几个汗流浃背的中老年妇女，她们把自己武装得像一只只骆驼，前面抱着、后面背着、肩上扛着几个胀鼓鼓的塑料编织袋，这些扎紧口子的口袋里装满了从野地里采摘来的豆荚。这些野地，原本就是她们生存的土地，而地产开发商们将其圈到手之后，就一直闲置在那里。

天府之国——成都平原的郊外，大量黄金般的土地被最低廉的价格圈起来，然后荒芜着。有一些土地几年、十几年得不到开发。后来有一天，当年残留在地里的某一个豆荚在荒草下爆裂开来，播下种子，一年一年，大量生长的野豆荚、野油菜吞噬了野草，覆盖了成片成片的荒地。这是上苍赐予的圣物——成都平原本来就是一片肥得流油的土地，在那里的每一寸土地里只要扔下种子，就能收获。

当年被圈走了土地的农妇，凭时光流逝，依然住不惯闹市里的水泥板屋，有一天，她走下楼，走出街口，沿着新大路信步走回到原来的土地，故土重游，她惊喜地发现，这里竟然是同往昔一样的一片丰收景象——遍地豆荚、油菜，沉甸甸长势喜人。没有人播种、照料、浇灌、施肥，这是上天恩赐的粮物，它比超市的有机粮要强不知多少倍，所有原土地的主人，都像她一样被集中到尘土飞扬的城市边上去了，去做"城里人"了，这里的天地回归成了鸟雀的天堂，于是她返身回小区，呼群喝伴前来采摘，每年如是。

宽阔的府南大道豪车如流。

比照之下，路边的几位村妇就像穿越时光的远古农人，但安坐在豪车玻璃窗后面的人，又怎么能够体味得到那些失去了土地的骆驼般的村妇们此时此刻的心情呢？她们心中的那种复杂，与布满汗珠的脸上的淡然，能有人理解吗？她们把那种收获的喜悦和快乐压抑在心底，脸上挂出的是略带沉重的笃定。

随着中国改革开放的大门打开，财货之门随之打开。

弄潮者捷足先登，勇敢者捞到第一桶金，先觉者却已攀上财富的塔顶，即便那些聪明的小鱼小虾，也不失时机地扎进浑水捞了个钵满盆满。商潮之下，官商庶民，极少有人甘于寂寞，每一个人都在自己的那"一亩三分地"里尽情收割，尽享收获的快乐。

在一座城市的中心农贸市场，一个摆摊卖菜的妇女，起早贪黑地忙，十年之后，她已是百万身家。在她摊位对面另一个卖米面杂粮的小商贩，到市中心买了一套价值近百万元的住房，想都不想，全款交付，中介问她为什么不申请房贷呢？她轻松地应答："懒得跟银行的人打交道。"

另一个当兵的小伙子，复员后不愿意回农村，就滞留在城市，他在一家电视台家属楼门口搭一个棚，收废品，也顺带为家属楼免费看门。他的领地后来扩延到有线电视台大楼，包收大楼和家属楼的废品。几年以后，他在城里买了一套住房，从乡下接来了弟弟、媳妇和儿子，在他的张罗下，弟弟进了电视台的维修队，儿子上了就近的小学，媳妇持家，养成"白胖"族。他自己依旧每天拉一辆架子车，收废品，每一截铁管、每一个纸盒，他都小心翼翼地收放，他沉默、认真、笃定而庄重地做这一切。所有这些对他来说，都是收获。他和菜市场的那些小摊贩们一样，每天享受着收获的快乐。

是的，他们是一群收割者。在财富秋天的园子，他们挥动手里的镰刀，力所能及地在那些边角地带勤奋而又快乐地默默收割。

然而在中国这片辽阔的大园子里，有一群人是携着资本的"收割机"来"赶场"的。

在这个群里，有日本人、英国人、德国人、法国人、阿拉伯人、非洲人，还有"两岸三地"的中国人和中国大陆本土率先富起来的一群人（包括江浙人、宁波人、温州人）……他们携带资本"收割机"在这片"希望的田野上"来去如风，尽情地收割，从小商品市场、日用品市场、家电市场，到外汇期货市场、股票交易市场、证券市场、资源矿产市场、房地产市场……"收割机"席卷的轴齿远胜过体力劳动者们手中挥舞的镰刀，他们一茬一茬地在中国这片财富园子里收获，演绎着财富的传奇与神话……

然后虚拟（网络）经济时代接踵而至。

在网络经济时代，有人携着比资本"收割机"更加强大的"联合收割机"进军中国乃至世界的电商市场，领阵的"阿里巴巴"联合美国的"雅虎"和日本的"软银"两大财团，杀入中国，操作手马云手握"方向盘"、脚踩"油门"、轰着"马达"，让这台功能强大的"联合收割机"在中国的新园子里横扫千军。这个商智过人的"带路党"因此一跃成为本年度全世界最大赢家，2014 年，马云力压巴菲特成为全球最赚钱的人。

全球知名财富咨询公司 Wealth-X 报告显示：2014 年马云个人财富增加 185 亿美元，增长 173%，排名全球年度财富增长第一位；排名全球第二位的巴菲特年度个人财富增加 135 亿美元，增长 23%；而排名全球第三位的比尔·盖茨年度个人财富增加为 105 亿美元。

2014 年 11 月 12 日凌晨，阿里巴巴公布"双 11"全天交易数据：天猫、淘宝这一天成交金额为 571 亿元，全球总共有 217 个国家和地区被点亮，新的网络零售交易纪录诞生。每年的"双 11"由此从一个单一的电商营销日变为全球消费者的购物狂欢节，从天猫、淘宝扩散到全电商平台，从中国扩展到世界。2015 年的"双 11"更是以 912 亿元营业额令世界惊叹。

无论资本"收割机"和虚拟经济的"联合收割机"多么强大，都不能削减和阻挡一个庞大人群跟进的脚步。在中国最贫瘠的南部山区有一位耄耋老人，他从阳光灿烂的"红塔"之巅跌下来，坠入黑暗的深谷，七十多岁，他还在坐牢，八十岁以后，再成富翁。是的，他就是褚时健，他的故事有很多人知晓，网上也读得到。他再次成为富翁靠的是什么？没有什么资本"收割机"，也根本与虚拟经济没有一点关系，他靠"心气、心智、土地、锄头、镰刀"，在那片贫瘠的山地上，砍掉荒草，挖坑、植树、浇灌，十年不辍，含辛茹苦，如今他种的树上结出来的"褚橙"因为肉质甘甜而一"橙"难求。

所以尽管有人大手笔书写神话，却仍有人俯下身子，坚持用锄头在土地上刨着自己心中的那一张"饼"……同在一片苍穹下，一切神迹，都可能变现。

尽管会有潜伏的危机，或者危机已经逼近，但我们不怕。即便风暴前夕的乌云和雨线已经高挂在西际的天空，放眼望去，当今中国的广袤土地仍宛若秋天的风景……无论如何，财富像庄稼一样在大地成熟了。

当秋天的阳光像金子一样洒满山川，当"银杏大道"两边每一棵树的叶片都仿佛镀上一层黄金色彩的箔片一样随风翻动，在风暴来临之前，在肃杀的冬季来临之前，在飘飘落雪下来之前，我们仍应当打起精神，操起镰刀，然后下地，收割——因为收割的时候到了。

正如旧约所说：夏天聚敛的，是智慧之子；收割时沉睡的，是贻羞之子。

所以收割的时候，请不要沉睡。

请不要做西方上帝言说的"贻羞之子"。

下"地"之前，让我们先熟悉一下路径。

现在我们站在一张世界地图前来看我们的国家，它就像一只燃着的火炬，闪烁在大图的正中上方，那就像是我们心中一直燃着的一团希望……

前面正北方向，是蒙古国。

它就像一座嵌入的台地，"台地"的后面，横着一大片更高、更巨大的苍黄——俄罗斯，再往后是北冰洋。

如果我们现在想穿越一下，回到农耕时代，哪一天突发奇想，试图要领略一下北冰洋的极寒，但是要逾越眼前这道"铁岭高壁"，那就只能是梦想。如果我们选择水路，则要转向东走黄海、东海，穿越日本海峡，进入太平洋，再折入白令海峡，然后从白令海峡穿越而出。现在回到现实中来，我们发现，像虎钳一样卡住白令海峡峡口西海岸的是"北极熊"俄罗斯，卡住东海岸的，是世界百年稳坐全球"财富老大"位置的美国。

往东面方向，我们一眼望过去，依次是分离的朝鲜半岛、日本岛、宽阔的太平洋，然后是彼岸的美国。

在美国的身前身后，分布着北美的加拿大，南美的墨西哥、委内瑞拉、秘鲁、哥伦比亚、巴西、玻利维亚、巴拉圭、乌拉圭、阿根廷等国家……大洋彼岸的美国，让我们一眼望过去似乎有些遥远。但彼岸的美国人不这么认为，太平洋虽然宽阔，但里面散落着诸多小岛，如夏威夷、关岛、塞班岛、中途岛等，美国人只要稍微把它们做一下连缀即可成为跳板，全球"财富老大"离我们的距离一下子就会被拉到近在咫尺……

之后掉头，往南面方向看，在这里分布着中南半岛诸国：越南、泰国、老挝、柬埔寨、新加坡，群岛区域的菲律宾、印度尼西亚、马来西亚、巴布亚新几内亚以及澳洲的澳大利亚、新西兰等。这是一片人口稠密、物产丰富的地区，也是全世界的四大宗教交汇集中、相互碰撞的地区，所以这里一直潜流汹涌。其中菲律宾、越南、泰国、缅甸，都让我们很难安枕，很难掉以轻心，而那片挤夹在马来西亚和印度尼西亚苏门答腊岛之间的狭长海域——马六甲海峡，则于我们有避之不去的"咽喉"之虑。

往西面方向，一眼望过去，横亘在我们眼前的是大片大片的沙漠和一座座耸立的山岭：天山山脉、帕米尔高原、昆仑山脉、喜马拉雅山脉。

它们像一道道又高又厚的大墙，阻挡着我们西望的视线。

在雄岭大漠的另一边，曾经产生过全世界最古老的文明并拥有过全世界最大的财富。所有大漠高岭的魔鬼险途，并没有能够阻挡住当年唐玄奘远赴西土取经的脚步；而始自西汉时期的中国古人商队也在大漠戈壁和崇山峻岭之间踩踏出一条蜿蜒曲折、绽放着财富光芒的丝绸之路。尤令人欣慰的是，中国友好邻邦巴基斯坦在印度与阿富汗之间为我们撑开一个"出口"（据说中国租借40年期的巴基斯坦西海岸港口瓜达尔港将建成启用），从这里入水进阿拉伯海、过亚丁湾、入红海，就可以直接抵达世界最大石油生产国沙特，抵达世界文明最古老的发源地之一埃及，以及曾经诞生过"犹太教"、"基督教"、"伊斯兰教"三大世界性宗教的圣地"耶路撒冷"。这座圣城一直是"上帝"和"真主"同时被各自的信徒崇拜最深、最虔诚的地方。

再往西进，灿若辰星般地点缀着众多产生过世界古典文明、现代文明、伟大文化、璀璨艺术和财富珍宝的国家与城市：希腊、雅典、意大利、罗马、西班牙、德国、荷兰、法国、英国……其中英国是西方大国中第一个站出来挑战"上帝权威"却又一直抱着上帝发财的"老财主"，它因此在16~19世纪成为全球财富老大数百年之久。

第二章　比较

文化是财富世界的另一种财富，是人类经济生活中另一种隐性资产和虚拟经济。对于一个国家、一个地区、一个财团或一个财富拥抱者来说，其财富世界的后面，往往沉淀、蕴含着丰厚的文化，简而言之，经济力的背后即文化力。

第一节　中西财富文化背景

中古时期的两幅名画

人类谛听到自然与历史的脚步，并以不同的形式将它们记录并传承下来。

在中古时期，东、西方的艺术大师们挥笔创作出大量不朽的画作，我们现在从各自漫长的艺术长廊中随意遴选两幅出来，以期通过这样两幅著名画作，管窥一下西方"上帝神教"与"东方天帝神教和儒家学说"熏染下的大师们各自在那个时代对自然、生命乃至财富的领悟和态度。

从某种意义上说，大师们笔尖流淌出的是时代的心意。

《海的礼物》（油画）

公元 1640~1650 年，欧洲腹地比利时的风俗画家雅各布·约丹斯创作出一幅不朽的画作《海的礼物》。

在这幅画作的前景，堆满了许多不同种类的海洋动物，有鲟鱼、海龟、贝壳、龙虾、螃蟹等；在画面的中间，海神尼普顿和他的随从们赤裸着身子自对面涌来，他们手中高举着用三叉戟叉起的鱼；画面的左上方，一块凸起的岩石上，爱神伊洛斯放下手中的箭在钓鱼，众神的信使赫尔墨斯则用手中的权杖指着海神；画面右下角的海珠仙女朝着赫尔墨斯高举起大海的礼物——珊瑚和珍珠。这是一幅赞颂大海向人类慷慨馈赠的寓言画。

油画的作者雅各布·约丹斯是一个新兴布商的儿子，他生长在比利时的安特卫普，是比利时最具影响力的风俗画家之一。大约 1607 年，雅各布·约丹斯开始向当地画家学习绘画，当时他并不知道什么意大利画风，只是和同门师兄弟鲁本斯的画风非常接近，他也曾在自己的画室里研究过提香和委罗内塞的色彩，但最终开始追随鲁本斯，在鲁本斯去世以后，约丹斯就成为安特卫普最了不起的画家之一（从地图上看，比利时位于英、法、德、荷的怀抱之中，在几大西方列强的卵翼之下，比利时变得比较富庶）。

约丹斯生长的安特卫普是比利时第二大城市、欧洲第二大港、世界第四大港、世界最大的钻石加工场和贸易中心，也是欧洲历史上最著名的文化中心和最富有的城市之一。安特卫普的黄金时代始自 11 世纪这个时期。人们从大英帝国进口羊毛，纺成面料，然后再转卖给欧洲大陆，繁荣的纺织贸易使这座城市迅速变得富有起来。1300 年，安特卫普从贵族条例里获得了城市自主权，由此发展出令人自豪的城市文化。

画家雅各布·约丹斯非常热爱自己的家乡。他终身没有离开过自己出生的地方，成名以后，他也从来不用艺术去迎合当时的宫廷权贵，而是热爱民间风俗题材的描绘。他用画笔描述普通人，描述劳动者的生活，以神话和寓言的形式，毫不掩饰当时人们对财富的向往。油画中的大海除了向人类奉献各种丰富的鱼类，还奉献了贝类、珍珠、珊瑚等珍宝。在这里，那个用权杖指着海神的众神信使赫尔墨斯，则象征着把海洋的慷慨馈赠转化为财富的贸易活动。

这幅不朽画作现在珍藏于布鲁塞尔皇家美术馆。从某种意义上说，它代表着那个时代西方人的财富观，展示了那个时代西方人对诸神财富坦率明快地由衷崇拜和礼赞。

《雁荡看山图》（国画）

1640 年中秋节后，中国著名山水画家弘仁大师同样用画笔勾描出一幅古绝之作——《雁荡看山图》。弘仁大师的这幅画是以浙江温岭的雁荡山为背景所作。

雁荡山形成于一亿两千万年以前，它群峰雄放、水木清奇、林舍秀逸，自南北朝开始，历代的文人墨客，纷至沓来。尤其在唐、宋时期以后，许多名师大家，如谢灵运、贯休、沈括、徐霞客等都先后足履此地，并留下诗画墨迹。弘仁大师这幅"看山图"，整幅画面山石硬挺、奇峰叠出，树木遒劲、根枝盘曲，且江天空阔、水烟渺茫，小桥杂树之间夹掩着村庄房舍，呈现出大师浓墨重染的画风和宁静清简的意境，于峻拔浑厚之中，寓无尽淡远之意。

弘仁创作这幅画的时候 31 岁，与比利时的雅各布基本是生活在同一个年代。但雅各布是生活在家乡的那座富足而安静的岛城，弘仁则生活在战乱频频、国破家碎的东方国家，一直过着颠沛流离、忧愤深广的清苦生活。

弘仁是安徽歙县人，年少孤贫、性情孤僻、喜好文学，早年读五经、习举业、行孝道，是典型的传统儒风和忠臣孝子。公元 1644 年（明崇祯十七年），清兵占领北平。第二年，明唐王聿键即帝位于福建福州，清兵进逼徽州时，弘仁随众人奋起反抗，最终失败，但他继续从事抗清复明的斗争。唐王失败之后，眼见复明无望的弘仁，万念俱灰，到武夷山皈依古航禅师，削发做了和尚。弘仁原本是一位气节坚贞的爱国志士，明朝覆灭，清军入关的历史剧变让他心寒意冷，他先是萌生道家出世的心思，内心却又十分矛盾，吟诗"此翁不恋浮名久，日坐茅亭看远山"，对故国之情，他并不能完全了断。做了和尚之后的弘仁，从此寡欲清心，或长日静坐空潭，或月下披云孤啸，壮志无报，只潜心于禅宗书画，其画风也因心境而闲冷萧散，故形成"有绝尘致"的画品风骨，后人评其"为烟火中人梦想不及"。

在古代中国，囿于时代的画师们因为伤透世事，绝意仕程，徜徉于山水之间和沉湎于妇人之乐的，又岂止弘仁呢？

大家耳熟能详的诗画奇才唐伯虎，比弘仁早生将近一个世纪，同样是因为祸乱相随，一生坎坷，不得不着意于花鸟山水，沉湎于春宫女妓，在"酒盏花枝"与"凄风苦雨"中，走完了自己半个世纪的人生历程。而只比唐寅晚出生了20多年的仇英，其进入中国十大传世名画之列的画作，则是一幅描绘宫中嫔妃生活的《汉宫春晓图》。

由此可见，古代中国的画师们，大多纯净高洁、疏旷清雅、宁静淡远，或"挂瓢曳杖、芒鞋羁旅"，或"长日静坐、孤守空山、仰望星空、月冷孤寒"。文人墨客们大多过着这种空山无人、水流花开的离世生活，在他们的内心世界里，很难拨动丝毫的崇财之弦和拜物之念。这时候的他们，眼睛里看到的，是只见远山，不见"禾田"；只见花枝乱颤，不见沉睡的"麦穗"；只见夕照中的"双飞蝶"，不见朝晖中的"向日葵"。虽然中国自古就是一个农耕社会，但大师们却鲜有对田园穗果的丰收礼赞和由衷崇拜。

这当然与他们生活的时代有关，也与他们个人的命运和际遇有关。但更与之相关的则是"子罕言利"。中国文人自古耻谈财利，孔子最不主张的就是文人言财说利，而历史以来中国尊视儒学为国学，举国上下尊孔崇儒远胜过西方世界尊崇他们的上帝。

孔子认为"君子喻于义，小人喻于利"。一个常把财利挂在嘴边的人当然是小人了。正是因为孔子持这种态度，才非常深刻地影响了历代后世文人学子的人生观和财富观。所谓"君子不计利，学子不言商"，中国古代不仅孔儒不主张经商营市，历代统治阶层和精英人士也视"商"为"学、农、兵、工"四业之下，"计商非君子，言利是小人"，中国的文人仕子怎么会选择去做一个小人呢？他们自然要远离商贸财利，崇尚气节之士，礼拜信义之君，以"君子固穷"喻示自己，恪守气节，矢志不移，宁肯蜷缩着饿死，也绝不啖"嗟来之食"。所以，弘仁的《雁荡看山图》与约丹斯的《海的礼物》，虽时代相同却题材迥异，各藏深意又折点分明。

它们非常鲜明地透视出中古时期东、西方两地人文大师秉异各持的人生观、价值观和财富观。

画作后面的故事

当比利时艺术家雅各布·约丹斯开始用画笔淋漓尽致地礼赞大海馈赠给人类的礼物时，在他身后的西欧世界发生了什么呢？

公元 1640 年，与比利时紧邻的英国爆发了影响世界进程的资产阶级大革命。英国为什么在这个时候爆发资产阶级大革命？起因是什么？这场革命又会给比利时和世界带来什么？

在过去的历史中，比利时这个国家无论在地理上还是文化上，都处于欧洲十字路口的中心。它无数次见证了各种种族与文化的兴盛与衰败，无论凯尔特人还是罗马人、德意志人、法兰西人、荷兰人、西班牙人和奥地利人，他们都在这里留下了各自的文化痕迹。尤其隔海西临的大英帝国，这个以羊毛出口影响并促进了比利时经济和纺织贸易业发展的强势帝国，此次大革命爆发不仅更加深刻地影响和推进了比利时的发展变革进程，更是极大影响和推动了世界的发展变革和发展进程。

事件的起因，简单地说，就是上帝和财富惹的"祸"。或者说是上帝和财富引爆了这次大革命。

大革命前夕，英国社会的阶级结构已经发生了巨大变化。那时候的英国乡村，一些地主、骑士、乡绅、农场主、握有土地的商人、部分富裕的自耕农，成为国家财富的收割者和拥有者。他们先是靠圈地发财，在成为帝国的土地新贵之后，为了赚取更加巨额的利润，并不是选择用土地榨取地租的方式来挣钱，而是用资本的方式，经营牧场，经营农场，巨大的收益让这些新贵们很快成为风光显赫的"财富骑士"。接下来，"骑士"们把目光瞄向了自称可以代表上帝行使权力——极力宣扬"君权神授"的王权。

这群人为什么对王权动了念头呢？

这得从詹姆士一世说起。1603 年，苏格兰国王詹姆士·斯图亚特继承英国王位。他刚一上台，就大肆鼓吹"君权神授"，声称国王是上帝派到人间的最高权威，享有无限权力。于是这个代表上帝行使权力的国王，根本不把当时的议会放在眼里，既不关心英国的海上贸易，也不重视国家的海军建设……凡此种种，已经开始在新贵们的心里埋下了爆发的种子。

1625 年，查理一世继承王位。新国王上台，更加独断专行，大肆搜刮钱财。议会反对他随意收税，他就解散议会，一次又一次，这样随意地解散议会，让"财富骑士"们痛心疾首，他们痛感如果不把权力抓在手里，就无法保住自己的财富。一方面，新贵们为了保住自己的财富，维护其经济和政治利益，迫不及待要向国王宣战，以夺取王权；另一方面，国王的狂征暴敛、强收苛税，王室的生活腐烂、挥霍无度，也导致工人大量失业，社会动荡不安，失去土地的农民也纷纷起来，要求收回土地，反抗压迫……诸多因素导致英国社会各种矛盾迅速激化，于是"大革命"被引爆。

英国"大革命"把查理一世送上了断头台，从而一举推翻了君主专制，人类社会由此向前迈进了一大步。

"大革命"起到的思想启蒙作用，对世界历史产生了重要影响。一方面，它促进了欧洲各国的反专制势力，推动了世界历史的发展进程，使之成为世界近代史的发端。另一方面，英国统治阶层和贵族阶层也以此开始，更加大胆地把聚敛财富的目光投向全球。

展开大英帝国的版图，它一头扎进海洋之中。这个得天独厚的条件，使其拥有了强大的海军，英国也因此成为近代全球第一个工业国家。

1588 年英国海军战胜了西班牙"无敌舰队"之后，英国即成为真正的海上巨无霸。从此"日不落帝国"凭借坚船利炮，对世界各地开始了疯狂的财富掠夺，帝国的殖民地遍布全球。接下来法国、德国、荷兰、美国、俄国、比利时……世界各国从此不断卷入资本主义全球化的浪潮之中。

工业革命发生了，大机器生产取代了工场手工业生产。而人口稠密的比利时因为身处列强腹心，随着周边老牌资本主义列强们的迅速崛起，也逐步走向繁荣。1830 年，比利时完成了主权独立之后，在 19 世纪初成为欧洲大陆最早进行工业革命的国家之一。

在老牌资本主义和新兴资本主义们开始在全球展开殖民地掠夺和财富掠夺的激烈竞战之中，大英帝国并没有抛弃曾赋予他们的国王无限权力的"上帝"，而是携"上帝之名"——"以上帝的名义"掠遍东方诸国乃至全球。

16~19 世纪，近 400 年间，大英帝国"人、地"剧增，财富暴涨，成为全球财富世界无可替代的老大。

再回头看中国。

1640 年的中秋时节，弘仁大师正沉湎于雁荡山水的石木小桥，潜心皴染那幅《雁荡看山图》，这时候，在他身后的东方中国又发生了什么呢？

1640 年（崇祯十三年），大明王朝风雨飘摇。这一年，起义造反的李自成拥兵称王，崇祯皇帝无力回天，整个华夏大地兵祸民乱、蝗盈遍地、百树无叶、赤地千里，大片大片的土地不长庄稼，四野几成焦土，老百姓上山掘草根、剥树皮，父子相食，骸骨纵横，无数婴幼儿捐弃道边，无数走投无路的人自竖草标以求售。

历史上的中国，因为天灾人祸，大片大片的黄土地上很多时候不长庄稼，赤裸在苍穹之下的穷山瘦土，没有色泽、水光，没有稼禾、绿色，四处逃荒的人群，蚁虫在烈日下蠕动……是的，历史是有记忆的，像这样的荒灾场景，在 300 多年以后冯小刚执导的以河南大饥荒为背景的史诗电影《一九四二》中得以再现。

1644 年阴历三月十九日，李自成杀进北京，崇祯皇帝仓皇从故宫后门逃出，自缢于景山的一棵老槐树上。崇祯的缢亡，标志着一个朝代的陨落，延续了 276 年的大明王朝就此宣告终结。1644 年阴历三月二十一日，李自成出城与吴三桂、清军交战，大败回京城。三月二十九日，李自成在京称帝。三月三十日，这个在北京只做了一天帝王的短命皇帝，旋风般被多尔衮带领的清军铁骑驱赶出京城。多尔衮在吴三桂的引领之下，闯入山海关，建立起中国最后一个封建王朝——大清王朝。

清王朝经历了短暂的"康乾盛世"后，终因"政治僵化、文化专治、闭关自守、思想停滞"而迅速衰落。在西方经济文化迅猛上升的黄金时段，苦难的中国却黯然调向，滑向低谷，由此开始被世界甩开……1840 年的中英鸦片战争、1894 年的中日甲午海战、1900 年的八国联军攻进北京火烧圆明园，更加剧了中国的衰落，中国从此沦陷为半殖民地半封建国家，进入积贫积弱的衰颓时代。

很长很长一段时期，中国同许多弱小国家一样，要么成为资本主义国家原料和资源掠夺的对象，要么成为资本主义国家的产品倾销地。在这段时期，全球财富不断向西方汇聚，向英国、美国汇聚。掠夺者越来越富，被掠者越来越穷，中国也越来越穷。

而此时此刻，被中国统治阶层和精英阶层极力推崇的鸿儒孔学并没有像西方世界推崇的上帝那样被祭出来为中国站台。鸿儒孔学没有能够拯救凄风苦雨中飘摇的家国黎民。许多仕子学人选择像弘仁大师一样，借助儒学的"谦、恭、仁、忍"，苟且偷生，坚执求存，以度过国家这段深水寒噤的黑暗时光……

西方人的上帝

旧约说：宇宙万物是全知全能的上帝创造的。《圣经·旧世纪》详细记载了上帝在"六天"之类创造天地、日月、繁星、山川、树木、鱼虫、鸟兽及人类的全部过程。

上帝唯一

当一个信奉上帝的西方人面对突发事件，如灾难、不幸、危机或困境的时候，他第一个想到的就是上帝，惊慌之际，他发出的第一声呼唤也是上帝。

因为上帝是超宇宙的，是造物主，是万能的，他超越古希腊众神之主宙斯，古罗马众神之主朱比特，古印度创造之神梵天、大自在天湿婆、遍入天毗湿奴，中国的盘古、女娲等东西方诸神，成为无所不能的、唯一的主宰神。在这个世界上，无论对于基督原教还是以后分支出来的天主教教徒们来说，没有哪一尊神能够超越他们的上帝，主宰神上帝因此被西方人赋予更加广泛的定义——宗教的、哲学的、道义的、财富的……

早先的基督原教徒们（犹太人）坚称：只有自己才是是受上帝眷顾的羊群，是上帝的选民。

在与耶稣为界的旧约、新约中，原教徒和新教徒们都与上帝签下盟约，定下规范基督教徒们的守则、准则，如"孝敬父母、不杀生、不奸淫、不偷盗、不做假证、不贪恋财物、善待穷人"等，但事实是怎样的呢？旧约中的上帝一方面致力保护自己的选民，精心眷顾着自己的"羊群"，另一方面却毫不犹豫地帮助他的选民们对异教生命大开杀戒。《圣经·旧约·出埃及记》中，摩西带领以色列人逃到红海，后面法老的兵马追来了，上帝让摩西把杖扔进海里，海水"哗"一下退开，变成两堵墙，中间一条大道，以色列人过去了，埃及法老和他的兵马赶来时，杖一收，海水就漫来把埃及法老和他的兵马全淹死了。

旧约中上帝对人的要求就是信上帝，上帝唯一。

上帝绝不容许他的子民信奉其他神教，也绝不容许信奉其他神教的人存在。上帝唯一，那么上帝罩住的这个世界就应该普遍同质（普世），旧约中上帝在把他的早期选民（以色列人）领出埃及的漫漫征途之中就不断对他们发出警示：

> "我是你的上帝，曾将你从埃及地为奴之家领出来。除了我以外，你不可有别的神。"
>
> "因为我是你的上帝，是忌邪的。恨我的，我必追讨他的罪，自父及子，直到三四代。爱我守我诫命的，我必向他们发慈爱，直到千代。"
>
> "不能用百姓的金饰投在火里，炼成一只金牛来崇拜。你们唯一崇拜的，应是上帝。崇拜歌舞自己的金牛，必遭杀戮之灾。"
>
> "你们是硬着颈项的百姓，我若一刹时临到你们中间，必灭绝你们。现在你们要把身上的装饰摘下来，使我可以知道怎样待你们。"
>
> ——《圣经·旧约·出埃及记》

听其言，观其行，上帝要求自己的信众对他绝对忠诚。对于其他信仰的教众和民族，上帝统统视为邪道。旧约认为那些不信上帝的人都是野蛮人，都应该降灾于他们，灭掉他们，类似这样的杀戮之气在旧约中处处可见。

摩西出埃及因为获得上帝的力挺得以成功，他凭借手里那根上帝之杖，不断把灾祸降临到埃及人头上，在上帝的晓喻下，他用杖击打埃及人的河水，河水就全都变成血水，用杖挥舞空中的沙尘，漫天沙尘就变成毒虫蚊蝇和瘟疫，这些天灾、疫灾，就全降落到埃及人的头上……在上帝的鼎力相助下，摩西最终战胜了埃及法老的神，带领犹太人越过分开的红海，回到上帝许诺给他们的土地——现在的以色列（一个至今战事频仍的地方）。

到了《圣经·新约》的时候，上帝开始改变。

新约里，上帝不再只是基督教徒们的上帝，基督教徒们不再是上帝唯一的选民和唯一眷顾的"羊群"，野蛮人也可以信上帝，也可以皈依投入到上帝的怀抱中来，上帝这时候成为世界的上帝，成为人类共同的、唯一的、伟大的神。

新约以耶稣诞生开始，耶稣带着上帝的旨意，为拯救罪孽的人类来到人世，"要将自己的百姓从罪恶里救出来"，耶稣基督与上帝签下新约，《新约·约翰一书》记述："就是那义者耶稣基督，他为我们的罪作了挽回祭，不是单为我们的罪，也是为普天下人的罪。"

因为旧约中人类是带着原罪来到世上的，所以为了消弭人类的罪孽，上帝派儿子耶稣降临人世，来布道新教义，传递上帝的福音，尽管耶稣付出了生命代价被活活钉死在十字架上，但基督最大的教派天主教认为：上帝派儿子耶稣来到人世，是为人类的罪代受死亡，流出鲜血，以赎人类的原罪。这时候新约中上帝不再只是基督教信众的主，不再只庇护和眷顾自己的"选民"和"羔羊"，这时上帝这样告诫自己的子民："既要爱你的邻舍，也要爱你的仇敌，这样才可以做天父的儿子。"这时候上帝"既照好人，也照歹人，既降雨给义人，也降雨给不义的人"。

上帝与财富战争

公元 1095 年 11 月 27 日，在法国克莱蒙教会会议上，天主教教皇乌尔班二世情绪激昂，慷慨陈词，他一边高声斥责异教徒，怒斥他们在圣地巴勒斯坦的种种罪行，一边大肆赞美这片流淌着奶与蜜的伟大圣地（尼罗河被称为埃及的慈爱之河，盛产粮食，誉享四方。这条能量巨大、丰沃肥美的河谷，自摩西时代起，就一直哺育着沿河两岸的人类）。

乌尔班二世呼唤法兰西骑士们、基督教徒们、全体欧洲人、西方人，抛开妻儿老小，去解救和夺回被异教徒控制的那片伟大圣地。于是西方世界的贵族商人，就与罗马教廷合谋，以"拯救圣地"的名义（以上帝的名义）拉开了漫长的十字军东征的序幕……

这是一场"十字架"对"弯月"的战争（前者象征基督教，后者象征伊斯兰教）。战争历时近两个世纪，前后经历8次。

圣战者们打着上帝的旗号，却心怀各异。作为欧洲教会最高统治者的罗马天主教会，企图以此来建立起自己的"世界教会"，确立教皇仅次于上帝的无限权威；圣教徒们则号称他们只是为圣地而战；乡村封建主、商人、流民、农民和小手工业者们则是为东方世界的财富而战；而那些被天灾、赋税压迫的大批农奴与流民，也受到教会、封建主、商人的鼓惑，被引诱去富庶的东方世界寻找乐土（东方的地中海沿岸是早期人类文明的发祥地之一，有着先进的科学、经济与文化。11世纪末的西方社会发展迅速，城市崛起，已有的财富再也满足不了上流社会贪婪的欲望，他们渴望向外攫取土地和财富，那些缺少土地的封建主和骑士们，都跃跃欲试，向往富庶的东方）。

1095年11月27日，第一支十字军东征参战者以上帝的名义集结起来，浩浩荡荡，杀向东方。事实上，他们大多数人是为攫取财富而来的。

他们在这里掠取财富的手段近乎疯狂。据记载，那些"圣战勇士们"为了掠取黄金，把死者的肚皮剖开，在他们的肠胃里翻找黄金，死的人太多，他们就把尸体堆架起来，烧成灰烬，然后在尸灰里扒寻黄金。为了分赃，勇士们还把金属雕塑熔铸成块件……在攻占君士坦丁堡时，十字军烧杀抢掠了整整一个星期，他们将这座城堡的金银财宝、丝绸衣物和艺术珍品抢劫一空，把一座繁荣富庶的文明古城变成尸山火海的废墟。法国编年史家维拉杜安这样写道："自世界创始以来，攻陷城市所获的战利品从未有如此之多。"

除了掠夺财富，十字军东侵还让欧洲人有了新的发现。美国人威廉·房龙在他《人类的故事》一书中是这样描写那些十字军东侵的欧洲人的："他们突然发现，这个世界并不仅仅是房屋的四壁所能囊括的，只有走出家门才能感受到天高地远。他们对东方世界的华美服饰、宜居的住房、香甜的美食、神秘的工艺品充满了艳羡之情，即使回到西方的家乡后仍念念不忘。"

西方人亲自见证了灿烂美好的东方文明。与之狭隘阴森的城堡生活相比，东方生活更加广阔、富庶、文明、健康。这样的生活，帝国无法给予，教会无法给予，是上帝引领他们发现并找到了这里。

于是东方的财富之门为西方打开，黄金、火药、棉、纸、纺织品、食物、香料，包括阿拉伯数字、代数、航海罗盘等，源源不断地流进西欧。

西方的贸易大门也随之打开。

随着历次征战，往来的商贩们不断扩充着他们小小的货囊，添置他们喜欢的货物。一次次征战过后，货囊实在太小了，早已盛不下他们的欲望和财货，于是他们添置了货车，为应对大战后的大乱，他们还在圣战军士中雇用保镖，把生意越做越大，西欧的商业、银行、货币和经济因此发生了革命性的改变。

从此开始，西方人的坚船利炮就伴随着传教士和他们胸前的十字架走遍世界任何他们想要到达和能够到达的地方，对世界各地的财富和土地开始了长时间的掠夺和殖民。

全球财富老大英国

16世纪末到19世纪初，英国人依靠坚船利炮全球殖民、全球掠夺，很快聚集起全世界最多的财富，在全球财富世界，英国人自第一次世界大战以来一直稳坐老大的位置。

然而最早的英国曾经也只是一个无人管顾的孤岛。

公元前55年，罗马人恺撒带兵征服了英格兰，英格兰从此沦为罗马的一个行省，罗马教皇在这里一直行使着上帝赋予的权力。400多年后，罗马遭到外族入侵，罗马人匆匆忙忙撤走之后，不列颠再次成为一个孤岛长达500余年。漫长的500多年，英格兰一直遭受着北欧海盗们的欺凌浸淫，意大利人、北日耳曼人、丹麦人、法国人、荷兰人等外族都先后登岛，任意浸淫、分割这个小岛，可怜的英伦小岛一直纷争不绝。

公元 1066 年，早已垂涎这个富饶岛屿的诺曼底大公威廉率领军队横过海峡，一举消灭了最后一位盎格鲁—撒克逊国王，自立为英格兰国王，英格兰才开始正式成为一个统一独立的国家。也就是从这时候开始，曾经的"殖民地"英格兰逐渐强大，并逐步超越其"诺曼底祖国"，自 15 世纪末始，英国成为一个强有力的中央集权国家。

如果说是威廉一世让英国立了起来，那么让英国强起来的则是亨利八世。1509 年，亨利八世继承英格兰国王之位，为英格兰的历史掀开了重要篇章。

亨利八世登王之后一件最重要的事就是进行宗教改革，起因是由他个人与教皇的恩怨而起，因为他这个人婚姻比较随意，先后取了六个女人为妻，屡受教皇指责。忍无可忍的国王，不得不愤然脱离罗马教皇，宣布与教皇决裂。这之后，新教"圣公会"成为英格兰的"国家教会"。

在这之前，罗马教皇长期实施教会与王权分离，教皇一直拥有至高无上的权力，教皇自诩是上帝的代言者，是仅次于上帝的人，也是对上帝直接负责并传递上帝福音的人。亨利八世与教皇闹翻，并非是他不尊奉上帝，在国王眼里，上帝仍是唯一至上的，新教也一如既往地信仰、尊奉上帝，但新教主张《圣经》唯一，是最高权威，每一个信众，都可以借圣灵的引导，直接通过《圣经》领悟上帝的启示和真理，从而否定了只有教皇才是上帝唯一代言者的传统说法。

按照新教的主张，"君权神授"是合理的，国王可以取代教皇成为上帝的代言人，成为对上帝直接负责的人，而且很快亨利八世就亲身体味到代言上帝的感觉——非常好。

首先，上帝并不像教皇那样会站出来诘责他的婚姻，他想娶多少个女人都行，这似乎与上帝无关，上帝不生气、不诘责、不惩戒；其次，上帝并不因为他取代了教皇的代言资格而发怒、发异见或给什么暗示，国王因此备受鼓舞。亨利八世开始放手施政，大胆下令没收修道院的所有财产以固强自己的王权，这些行为不仅没有触怒上帝，反而赢得了城市商人和手工匠们的鼎力支持，这使他得以放开手脚管理国家，于是，这个曾经落后很久的中世纪岛国在他的大胆管理下迅速发展、壮大起来，成长为一个强盛的现代帝国。

当然这远不是大英帝国的"盛花期"。

英国国家财富真正快速累积的时期是伊丽莎白一世时代。如果说威廉一世让英国立了起来，亨利八世让英国强了起来，伊丽莎白一世则让英国富了起来。

1558年，曾经杀害过300多名新教徒的天主教徒玛丽被赶下了王位，25岁的伊丽莎白一世登王。这个时候的英国，已经被那个"血腥玛丽"搞得外债累累。伊丽莎白女王执政后，只用了短短十几年的时间，就使英国的国家财政双倍增长，不仅很快偿还了外债，而且国库充裕。这当然大多要归功于女王，伊丽莎白资性英敏，才能出众，刚柔相济，涵养性强。

有历史学家曾经对她作出这样的评价："她像一只凶狠的老母鸡，不动声色地蹲坐着，保护着她的臣民；在她的羽翼下，英国的初生力量快速地成熟和壮大。"

伊丽莎白生性节俭，在宫廷开支上是出了名的精打细算，举个小例：女王喜欢跳舞，但舞会却极少在宫廷里举办，她把舞会弄到大臣们的庄园或官邸去办，大小开销全压到大臣们肩头上，每一个轮到承办舞会的大臣，一边受宠若惊，一边又对钱心疼得不得了，承办者惊喜之余，又诚惶诚恐，因为他们既要把舞会办得漂亮得体，以讨取女王欢喜，又万分心疼银钱，不敢太过奢侈。无形之中大臣们都学会了节俭。

狂爱金钱的女王在理财投资上并不只靠节俭。她真正聚敛财富的手段借助两大渠道：一是商人，二是强盗。

当时伦敦最大的商人托马斯·格雷欣爵士，被称为伦敦"金融之王"，这个十分了得的人物被伊丽莎白女王相中，礼聘为宫廷财政顾问。1560年，格雷欣在伦敦市中心的伦敦金融城建起一座巨大的交易所，这个集仓储、交易、服务于一体的交易所是当时伦敦最具影响力的交易中心，交易所建成后，女王亲自莅临，参观巡视后，十分满意，女王下令把交易所取名为"皇家交易所"（又称"皇家商业交易中心"），由格雷欣亲自掌管。皇家交易所云集了英国乃至欧洲各地的大小商人，生意十分兴隆，伊丽莎白女王的钱袋很快鼓了起来。

真正让女王搭上致富快车的不是节俭，不是经商，而是强盗。这里的强盗，主要指当时的海盗。狂爱金钱的女王一旦发现海盗是当时来钱最快的渠道，便毫不犹豫成为"海盗抢掠"的最有权力的合伙人之一。

早在 1496 年，英国船队就在威尼斯商人乔万尼·卡波特的指引下首次发现、考察了北美大陆，并使其后来成为英国殖民地之一。1497 年，卡波特又踏上了佛罗里达海岸。亨利八世时期，当时女王还是个幼女，英国人威洛比就已经到过北角，后来他手下的理查·昌瑟勒船长继续往东，到达了俄国的阿尔汉格尔斯克港口，并与遥远神秘的莫斯科建立了贸易往来。

伊丽莎白女王掌权后，沿着这条航线继续冒险前行的英国人，已绝非纯粹探险经商，而是亦商亦盗，一半是商人，一半是海盗，冒险家们把所有的赌注押在每一次前途未卜的航行上，一路过去，风卷残云，只要能够塞进船舱的东西全不放过，掳掠、走私、贩卖人口，总而言之，为了金钱不顾一切。与此同时，水手们也把英格兰的国旗和女王的威名带到世界的每一个角落。

1561 年，在夫洛比塞的一次海盗远征中，女王获得了相当可观的红利，这让她一发不可收拾。1578 年，德雷克率领海盗船队，在西班牙的南美领地沿海地区疯狂抢劫，掠得巨额金银财宝，尽管沿途风险重重，但女王利用权势，密谕在德雷克可能登陆地区的地方官，加强沿途戒备，确保财宝安全运入英国。女王这次收获的暴利更让她欲罢不能，她投资 5000 英镑，获利 26 万英镑，回报率为 520%。

16 世纪六七十年代，英国海盗巨头霍金斯、德雷克、雷利和夫洛比塞等相继组建"股份企业公司"（海盗"联合股份公司"），伊丽莎白女王随即成为这些公司的最大股东之一，作为公司最大股东的女王，基本的盈利方式就是与海盗分成，而女王要做的事情就是为海盗提供资金和船只。

女王对金钱的狂热，很快在英国社会形成一个追求金钱和利润的风潮。那时的英国，贸易、投资、投机、暴力、掠夺等获利方式，在整个社会炙手可热；羊毛买卖、土地投机、企业经营、直接出海掠夺等，让所有英格兰人津津乐道……这是一场被称为"金融殖民体系"的战役，而"战役"的过程，毫无疑问加快了"日不落帝国"原始资本的快速累积。

1588年，女王领导下的英国海军经过多年艰苦鏖战，终于幸运地打败了西班牙无敌舰队。西班牙作为西方列强掠夺世界财富的豪强大户，势力非同凡响，据统计：仅在1521~1544年，他们平均每年从美洲掠运走的黄金就达2900公斤，白银30700公斤；1545~1560年，西班牙每年掠运走的黄金达5500公斤，白银246000公斤，还有数不尽的财物、矿产、木材、人力等。打败了如此强大的西班牙的英国舰队，从此成为真正的全球海上巨无霸，加速了英国的崛起，更加快了全球殖民掠夺的步伐。

英国从16世纪末叶起开始全球殖民掠夺，近400年时间里，他们在世界各地共发动了230多场战争，依靠坚船利炮，轰开世界的财富之门，在积极参与的全球殖民霸权角逐中快速发家致富，到19世纪末，大英帝国终于登上全球财富世界的巅峰。

这时候帝国的殖民地遍及加拿大、印度、澳大利亚、新西兰、马来西亚、西印度群岛、冈比亚、纽芬兰、新加坡、中国香港、缅甸、乌干达、肯尼亚、南非、尼日利亚、马耳他，以及世界各个角落的无数岛屿，地球上24个时区几乎都有大英帝国的领土。

截至1914年，英国的领地扩大到约3367万平方公里，相当于英国本国土地的137倍，是世界陆地总面积的1/4。当时英国领地的总人口达39350万人，相当于英国本国人口的8倍多（当时全球约1/4的人都成为大英帝国属下的子民），大英帝国由此成为地球上实力最强大的"日不落帝国"。

到20世纪初，全球领土和财富被列强们基本瓜分完毕，其中英国所占份额最大，那么"日不落帝国"在全球殖民掠夺中到底掳掠了多少财富呢？我们无法精确计算，据资料：单就中国而言，仅白银的赔款和利息就达16亿两，按现在的市值计算是3500多亿元人民币（600多亿美元），加上通商口岸割地赔款关税等，中国被夺走财富达1500多亿美元。而当时处于半殖民地的中国还算不上被英国掠夺的重灾区。

全球财富老大美国

第二次世界大战以后，美国人取代英国坐上财富世界老大的位置。

新老大聚敛财富的手段和方法要比前老大更高明、更强悍、更具技术性，尽管美国的立国基础源于英国，但后来居上，美国纵横驰骋百年的财富老大地位让全世界都望其项背。

美国诞生

1620 年 11 月 11 日，一批受排挤的清教徒乘着一艘名叫"五月花号"的大帆船，从英国南安普顿出发，历经 366 天海上漂泊，来到今天美国马萨诸塞州的普利茅斯小镇，他们要在这里抛锚上岸，开拓新的殖民领地……那时候已是深秋，对于准备上岸的漂泊者来说，即将踏上的这片土地，是一片新领地，在这里他们不再持有执照，于是上岸之前，船上 102 名清教徒共同商议签订了一份公约——"五月花号公约"。

公约中说："以上帝的名义，阿门……为了上帝的荣耀，为了增强基督教信仰，为了提高国王和国家的荣誉，我们漂洋过海，在维吉尼亚北部开发第一个殖民地……"

漂泊者们向上帝立誓，签下盟约，大家自愿结成一个民众自治团体，由此"五月花号公约"被视为美国政体的初始，成为美国历史的起点和立国基础。

移民始祖们漂洋过海来到北美，主要目的就是要摆脱帝国国王"君权神授"的禁锢统治，逃避宗教迫害和等级压迫，追求自由和平等，这对当时的大英帝国国君来说，是绝不容忍的，帝国对殖民地的征战因此打响，北美殖民者们奋起反抗，一场同大英王朝抗衡长达七年之久的独立战争，催生了美国。1776 年 7 月 4 日，北美大陆殖民者联合发表了《独立宣言》，美国诞生了。领导独立战争的大陆军总司令乔治·华盛顿成为美国史上第一位总统。

早年的拓荒者们开始在这片云清天高、充满诗意的新大陆安营扎寨、自由生活，在孤独而艰苦的环境中，他们独立奋斗、自强不息，后来从他们中成长起无数风云世界的财富英雄。

第一桶金

在世界财富史上，人类自有帝国以来，从罗马帝国到大英帝国，无不是以一种相似的方式完成财富积累的，这就是战争。

美国同样如此，回顾美国的发家史，自立国以来，从 13 个很小的曾经是英殖民地的小州开始向外扩张，墨西哥、加拿大、加勒比海……美国财富战争的触角几乎延伸到世界每一个角落。

第一次世界大战，美国人淘到了财富的第一桶金。作为全世界有史以来从未有过的一场庞大战争，这场大战先后卷入 27 个国家，共有 66103164 人涉入，伤亡人数达 37494186 人，直接开销达 2080 亿美元，间接开销达 1510 亿美元，战争给世界带来灾难和伤痛，同时也成为一些人的财富盛宴。

美国人享受到了这个盛宴。从战争开始，到 1918 年签订停战协定，美国一共诞生了 21000 名百万富翁。美国杜邦家族的杜邦化学公司、卡内基家族的美国钢铁公司，以及伯利恒钢铁公司、阿纳康达铜业、美国熔炼与精炼公司、雷明顿军火公司、温彻斯特武器公司、柯尔特自动武器公司、阿特拉斯火药公司、通用汽车公司等，都赚取了巨额利润。战争期间各协约国先后从美国购买了价值 150 多亿美元的物资，其中杜邦公司生产了协约国军队弹药的 40%，其股票价格在战争期间从 20 美元暴涨到 1000 美元。

美国花旗银行总裁弗兰克·范德利普评价说："作为战争的一个衍生物，上百万个新富阶层诞生了。"

美国作家赫尔穆特·恩格尔布莱希特和弗兰克·汉纳根则干脆称他们是"贩卖死亡的商人"。

财富盛宴

美国人真正享受到战争的"财富盛宴"是第二次世界大战。

不同的是，这次美国享受盛宴的，不再仅限于制造企业的大佬商人，而是全民共享，工程师、技术员、各领域专家、工人，包括种地的农民，全都成为了战争的最大受益者。

1941 年 12 月 7 日清晨，日本皇家海军的飞机和微型潜艇突袭美国海军基地珍珠港，引爆太平洋战争。自此，美国正式卷入第二次世界大战。让美国人意想不到的是，战争给美国早先陷入危机的经济带来异乎寻常的利好。

珍珠港事件后，美国的一些工厂、仓库、造船厂，一夜间变得炙手可热。仅 1942 年上半年，联邦采购部门官员就订购了价值 1000 亿美元的武器装备，这比当时美国一年的经济总产值还要多。1943 年底以前，"二战"的战争花费已经超过"一战"的 5 倍，而战争对美国财富增长的影响程度之深、范围之广，史无前例。

1938~1942 年，美国多数家庭平均年收入增长翻番，其中波士顿家庭平均年收入增长 1.47 倍，哈特福德增长 2.44 倍，纽约增长 1.47 倍，华盛顿特区增长 2.38 倍，洛杉矶增长 1.77 倍，旧金山增长 1.7 倍……战争期间全美各行业工人纷纷转向直接为战争服务的生产部门，工人平均工资上涨了 20%~30%，有的超过 40%。女工的工资在 1941~1943 年上涨 50%，据估测，1939~1945 年，美国制造业平均工资上涨了 86%，很多战前面临失业的人突然发现他们的境况大为改善。尽管战时物资的限量供应制约了民众日益膨胀的购买力，但美国全国的超市数量从 1939 年的 4900 家增加到 1944 年的 16000 家，而战时物资限供则导致很多人把金钱投向奢侈品市场，昂贵服装、珠宝的销量与日俱增，汽车销售旺盛。

战争结束时，美国人的钱包都鼓了起来。美国人平均每周的花费从 1940 年的 24.20 美元上升到 44.39 美元。这个数字既包括高工资的人，也包括全美 650 万名女工，有很多家庭是第一次获得可自由支配收入，这使他们在购买生活必需品之余可以更好地享受生活，很多家庭第一次有了储蓄，1943~1945 年，美国人将 1/4 的收入作为家庭储蓄，日本投降时，美国已有近 1400 亿美元的流动资产，这个数字相当于 1939 年时美国全国总收入的两倍，其中有很多是来自中小储户和战争债券。

然而盛宴并没有因战争结束而散去，它仍在继续。

从 20 世纪 40 年代末到 20 世纪 60 年代末，美国的股票市场翻了 5 倍，成为 20 世纪美国财富爆炸绽开的一束礼花。尽管百万富翁们的收入并没有超越 1929 年的历史最高水平，但百万富翁的人数却大大超越。据统计，1929 年，美国百万富翁人数为 24000 人，1953 年为 27000 人，1962 年上升到 80000 人，1965 年超过 90000 人。

美元黄金世界

战争和世界经济危机把美国推上了世界财富老大的位置，摘取"冠冕"已不是问题，如何保住"冠冕"、永不失位成为最大的问题。

两次大战前帝国列强都是大炮开路，占领弱国、掠其领土、夺其资源、劫其财富、奴役其人民，这种经典的帝国殖民模式已经时过境迁，除了世界已经基本被列强瓜分殆尽外，各殖民地的人民也已温顺不再，他们纷纷起来抗争，以期摆脱推翻殖民统治。

美国开始谋划设计一种新的帝国殖民模式。

1944 年成为世界较为关键的一年，这一年夏天，欧洲战场的盟军在法国诺曼底成功登陆，纳粹德国陷入两线作战的铁钳之中，德国爆发"七月密谋"，希特勒遭遇人生第 42 次暗杀，人没有亡，却逼使其疯狂；另外在东南亚战场，中国远征军开始反攻盘踞在滇缅边境一带的日军，最终肃清了这股日寇……大战转胜，曙光初露。

这时英、美两国政府出于自己的国家利益，开始着手谋划和设计战后国际货币体系，美国财政部前助理部长哈里·怀特提出"怀特计划"，以思想光耀世界的著名英国经济学家凯恩斯提出"凯恩斯计划"，两个"计划"都是以设立国际金融机构、稳定汇率、扩大国际贸易、促进世界经济发展为目的，而不同之处在于各自的利益不同，运营方式不同。

1944 年 7 月，44 个西方主流国家的经济精英齐聚美国新罕布什尔州的布雷顿森林小镇，最终结果是，"怀特计划"战胜了"凯恩斯计划"，美国战胜了英国。西方经济精英们共同商讨出笼了战后世界货币新体系——"布雷顿森林体系"（因货币体系在该小镇出笼而命名）。这个体系的核心实质在于：全世界的货币都要与美元挂钩，而美元则与黄金挂钩，于是，"美、金"时代来临。

美国以一场会议、一纸合约，彻底终结了英国人对世界贸易和金融的控制权，一跃成为"二战"的最大赢家，登上世界盟主宝座，不仅赢了战争，更赢得了财富。

当时美国向全世界承诺：美国承担以官价兑换黄金的义务，每35美元可以兑换1盎司黄金。敢做承诺是因为当时的美国已经拥有全世界最大的黄金储备。据统计数据显示：当时美国拥有的黄金数量已占世界各国官方黄金储备总量的75%以上，几乎全世界的黄金都通过战争流到了美国。与此同时，经历了两次世界大战的美国还拥有了全世界最强大的生产能力和军事机器。美国以黄金为基底，以强大的生产能力、军事机器保驾护航，通过建立"布雷顿森林体系"确立了美元的世界地位。美元等于黄金，成为黄金的"等价物"，在战后国际货币体系中占据了主导地位。

全世界各国的货币只有通过美元才能同黄金发生关系，美元成为国际清算的支付手段和各国的主要储备货币……这时候美国只通过发行纸币而不动用黄金就可以进行对外支付和资本输出，这无疑为美国的对外扩张和财富掠夺打开了方便之门。这之后全世界都知道，无可抗拒的美国时代来了。

拥有世界2/3以上黄金储备的美国，堪称全世界最富裕、最稳定、经济发展势头最好的国家，美元的信誉也是全世界最好的。

打开印钞机

1971年8月15日，时任美国总统的尼克松向世界正式宣布：美元同黄金脱钩。

美元停止兑换黄金和固定汇率制的垮台，标志着战后以美元为中心的货币体系瓦解。究其原因，其中有很大因素受累于美国发动的两场战争：朝鲜战争、越南战争。

1950年6月25日，美国打响了朝鲜战争，历时三年。据资料记载：这场战争让美国战损消耗各种作战物资达7300万吨，战费开支达830亿美元，美军阵亡39543人。

1959年，美国远涉重洋同越南作战，先后打了近17年仗，损失上万架飞机，阵亡官兵达49000余人，打掉8000亿美元（合现在近3万亿美元）。

这两场战争美国没有像"一战"、"二战"那样享受到"财富盛宴"，几近颗粒未收，国家因此深陷泥潭，财政赤字巨大，国际收入情况恶化，美元信誉受到冲击，大量资本出逃，各国纷纷抛售手中的美元抢购黄金，使美国黄金储备急剧减少，仅 1968 年 3 月的半个月中，美国的黄金储备就流出了相当于 14 多亿美元，仅 3 月 14 日一天伦敦黄金市场的成交量就达到了 350~400 吨的破纪录数字。美国没有了维持黄金官价的能力。

1971 年 7 月，第七次美元危机爆发，尼克松政府不得不于 8 月 15 日宣布实行"新经济政策"，停止履行外国政府或中央银行可用美元向美国兑换黄金的义务，美元与黄金挂钩的体制就此终结。

美元兑换黄金的窗口关闭了，"美、金"体制瓦解。

在美国顶尖智库任职的本·斯泰尔在他所著的《布雷顿森林货币战·美元如何统治世界》一书中说："美元实际上是最后一艘固定在黄金锚地上的船只，船上承载了世界所有的货币，而美国正在切断锚索，永久地驶离黄金的锚地（399 页）。"

美元驶离了，但驶离"黄金锚地"后的美元却并没有随着"美元黄金体系"的瓦解而崩溃。在这期间，美国一位叫迈克尔·赫德森的经济学家受雇于政府出炉了一份研究报告——《黄金非货币化的影响》，在报告中，迈克尔指出：美元跟黄金脱钩，短时间内对美国是有好处的，因为美国可以在全世界还没回过神来时多印钞票，用没有黄金背书的纸币去占取全世界的便宜。当然长期来看，这对美国无疑是饮鸩止渴。

但美国人讲实惠，利益至上，既然美元摆脱了黄金的羁绊，加印美元成为可能，哪怕只有短暂的好处也必须抓住。于是一个高速印发美元的时代开始了。

据资料显示：1970 年之前的 50 年间，美元现钞发行的总数量只有 700 亿美元，1971 年以后的近 30 年间，美元现钞发行总量快速增长到 8500 亿美元，自 2008 年金融危机以来的三年时间，美元现钞增长到 2.3 万亿美元，1971 年全球广义货币供应量 M_2 的规模只有 2 万亿美元左右，到目前已增加到接近 60 万亿美元……失去了发行硬约束的美元就像一匹脱缰野马，它创造出人类历史迄今最为庞大的全球货币规模。

美元迅速成为全球信贷的发动机，世界经济也由此进入一个信贷驱动的时代。随着各国对金融市场的限制慢慢解除，金融市场不再从属于实体经济，而是成为一个独立自主的体系，它为发达国家的全面资本市场开放迈出了重要一步，也被看作是第二次金融全球化时代的开端。随着经济全球化进程开始加速，全球金融系统的改变也更加剧烈，不仅创造出货币市场工具、互换等衍生品，更允许大量资本跨境流动，发展中国家也开始较深地融入到全球金融系统中来。

全球金融时代的来临也标示着世界经济美元化霸主时代卷土重来，轴心就在美国的华尔街。

美元石油

打开美元印钞机的美国面临的首要问题是：维持美元信用。

要维持美元世界经济的霸主地位必须首先维持美元的信用。美国明白，仅凭强大的科技创新能力和强大的军事实力并不能完全确保美元的信用，美元作为硬通货，要在全世界畅通无阻并随心所欲地"玩赚世界"、实现纸币与实物的财富大挪移，即便"两大支柱"马力全开也很难保证完全成功，必须有更加巧妙、强大、长久的保障，必须找到替代品，黄金脱钩了，美元必须与新的世界上最重要的大宗商品挂钩，这个替代品就是石油。

石油金融化与世界经济美元化几乎是同步进行的，也可以说石油的金融属性使其成为美元世界性货币的强力支柱。

1971 年，当美国总统尼克松宣布美元与黄金"脱锚"时，与之并行的是全球石油价格的上涨，据资料显示：1949~1970 年，世界石油价格一直稳定在 1.9 美元/桶左右，1970~1973 年，每桶油价逐步上升到 3 美元，1973 年 10 月 16 日，第四次中东战争爆发，战争爆发不久，欧佩克就将油价调高 70%，涨到 5.11 美元/桶，1974 年 1 月 1 日，油价上涨到 11.65 美元/桶，1973~1974 年 1 月，石油价格上涨了近 400%……石油价格的暴涨，导致了石油贸易结算对美元需求的暴涨，这使一度面临信用危机的美元在国际上重新获得了强力支撑。

石油价格暴涨的同时也使产油国获得了大量美元。一夜之间，产油国口袋里盛满了美元。

一方面，当时的产油国根本无法消化这些财富，他们无法让这么多美元进入实体经济，巨量美元就有可能像大水漫灌一样给地区和周边带来通货膨胀，这无论对美元、对社会、百姓都将带来冲击；另一方面，石油美元当时全都是真金白银，如果它们被用来购买美国资产，对美国产生的后果将难以想象，因此"泄洪"——消化掉这些钱成为当务之急。

这时候，美国国务卿基辛格和被称为美国石油"沙皇"的美国财政部长西蒙为产油国设计了一个方案：美元回流美国。由此形成一个美元的环流，以减少美元对产油国和美国自身的冲击。

1974 年 6 月，在基辛格和西蒙的努力促动下，美国与沙特成立了"美国、沙特阿拉伯联合经济委员会"，两国开展了在石油、贸易、政治和军事领域的广泛合作，不仅美国可以大量吸收沙特的石油美元，而且沙特也被允许可以大量购买美国债券。1974 年末，西蒙与沙特货币署达成协议：沙特货币署可以通过纽约联邦储备银行购买美国政府债券，美国联邦储备银行将告知沙特货币署关于美国政府的交易日期、数量及相关信息，只要沙特货币署愿意购买，就将处于不可竞争的优先地位。

这样美国在实现美元回流的同时，也使沙特的资产回报率与美国经济的兴衰息息相关。作为最大产油国，沙特承诺用美元计价结算，同时获得石油美元购买美国金融资产，成为美国政府债权人的先例，这也带动了其他产油国乃至东亚出口导向型经济体的同步崛起，这些国家也相继成为美国的债权人。

除此以外，美国还支持本国跨国公司介入、渗透、参与沙特的经济和国家建设，大举投资沙特工业市场，使沙特经济的现代化进程对美国投资者的技术和市场依赖程度不断加深。

然后，美国支持沙特用石油美元向美国购买安全。

美国向沙特提供大规模军事援助，出售战争武器，据资料显示：1973~1980 年，美国向沙特出售武器的金额总共达 340 亿美元，仅在 1975~1980 年，美国卖给沙特的武器装备以及维修设备的价值就在 150 亿美元以上，另有 140 亿美元的武器装备在"商品供应线"上……全世界的石油交易与美元挂钩，美元的信用也就牢牢地与全球的能源需求挂上了钩。

美国绑住了石油，也就扼住了世界的"咽喉"。

经济全球化

1985 年，美国经济学家 T. 莱维提出了"经济全球化"概念。提出者的本意旨在推动全球生产力大发展，加速世界经济增长，为少数发展中国家追赶发达国家提供一个难得的历史机遇。

概念提出后，一些欠发达国家的领导人和精英层非常热衷"全球化"，甚至张口不离"全球化"，十分显然，他们一厢情愿地希望这辆"动车"开启之后，能够朝着他们的"家乡小站"飞奔而来，然而事实却是，"动车"启动之前，抵达的终点早已写入程序。

美国学者沃勒斯坦、阿里夫•德里克，英国学者斯克莱尔，法国著名经济史学家费尔南•布里代尔等西方学者，不约而同全都一针见血地指出：经济全球化实际上就是资本主义全球化，或全球的资本主义扩张。

20 世纪 70 年代，美国、东亚和中东产油国在世界经济体系中的重新分工基本塑造了后 40 年全球经济的走向格局，美国作为信贷发动机，也是最终的消费品市场。世界以"经济全球化"为主导，以自由经济学的"比较优势"理论为依据被划分为两大阵营，美国作为一大阵营，全世界作为另一大阵营，美国负责生产全世界流通的美元，全世界负责生产用美元交换的产品。

具体方式：产油国提供能源，东亚诸国（包括中国）提供劳动力和消费品，石油美元的环流则成为这一经济格局的路径和重要组成部分。以此类推，全球化产业大分工就此形成。如此运行，美国可以不耗费自己的资源、人力，同时又保护了自己的环境，美国唯一要做的就是开动印钞机，国人刷卡消费，以一张绿纸在全世界换得所有的生活必需品。

美国把石油美元的回流扩展到产品、生活用品等诸多领域，正如本•斯泰尔所说："支付给中国购买商品的美元第二天就以低息贷款的形式回到了美国，并且随后迅速地在美国金融系统中重新循环并创造出更多的廉价信用（《美元如何统治世界》，344 页）。"

就这样，全球财富快速向美国集中，从 1776 年美国建国到 1990 年的近

200年中，美国GDP最高时年达7万亿美元，可近20年美国GDP就翻了一番，年达14万亿美元，2014年达174979.6亿美元。长此以往，美国将稳坐全球经济生物链的高端，那些欠发达的拥有大量廉价劳动力的中小国家和地区，将不可改变地永久居于整个经济生物链的低端。

鞭长所及

当然，没有人心甘情愿永久地过穷日子，没有人会眼睁睁地看着自己的"羊群"被圈进别人的栅栏而无动于衷。

美国非常清楚维系经济全球化模式和金融美元世界地位的最直接、最有效手段是什么，那就是战争，财富世界离不开战争。

在"全球化"发展最迅速的近20年里，美国迅速将自己的军事力量、经济、文化布控和扩张到了全世界，对世界其他地区经济势力的崛起，对那些刚刚露头或尚未露头的潜在竞争对手，无论大小强弱，美国都会用战争手段干净利落地将他们打回原形。

下面举例两场众所周知的近现代战争。

1991年的海湾战争：海湾战争打响之后，美国以"正义"、"拯救"之名出兵海湾，但美国出兵海湾的真正目的却是石油。当时，美国是海湾地区石油最主要的进口国之一，据美国能源情报统计，1990年第一季度，美国每天净进口石油766.1万桶，其中206.4万桶来自海湾地区。当时，伊拉克来势汹汹，如果听凭它吞并科威特进而占领沙特阿拉伯，伊拉克就将控制全世界一半以上的石油，这等于卡住了美国的"脖子"，美国能容忍有人卡住他们的"脖子"吗？当然不能。

1999年3月的科索沃战争：这场战争美国以"人道干预"为名打击南联盟。开打之前，他们为战争找了个理由：南联盟政权在科索沃实施种族灭绝，屠杀了9万多阿族人……待谣言澄清以后，南联盟政权已被摧垮。为什么要编这样一个大谎？为什么要绕开联合国迫不及待打这场战争？原因很简单，战争打响之前，世界经济发生了一件逆天大事：1999年1月1日，欧元启动了。正式启动的欧元作为一种全新的国际结算货币，对美元的世界地位构成强势挑战，当时欧元和美元的汇率为1:1.07，战争打响之后，人们发现，深受战争重创的除了南联盟，还有欧元，当时的欧元跌幅达 30%，与美元汇率的倒挂由 1∶1.07 美元，变为 0.82∶1 美元……炮弹在欧洲腹地开花，欧洲怎么可能得到善果。

战争导致的结果使欧洲的投资环境变得飘摇，不只新出笼的欧元遭到重创，潜伏欧洲的游资热钱也像"羊群"一样，被赶出来进入美国，热钱犹如热血，输入美国后，直接支持了美国连续数年的经济繁荣。

接下来的阿富汗战争、伊拉克战争、利比亚战争、叙利亚战争、乌克兰战争乃至 2014 年国庆期间发生在中国香港的"占中"行动等，所有这些战争与骚乱的背后，世人都能够感受到一只无形的策鞭之手，都能够看到灾害经济学为我们描述的"破窗效应"和全球金融殖民的"羊群效应"。

破窗效应

有一部好莱坞电影名叫《美国骗局》，影片中的主人公欧文是一个顶尖行骗高手，他在片中有一段独白："当我还是一个孩子时，我就学会如何生存。我父亲以前做玻璃生意，我宁可剥削别人，也不愿意被别人剥削，每当看到父亲被别人剥削时，我都感到十分恐惧、不安，于是我自告奋勇去拓展业务……"

少年欧文怎样去拓展业务呢？非常简单：砸玻璃。

趁着夜晚街上无人的时候，少年欧文走上街头，抡起石头左右开弓，把街道邻居临街的玻璃窗一块一块全部砸碎。就这样，他挽救了父亲。第二天，父亲的玻璃店就来了生意，业务拓展了，钱也来了。

欧文的业务拓展方式恰如其分地为我们诠释了美国人的财富观和敛财术。我们不知道这部电影的编剧灵感是不是来自微观经济学的"破窗效应"理论，这个理论的原意是：如果有人打坏了一扇窗户，而这扇窗户又得不到及时的维修，别人就可能受到某些暗示性纵容去打烂更多的窗户。但是"破窗效应"理论在这里揭示的是经济学的另一种现象——"灾害经济学"现象。

灾害经济学家认为：破坏性的灾害虽然导致一部分经济受损，但灾害之后社会要组织救灾，要进行灾后重建，这样就导致投入，产生拉动，从而促进社会经济新一轮繁荣……

就像少年欧文那样，把别人的窗玻璃打破以后，对别人来说是损失，但对开玻璃店的父亲来说是生机，与此同时，依附在父亲生意链上的生产商、货车司机、维修工，也相继带来生机，受损者要修理窗户，要安装新玻璃，这当然就构成需求，增加开支，拉动消费，最终财富会流进父亲的口袋，结果父亲赚了钱，继续维系和过着富足的好日子。

欧文坦承：他后来变成了和父亲完全不同的人，成了一个彻头彻尾的自由骗子。欧文的故事让我们想到了许多，世界上有一些标榜自由的人，他享受的自由其实是以别人的不自由为代价的；有一些富有的人，他拥有的富足也是与别人的苦难和贫穷相对应的……这些人为了自己的自由幸福，会找出各种借口和理由，四面出击、从不停歇，他们在世界的每一个角落挑起纷争，这样做的唯一目的，就是将世界各地的"羊群"赶进自己家的"栅栏"。

《美国骗局》中的另一个角色梅来斯基（黑老大）手下的打手特莱吉奥，在向对方转述主子的用意时更加直接："他们（指黑老大）不想让犹太人赚钱，也不想让意大利人赚钱，更不想让黑人赚钱，之后的石油禁令、汽油危机、慕尼黑惨案，人们也不想看到阿拉伯人赚钱……"

2014 年 9 月 23 日，即将离任的阿富汗总统卡尔扎伊在告别演讲中警告他的新政府在与美国和西方的关系上要格外小心，他说："阿富汗战争不是我们的战争，是一场施加在我们身上的战争，除非美国人想要和平，否则阿富汗不会有和平到来。"

然后他告诉大家：美国人不想要和平，因为他们有自己的议程和目的。

日耳曼人

澳大利亚史学家约翰·赫斯特在他的《极简欧洲史》一书中引用了一段早期罗马学者塔西佗的话来说明日耳曼人的嗜斗性："要劝动一个日耳曼人下田耕种，耐心等着一年一度的收成，要比劝他去挑战敌人、赢得受伤的奖赏来得困难。他们（日耳曼人）认为，能靠流血换到的东西却去流汗得来，是没有骨气、等而下之的事。"

约翰·赫斯特引用这段话佐证：在获取财富与食物的手段和方法上，日耳曼人更愿意流血，不愿意流汗，他们认为以流血的方式获取财富和食物很尊荣，反之用流汗的方式来获取财富是没有骨气的，换句话说，日耳曼人更喜欢用战争手段来获取财富，不屑辛苦劳作用汗水换取财富和食物。那么这些好战的日耳曼人是一些什么人呢？

"百度"一下：日耳曼人（Germanic）是对一些语言、文化和习俗相近的民族（部落社会）的总称。在人类漫长的历史中，日耳曼人并不把自己看作是同一个民族，也从不称自己是日耳曼人，公元前 2000 年到公元 4 世纪时期，日耳曼人生活在欧洲北部和中部，公元 4~6 世纪时期，日耳曼人开始大迁徙，这之后，从他们中逐渐演化出斯堪的纳维亚民族、英格兰人、弗里斯兰人、德国人、荷兰人、德意志人、加拿大人、美国人、奥地利人、澳大利亚人、南非的很多白人……现在我们似乎寻到一些人类恃强凌弱、掠夺成性、好战成性的传统基因。

根据瑞典学者和印度学者统计，在人类 5000 多年的历史长河中，世界共发生大小战争 14513 次，其中只有 300 年左右是和平的。战争使 36.4 亿人丧生，损耗的财富折合成黄金，可以铺一条宽 150 公里、厚 10 米、环绕地球一周的金带。

"一战"后登上世界财富老大位置的英国，在 16 世纪至 19 世纪的近 400 年间就发动了 230 多场殖民战争；"二战"后登上世界财富老大位置的美国，自"独立战争"后也在世界各地打了 40 多场战争，这些战争大多是跨越了国界的域外战争，是掠夺性的、针对世界各地弱小国家的"财富"的战争。

中国人的天

中国人遇到危难、险境，或是被吓到、惊到，大多会情不自禁地喊"天"……中国人对天的敬畏和崇拜，不亚于西方人崇拜和敬畏他们的上帝，但中国人的天与西方的上帝是不可相提并论的。

中国的"天人"关系

西方人与上帝的关系纯粹是神崇拜关系，中国古人与天的关系则是"人与自然"的和谐统一关系。《周易·序卦传》中说："有天地然后有万物，有万物然后有男女，有男女然后有夫妇，有夫妇然后有父子，有父子然后有君臣，有君臣然后有上下。"

天地为初始，为始有，万物和人是后来衍生的，根据《易传》的解释，八卦的性质、八卦的构成和六十四卦的排列结构，无处不体现着"天、地、人"三者之间的联系，人与天地、宇宙，共同构成一个不可分割的宇宙整体。

中国最早的典籍之一《黄帝内经》说："天地是一个大宇宙，人体是一个小宇宙，人体的形态结构与天地是相对应的。"在这部中国古代典籍中，先哲们以"象"思维理论，详尽而细致地论述了关于"天、地、人"之间的关系。如《灵枢·岁露论》中说："人与天地相参也，与日月相应也。"这里说的天、地，应该是指天地间阴阳寒暑的四时变化，相参相应，则是指天地变化与人体的息息相应。

《灵枢·邪客》篇详细说明了天、地、人的关系："天圆地方，人头圆足方以应之。"天是圆的，地是方的，如果把人体的形态结构与之相对应，则头颅是圆的、足（脚）是方的。中国先人把人体形态结构与天地万物对应起来，人体的结构可以在自然界找到对应之处，人体仿佛就是天地另一种类观缩影，这就是"取象比类"的结果。

另外，《易经》强调三才之道，把"天、地、人"并列起来，三者之间，各有其道，人在中心，说明人的地位很重要，天之道在于"始万物"，地之道在于"生万物"，人之道在于"成万物"，三者之间不仅是"同与应"的关系，也是一种内在的生成关系和实现原则。

中国先哲们认为：人与天不是处在一种主体与对象之间，而是处在一种局部与整体、扭曲与原貌、初始与最高境界的关系之中。物质世界是绝对运动的，思维反映存在，而思维又处在与时俱进的不断律动与变化之中。

中国道家认为：天即自然，人是自然的一部分。庄子《外篇·山木》中说："仲尼曰：有人，天也；有天，亦天也。人之不能有天，性也。圣人晏然体逝而终矣！"

庄子引用孔子的话来说明天与人的关系。孔子说人类的出现是由于自然；自然的出现也是由于自然。既然人的出生是由天来安排，天的产生也是由天来安排，那就是说，人如果不具备自然本性，那也是由人固有的天性所决定的。那么人的意愿当然就不能违背天的意愿。所以圣人对待死亡的态度就比较淡泊，他会安然体解，随着自然的变化而告终。庄子认为"天、人"本是自然合一的，但由于人类在不断衍进的过程之中，制定出各种典章制度和道德规范，使人丧失了本原的自然属性，逆天而行，变得与自然不协调，所以人类前行的目的，就是要"绝圣弃智"，回归初始，还原本初的纯朴。他主张打碎那些后加于人身的藩篱，把人性彻底解放，复归于自然，以期达到一种"万物与我为一"的精神境界。

中国佛家以佛心度人，佛教对于"天人合一"的理解为人们展现了一个超越现实痛苦的涅槃世界。

佛家讲"烦恼即菩提，凡夫即佛"，尘世中的人，大多只缘迷于世俗的观念和欲望，并常处于不自觉中，一旦觉悟到这些观念和欲望，才发现那些东西全都是虚枉……这时候真如的本性显现出来，以达到最后成佛的境界。但真正达到觉悟后的境界又是什么样的呢？禅宗语录说："悟得来，担柴挑水，皆是妙道"，"禅便如这老牛，渴来喝水，饥来吃草"。世间一切水到渠成，一切缘起顺应于自然。中国台湾佛光山的星云大师解析为：世间产生的一切问题，都是"人"所制造出来的，须靠人类的自我觉醒。大师认为："天人合一的本意就是天下的太平和顺，人与人，人与社会以及人与自然之间的高度和谐，以真正达到天动、地静、人乐的境界。"

中国儒家从道德的范畴来解析"天人合一"。儒家认为：人心天生就具有道德原则，"天"就是道德观念和原则的本原，所谓"天人合一"，实则是一种本原的、自然的、不自觉的合一。

《礼记·中庸》说："唯天下至诚，为能尽其性。能尽其性则能尽人之性；能尽人之性，则能尽物之性；能尽物之性，则可以赞天地之化育；可以赞天地之化育，则可以与天地参矣。"

只有天下最真诚的人，才能充分发挥个人的本性；只有充分发挥个人的本性，才能充分发挥众人的本性；只有充分发挥众人的本性，才能充分发挥万物的本性；只有充分发挥万物的本性，才可与天地齐，可以育生命，人与天地，也因此并列为"天、地、人"。

中国古人以"天、人"代表万事万物中的一对矛盾，提出如果没有人，一切矛盾运动就无法慧觉和体察；如果没有天，一切矛盾运动就失去产生的载体，只有人才可以运用万物的矛盾，也只有天才可以给人运用矛盾的资源。

中国古人一方面认为天是这样一个存在体，它可以与人发生感应关系，可以赋予人吉凶祸福，可以让人敬畏、侍奉它，可以赋予人"仁义礼智"的本性并主宰人的命运、王朝的命运；另一方面，天又代表自然宇宙，自然宇宙是大天地，人是小天地。人和自然在本质上是相通的，人世间的一切人事都应该顺乎自然的规律，达到人与自然的和谐，因此"天人合一"成为中华民族五千年一以贯之的思想核心与精神实质，这是中国哲学不同于西方哲学的显著特征之一，也是中国的"天"与西方的"上帝"神教不同的地方。

中国人的"天道"

中国人讲"天道"。什么是"天道"呢？老子在《道德经》开篇说："道可道，非常道。名可名，非常名。"

老子认为道是不可言说的，即便可以言说，也不是我们通常说的那个道。名也可以言说，但它也不是我们通常所说的那个名。天地间有些东西瞬息就是永恒，道和名都是深奥的东西，人们是没有办法说出它的真意来的，也很难言出它的深意来，所以我们经常嘴边说的那些所谓"道"和"名"并不是真正意义的"道"和"名"。

但老子还是言说了。老子《道德经》第四十二章说："道生一，一生二，二生三，三生万物。"

这个"四生"过程，可以说是老子宇宙生成论的纲领。老子在这里重点突出了一个"生"字，他用13个字，四步生成，就把浩渺宇宙转化成为了现世，而自始至终，"道"蕴其间，与宇宙同生，与宇宙同成，与宇宙同运行，既在自然中，又在变化中，"道"与宇宙原本就是须臾不可分离的。

老子论述了物质从无到有的整个过程，解释了宇宙运行的动力发生、基本形式、生成的作用，以及与物质形成的关系、物质和时间的关系、运动和时间的关系。宇宙的整个运行过程受"道"主导，而人类遵从于"道"。老子讲"人法地，地法天，天法道，道法自然"，就是说人是依据于大地而生活劳作、繁衍生息的，大地又依据上天而有寒暑交替、化育万物，而上天又依据大"道"而运行变化、排列时序，大"道"则是依据自然之性，顺其自然，而成其所以然。

然而"天道运行"又是有原则的。首先它具有"自主、自立、自动"原则。老子在《道德经》第二十五章开篇讲："有物混成，先天地生。寂兮寥兮，独立而不改，周行而不殆。"

老子认为：有一个东西混然而成，在天地形成以前就存在了。我们听不到它的声音，看不见它的形体，它寂静，似无，不依靠任何外力，独立长存，永不停息，循环运行，永不衰竭。

其次是"天道运行"的"自在原则"。老子《道德经》第七十三章说："天之道，不争而善胜，不言而善应，不召而自来，繟然而善谋。天网恢恢，疏而不失。"

天道的运行有着自己最根本的规律。如果我们按律运行，就可以做到凡事不与争战而取全胜，无须言说而得到回应，不用召唤而物归其所。所谓无为而运，无为而作，坦然自然地来筹措一切事物。天之大道，无处不在，涵盖所有，大自然包罗万象，宽广无边，虽然它如此浩大宽疏，却运行缜密，并不会出现什么闪失和疏漏。在这里，自在原则就是尊重自然的规律，按律运行、运作。反之，如果我们过分着力，或者刻意追求，都将背经离道，适得其反。

再就是"天道运行"的"自然原则"和"利他原则"。老子《道德经》第八十一章说："圣人不积，既以为人，己愈有，既以与人，己愈多。天之道，利而不害；圣人之道，为而不争。"

老子说圣人不积累财富，而是积累智识和经验。当我们一切都去为他人着想时，自己反而富足了。当我们总是为别人付出时，自己得到的反而会更多。天道的法则，就是要利于众人，彼此相融，而不要妄加伤害；圣人的法则，就是要施惠众人，而不是与人去争夺。

老子天道中的"不争"思想，与其"道"的"柔弱"特性有内在联系。老子说"上善若水"，水是柔弱居下的，但却智慧劲韧。道本身也是"柔弱"的，因而也是谦下不争的。当然，在这里"道"的不争和水的居下，绝对不是一种消极逃避，也不是百事退让，而是另类强大，是那种强大到"无力与争、无人与争"的强大。老子《道德经》第六十六章中说"以其不争，故天下莫能与之争"，即以你的不争，使天下没有人能够与你争。

还有就是"程序原则"。老子《道德经》第九章说："功成身退，天之道也。"

编程就是这样，程序旧了，就要编新程。一个人功成业就，就该知进退，识大体，主动抽身。因为按照"道"的规律，我们是回不去的，无论如何回不到原点，抽身时刻迟早会来，把持不如放弃，这时由不得我们，想不想放下，都得放下。

最后，"天道运行"还有非常重要的"平衡原则"。老子《道德经》第七十七章说："天之道，其犹张弓与？高者抑下，下者举之，有余者损之，不足者补之。天之道，损有余而补不足。"

老子认为天道就如同张弓射箭，高了，往下按一点；低了，向上举一点；力量大了就减少一点力量；力量弱了就增加一点力量。天道就是择取富余的来补充不足的。

老子在这里强化天道的"高者抑下，下者举之"、"损有余而补不足"。他一方面强调无为、无不为，另一方面又强调损有余而补不足，强调这就是天之道。这说明"损有余而补不足、举低抑高"是属于天道无为之中最重要的内容之一，如果天道的这种控制机制失去了作用，那就走进了"物壮则老之路"，走进了"僵硬者死之徒"，凡事用强之后，必转而衰，持续用强，是不符合道法的，不符合道法的事物，必然会遭早日灭亡的恶果。

一个遵循天道的人，他会以"不争、无忧、为善"而成为一个有德之人。一个有德之人，顺应天道，与天道共振、共鸣、共协调，天道反助人所成。就好比开顺风船，你不使用多大力气，航行速度自然倍增；反之，使用的力气再大，航行的速度反而倍减。其中的原因就是"失其道而损其力"。

中国人的"天理"

中国人讲"天理"。什么是天理呢？

在中国人心中，"天理"即常理、极理、自然之理。如老子打儿子，传统中国老百姓认为这是常理、天理；反过来儿子打老子就有悖常理、天理。如果有人用"天理难容"形容一个人或一件事，那这个人或这件事就比较严重，其人其事通常为大众不耻；另外有人要是对某件事发出"还有没有天理"这样的诘问，那说明这件事情让他绝望透顶，他认为这个世界没有公理、公道了，哪还有什么天理良心？

中国人讲"天理良心"。天理即自然之理、公理；良心为纯善之心，是人类的本然之心。儒家讲"人之初，性本善"，一个天性良善的人当然是一个有良知的人。所谓"天理昭彰"，是说天理即天道，天道即自然法则，自然法则即秉持公道，秉持公道即惩恶扬善，世事公道分明，善恶必报。

老子强调人要遵循自然法则，要做对得起天理良心的事情，他在《道德经》里讲"绝圣弃智、民利百倍"，与庄子讲的一样，弃绝那些违背天理良心的所谓"圣、智"，回归人类的本原、质朴，遵循自然的法则，这样做才对得起天理良心，才能够做到民利百倍，让老百姓真正获利。

庄子在《庄子·天运》中说："夫至乐者，先应之以人事，顺之以天理，行之以五德，应之以自然，然后调理四时，太和万物。"他认为世间最美妙高贵的乐曲，应该是最有人情和最具人性的，它的演绎和推进必须因循天理，以五德为标准，与自然契合，然后以四季为序，再相应调理，才能做到与天地万物的相融和。

庄子崇尚自然，认为"道"与"理"蕴于自然之中。他说"天地有大美而不言，四时有明法而不议，万物有成理而不说"（《庄子·知北游》）。天地有伟大的造化和功德，但它并不挂在嘴上；春夏秋冬有四季分明的规律，它也从来不议论；万物都有其生成的道理，但它们根本不用去阐释这些道理，一切遵循自然，按自然的规律发展就是了。在庄子眼中的"天"与"人"是对立的两个概念。"天"代表自然，自然代表天道，天道即天理；而"人"代表事物，什么是事物呢？就是"人为"的一切，如果把"人为"两字组合，就是"伪"字，所以人为的东西都是虚伪，有悖自然常理。庄子主张摒弃人性中那一部分"伪"的杂质，顺从自然，顺从"天道"，顺应"天理"。

法家代表人物韩非子最早提出了"理法"的哲学关系。

他在《解老》中这样说："道者万物之所成也，理者成物之文也。"他所说的道，同样是老子所讲的道，道者，万物之源，理则是生成万物的法则，是自然事物发展形成的规则和思想。人们做任何事情，都应该尊重客观规律，遵循自然法则，就是遵循"天理"。

韩非子反对天命学说。他认为：道是变化的，天地是变化的，人与社会是变化的，治理社会的方式方法也是变化的。但他同时又认为"道"也应该有相应的稳定性。稳定就是某种恒定，对现实中某些恒定的东西，法定的、约定俗成的，人们就不能去触碰它，必须遵守，人人守则。

如典出《管子·七臣七主》中的"律者所以定分止争也"，这个"定分止争"，就与我们今天现实生活中的物权法密切相关。一位叫慎到的法家人物用了一个浅显比喻就把它说得十分明白："一兔走，百人追之。积兔于市，过而不顾。非不欲兔，分定不可争也。"（《慎子》）慎到的大意是说：一个兔子在野外跑，有很多人去追，但集市上有那么多的兔子，他们却视而不见。难道他们不想要这些兔子吗？当然不是。而是集市上的这些兔子已经有主了，有主（所有权）的东西，就不可以再去争。人要守规矩，所有权已经确定了的东西，就不能再去争，否则就是违背了法则、法理，就要受到制裁。

韩非子在《大体》中说："寄治乱于法术，托是非于赏罚，属轻重于权衡；不逆天理，不伤情性。"这里的"法"，笔者个人理解应该是自然法则和相应的律法，而"术"则指"术数"，为阴阳更作规律的量化表示。把治理社会的混乱寄托在法律术数上，把人世间的是非曲直寄托在赏罚分明上，人心是一杆秤，事情的大小、事物的轻重，自有秤砣和秤杆来度量。如果我们能够因循自然的规律和法则，就不会做出违反天理、伤害人性的事情来。

韩非子的"理法"思想源于自然天道，这似乎与西方古希腊和古罗马的早期"自然法"有异曲同工之妙，古希腊哲学家柏拉图把制约客观万象的"自然法"视为"神的天道"，而斯多葛派的主要代表人物克里斯普则说："主要的善就是以一种顺从自然的方式生活，不做人类的共同法律惯常禁止的事情。"

所以无论中国社会还是西方社会，当"天道、天理"或"神的天道"被用于诉求社会秩序公正的时候，在一些人眼中便云驾于现行法则之上，成为判定社会秩序公正与否的标尺。

中国儒家则把"天理"看作本然之性。

在中国宋朝以后，以程颢、程颐、朱熹等人为代表的儒家理学把"天理"引申为"天理之性"。儒家认为："天理"是社会"仁义礼智"的总和。朱熹《朱子语类·卷一》中有"天有春夏秋冬，地有金木水火，人有仁义礼智，皆以四者相为用也"，"理者有条理，仁义礼智皆有之"，"大而天地万物，小而起居食息，皆太极阴阳之理也"。

在朱熹的哲学思想中，天理包含道理、规律、秩序、准则、规定等，它是天之大理、物之小理、人之道理、性之情理，理源于宇宙万物，原本是善的，当这种善赋予人，便成为人的本性，赋予社会，便成为礼。而人在世界万物的纷扰交错之中，很容易受欲的诱导，迷失自己禀赋于理的本性，如果人的本性乱了，礼便失了，礼失了，社会就乱套了。

所以朱熹提出"存天理，灭人欲"。他说："人之一心，天理存则人欲亡，人欲胜则天理灭。"（《朱子语类·卷十三》）那么什么是朱熹要存的天理、什么又是他要灭的人欲呢？

朱熹说："盖天理者，此心之本然，循之则其心公而且正；人欲者，此心之疾疢，循之则其心私且邪。"（《朱子文集·延和奏札二》）大意是说：天理是人心的本来面貌，遵循天理，人心就是公正的；人欲是人心上的疾病毒瘤，一个人一味遵循人欲，人心就野了，就很难收住，会变得自私而邪恶。在朱熹看来，对于前者，自觉遵循就好了，对于后者，则需要克制平衡，如果不克制平衡，任后者无限地放纵放大，僭越了前者，就会灭绝前者，导致祸患……如人们喜欢游玩、喜欢音乐、喜欢财富、喜欢美女，这些都是人的正常欲望，都在情理之中，天理所容、人情所依，人们如果自觉遵循规则，让天下人都能合理享有这些东西，那就是天理。而当有的人要把这些东西据为己有，独享以满足一己私求，那便是人欲，不合理的人欲。

四库全书《世范袁采·处己》篇说："饮食，人之所欲，而不可无也，非理求之，则为饕为馋；男女，人之所欲，而不可无也，非理狎之，则为奸为淫；财物，人之所欲，而不可无也，非理得之，则为盗为贼。人唯纵欲，则争端起而狱讼兴……"

袁采是南宋学者，他认为饮食是人的自然欲望，不可或缺，但如果一个人不加节制、不合理追求，那他就是贪馋、贪吃；男女欢爱之事，是人的本能欲求，不可或缺，但如果采用不合理的手段去强求欢爱，以满足性欲，那就是强奸、淫乱；对于财富货物，每个人都有需求，都想去获取，但如果采用非法手段去强取豪夺，就成为强寇和盗贼。一个人如果只顾追求放纵自己的欲望，那么早晚他会引发事端，触犯法律，惹上牢狱之灾。

孟子说："鱼，我所欲也，熊掌，亦我所欲也；二者不可得兼，舍鱼而取熊掌者也。"（《孟子·告子》）鱼是我想要的，熊掌也是我想要的，如果这两样东西不能够同时得到，我会选择熊掌而放弃鱼。孟子是一位令人仰望的圣人，而圣人也有态度，有自己的选向，先选好的，退而次之。

朱熹说："鱼与熊掌皆美味，而熊掌尤美也。"又说："饮食者，天理也；要求美味，人欲也。""所欲不必沉溺，只有所向便是欲。"朱熹认为鱼和熊掌都是美味的东西，但两相比较，熊掌的味道更加鲜美。人对鱼和熊掌的欲求，是合理欲求，如果舍鱼取熊掌，也是合理欲求，但一味去逐求熊掌的美味，或要求鱼和熊掌皆得，就过了，就是不合理的人欲。合理的饮食欲望是天理，过分地要求美味是"人欲"。如我们每天吃饭、喝水，是为保持生命和健康，单就这个目的，当然是合理人欲；但如果我们一心去追求美味佳肴，鸡鸭鱼肉吃腻了，熊掌珍禽还不能饱胃口，那就是不合理的人欲了。

儒家理学是一门教导人怎样做人的哲学。朱熹的"存天理、灭人欲"，就是要劝导世人做到"格物、穷理、正心、修身"，最终成为一个内外兼修、才德兼备的杰出之人。这与孔子的"克己复礼"是相承的。

孔子说："克己复礼为仁。一日克己复礼，天下归仁焉。为仁由己，而由人乎哉？"（《论语·颜渊》）"克"字在古汉语中有"克制"的意思，也有"战胜"的意思。所以朱熹认为，"克己"的真正含义就是战胜自我私欲。孔子提出的"礼"，并不仅指礼节，而是泛指天理。所谓"复礼"就是应当遵循天理。

现代社会我们一路狂追，繁复之后，才发现平淡才是真，简单就是幸福，岁月平静就是美好。一个杰出的人，他一定也是一个普通的人；一个高尚的人，他一定也是一个朴素的人。如果有一天我们心里的欲望重了，又不加节制，就会出问题，如吃东西不节制，病就来了；做生意不让利，财路就窄了；做人不仁义，朋友就少了；无休止索取资源，生态就失衡了……

如果说欲望也是天理，它必须是合理欲望；欲求也是追求，但它必须是合理追求。合理之"理"，就是天理。

中国人的"君子"

中国人据天演绎，意蕴高深，这些圣贤言说，先哲语理，几千年来一直影响并主导着中国人的思维、言行，对中国人的人格形成起着重要作用。

中国古代社会"君君、臣臣、子子"，大小有序，凡事都要讲"理、则"，理就是天理、道理；则就是准则、原则。为了守则，为了顺应天理，人就要克制，要克制，就要有一套规范的东西，于是儒家理学以"仁、义、礼、智"晓行天下，以此为中国古人安身立命的言行规准。

中国儒家的思想核心是"仁爱"，"仁爱"是什么？是天下。

孟子说："老吾老以及人之老，幼吾幼以及人之幼。"孟子的意思是，别人的老人也是我们的老人，我们关心孝敬自己的老人，也要关心孝敬天下人的老人；别人的孩子也是我们的孩子，我们疼爱照顾自己的孩子，也要疼爱照顾天下人的孩子。

按照儒家的需求原则，中国人理想的人格塑造是圣贤。然而偌大的中国要出一个圣贤非常难，通常几个世纪难出一个。所以儒学次而求之，推举"君子"。孔子说："质胜文则野，文胜质则史，文质彬彬，然后君子。"从文化人类学角度理解，就是把人类朴素的本质与人类衍进的文化相融交合，协调到恰到好处，如果质强文弱，原有的粗野就跑出来占了上风，人类会退回到原始；如果文强质弱，则文化的飚进又会丢掉人类原质的素朴，虚浮矫作跑出来，就让人显得根基肤浅。自古文武双全、张弛有道、文质相适者，才称得上君子。

孔子《论语·宪问》说："君子之道者三，我无能焉。仁者不忧、知者不惑、勇者不惧。"孔子对"君子"赋予德性上的意义，他认为一个君子应该具有"仁、智、勇"三方面的德性。仁德之人，不会忧愁；聪明之人，不被迷惑；勇敢之人，无所畏惧。这三点德性说难不难，孔子说他自己都很难做到。做一个"圣贤之人"很难，那就选择做一个君子，做君子虽然也难，但依其标范，一个普通人经过不停地精进努力，是可以做得到的。在国人眼里，君子是除了"圣人、贤人、高人、神人"之外比较完美的人格典型。

有许多有关君子的说辞，如"君子之交淡如水"，两个人相交多年，茶叙小饮，轻言雅语，少有过眦目龃龉、利害攸关，久别偶有牵思，新见一拘浅喜，"发乎于情，止乎于礼"……如果我们这样结交朋友，就比结交那些酒肉朋友、财利朋友来得舒服、轻松，友谊也更纯粹、更长久。

又如"君子一言，驷马难追"，做人要讲诚信。无论职场还是生意场，重诺讲信、一言九鼎是做人之本。一个人只有先具备了过硬的信用品质，才可以入场、上道，这是事业拓展和成功的基础。所以"信誉"与"信用"既是一个人财富路上制胜的利器，又是一个人珍贵的隐性财富。

再如"君子爱财，取之有道"。孔子说："富与贵，是人之所欲也，不以其道得之，不处也；贫与贱，是人之所恶也，不以其道得之，不去也。君子去仁，恶乎成名？君子无终食之间违仁，造次必于是，颠沛必于是。"

既有钱，又有地位，这是每一个人所向往的。但如果不是用"仁道"方式得来，作为君子，那是不能接受的；贫穷与低贱，人人都嫌恶，但一个人如果不是用"仁道"的方式来摆脱贫贱，那他最终依然摆脱不了贫贱。君子一旦离开了"仁道"，他怎么会有好名声呢？所以君子在任何时候、哪怕是吃完一顿饭的短暂时间，也不要离开仁道。君子仓促匆忙的时候应该这样做，颠沛流离的时候也应该这样做。所以真的君子，在抱拥住财富的时候，他不会骄横得意，两手空空的时候，也不会沮丧沉沦。

"天行健，君子以自强不息；地势坤，君子以厚德载物。"这句话出自老子《周易·象传》，意思是说：君子立世，应该像上天那样康健良好，自我运行，坚执刚毅，永不停息；也应该像大地那样气势和顺，厚美增德，容载万物。

凡此种种，所有这些关于君子的德性，多数有志的中国人都将其铭刻在心，晨温夜习，点滴遵循。我们在小学课本读过"融四岁，能让梨"，说古时候有个叫孔融的小男孩，才四岁就知道把大梨让给哥哥吃，把小梨留下来给自己。这个礼下谦让的故事，伴随了中国人 2000 多年。尽管时下有不少人对这个"让梨小儿"有非议，但一个尚礼谦让的社会一定要比一个争名夺利的社会更加温暖相宜、更加抱团、更加固久。

1961 年 2 月，周恩来总理率一个代表团到缅甸参加国庆典礼，随团足球队和缅甸国家足球队比赛，第一场中国队狂灌了对方五六个球，总理的警卫员回忆，周总理当时很不满意，他指示球队："这次来比赛，主要是为了友谊。球，我们可以赢，但不要赢太多，要照顾到人家。"球迷们都知道，两个队你来我往，临门一脚是最"爽"的时刻，但周总理仁者之心，他是君子，君子就不能只图己"爽"，而让别人失了面子。中国是礼仪之邦，有礼下谦让的美德，宅心仁厚的总理顾的是大局，想的是天下。

从古代社会的黄口小儿到 2000 多年后的大国总理，中国人大多崇尚这种彬彬有礼、克己为人的君子之风，把体面、利益、尊重和爱心谦让给身边的朋友、他人或对手。

财富中国

在国家发展史上，中国先后被世界称为"文明古国"、"农耕国家"、"半殖民国家"、"东亚病夫"、"社会主义国家"、"第三世界国家"、"发展中国家"……却从来没有人称呼过中国为"财富国家"。

自 20 世纪末，世界财富奇迹般地发生了由西到东的魔幻大挪移，现在我们完全可以这样定义自己的国家——财富中国。

跟老大无关

2013 年 10 月 13 日至 17 日，英国财政大臣乔治·奥斯本对中国进行了为期 5 天的访问，结束访问之后，深感震惊钦佩的乔治·奥斯本发出慨叹：英国不再伟大……英国已经失去了"积极进取"的精神，降为"二流国家"。

斗转星移，当年的"日不落帝国"已今非昔比。2014 年 2 月 19 日，中国《第一财经日报》报道，仅武汉市 5 年内的建设计划就要花费 2000 亿英镑（约合人民币 2 万亿元）。而前世界财富老大英国今后 20 年支出的总量为 3750 亿英镑（约合人民币 3.75 万亿元），这就是说，仅武汉一座城市在基础设施上的支出就与英国全国改善更新基础结构的支出相等。另据统计，当今中国约有 10 个以上的大城市每年城建投资在 1000 亿元规模以上。一座城市与一个国家相比，每一座城市都堪称"富可敌国"。

但我们会因此得意吗？当然不会。

我们不会忘记"深藏若虚"的先哲智慧，也不会忘记我们的人口总量与财富总量的不可比性，更不会相信"财富帝国"会真正服气而偃旗息鼓……你会认为英国真的甘心做一个"二流国家"吗？自第二次世界大战衰落，世界财富老大的位置移位美国，英国人就一直为此痛心疾首，从丘吉尔时代开始，英国就开始为恢复大英帝国昔日的王者地位默默准备，英国前首相托尼·布莱尔曾写过一本回忆录叫《旅程：我的政治生涯》，在这本书的序言中，他这样写道："我想改革英国，使它保留 20 世纪初、身披世界最强大帝国斗篷的骄傲，同时，面对 21 世纪的到来，不会由于那件斗篷不再合身而自觉衰落和衰退。"

这才是英国人的心里话。当美国总统奥巴马激情宣称"美国绝不做世界老二"的时候，英国似乎嗅到了现任全球"老大"的一丝衰颓气息，他们开始同中国走近，除了利益关系，还可以借力，以期改变世界格局。

但那又怎样呢？即便美国不做"老大"，中国就可以吗？即便中国可以，美国情愿吗？西方情愿吗？谁又可以保证不甘二流的英国下一个要对付或掀掉的不是中国呢？的确如此，当中国累积起一定的财富之后，有些人似乎嗅到了中国的"老大"气息。但是他们错了，无论如何，中国不是奔"老大"而去的，中国搞改革，搞城乡建设，搞人民生活水平改善，搞经济总量增加……所有这些跟"老大"无关，不仅是因为现在中国还没有实力去做这个"老大"，即便某一天有了这个实力，中国也不会去做这个"老大"，中国无须做什么"老大"。

历史上的中国确实曾有过盛世天下的时候，但那时的中国人昂起头了吗？中国没有高傲地昂起头，没有站出来去主导世界，中国人一如既往地种菜、耕田、织丝、经商、劳民伤财地修筑起一道抵御外寇的万里长城，以维护自己的菜地、桑田、领土、国家，而不是去做什么全球"老大"。

古老的国家史书曾一直这样告诉我们：历史上我们就是世界，周边是蛮夷之地、是天极、是世界尽头（我们曾信以为真）。当我们最早拥有了世界顶级的航海技术和造船技术时，我们没有驾着它去寻找和发现什么新大陆，开发什么新领地，也没有驾着它去掳掠别国人民的黄金、大米、珠宝、女人和财富，不仅这样，我们还把那些大船和造船技术彻底封存、毁弃，我们"禁海"，用自己的海岸线织成一条锁链，把自己拴牢在这片"中央大国"的"风水宝地"上。中国古代士大夫们每天都沉浸在我们是"中央帝国"这样的酣梦之中，晃着脑袋，吟着诗赋，走着方步……直到有一天那些让他们一直看不起的蛮夷民族金戈铁马风卷席来，国打残了，家破灭了，才大梦惊觉，抬头看世界时，世界已甩开中国走得好远。

实事求是地说，中国苦熬苦撑走到今天，与中华文化几千年的岁月灌注和时间渗滴是分不开的，中华古老文化的"坚执韧忍"和"策略智慧"支撑着国家的命运，熬过低潮，挣出阴霾……

在世界工业革命以前，人类文明的三大世界（西方的基督世界、中东的伊斯兰世界、东方的中华文明世界）碰撞不断，却交集有限，而世界各国的发展是不平衡的。当西方社会在公元5世纪刚刚进入封建社会时，中国已经走完了约1000年封建社会的历程。中世纪的欧洲文化落后，思想愚昧，是历史上所谓的"黑暗时代"，而中国这个时期正是文化和经济繁盛时期。

有人在"剑桥中国史"寻到过有关中国古代经济与世界经济的占比算法：在 8 世纪初，中国唐朝（公元 618~907 年）经济总量占世界经济总量的 60%以上；而北宋（公元 960~1127 年）时期仍占 50%左右；南宋时期（公元 1127~1279 年）虽然是古代中国疆域最小的王朝，但却爆发了人类史上第一次商业革命，中国"四大发明"的其中三项（火药、指南针、印刷术）都是在这个时期发明并投入生产的，而南宋的经济总量更是占世界经济总量的 80%左右，紧随其后的阿拉伯帝国约占 10%，当时由于阿拉伯帝国分裂，彼此攻占不休，加上蒙古人不断攻城屠城，整个中东地区一片废墟，而当时的欧洲由于战争引发了 "黑死病"，成为当时世界最贫穷的地区……

当宗教在世界占据思想领域的阵地——佛教、基督教、伊斯兰教成为许多国家的"国教"时，"儒家学说"主宰着中国，这种文化现象虽然对封建中国的巩固有一定推动作用，但当资本主义在西方兴起时它就成为某种阻碍，伴随着资本主义的萌芽，欧洲 "文艺复兴"成为人类思想的一次大解放，它极大促进了西方文化艺术的繁荣和西方近代科学的跃进，中国则由于封建思想的长期桎梏，社会发展几近停滞，从此开始落后于西方。在过去的几千年里，中国的经济文化是呈"点"状向前走的，断续领先世界，随之又落入低谷。到了宋代，中华文化几乎被腰斩，其伤痕痛迹，在近现代时期仍难以抹平，不少中华文明的先痕古迹我们甚至要到日本去寻觅，而国家史上的元、清两朝，两场"覆国之殇"，更是把中华经济文化的元气削得只剩一息残喘，好在中国文化的精髓已渗入子孙骨血，世界可以无数次地打败欺凌这个国家，却灭不掉这个国家。

中国人一直以自己的文化思维、经济思维和行事方式维系并延续着自己的国家命脉和人民生息，国人一如既往地用自己的财富手段从事并演进着自己的经济活动和经济生活，许多有识之士和政、商界精英因此亲历并承载了这个国家从"不大自大"到"自大不大"的涅槃过程，他们很清醒自己含辛茹苦、忍辱负重、坚执追索，甚至为之献身的终极目标是什么，那绝非士大夫们空浮幻影，即有人想象的要去做什么所谓的全球"老大"。

中国这株老树，饱经千年沧桑，历经百年枯萎，在世界进入 21 世纪时再次绽放出财富的绿叶新枝，在丛林法则的浓荫重锁和合围绞吸之下，它山高水长、气蕴深厚、虬根盘结、坚执韧忍、萎而不亡，如今独立于世界经济之林。

马克思认为：只有炼狱消失大家都生活在天堂才是终极目标。

这才是智慧中国一直瞄住、为之奋斗、不惜牺牲、极难实现却又不息追求的目标。

钱即财富

财富不一定是钱，但钱一定是财富。

说到财富的时候，我们一定要先说一下货币（钱）。或者说货币本身，就是财富。我们说钱即货币，也就是指财富，而货币（钱）的源起与使用，一直都是与人类社会的经济生活、经济活动密切相关的。在今天的人类经济社会，我们更是每天都与"钱"发生着亲密接触。

中国可以说是世界上使用货币比较早的国家。

根据文献记载，中国货币的存在至少有 4000 年历史。具体源于何时、是谁所造，则无从考究。但春秋名相管仲认为：货币为先王所造。管仲在《管子·国蓄》中这样说："玉起于禺氏，金起于汝汉，珠起于赤野，东西南北距周七千八百里。水绝壤断，舟车不能通。先王为其途之远，其至之难，故托用于其重，以珠玉为上币，以黄金为中币，以刀布为下币。三币握之则非有补于暖也，食之则非有补于饱也，先王以守财物，以御民事，而平天下也。"

管仲这段话大意是说：玉出产在禺氏地区，金出产在汝河汉水一带，珍珠出产在赤野以外的地方，东西南北距离周朝国都有七千八百里的路程。由于山水隔绝，舟车不能相通，先王认为这些东西路途遥远，得来很不容易，所以就借助它们的贵重程度，以珠玉为上币，黄金为中币，刀布为下币。其实这三种货币，握在手里不能够取暖，吃进肚子也不能充饥，先王是运用它们来控制财物、掌握民用、治理天下的。货币一开始出现就不只用于民间商品交易，它更被王权君主用来治国理财，管理天下。

管仲是春秋时期齐国最著名的政治家、军事家，他少年丧父，与母亲相依，砍过柴，做过马夫，当兵打过仗，和鲍叔牙一起做过小生意，也干过政府小职员，可以说是一个纯粹的底层。几经周折，才经鲍叔牙的力荐，当上了齐国丞相。然后他开始辅佐齐桓公，一举成为春秋首霸，所以人称管仲为"春秋第一相"。

管仲所著《管子》一书，其货币理论和经济思想，与英国人亚当·斯密的《国富论》、德国人马克思的《资本论》完全可以三足并论。管仲在齐桓公面前的那一套 "民富国强"理论，与亚当·斯密和马克思的许多观点不谋而合。比如管仲认为：先王定珠宝为上币，黄金为中币，是以物的贵重程度来决定其价值的。马克思同样认为"金银天然不是货币，但货币天然是金银。"金银最初作为普通商品在物物交换过程之中充当过等价物、一般等价物，最后凭借它的特点取得固定充当一般等价物的独占权。黄金本身含价值，也是商品，因为体积小，价值大，质地均匀，容易分割，不容易腐烂，因此很适合保存、收藏、携带，黄金的这些自然属性使它更方便、更容易执行货币职能。即便是现在，世界市场上仍然是黄金要贵过刀布，珠宝要贵过黄金，而货币则可以买到一切——包括黄金。

马克思把货币定义为"固定充当一般等价物的特殊商品"，管仲同样认为"黄金刀币者民之通货也"，但管仲要比马克思和亚当·斯密早2500多年。在2500多年前，管仲就认识到黄金、布帛等货币是商品交换不可或缺的媒介，是一般等价物通货，管仲是不是很了不起呢？

在中国古代商史上，贝壳、粮食、皮革等都先后充当过商品交换媒介。到了后来，开始使用金属货币，币状有刀币、布币、蚁鼻等诸多形式。后来秦始皇统一中国，下令全国的铜币都要以秦国铜钱为标准，圆形铜钱中间留一方孔，现在有人叫它"孔方兄"。据说当年浇注铜币使用砂模，铸造出来的铜币带毛边，所以才在中央留一个孔，以便串联起来打磨、修锉。但也有人以"天、地"释义，中国人自古讲"天圆地方"，铜币的圆代表"天"，中央方孔代表"地"。

古代中国很少见到金币。

在春秋战国时期，长江流域的楚国曾经使用过金饼和金片，但其他地区和朝代，黄金多用于装饰和保值。西汉时，汉武帝曾发行过白色鹿皮货币，因为稀贵，只用于赏赐贵族和军事将领。中国古代除了铜币外，像棉布、丝绸、大米等，也曾代为货币计算单位（不是实际货币），只用来支付官员和军队薪饷。唐朝以后，白银货币广泛流通。虽然国库和官方银库的白银按统一成色、重量铸成元宝以便存放，但市场的白银却是以零碎块状流通，使用时要经过计算成色、秤量重量等，手续比较繁琐。

然后开始有了纸币。

中国的纸币最早出现在北宋四川，时称为"交子"。中国的"交子"比美国（1692年）、法国（1716年）等西方国家发行的纸币要早600多年，因此"交子"不仅是中国发行最早的纸货币，也是世界上发行最早的纸货币。交子最开始只在四川民间私人场合流通，宋仁宗天圣元年（公元1023年），政府设益州交子务，由京朝官担任监官，主持交子的发行，并"置抄纸院，以革伪造之弊"，严格其印制过程。这是中国最早由政府正式发行的纸币——"官交子"。

到了明朝中后期，白银大量流入中国。

白银在中国成为和铜钱一样普遍的金属货币。到清朝时，白银已经成为国家的主要货币单位（两）。清朝末年，墨西哥银圆开始在中国大量流通。自光绪皇帝始，中国开始铸造银币，设立户部银行，发行正规的纸币。1935年，中国实行法币制度，废除银本位（根据1936年《中美白银协定》，法币一圆当时等于0.265美元）。

中国现行法定货币是人民币，由中国人民银行发行。

人民币大家都熟悉，过去一般认为商品就是财富，特殊商品即特殊财富，如古人充当货币的金银是特殊商品，现在人民币成为特殊商品，人民币就是钱，所以当一个人在社会中取得并拥有了人民币，就等于取得并拥有了与之等价的商品，拥有了商品，就拥有了财富。说直白一点，就是前面我们说的，谁拥有了钱，谁就拥有了财富。

当然现在电子货币时代来了。我们逛商场、逛超市，可以不用带钱包，或钱包里根本不用装钱币，一张卡就行。只要卡没有刷爆，你可以把商场搬回家。再加上网购流行开来，如果我们懒得出门，只需敲一敲键盘，点击几下，想要什么，全送上门。现在大宗交易，基本见不着钱币，一个人无论拥有多少财富，除了不动产、实物，充其量就是一串数字、密码，再不用像古人那样，金山银山、铜钱成串、银圆成箱、票子成捆，方便许多。

抱布贸丝

在远古中国，财富与人类情欲的关系十分密切。

诗经《卫风·氓》开头四句写道："氓之蚩蚩，抱布贸丝。匪来贸丝，来即我谋……"春秋时期，卫国境内的淇水边有一位姑娘叫淇姑，她与一个年轻商人在物物交换的市场相识，姑娘诗中吟说道：那个无知的小子，满脸笑嘻嘻，抱着布匹（"布"意为古时钱币）来换丝，他哪里是真的来换丝，他是借故要来找我谈婚事。

中国远古时候还没有孔儒礼教约束，人类自由地贸易活动，年轻男女自由地谈情说爱，简单自然，纯朴美好，尽管《卫风·氓》是以一个女子的口气叙述一个女子的忧伤故事，但它生动灵活，穿越感极强，一下就把我们拉近到那个远古时代，让我们嗅到远古淇水河边的市贸信息和人文气息。

财富与人类生存最重要的饮水也有着渊源。

汉语中有个名词叫"市井之辈"，这个"市井"的来历，说的就是中国远古人类物物交换的出处。相传中国古人最初的贸易活动就是在井边完成的，古人每天相聚在井边汲水，有人就顺便带着一些货物来井边交换，时间长了，就形成交易市场，所以称为市井。市井后来泛指各种店铺市场，也成为商贾的代称。《管子·小匡》记载："处商必就市井。"市井一词流传至今，充分说明市场的形成首先是与人口的聚集有很大关系的，而且这种习性至今仍存，如我们每天早起去日坛公园走步，门口就有赶早的菜农，用三轮车驮一些新嫩苞米、豆角、菠菜之类叫卖，早七点（日出）前散市，许多走步的老头、老太，手里都提着一捆新鲜水灵的菜、几根葱……

中国真正形成于市的物物交换起源于神农时代。

在《易经·系辞》中有这样的记载："神农氏作、列廛于国，日中为市，致天下之民，聚天下之物，交易而退，各得其所。"上古时候，原始商品交易最早是由炎帝神农开创的，农业出现后，人类的劳动收获与果实已经有剩余，这时神农氏便设立集市，让大家把那些吃不完、用不了的食物和东西，每天中午拿到集市上去交换。那时人们把集市贸易称为"廛"（缠），日中为市，是指日头当顶的时候，集市形成，物物交易的生意活动开始，每个人都换到自己需要的或喜欢的物品，然后各自回家。

中国到了"尧、舜、禹"时代，行商阶层开始出现。到了夏朝的时候，王亥即造牛车，驾车载货，在部落之间做买卖。公元前770~公元前476年，中国社会从奴隶社会向封建社会过渡，商人开始分化为"行商"、"坐贾"。庄子在其《庄子·外物》中有"君乃言此，曾不知早索我于枯鱼之肆"，他还曾多次提到过"桂鱼之肆"、"屠羊之肆"，古人称"廛"为街市，称"肆"为店铺。"行商"当然是指走村串寨、进行沿途买卖的商人；而"坐贾"就是指有一个固定场所、招徕别人来买卖东西的商人。

秦始皇统一中国后，从秦到隋的800年间，中国城市经济进一步发展。当时的洛阳成为闻名于世的大都会，其店铺酒肆（也称市楼）遍布街巷。公元400年后，北魏始尚文治，商业更是出现了一个非常繁荣的时期。到公元581年，隋朝统一中国后，城市商业已经有一定的规模。据史书记载，隋炀帝时，"天下之舟船，集于通济桥东，常有万余艘，填满河路。商贾贸易车马，填塞于市。诸善酉长入朝者，常请于东市交易，炀帝许之，先命整顿市肆。檐宇如一，咸设纬帐，珍货充集，人物货盛。"

西汉时期（公元前134年），汉武帝刘彻掌控庞大帝国，罢黜百家，独尊儒术，至天下归心。鼎盛时的西汉王朝领先西欧500余年，超越罗马帝国成为当时世界上最强大的国家。中国古代社会的经济、政治、思想、文化、教育等制度大多创于这个时期，中国的疆域版图也基本奠定于这个时期。而中、西经济文化交流的通道——丝绸之路，也是在这个时期开通（张骞出使西域）。

公元618年，唐朝成为中国封建社会的鼎盛时期。广州、扬州、泉州和都城长安，成为当时"万国通邦"的国际贸易中心。唐朝是中国史上的盛世，我们就不多说。

两宋时期（公元960~1279年），曾经出现过古代中国经济和边贸的一个小高潮。先是北宋采取一系列安农业励生产的政策，使经历长达数十年战乱的社会经济再度回升，商业发展尤其迅速，城市街头的茶坊酒楼、饭馆客店遍布，生意十分兴隆。

到了南宋，农商并重的国策得以确立，社会各阶层纷纷入商，商税和专卖收益首超农业税收入，历代朝政以农业税占主要地位的局面被改变。城市商业的火爆，相继出现了临安、建康（今南京）、成都等全国性商业城市和50多个地区性商业城市。而南宋更是开辟了古代中国东西交流的新纪元，即便国家与当时的金国兵刀相向，一旦议和，两国即刻大开边界，设置摊场，开始边贸活动。当时南宋与阿拉伯国家构成世界贸易圈的两大轴心，中国对外贸易的港口多达20余个，万里海疆全面开放，其外贸盛况，唐代未曾有过，明清两朝也没有再现。

明代时期（公元1368~1644年），中国官营、民营手工业开始占据国家的主导地位，其中冶金、制瓷、丝织等行业一直保持着世界领先地位。明代中叶以后，许多民营手工业规模超越官营，大规模私营手工作坊、工场开始出现。由于雇佣大量的工人，出现了"机户出资、机工出力"、"计日授值"等雇佣劳动关系，使资本主义萌芽初显。但可惜的是，我们"芽萌不发"，明代皇权对任何紧密组织均视为结党威胁，规模经济生产和经济组织形态根本难以形成。而此时欧洲爆发的工业革命则决定了中国与西方两个走向的不同命运。

明代还出现过领先世界的航海业。但它盛极于明代，也殒殁于明代。公元1405年（永乐三年），郑和率一支近二万八千人的庞大船队首次出海，接下来，前后的28年间，他先后7次出海，历经30多个国家。郑和把明朝的陶瓷、丝绸、布料等物品带出海，又在返程之中购换一些香料、染料、宝石、象皮和珍奇异兽等物品带回中国。他称得上世界"大航海时代"的先驱，7次出海下西洋，为中国古代规模最大、船只最多（240多艘）、海员最多、时间最久的海上航行。作为航海史上唯一的东方人，郑和比欧洲国家航海的时间早几十年，远超过近一个世纪的葡萄牙、西班牙等国家的航海家——麦哲伦、哥伦布、达伽马等。公元 1431 年（宣德六年），在郑和最后一次出海之后，中国古代远洋航海业止步于此。公元 1436 年，明英宗登基，他下令停止建造大型海船，彻底闭海。

明宪宗成化年间（1465~1487 年），明朝彻底销毁了郑和远航的所有档案资料。茫茫大海，再次闭锁住中国。

法国人费朗索瓦·德勃雷所著《海外华人》中曾记录了郑和向明仁宗朱高炽说的一段话："欲国家富强，不可置海洋于不顾。财富取之海，危险亦来自海上……一旦他国之君夺得南洋，华夏危矣。"

郑和的远虑没有错。但是他当时似乎并没有打动明仁宗，也没能够使之成为"黏合力"以凝固住中国漫长的海防。后来的事我们都知道了，列强们挥着洋枪洋炮，轻松地爬上海岸，杀进北京，掠走大量中国的财富……

到了清朝，为防范郑成功、张煌言等从海外发动反清复明，清王朝的海禁更加严格。

清政府当时规定："如有打造双桅五百石以上违式船只出海者，不论官兵民人，俱发边卫充军。"500 石相当于现在的 30 吨，中国 30 吨以上的大船从此绝迹。顺治十七年（1660 年）清政府颁布"迁海令"，命令从渤海湾到广东的沿海居民，一律往内迁三四十里，并将所有船只烧毁，寸板不留，严令不允许有片木下水，违者"杀无赦"。后来虽然偶有弛禁，但对商船仍附加许多苛刻限制，比如每条船上只允许携带铁锅一口，每人也只许携带铁斧一把……大清朝拼命"闭海"，不仅闭住了中国经济外贸的大门，也闭住了护卫国家安全的"海防"大门。

中国自此后近两百年的历史，不要说追赶西方工业时代的步伐，就是想退回到几千年前那个"抱布贸丝"的初始时代，也都只是一种奢望。

"和则生财"

"和则生财"是中国老百姓的说法，俗称"和气生财"。按照政治家们的说法应是"和平崛起"。是的,历史上的中国,曾经趴下了很长的时间……在隐忍了很多年以后,要想再次崛起于世界的东方,首先它得站起来。

1949 年 10 月 1 日,毛泽东站在天安门城楼上向全世界宣布:"中国人民从此站起来了……"新加坡总理李光耀在他的《李光耀观天下》一书中这样评述:"毛是一个伟大的人物,他使中国站了起来。在他的国家经受长达200年的动乱后,1949 年他站在天安门上宣布:中国人民站起来了。作为一个革命者,他是最伟大的。他是一位游击战大师,以灵活的军事行动打败了国民党,统一了中国。"

美国国务卿基辛格博士对李光耀这本书的短评语中用到了诸如"独特、坦率"和"精辟见解"之类的词。

1949~1979 年,站起来了的中国从无到有、从小到大、从弱到强,首先建立起了比较完整的工业体系,工业总产值从 142 亿元左右增长到 4681 亿元,增长 32 倍;发电量由 43 亿度增加到 2820 亿度,增加了 65 倍;钢产量由 15.8 万吨增加到 3448 万吨,增加了 211 倍;粮食的总产量由1.12 亿吨增加到 3.048 亿吨,平均每年增长 3.5%;水利建设方面,新中国成立前 30 年共建造水库 8.6 万座,修建堤防、海塘 16 万公里,塘坝 64 万处,总库容量从 1950 年的 6000 万立方米增加到 4000 亿立方米,增加了 6000 多倍,新中国成立前夕,中国仅仅只有 6 座大型水库和几十座中小型水库。

中国从此拥有了真正意义的"陆、海、空"国防体系。1949 年以后,中国拥有了一支强大的陆军,并建立了强大的海军、空军。掠掳者们从此很难再随意端着枪从海水里爬上来扫货了,外寇"烧国园、掠财富、屠人民"的悲剧从此不再上演。不少人现在手中握有的财富要比其祖辈们当年的财富雄厚得多,所以我们应该扪心自问:我们所得这些,是不是建立在新中国前30 年打下的工业经济基础和国际环境基础之上的?旧秩序打碎了,新秩序一定会有个痛的过程,痛定思痛之后,是不是更具活力?当国门打开,中国奇迹般实现了国家经济的崛起与飞跃……

2007 年,中国超越德国,成为世界第三大经济体。

2010 年,中国超越日本,成为世界第二大经济体。

2014 年 10 月，国际货币基金组织（IMF）根据购买力平价计算，中国经济总量超越美国（但中国并不认可这个评价），成为世界最大经济体。

有数据显示：中国 2014 年度 GDP 总量是 103856.6 亿美元，排在世界第二的位置；美国 GDP 总量是 174979.6 亿美元，仍高居世界经济榜首位置。中国经济总量首次超过 10 万亿美元，这个数字是排名世界经济第三的日本经济总量的 2.15 倍，是西欧的德国、法国和英国三个国家经济总量的总和。

中国财富的大门一旦敞开，国家经济、对外贸易从此真正走向了世界。尤其在 2001 年加入世贸组织以后，中国国际贸易总额以年均 18.2% 的速度快速增长。以人民币计算，中国 2013 年外贸总额比 1983 年增长了 300 倍，中国现在已经是全球 120 多个国家的最大的贸易伙伴，每年进口商品总值超过 2 万亿美元，在世界各地创造了大量的就业与投资机会。在过去的 30 年里，中国的 GDP 提高了 95 倍……

所以负责任地说，中国取得的这些成果，是国家带领人民艰苦奋斗、自强不息、自力更生取得的。是国家、人民在以现有规则为基础的国际自由贸易大环境中通过互惠互利的平等合作而取得的。

中国奉行防御性国防政策，不赞成当年西方列强依靠军事力量抢夺资本、抢夺资源、抢夺市场的强盗行径。"己所不欲，勿施于人"，中国饱受过被掠之苦，饱受过战争之苦，历史上的中国曾经是一个战乱频发的国家，据资料统计，中国历史上见诸史籍、有头有尾、数得上来的大小战争 4000~5000 次，约占世界战争总数的 1/3。然而中国绝大多数战争都是本土战争，从远古奴隶社会到封建社会乃至近代社会，中国不断发生奴隶起义、农民起义、帝王之争、诸侯之战、城池之战、内部之战，即使早年秦王朝强势的统一战争，也只是兄弟之间的"家事"，不出大中国地缘范畴。历史上的中国，剔除蒙古大军铁骑旋风般驰过世界的那一道"闪电"，几乎没有打过一场越洋跨海逞强世界的全球性战争。

中国不具攻击性，除非刀枪悬顶，中国绝不武装到牙齿。古代中国是农耕社会，皇权阶层对不能耕种的土地不感兴趣，中国自诩天朝，文明大国，礼仪之邦，接纳外邦来朝乐此不疲，"有朋自远方来，不亦乐乎"，而对朝邦国的沙漠、海洋或土地，中国不感兴趣。即便中国历史上的鼎盛时期，也没有过一场战争是因为掠夺海外财富而发动的战争。这种特性，是儒家文化一直浸润国家统治阶层且国家文明从未断代而形成的。

澳大利亚学者约翰·赫斯特在他的《极简欧洲史》这本书中这样叙述中华文明，他说："中华文明远比欧洲文明古老，在很长一段时间里也远比欧洲文明进步。欧洲的火药、罗盘针、造纸术和运河的水闸，皆从中国来。在中国，一千多年里唯有通过了科举考试的幸运儿才能当上国家官员，而欧洲人采用这一极为公平的体系已是 19 世纪的事了。"

约翰·赫斯特向他的学生讲解中国儒家文化对中国执政阶层的浸润和影响时说："以儒家为尊的精英文化对君权统治也支持有加。无论是个人修为或待人处世，中国人莫不以儒家思想为圭臬，它已深深扎根于整个社会和国家。统治者不管有没有合法性都得熟读四书五经，而你得通过儒家经典考试才能当上国家官员。"

2014 年 12 月，以色列总统希蒙·佩雷斯在接受记者采访时对中国的历史和国家行为发表自己的评价，他说："中国有世界上最悠久的文化传统，历经几千年战乱、颠覆，无数内忧外患，几次大的民族融合，中国讲实力，讲利益，但是更有正确的是非善恶的观念。国家行为上师出必有名，所以更有说服力。"

我们都知道犹太民族意味着什么，那是世界上最精明、最善于赚钱的民族。佩雷斯总统 91 岁高龄了，他作为这个智慧民族年龄最大的总统，对中国的"历史、责任与伟大"独持灼见，他说："中国的历史表明，中国可以同时成为一个伟大的国家，一个负责任的国家，而不是一个很有侵略性的大国，所以这就是为什么中国的领导人一直向外界证明，我们是个负责任的国家。"总统还着重强调了这样一个事实："中国在反贫困的过程中不需要美元，只需要动员自己的人民就可以实现这样的目标。"

2014 年 12 月 29 日，以色列《耶路撒冷邮报》网站以题为"中国龙"的文章表明这样的观点："中国人无意'整顿'世界，更多是关心国内事务。中国这种传统由来已久。这是一个由勤劳大众和精明商人组成的国度，他们无非是希望赚钱且多多益善。"

最后我们通过一位美国中学生的视角来观视中国。

2014年，这位美国中学生获得了美国总统优秀中学生奖，他说自己在高中时选修了一门经济学入门课程，老师告诉他们说："自由市场是最好的资源配置机制。"中学生对此提出疑问："什么才是自由市场？它是否真实存在？它存在的条件限制是什么？"很可惜老师没有给他满意答案，反要他给出一个答案。中学生带着老师的问题来到中国，考察一圈后回到美国，他向老师交出的答案是：中国本身就是一个经济躯体，屹立在世界的东方，它集合了所有的地区差别，也因此集合了各地的优势，变成了自身整体经济优势。

他列举了一个最简单的实例：宁夏用最好的蔬菜供应广州，广州用最好的产品出口外国，虽然宁夏的菜没有荷兰的那么精致，广州的产品也没有日本的那么高质量，但它们都是中国这个"大家庭"里的一员，两者加起来就分别超越了荷兰和日本的单项优势。

这就是中国人的另一个独门利器——整合优势。如果"和气生财"是中国人理财聚富的一种优势，那么"整合优势"本身就是优势，还有诸多的类似优势……这就是中国。

中国以"天道文化"和"儒家精典"深度黏合起地球上这个最大的高智慧生命群体，从数万人到十几亿人，几十个民族，在五千多年文化传承中，在"合久必分、分久必合"的不断律动与裂变中，自始至终，不弃不散，不离轨辙，无屈无惧那些所谓的"丛林法则"，无惧严酷、冷漠，自立于地球之上。

实事求是地说，"财富中国"之生财、崛起，对于中国人并不是什么真正意义的新梦，充其量只是回追而已。所以世界不该为此大惊小怪。

第二节　晋商、徽商与当代浙商文化比较

人类有史以来，营商文化和财富智慧就一直影响着国家运程和百姓生

活，尤其当今，关注商人，就意味着关注财富，财富本身则在商人的智慧机谋与精巧营运中变幻出无穷魅力。

中国历史是一部漫长的封建史，重义轻利的儒家文化和农耕经济一直占据着社会的先导主流。人类自狩猎耕种产生盈余以来，商人就开始出现，商业活动日趋活跃。今天的商家们终于走到台面上来，成为比"农、工、学、兵"更加活跃的主流群体。

古代中国在"明、清"时代崛起过驰骋中外的十大商帮。它们分别是：山西商帮、徽州商帮、陕西商帮、山东商帮、福建商帮、洞庭商帮、广东商帮、江右商帮、龙游商帮和宁波商帮。

可以这样说，每一个帮群都是一部财富传奇史。我们在这里选择其中影响相对比较大的"晋"、"徽"两帮与中国新十大商帮的翘楚"浙商"相比较，简单梳理一下各大商帮的发展路径，以及影响各自的"兴沉运势"所承载的财富文化……

晋商

500 年商"帮"之首

旧时有人说："凡是有麻雀的地方，就有山西商人。"

山西是古晋国的封疆，简称"晋"，故中国旧时的山西籍商人即称晋商。晋商俗称"山西帮"，早期又称"西商"、"山贾"。晋商作为古代中国最早的商人起始于春秋，兴盛于明、清，其足迹遍布大江南北，经营范围十分广泛，在中国商界以群体的形式活跃达五个多世纪。

据司马迁《史记·货殖列传》记载，早在春秋时期，晋国已经成为"工而成之，商而通之"的诸侯国。所谓"千乘之国，必有千金之贾"（《管子·轻重甲》）。在当时的晋国上层，就已经开始出现一个富可敌国的商贾阶层。在《国语·晋语》中也有记载："（晋文公）轻关易道，通商宽农。"又说："绛邑富商，韦藩木楗，以过于朝，唯其功庸少也，而能金玉其车，文错其服，能行诸侯之贿。"

这里说的绛邑，就是当年晋国的都邑，指的是今天山西南部的一些地区。当时晋文公推行"轻关易道，通商宽农"的经济政策，使各地关卡畅通，经贸发达，晋都也因此成为"天下熙熙，皆为利来，天下攘攘，皆为利往"的商贸中心，而富商大贾的财富，则足以"金玉其车，文错其服，以至富比公室"。当年富可敌国的山西商人，出行时乘坐金镶玉饰的马车，豪华尊荣不是今天那些名车可比的，他们身着华丽的服装，频繁来往于宫廷之中，成为当时晋国社会的上层人物。古晋国也因此成为一个"国富兵强、财用不匮"的千乘国家称霸诸侯。

到了秦、汉时期，山西平阳（今山西临汾）已经成为中国重要的商品集散市场。而到了宋代，平阳商人更是成为当时中国商业的中坚力量。元代时，据《马可·波罗游记》记载："从太原到平阳这一带的商人遍及全国各地。"

至明、清两代时期，才是晋商活跃的鼎盛时期。

明代（1368~1644 年）时的晋商，已经在全国享有很高的盛誉。清代（1644~1912 年）初期，晋商的货币经营资本已逐步形成，他们不仅垄断了中国北方的贸易和资金调度，而且遍布整个亚洲地区，甚至把触角伸向欧洲市场，其经营的盐、铁、棉、布、皮毛、丝绸、茶叶、金融等商号，遍及全国各地，且远涉欧洲、日本、东南亚和阿拉伯国家。当时在东起大阪、神户、长崎、仁川，南自香港、加尔各答，西到塔尔巴哈台、伊犁、喀什噶尔，北到伊尔库茨克、西伯利亚、莫斯科和彼得堡等地，都留下了山西商人的足迹。中国当时从陆路对俄贸易最早、最多的也是山西商人。在莫斯科、彼得堡等十多个俄国城市，都有过山西人开办的商号或分号。

清咸丰三年（公元 1863 年），有一个叫章嗣衡的御史，向咸丰皇帝上了一道奏折，他在这道奏折中写道："臣伏思国家承平二百余年……四海之广，岂无数十巨富之家。臣耳目浅陋，然所目击者，如山西太谷县孙姓，富约两千余万，曹姓、贾姓富各四五百万，平遥县之侯姓，介休县之张姓，富各三四百万……介休县百万之家以十计，祁县百万之家以数十计。"（《晋商·海内最富》）仅仅把山西这几个县城中富户的家产粗略相加，就超过了一亿两白银。一亿两白银是什么概念？当时这个数量超过大清国库存银。

由晋商始创的山西票号被称为"中国各类银行的乡下祖父"。

1823 年，清道光三年前后，在山西一座叫平遥的小县城，有一个叫雷履泰的山西商人率先开办了"日升昌"票号，此后百年时间，山西商人陆续开办的票号曾一度控制了整个大清国的金融流通，当时的学者梁启超称其为"执中国金融界牛耳"。

几个世纪以来，晋商以"诚信纯朴，以义博利，广拓经营，东进西出"由小到大，日渐强盛，终至"汇通天下、纵贯中外"，当之无愧地成为古代中国十大商帮翘楚，称雄中国商界达 500 年之久。

晋商的祖源

那么晋商的源头在哪里呢？其根祖又是谁呢？

前文说过，古代中国最早的商业活动是始于神农氏时期的物货贸易活动。交易者携带物货，从四面八方汇聚到一个大家约定俗成的地方，席地而市，各取所需，物物交换，以中午日头当顶为旺市，午后日头偏西时市场渐稀，交易者携带货物，按各自归途的远近，择时先后退场返家。这样的赶集方式，现在中国北方的一些农村以及西南一些偏远乡村仍有保留。神农氏时代正处于中国原始社会末期，是中国从蒙昧过渡到文明的转型期，部落与部落联盟间除了生活必需外，已有的剩余产品需互通有无，于是有了"市"的雏形。

到了"尧、舜"时代，这样的交易市场日渐昌盛。"尧、舜"都是山西人，"尧"是山西平阳人，"舜"是山西永济人。"尧、舜"时代被称为中国远古时代的盛世。在尧都平阳（今山西临汾）、舜都蒲坂（今山西永济）都曾呈现出"天下大和，百姓往来"的繁荣景象。

最早有历史记载的豪商巨贾则出现在距今约 2500 年的春秋战国时期。在中国历史上，春秋战国时代是一个政治上群雄争霸、文化上百家争鸣、经济上豪商辈出的时代。据文献记载，当时的豪商巨贾中，最厉害的有四人，这四个人不只名噪当时，更流传千古。在司马迁《史记·货殖列传》中，对这四个人都分别有生动记述，这四个人就是：计然、白圭、陶朱公、猗顿。

计然

根据《范子计然·计然传》记载："计然者，蔡丘濮上人，姓辛氏，名文子。其先，晋国亡公子也。"

早先的计然，曾经是晋国一个流亡的贵族公子，据传他博学多才，天文地理无所不通，虽然外貌比较平庸，但自小好学，通览群书，是一个大智若愚的奇才。

计然经商，智谋过人。史书中记载的所谓"计然之策"，则主要是指他的"农业丰歉循环论"、"储备论"、"平籴论"、"息货论"（商品流通理论）、"价格论"、"货币周转论"、"国家调节论"、"自然贫富论"、"积著之理"等，其中"积著之理"是古代中国最早出现的商业经营管理原则。

在治国理政上，计然作为"勾践石室议事"的重要谋士，是当时越国政治、经济、军事方面的重大决策者、参与者，其理论和实践是经过历史检验的。据《汉书·货殖列传》记载："昔越王勾践困于会稽之上，乃用范蠡、计然。计然曰：'知斗则修备，时用则知物，二者形则万货之情可见矣。故旱则资舟，水则资车，物之理也。'推此类而修之，二年国富，厚赂战士，遂破强吴，刷会稽之耻。"

范蠡叹曰："计然之策七，越用其五而得意。"那么越国到底得什么"意"呢？就是说计然当时为越国提出了七条治国之策，越国只用了其中的五策，国家的政治经济和军事实力就很快强大起来，不但报仇雪耻，灭掉了强大的吴国，还成为当时举足轻重的富强国家，一跃为"春秋五霸"之一，所以计然之策，国用其而得意，家用其而致富。后来范蠡大夫（陶朱公）功成辞官，下海经商，用计然之策，曾三致巨富。

我们穿越时光隧道，追寻远古史迹，人类文明发展到今天，纵览世界各国的治理方略、经济策论和应对危机的各类奇招妙术，其大方向似乎仍难脱出计然当时的一些基本理论。这是2500多年前的真知灼见，其商贸智慧令人叹服。

计然祖籍山西，原本是"晋国亡公子"，而他又是陶朱公的老师，猗顿的祖师，以其如此高明的商论实绩和先师地位，将他列为晋商的根祖之师，当之无愧。

白圭

《史记·货殖列传》中有："盖天下言治生祖白圭。"全天下的人，都公认白圭是中国理财经商的鼻祖。

白圭是"三家分晋"之后魏国的开国君主魏文侯的主要辅佐大臣之一，"三家分晋"在中国历史上是战国时代的开始（公元前 403 年），当时的魏国建都安邑，就是今天山西的夏县北，离猗顿致富的临猗县不远，计然、范蠡、猗顿生活的时代正是春秋向战国过渡的时期，大体在越王勾践在位的年代（公元前 496~公元前 465 年）。白圭则是生活在战国初期，比前三位的年代稍微晚一点，但白圭的理论精髓"乐观时变"，与计然的"时用知物"如出一辙，其核心理念就是要善于预测和掌握不同年份的自然变化、物产丰歉、市场需求，在此基础之上，采取"人弃我取，人取我与"的反向经营策略。

另据《史记·货殖列传》载，白圭"能薄饮食，忍嗜欲，节衣服，与用事僮仆同苦乐，趋时若猛兽挚鸟之发"。白圭生活上不怕苦，不贪图享受，善与属下同甘共苦；在作风上审时度势，当机立断，出手迅疾，一旦商机出现，即如猛禽扑食，其品质风格与机敏果敢跃然纸上，十分鲜明生动。战国时期，政治与军事的地位远高于经济，白圭把他的"治生之策"（理财经商）拔高到与政治、军事、法治同等的地位，他评述自己："吾治生产，犹伊尹、吕尚之谋，孙吴用兵，商鞅行法是也。是故其智不足与权变，勇不足以决断，仁不能以取与，（强）不能有所守，虽欲学吾术，终不告之矣。"

白圭把自己的理财经商，比作商朝的宰相伊尹、周朝的开国功臣吕尚、春秋时的大军事家孙武和吴起、在秦国实行变法的商鞅，这些人担的都是国家大政大任，而一个人要担当起这样的大政大任，是需要"智慧、勇敢、仁义、坚强"的，如果一个人在智慧上做不到随机应变，在勇气上不够果敢决断，在仁德上不能正确取舍，在意志上不够坚强有力，虽然他希望学习经商致富的方法，但白圭是不会把经商的方法传授给这样的人的。白圭所说的"终不告之"，就是恪守商道，是不让那些"不仁不义、无勇无谋"的小人坏了商道规矩。

中国商界几千年来把计然和白圭推崇为指导商业活动的权威和奇才。"行计然之策，操白圭之术"。而白圭又极具大家谋略，更兼操作有术，所以才被后世公认为中国的"治生之祖"，以"治生之祖"尊白圭为中国商业的鼻祖，理所当然，白圭因此也应该是古代晋商的鼻祖之一。

陶朱公

千古一人陶朱公。

陶朱公就是范蠡范大夫，公称中国儒商鼻祖。世人誉其"忠以为国，智以保身，商以致富，成名天下"。

陶朱公原本是一位卓越而又极富心计的大政治家，在帮助越王勾践雪会稽之耻后功成身退，辞别越王，不再回朝。据《国语》记载："遂乘轻舟，以浮于五湖。"这样一个大政治家，弃官"下海"，一不小心即成国史上的商界大才。

司马迁《史记·货殖列传》载其"累十九年三致金，财聚巨万"，"居家则至千金，居官则至卿相"。治国是高手，治家是行家。陶朱公置业经商，积金数万，又善经营，会理财，并且能够广散钱财，其来去潇洒、收放自如的商格人品无人可比，无人可及。

正如司马迁给他的定评："故范蠡三徙，成名于天下，非苟去而已，所止必成名。"一生聚财无数，又三聚三散，在名利面前，始终保持着清醒头脑，进则达顶，退则全身，智慧胜人，境界一品，功名富贵的"舍与得"，在其"先聚后散，散而后聚"中体现得潇洒淋漓。"千金散去还复来"，原来财散尽时本无尽，反会越聚越大。"知足"而后"知止"，这是陶朱公最令人称道、最值得今人借鉴的地方。

当然，把他同晋商联系起来未免有点牵强。陶朱公名范蠡，字少伯，是春秋楚国宛（今河南南阳）人，因不满当时楚国政治黑暗而投奔越国，当时的越国位于吴国之南，定都会稽（今浙江绍兴），陶朱公辅佐越国勾践，功成名就之后，化名姓为鸱夷子皮，变官服为一袭白衣，与西施西出姑苏，泛一叶扁舟于五湖之中，遨游于七十二峰之间。

陶朱公既非晋人，史书中也没有记载过他曾经到过晋国经商。他做官是在今天的浙江绍兴，又从这里下海经商，所以严格说他是浙商祖源更加确切。但他是计然的学生，经商致富取得空前成功的背后，与老师计然有很大关系。陶朱公直言不讳地说，其经营之策，来自他辅佐越王时的同僚"晋国亡公子"山西人计然，而且他自己还是另一位晋人巨富猗顿的师傅，所以在晋商经营之术的历史传承中，陶朱公是一个承前启后、不可或缺的重要角色。因此把陶朱公位列晋商之祖同样当之无愧。

猗顿

猗顿生活在春秋末期，原籍鲁（今山东）国。后来为了摆脱贫困移居晋国，做了"晋漂"，然后落地生根，创业起家，成为名副其实的晋人。对于猗顿，《孔丛子》中有详细记载："猗顿，鲁之穷士也。耕则常饥，桑则常寒。闻朱公富，往而问术焉。朱公告之曰：'子欲速富，当畜五牸。'于是乃适西河（今山西运城一带），大畜牛羊猗氏之南，十年之间，其息不可计，赀拟王公……"猗顿原本是一个贫穷的鲁国（山东）人，听说陶朱公很富，便前去求教致富之术，陶朱公以"当畜五牸（母牛）"的项目建议于他，猗顿因此由鲁国迁到晋国，在晋国的西河（今山西运城一带）先以畜牧业起家，十年大富，淘到自己人生的"第一桶金"，致富后的猗顿继而向盐业进军，据《史记·货殖列传》载："猗顿用盐起……与王者埒富。"

山西运城有一个临猗县，1954 年由临晋县和猗氏县合并而成。猗氏县初设于西汉，宋白《续通典》记述："猗氏，本郇国地，猗顿于此起富，故曰猗氏。"这个县是以猗顿的姓氏命名的，可见其影响之大。猗氏县离运城盐池近，得天时地利，猗顿经营盐业大获成功，很快又成为一位大盐商。

猗顿后来又经营玉石，成为当时著名的玉石商人。先畜牧业、继而盐业、后玉石业，这样的多元化经营，使猗顿成为史书中记载的山西第一位有名有姓、驰名天下的巨商豪贾。所以猗顿被列为晋商的开山祖师也同样当之无愧。

以上这四位晋商祖师之中，计然和白圭本不是营商，而是大经济学家、大商业理论家，他们都曾先后担任过当时诸侯国的财政与贸易大臣，直接把理论策略用于治国理政，有着为国理财和管理商业的成功实践和丰富经验。

而陶朱公和猗顿则是家族式经营的豪商、大企业家。前者从官场"下海"，后者白手起家，一个是为名师，一个是其高徒，同成大业，各有千秋。这四位商界奇才，把理财经商列入治国大道，实践和总结了"时用知物"、"乐观时变"的经营思想，在古代商界倡导"智勇仁强"，践行"富而好德"，注重"格、品"，在商业文化上有明显的共同性。他们的理财之策、经商之术，其根基都源于中华文明发祥地之一的河东大地，他们传承的，也正是从"尧、舜"时代到晋国、魏国繁荣发达的商业实践所产生的积累和延续下来的商业文化传统，不但是晋商和中国商人的开山祖师，在世界古代商业史和经济理论学术史上，他们也同样占据一定的先导地位。

晋商文化

山西是一个被儒家文化浸润很深的地方。

晋商文化的传承，最早可以追溯到"尧、舜"时代。孟子说："人皆可以为尧舜。"孟子认为通过努力人人都可以成为像"尧、舜"一样的圣人。

宋儒程颐说："孟子道性善，言必称尧、舜。"作为一代大儒的孟子，其思想体系的核心即"性善论"，这也是他"仁政学说"和"王道理想"的逻辑起点和理论依据。后来梁启超说："孟子所以认心力如此强大者，皆从其性善论出来。"

孟子认为人天生就有善端。这就是："恻隐之心，仁之端也；羞恶之心，义之端也；辞让之心，礼之端也；是非之心，智之端也。"扩而充之，这"四端"就是儒家的"四德"，"仁、义、礼、智"四种道德。孟子认为这"四种道德"是人性固有的、本有的，是区分人与非人的标准，《孟子·公孙丑上》说："无恻隐之心，非人也；无羞恶之心，非人也；无辞让之心，非人也；无是非之心，非人也。"孟子认为不具备这四种道德的人，即非人类。所以人性善是必然的，人性不断向善是必需的，人在世俗之中须不断践履才能够"人皆可以为尧舜"。

然而人们该如何践履呢？

孟子说："诚者天之道也，思诚者人之道也。"这里讲"诚"是天道，是天的根本法则；"思诚"是人道，人忠实地不断地去向往并实践"诚"，是人的根本法则。这里的"诚"，实为善，而"思诚"即"明乎善"。一个人不断地去"思诚"（明乎善），就能够恢复并保持"良知"、"良能"。一个人在"知天"之后，即进入到"事天"，有所谓"存其心，养其性，所以事天也"。一个人通过存心养性的道德践履，就能使自己自觉运行于天道。

谁是这样的人呢？当然是"尧、舜"。

在孟子眼里，只有"尧、舜"才是"四德"皆备的大善之人。他们积德行善，坚守善的天性，持续努力地完善自我，达到君子的高尚道德境界。"人皆可以为尧舜"，他们因此成为天下人和后世人的风范标杆。

作为儒学推崇和敬仰的远古先帝，"尧、舜"对整个华夏文明的影响是深远的，对晋土人文的浸润更是深厚绵长。因此晋人"勤俭、耐劳、礼让、诚信"之风，蔚然而立。

宋代学士谢惊说山西："地高气爽，土厚水清，其民淳且厚。"明代《山西通志》记载："士穷理学，兼集辞章，敦厚不华，淳俭好学，工商务实"；"其民重厚、知义、尚信好文"；"淳而好义，俭而用礼"。作为中华民族发祥地之一的山西，早在春秋时期就已成为"礼乐昌明"的所在。

继"尧、舜"之后，明代以前，山西先后涌现出晋文公、王昌龄、王维、白居易、柳宗元、司马光、元好问、关汉卿等许多著名的大政治家、大文学家和大思想家。这些人不仅对中国历史文化影响深远，对山西的人文环境更是有"至深、至大、至远"的影响。而孟子极力倡导的"仁义礼智"四德，在历朝历代一些著名的晋商身上都有着近乎完美的体现和传承。

晋商文化的雏形，则是奠基于晋国的始祖——唐晋时代。

晋国的开国始祖叫唐叔虞，是周武王的幼子，周成王的弟弟。根据西周"封邦建国"的分封制度，他被封到今山西境内，先是封在唐地，就以唐为氏，所以又被称为唐叔虞，当时国名是否叫唐国无从考。后来他的儿子燮父迁都于晋水旁，改名为晋。唐叔虞受封唐侯时，周成王用"诰命"方式规定他到了唐地以后，要实行"启以夏政，疆以戎索"的施政方针。

这个"夏政"和"戎索"，当时虽然是属于政治和经济政策的范畴，但也对晋商文化的形成和发展提供了根基和土壤。遵循周王室规定的施政方针，唐叔虞因地制宜，按照唐地夏人故墟的传统风尚和习俗，适当保留了夏代以来的政治制度，以维护夏人的传统习俗，同时境内和周边地区戎狄民族杂居，依照游牧民族生产方式和生活习惯分配土地，开设田间疆界，以利农牧生产，暂不实行周朝规定的井田制度……这是不是也可以算得上是中国历史上最早的"一国两制"方略呢？晋国作为历史上第一个"经济特区"，在这一具有独特内涵施政纲领的影响哺育之下，孕育出有别于其他齐鲁等封国文化内涵的晋唐文化，这对于以"周礼"为核心，以"井田制"为基础的"周、鲁、齐、燕"文化来说，更具有政治上"博大宽厚，兼容并蓄"、经济上"求同存异，自强不息"的内力与特点。

作为晋商鼻祖的计然、范蠡、白圭、猗顿等商贾大家，正是在这一文化背景下孕育产生出来的第一代晋土豪商。

可以说，春秋时期计然提出的"贾人旱则资舟，水则资车"、"平籴齐物，关市不乏"等经营思想，陶朱公提出的"贵上极则反贱，贱下极则反贵"的经营方针，猗顿的"欲速富，当畜五（牛字）"营商经验，白圭的"人弃我取，人取我予"经营方术、"务完物，无息弊"经营道德、"薄饮食，忍私欲（婪）、节衣服，与僮仆同苦乐"的艰苦创业和平等作风，在儒家"仁义礼智"和晋唐"博蓄同强"的统合之下，成为晋商文化一个比较完整的传承体系。

晋商的商道

有古籍载："山右积习，重利之念，胜于重名。"

这里的"山右"是古代人对山西的称谓之一。山西人自古以来重商利而轻名仕，他们把营商贸利视为百业之首。当年山西巡抚刘与义向雍正皇帝上奏折时说："子弟之俊秀者，多入贸易一途。"雍正看了以后，在山西巡抚的奏章后面批注了这样一段话："山右大约商贾居首，其次者犹肯力农，再次者谋入营伍，最下者方令读书。"

那时候山西人把经商摆在首位，其次是下田种地，再次是当兵吃粮，读书则是排在最后一位的。雍正对山西人"商农兵学"这种有悖常理的现象既不赞许，也不反对，这是为什么？因为那时候山西商帮已成气候，他们一心一意埋头做生意，首先他们分毫碍不住皇帝的江山，再则晋人商贸繁荣，也对皇宫后院的银库丰盈有百利而无害，所以雍正心照不宣，乐观其成。

晋人营商，获了利，挣了钱，不是一味鼓励后辈科举留名、买官晋爵，而是多让他们子承父业，做堂堂正正的商人。清人刘大鹏说："当此之时，凡有子弟者，不令读书，往往俾学商贾，谓读书而多困穷，不若商贾之能致富也。是以应考之童不敷额数之县，晋省居多。"自明代算起，全国科考中一共出来137个进士，而山西境内只有9人，远远落后于江浙、安徽、陕西等地。到了清代，这种轻学重商的现象就更加显现。不少山西人打小出门，终身漂荡，事业不成，誓不归家。清代大文人纪晓岚说："山西人多商于外，十余岁辄从人学贸易，俟蓄积有资，始归纳妇。"山西人十来岁出去学做生意，挣足了钱，然后回家娶亲，业不成，不回家，连媳妇也不娶。

山西人摒弃旧俗，褒商扬贾，把经商作为人生头等的大事业，他们通过经商来实现其创家立业、光宗耀祖的抱负，这种观念成为他们当时积极进取的巨大精神力量。即便那些科举有名、仕宦不绝的官儒之家，也断不会轻视营商之业。

榆次富商常氏家族是清代有名的科举之家，但这个科举官宦之家，却弃儒经商，把家族中最优秀的子弟投入商海。常氏家族的十三世子常维丰，幼年从师就读，词章粹美，识者器重。长大以后，却放弃科举，赴张家口经商。据说他极具才能，办事干练，尤精用人、通变之道，凡事一经裁酌，立即决断，为同仁所不及。常家十四世子常旭春是清末举人，曾任晚清法部员外，他的书法艺术名冠三晋，诗词也作得极好，当时人称他是"书宗李北海，诗步王渔洋"，但他最热衷的事情还是经营商业。常氏家族不拘"学而优则仕"，推举"学而优则商"，集中数代优秀人才，锐意营商，从而形成了一个具有相当文化内涵的商人群体。规模宏大的常家大院足以说明一切。常家大院的首进院子是常家的祠堂，祠堂门两边，耸立着显示常家文武官阶的两根旗杆，这是常氏家族荣耀的象征。历代常家，文有进士，武有诰赠，有官位的林林总总达几十人，相当于现在省、地级的官员就有十多位，门庭显赫由此可见。

孔子曰："富而可求也，虽执鞭之士，否亦为之。"孔子说如果富贵合乎于道，那就可以去追求，即使是给人做牵马执鞭的下等差事也愿意去做。所以商人没有富贵之分，财货没有大小之说。财货之道，有的时候，小即是大，大即是满，满即是无，无即无尽，个中滋味，只有身在其中、身体力行的人才能够慢慢悟到。而一个人要努力去做一件事情，就是无论你做什么，都要做到纯粹。余秋雨先生在分析山西商人的人格时曾经这样说："我（指山西商人）做商人就是做商人，把商人做纯粹了，把商人当作一个最正经的社会事业来做，这是山西商人特别堂皇的地方。"

由"利益而动"励"进取精神"，是明清时期山西商人鏖战于各地商场的巨大精神动力。而敬商忠业，做到"纯粹"，则是晋商五百年傲立于各大商帮之首的要诀之一。

当年梁启超曾说："晋商笃守信用。"晋商讲良心，守诚信，受一事，诺一言，信义取利，在商界中美誉相传，所以形成了他们稳固的商业地位。

曾子《大学》曰："国不以利为利，以义为利也。"曾子在这里的意思是一个国家不应该以"财货利益"来导引天下，国家应该以"德行仁义"来治理天下。

晋商以"勤劳敬业、崇尚信义、以义制利"而名闻四海。他们身在利场却坚守儒家义利思想，将"义利"关系处理得恰到好处。"轻财尚义，业商而无市井之气"，"重廉耻而不失体面"，以崇信尚义为准则，时刻约束自身，将严守信誉的商业美德代代相传。余秋雨先生这样评析山西商人的道义："商人就是好像投机取巧，无商不奸等。山西商人不是，干脆把道义，把农民身上的淳朴，和中国儒家文化所提倡的这种道义感，全部移到了商业文明当中来。"尚守道义对安守本分的商人来说尤其尊崇。在封建社会，商人必须面对繁重的苛捐杂税、天灾、人祸、官府豪夺、强人劫掠等，因此他们更企盼世存公平、人怀道义。

晋商在长期的经营中积累了丰富的经验，但他们认为商人最重的还是一个义字，以义制利。不少所谓"买卖不成仁义在"、"诚招天下客，义纳八方财"、"仁中取利真君子，义内求财大丈夫"等商言利辞流行商界，口口相传。

在明清时期的众多商帮之中，晋商之所以能够做大、做长，原因有很多，但坚持"以义制利"是其中最重要的原因之一。

晋商的没落

纵观中国商史，能够纵横商界数百年，几经转型而又屹立不倒的豪商，仍要首推古代晋商中那几位标杆性人物。后世晋商的发迹虽然也与徽商、浙商一样，不外"盐、铁、丝、茶"等大宗货物的坐贾行商，而它后来因之生成的金融票号，标新立异之处，足以让其他商帮望尘莫及。

即便今天，我们徜徉于乔家大院、王家大院、陈家大院、常家庄园等晋商庭院之中，观摩其镌刻满墙的圣训经义，仍仿佛置身书香世豪之家……然而，晋商执拗的一面也令人扼腕。为了家族产业的连绵不绝，大多晋商抛开千百年来"学而优则仕"的传统，阻塞宗族子弟的科举正途，所谓"业不可废，道唯一勤"、"功不妄练，贵专本业"的商训，却没能够为晋商打开通向未来的坦途。

举两个小例：清末太谷县有名的东家渠本翘，少年时一心一意要进科举，却惨遭老父亲厌恶。他高中解元，打马夸官，老父亲却当街给他行跪拜大礼，连声高喊"给举人老爷请安"，以示讥讽抗议。渠家老东家这个做法，让在外为官的儿子情何以堪？在家族压力下，渠本翘最终从驻日领事的显职上急流勇退，返回太谷兴办实业，虽然最终也成为晚期晋商有影响的代表人物之一，但却扼杀了一个可能搅动世局风云的英才。

另一个同在太谷县的孔家，孔祥熙的曾祖父孔宪昌，这个老先生更绝，以遗嘱为家法，严令子孙"但求读书明理，经邦济世……千万不可应科举"。孔祥熙的父亲孔繁慈治经谨严，平生最崇拜的人就是孟子，但却从未应举。这种做法可以说是晋商的常态。

以财力而论，当年晋商独霸票号业时，财力雄厚，令洋务派新官商们瞠乎其后。但是，在洋务运动中创办起家的许多其他地域商帮的各类企业，虽历尽波劫，却最终代不绝嗣，有的辗转海外，有的应势而移，转身摇变为现在的国有企业。反观当时的晋商，却犹如掠过沙漠的一场大雨，风雨过后，难觅其痕。

再者，中国商人自秦汉之后的两千多年来，饱受各级政权的层层盘剥和乱世刀兵之苦，那些聪明的商人，都尽可能向皇权或官僚集团靠拢，形成官商联盟，以求政治庇护，并使其产业立于不败之地。所以"上下打点"、"左右逢源"，很早就成为中国官场、商场第一要紧的必修课。

在晋商中，那些"学而优"的子弟们，大多数被选定为产业继承人，留在商帮之内创业，于产业固然大有裨益，却丧失了为自己培养政治代言人的机会。当年渠本翘为晚清时的知识精英，由京官而任外交官，在中国官场上积累了相当多的人脉资源，尽管他后来入商后眼界高远，其主持的"双蝠火柴公司"和"山西保晋矿务总公司"也属近代民族工业之范畴，但他如果按仕途走向，一路下去，谁能保证他不是一个"朝日与鸿雁齐飞、仕途携商图大展"的风云人物呢？乔家大院的乔致庸，作为一个出类拔萃的商人无可非议，但他却非常看重固守基业，没能够适时转型，因此乔家票号在民国年间在历经了冯玉祥、日军、汪伪等几次大劫之后，终致奄奄一息，最后在新中国成立初期被人民政府接管，结束了乔家长达二百年的根基宏业。

当然晋商也非铁板一块，有人也曾着意向官僚集团靠拢。早在明嘉靖年间，置业江苏的晋商，就曾大力帮助官军抵御倭寇，踊跃承担筹办军粮的重任；晚清时朝廷财力不继，活跃在民间的晋商也主动靠向朝廷，或恭迎"西狩"圣驾，或直接借款朝廷。然而事与愿违，晋商如此殷勤备至换来的却是以怨报德。因筹办军粮而至负债经营的介休范氏，最终被乾隆查抄破产，兔死狗烹，下场凄然。清末户部，积欠下晋商的巨额白银，也因清王朝的灭亡而全泡了汤。而俄国和日本也都欠下晋商巨额债务赖账不还，腐朽孱弱的中国政府却从未给晋商以任何支撑。就在"庚子之变"时，可敬的晋商们还在竭力向朝廷输诚，足见其固执，足见其识短，较之洋务派大臣李鸿章、张之洞之流，真是不可同日而语。其"学而优则商"，只是学了满脑子的道德经义，因此其票号在兵连祸结之中，宁可自己破产，也绝不失信于民众。请问在"三千年未有之大变局"的超乱时代，晋商之"坚执"是不是有些令人扼腕叹息呢?

在清末晋商风行数年的山西票号呈衰落状态时,晋商中也不乏有识之士站出来鼓呼,他们主张改革图存。可惜一些财东及总号经理的顽固和墨守旧法,导致多次失去发展的机遇。清光绪二十九年(1903年),当时的北洋大臣袁世凯曾邀请山西票号加入天津的官银号,但山西票号倚仗财力,拒不奉命。清光绪三十年(1904年),户部尚书鹿钟霖奉谕组建大清户部银行,他同样也邀请财力雄厚的山西票号加入股份,并恳请票号出人,以组织银行。山西票号北京分庄的经理们,大多数赞成鹿钟霖的提议,大家都跃跃欲试。但山西票号为独裁制,重大事体必须请示总号定夺。票号总经理墨守成规,竟复函票号北京分庄经理:第一不准入股;第二不准派人参加组建银行。

晋商又痛失了这次机缘。户部银行的改组,最终改由江浙绸缎商筹办,致江浙财团后来居上。

时隔不久,户部银行改组为大清银行,再请山西票号出山,参加协办。无奈山西票号仍不应召。结果,山西票号失去了首次改组银行的机会。清光绪三十四年(1908年),山西蔚丰厚票号北京分庄经理李宏龄,率先认识到山西票号如果不顺应潮流、改革图存,将在商界、金融界销声匿迹。因此他认为,改组票号为银行,大势所趋,势在必行。李宏龄与渠本翘商议,筹划票号改组的计划,同时联合山西祁县、太谷、平遥三帮票号,共同致函总号,又请渠本翘亲自到总号当面陈述票号改组银行计划。

当时"蔚丰厚、蔚泰厚、天成亨、新泰厚、蔚盛长"票号,为五联号,所有财东都是介休侯姓。在五联号中,又以蔚泰厚总经理毛鸿翰最有权威。但毛鸿翰是个墨守成规的人,他不肯变通,不但反对票号改组银行,反而诬指李宏龄的行为是另有个人企图,李宏龄等因此不敢再有任何行动。时隔一年(1909年),山西各票庄,又通过各埠山西票庄,再次提出改组银行,当时汉口、兰州、济南等地山西票庄纷纷致函总号,要求改组票号为银行。无奈总号经理仍不为所动,对各地的请函,束之高阁,晋商票号改组银行的计划再次宣告失败。这样,晋商又失去了第二次改组银行的机会。

1911 年辛亥革命爆发，山西各系票号毫无准备，放出的大量款项无法收回，而票号存款却又要纷纷取出，山西票号因此蒙受严重损失。于是改组银行之议重提。这个时候，从前反对改组银行最坚决的毛鸿翰幡然醒悟，态度急转直下，发声支持票号改革。1914 年，山西祁县、太谷、平遥三帮票号，联合提出申办银行之请，当时的国务总理熊希龄，深知山西票号与一般商业的重大关系，对晋商之请给予支持，同意由政府出面担保贷款。然而不幸的是，熊希龄不日倒台，恰又逢欧战爆发，贷款的事终成泡影。山西票号因此失去了第三次改组银行的机会。

对外借款失败，"祁县、太谷、平遥"三帮票号联合改组银行的计划又无法实施，于是平遥帮决定单独进行。蔚泰厚总经理毛鸿翰、蔚丰厚总经理张子康、新泰厚总经理侯某、蔚盛长总经理霍益亭、天成亨总经理范子生等，拟从各自的票号中抽出若干资金，作为基金，组织一个大银行。然而这个计划最终也没有能够实现。山西票号改组银行的计划第四次落空。山西票号从光绪三十年（1904 年）以后，历经十多年痛苦挣扎，先后四次错过改组机会，终成驽末，再无法振起。

晋商的覆灭是可惜的。因为他们不思改变，所以错失良机。在古代中国商史，真正堪称长袖善舞的商人寥寥无几，无论私商官商，善终者不多。奉行"德行天下、以义制利"的晋商均不能得以长保，那些"以利制利"的奸商呢？当然死得更快。

美国动画片《疯狂原始人》中，原始人咕噜一家六口，在啰唆老爸瓜哥（Grug）的庇护下，每天抢夺鸵鸟蛋为食，躲避野兽追击，每晚听同一个故事，在山洞里过一成不变的生活。对任何改变，老爸瓜哥（Grug）都非常抵触。他认为自己的职责就是保证家庭安全，一天 24 小时，一年 365 天，马力全开。看起来，他很强大，也很啰唆，有很多信条，包括"恐惧是好事，改变是坏事，"以及"任何的娱乐都是不好的"、"不要不害怕"等。他像所有父亲一样，力行着一件十分重要的工作，那就是每天要学会处理并找到如何保持控制他自己越来越多的、爱冒险的家人。

然而守则艰难，墨守成规让他们看不到明天。老爸瓜哥（Grug）每天带领着家人一直挣扎在昨天，重复着昨天，但是大女儿小伊不满足，不甘心一辈子留在山洞，一心向往外面的新奇世界，在一次追逐一团火光时，新新人类"盖"出现了，从此"盖"引领着她和她的家人走向明天。如果不是"盖"的出现，老爸瓜哥（Grug）和他的家人就将永远没有明天。所以，是新新人类"盖"把瓜哥（Grug）一家带入了明天。

然而，晋商中没有出现"盖"。

尽管我们可以从近代的渠本翘、李宏龄等人身上看到"盖"的影子，但他们不是"盖"，抑或说他们没有成为"盖"，他们缺少"盖"的勇气、机敏、智慧，甚至单纯。我们当然不能完全用自信强大、令人尊重的老爸瓜哥（Grug）来类比大院的主人，晋商中追逐明天的大智慧者大有人在，他们就像那个不甘困守的"小伊"一样，眼前也曾呈现过一个崭新绚丽却又充满危险的新世界，问题的关键在于"盖"没有出现，没有"盖"来到他们中间，没有"盖"那样的引领者带领他们躲过重重困难，穿越重重险阻，最终完成一场闹腾而又惊险的全新旅程。

徽商

徽商的兴衰

古代徽商在中国商史上一度与晋商齐名。

古代徽商不是指所有的安徽籍商人，而是主要指明清时期安徽省江南地区徽州府所辖地区（歙县、休宁县、婺源县、祁门县、黟县、绩溪县）经商的商人，乃至商人集团的总称。所以徽商又称"新安商人"、"徽帮"、"徽骆驼"、"绩溪牛"。

当我们追溯徽商的足迹，发现他们最早的商迹，可以回溯到早期的东晋时期。清人曾静《知新录》中认为，"新安歌舞"即东晋时期"新安商人"的离别之辞。东晋时徽商开始外出营商，他们的离情别意被编入歌辞，供歌妓演唱……这说明当时新安商人的营商活动已经广为人知。

据《晋书》记载，徽州人好"离别"，常外出经商。齐梁时，休宁人曹老，常往来于江湖之间，从事贾贩。到了唐、宋时期，徽州除竹、木、瓷土和生漆等土产的运销之外，商品茶和歙砚、徽墨、澄心堂纸、汪伯立笔等产品相继问世，迅速推动了徽商的发展。尤其祁门茶市，在唐代十分兴盛。南唐时，休宁人臧循开始作为行商出没于福建地区。到了宋代，徽纸已经远销四川等地。南宋时期，徽州开始出现拥巨资的商贾，如祁门的程承津、程承海兄弟，经商致巨富后，分别被人们称为"十万大公"、"十万二公"，合称"程十万"。宋代儒学大家朱熹的外祖父祝确，个人经营的商店、客栈占了徽州府的一半，故人称"祝半州"。

到了元末，歙县商人江嘉在徽州开始发放高利贷以牟取暴利。元末明初的徽商资本，较之宋代大为增加，当年朱元璋入皖缺饷，歙人江元一次就资助饷银 10 万两。明成化年间，徽商相继打入全国盐业领域，一直以经营盐业为主的山西、陕西商人集团受到很大冲击。很快，徽商以经营盐业为中心，雄峙中国商界，在十大商帮中开始与晋商齐驱。

明代中叶以后，至清乾隆末年的 300 余年，是徽商发展的黄金时代。当时，经商成了徽州人的"第一等生业"，在成人男子中，四出经商的人占到70%，极盛时甚至超过这个比率……徽商的活动范围也遍及城乡，东抵淮南，西达滇、黔、关、陇，北至幽燕、辽东等，南至闽、粤，其足迹远至日本、暹罗、葡萄牙以及东南亚各国。

清乾隆末年，封建统治日趋没落，课税、苛捐益重，徽商处境益艰。1831 年，两江总督兼管两淮盐政陶澍革除淮盐积弊，改行"票法"，靠盐业专利发迹的徽商开始衰败。徽商传统的典当业，也因左宗棠的垄断及外国银行的侵入而日趋中落。茶、木两商，则由于鸦片战争和太平天国运动的影响连年亏损。随着西方势力入侵，外资开始渗入，国外商品倾销，徽商所营行业大多被挤兑替代。与此同时，与西方势力、军阀官僚联系密切的广东、江浙财阀乘势兴起，仅靠传统商业理念、知识、技能行商的徽商，在国内商业领域渐失优势，其操纵垄断的地位开始挪移。清末、民国时期，徽商逐渐沉寂，虽有黟县盐商李宗媚、歙县房地产商程霖生等崭露头角，但最终难挽颓势。

徽商兴起于东晋，发迹于唐、宋，明"成化、弘治"年间达到鼎盛，到清末民初衰落，一度名扬天下，几与晋商齐名，但即使在鼎盛时期，也难与古代晋商的几位先祖大师相提并论。

然而徽商是一个特殊群体。

同其他的商帮类比，当财富的光芒绽放辐射开来的时候，首先照耀到的，一定是他们的族亲和近邻，这一点徽商尤甚，当他们百业齐备，帮群庞大，官民儒贾，多层次分布开来时，一个主要以血缘、亲缘、地缘、人缘为纽带维系的地域商帮便大展雄风，势压群商。

徽商以能负重、善吃苦著称，人们赋予"徽骆驼"、"绩溪牛"之称，"骆驼"的负重前行与"耕牛"的耐劳任怨，成为徽商的精神标志之一。

徽商的儒学情结

仓廪实而知礼节，衣食足而知荣辱。

古徽州地区原本就有着较为浓厚的人文历史情结。徽人儒风文气尤盛，"十户之村，不废诵读"，那些走出家门的徽商更是乐于传统文化的传播和研究。徽商刻印的书籍，在明、清两代都是书行中的精品，儒学里的经学在安徽域内也是非常发达，17世纪在中国画坛独放异彩的"新安画派"也是诞生成长在这片土地。

徽商重子弟教育，传统上任人唯亲，很注重维系家族荣耀。

在徽商家族中，先后考出过大批进士、状元。据资料记载，安徽籍历代有据可查的状元共有41人，占全国状元总数的6.27%。仅在"元、明、清"这段时期，随着徽商崛起，徽籍状元多达31名，进士1769人。历属徽州府的休宁、歙县两个县先后共出过23位状元，占安徽籍状元总数的56%，这是中国其他县不可比拟的。徽州原有"连科三殿撰"之名，连出三个状元，另据资料记载，这个纪录应改写为"连科五殿撰"，清乾隆年间，徽州府连出了五个状元，分别是：乾隆三十六年的辛卯科状元黄轩；乾隆三十七年的壬辰科状元金榜；乾隆四十年的乙未科状元吴锡龄；乾隆四十三年的戊戌科状元（祖籍休宁县）戴衢亨；乾隆四十五年的庚子科状元（祖籍休宁县）汪如洋。歙县还有一个岩寺小镇（今徽州区），先后出了四个状元，分别是：北宋宝元年间的吕溱；南唐年间的舒雅；明正德年间的唐皋；清乾隆年间的金榜。

　　徽州地域内兀立着多处"状元坊"，文风之盛，儒林之茂，在中国科举史上是极罕见的。

　　这正是徽商有别于晋商的地方。老一代晋商也重儒学精神，但对子弟却多不励学，后来的晋商更是一味崇尚"学而优则商"，抑制"学而优则仕"，因此对整个山西的科举进仕影响巨大。清末举人刘大鹏说："当此之时，凡有子弟者，不令读书，往往学商贾，谓读书而多穷困，不若商贾之能致富也。是以应考之童不敷额数之县，晋省居多。"（《退想斋日记》）单说清代科举，全国共出状元114人，其中安徽有状元9人，居江苏和浙江之后，名列第三。反观山西，在清代科举中没有一个人考中状元，山西籍历代有名有姓的状元共24人，但全都出自"唐、宋"时期，自"元、明、清"以来，晋商崛起的几百年间，山西竟再也没有出来过一个文状元。而在乾隆至嘉庆十年的70年间，仅在两淮经营盐业的徽商子弟中，就有265个人通过科举入仕，而晋商中通过科举入仕的只有22个人。

　　明代时期，有人把徽商分为"儒贾"和"贾儒"两种。儒贾以经商为名，行儒教之事；贾儒以崇儒为名，行经商之事。一个是具有相当文化程度的商人，一个是具有经商才干的文化人，贾儒结合，文商交融，"贾为厚利，儒为名高"（《太函集》人卷52）。贾而好儒的徽商受较深的儒学影响，又有一定的文化知识，这就使他们在经商中比较善运筹，用心计，更精于运算，在审时度势、取予之间，颇有分寸。早年出外营商的安徽人大多隽秀聪明，有文化基底，所以在经商的空闲时候就特别好读书，借书抒怀，飨读吟咏，赋诗作文，这成为徽商的一大特色。而在经商致富以后，大多数徽商更是不遗余力，追求自己的文化精神生活，琴瑟音律，诗情画意，既怡情，又趣雅，乐在其中。所以在古代徽商大贾之中，既能诗善文又敛财有术者比比皆是。

　　明代徽商黄镰，小的时候从儒就学时就立下经世之志，后来弃儒营商，在"闽、越、齐、鲁"间从事商业活动，由于他很善洞察"盈虚之数"，精于"进退存亡之道"，获利甚巨。

明代歙商郑孔曼，出门时必携带书籍，在生意间隙，便捧一本书阅读。他每到一个地方，商务余暇，就一定要去拜会当地的文人学士，与其结伴，游山玩水，唱和应对，自己在赚钱之余，又留下了大量篇章。

同乡人郑作，也是嗜书成癖，他在四处经商时，人们时常见他"挟束书，而弄舟"，乡人都议论说，他哪是个商人，实在不像个商人的样子。

还有歙县西溪南的吴养春，本人是明代万历年间雄资两淮的显赫巨贾，吴家祖宗三代，书香袅袅，家里盖有藏书阁，以终岁苦读。1592 年，日本入侵高丽（朝鲜）时，朝廷出兵援助，吴家祖父吴守礼捐出银子 30 万两，皇赐"徵任郎光禄寺署正"；其父吴时俸，皇赐"文华殿中书舍人"。他兄弟三个人，同时被赐赠，史书上曾有"一日五中书"之称。

清代歙县人叶天赐，生性聪颖，既会写诗，也会填词，又擅长书法，后来因为家里贫穷，改行做商营，他"料事十不失一"，因此一跃而成为扬州富商之一。

说到扬州，我们当然要提及扬州的徽商文化。清朝文人陈去病曾说过："扬州的繁华昌盛，实际上是在徽商的推动下出现的。而以徽州人为主的扬州学派，也因此得以兴盛。"这足以说明当年扬州学派与扬州徽商之间的关系。徽商在促进扬州商业发达的同时，也促进了扬州学术文化的发展。

不仅扬州如此，其他各地的徽商同样如此，曾经盛名苏州的徽商程白庵就是其代表人物之一。程氏是徽州大族，他的祖上是晋朝太守，迁徙徽州之后，世代繁衍，子孙众多，散居于歙县、黟县、休宁等地，多达数千余户众。因为歙县、黟县、休宁地处山区，仅靠有限的农耕田地，怎么能够养得活日益繁衍兴旺的人丁呢，于是程家人大多出外经商谋生。程白庵幼年时，在父母督促下读书，深谙为儒之道，后来随乡族人来到苏州经商，历经几十年磨砺，日趋成熟，举止言谈兼具儒者风范。他既善营商，又好交往，下至工商百姓，上至官僚大夫，乃至苏州的文人雅士，都非常喜欢和他交游，所以他成为当地商界的领袖人物。苏州都太仆先生喜爱他为人纯朴，题其居所为"白庵"，因此圈里边的人都称他"白庵翁"。

翻开徽州的方志及相关文献，类似程白庵这样"贾而好儒" 的徽商举不胜举。"儒术"与"贾事",交融会通,充分说明经济与文化的互动关系。徽商正是意识到两者之间的密切关系,才在营商的同时十分注意吸收文学、艺术、地理、舆图、交通、气象、物产、会计和民俗历史等方面的知识,以此推动商业与文化的发展。

以"贾者力生",以"儒者力学",在这个基点上竭力发挥"贾为厚利,儒为名高",徽商把二者很好地结合起来,集于一身,迭相为用,张贾以获利,张儒以求名。徽商商业的实践,衍生出自己独特的商业文化,这种商业文化随徽商的经营活动而流播四方,在某种程度上促进了明清实学的发展,也丰富了中国传统文化的内容。

晋、徽商帮的异同

第一,两大商帮所处地域不同。晋商所在的山西地段,地处华北西部,外河内山,素有"表里河山"之称;徽商所在的安徽地段,地处华东,汇两江一水,物产丰富,素有"鱼米之乡"之称。

第二,两大商帮的起时、起因有别。晋商起始于春秋,兴于明初（14世纪中叶）。当时因为北方边塞大量驻军,明王朝实施"开中法"（即商人输粮供边塞军士食用,朝廷付商人盐引,商人凭盐引到指定盐场和地区贩盐）,晋商抓住时机,以地缘优势,借"开中法"捷足先登,迅速兴盛起来;徽商兴起于明弘治五年（1492 年）,明王朝因"开中法"法行弊随,便改"开中"为"折色",就是商人以银两换取盐引,然后贩盐,徽商因为靠近两淮盐场的集散地扬州,占地缘优势,在两淮大显身手,乘势而起。

晋商从明初到清末,活跃商界达 500 余年,随着清王朝的灭亡而衰败;徽商从明中叶到清道光年间,活跃商界 300 余年,于道光十二年（1832 年）随清王朝实行盐法改革而步入衰落之途。

虽然两大商帮的衰败原因另有多重因素,但以上因素是其始发之因,并也都由此而一蹶不振。

不同的是,晋商在道光初年适应社会商品货币经济的发展,创立山西票号,一度执金融界牛耳,并首创中国在海外开办银行之先河。晋商较徽商而言，更有制度建设之优，晋商有股份制，很早就意识到所有权与经营权分离，东家和掌柜（董事长和经理）各司其职，还有电视剧里讲到的顶身股，这些激励机制，徽商里都不存在，这是晋商比徽商强大的一个重要原因。徽商在道光之后，没能够将所拥有的资本投向新的领域"金融界"，不得不徒留遗憾。

另外两大商帮最大的相同之处在一个"儒"字，不同之处也在一个"儒"字。

中国古代商人汲取"儒、法、兵、道"诸家文化的良性影响，创出具有传统文化的货殖文化，这种货殖文化在两大商帮身上体现得尤为集中和典型。在营商理念，即营商的"品"与"格"上，两大商帮都秉承了儒家文化的精髓：崇德尚义、诚信天下、吃苦耐劳、坚韧不拔。两大商帮的营商理念趋同、手段各异、目的各有所宿。

前面说了，晋商做商人做得比较纯粹，他们经商的目的是比较单纯的，经商就是经商，赚钱就是赚钱，赚了钱回老家，买田置地，起庄园盖大院，恪守祖业，光耀门庭；徽商却大多数只把追逐财富作为手段，他们崇尚"学而优则仕"，多数徽人的终极目标是"求功名、入仕途、做高官"。因此，尽管大多数徽商把生意做得风生水起，官商勾连，仕途通达，但商途却不如晋商走得深远扎实。

第三，徽州商人一般是聚族经商，"用亲不用乡"。晋商是"用乡不用亲"。

徽商由于族人商者众多，为增强凝聚力，便大修宗祠，以通过宗族的尊卑长幼，加强对族众的控制。如汪道昆的曾祖父汪玄仪，营盐业，"诸昆弟子姓十余曹，皆爱贾，凡出入必公决然后行"（《太函集》卷1）。休宁商人汪福克说："贾盐于江淮间，艘至千只，率子弟往来，如履平地"（《休宁西门汪氏宗谱》卷6）。徽商举族迁徙到同一客地、从事同一行业的现象也比较多。徽州绩溪人胡适说："通州自是仁里程家所创，他乡无之。"（《绩溪县志馆第一报告书》）日本学者臼井佐知之则指出："黟县弘村汪氏，明万历年初82世盐商汪元台举族迁徙到浙江杭州、歙县黄冈汪氏，明永乐时举家迁居湖北汉口，后又分流到襄阳、太原、重庆。"（《徽州汪氏的移动和商业活动》）

安徽很早就有大量移民，宋朝时达到高潮，移民的家族观念更强，家乡观念则相对淡薄，所以徽商用人通常"用亲不用乡"，而晋商用人则多"用乡不用亲"。

晋商用人有三大主张：避亲用乡；从乡人中择优保荐；从乡人中破格提拔。所谓"避亲"，就是用人时须回避戚族，包括财东掌柜，都不能荐用自己的亲戚，所谓不用三爷（少爷、姑爷和舅爷）而"用乡"，就是录用本乡本土的人，以加深乡人间的亲情维系，也表示财东恩赐乡里之意，以此强化员工的乡土观念和感恩思想，增强商团的凝聚力。正是所谓"同事贵同乡，同乡贵同心，苟同心，乃能成事"。此外，同乡之间，最为知根底，家眷在原籍，即便有事，也"跑得了和尚跑不了庙"。

那种举家迁徙的现象在晋商中也曾有过，比较集中的迁徙是明中叶开中纳粟改为纳银后，有部分晋商家族迁到了扬州，如清初大学者阎若璩之祖先辈，就是此时由山西迁到了扬州。但此后晋商鲜有举家迁徙的现象。

再则，晋商外出经商一般不带家眷，而是把家眷留在原籍。晋商有很多家族，是规定不能在外娶妾的，从小出外营商，赚了钱再回家娶媳妇，娶完媳妇再出去赚钱。晋商因为重恋乡土，不论他们在哪里做生意，最后都要回到老家，不论商途有多遥远，他们都会把家安在山西，把妻儿老小留在山西。

而徽商出外纳妾则是普遍现象。一些徽商走出大山，不少人在经商之地"讨妾纳小"，一些徽商在灯火繁华的都市，出入于花楼酒馆之中，由于商业公关的需要，他们在"红顶子，红绣鞋"方面，特别舍得花钱。最有名的是歙县西溪的南盐商吴天行，资产百万，"后房姝丽甚众"，被号为"百妾主人"。当然这类徽商并不能代表徽商的整体，徽商把生意做到一方，就可以在一方定居扎根，如汉口是由于徽商的开发和定居而发展起来的，胡雪岩则是在浙江发展壮大。

第四，两大商帮在宅院建造上也有区别。

晋商所在地山西，气候干燥，人少地多，因而所建宅院，大多宽敞宏大，具有北方民居的典型特色。如祁县乔家大院，占地 8724 平方米，大院四周为全封闭砖墙，上有女墙、垛口、更楼、眺阁，是一座城堡式建筑；祁县渠家大院，占地 4600 平方米，共有 18 个四合院，自成体系又互相连接；再有太谷曹家大院，由"福、禄、寿、喜"四座院落组成，仅现存的"寿"字院占地就达 6500 平方米。

徽商民居从规模和院落面积来说，很难与晋商宅院相比。如宏村的汪氏承志堂，为徽商大型民宅，占地也仅 2800 平方米，余三立堂为 600 平方米，乐贤堂为 411 平方米，树人堂为 266 平方米，西递村徽商胡氏敬爱堂，占地 1800 平方米，均难与晋中大院相比……聚族而居的徽商，村舍讲究依山临水，布局自然，错落有致，幽深宁静的街坊水巷，景色如画的村头装缀为其一大特色。而晋商民宅，精致之余，气魄宏伟是其特色；徽商民宅重山、重水、重绿，民居则重内部装雕和室内陈设，精致优美也是其一大特色。

第五，两大商帮在文化理念上各有拜偶。

晋商尊奉乡人关公，奉关公为神明，以关公的"诚信仁义"来规范其商业行为和经商活动，把关公文化作为他们的伦理取向。所以关公文化在其精神、道德和行为等方面对晋商的作用及影响非常大，不仅延宕至今，甚至延至海外。

而徽商则突出尊奉乡人朱熹（明徽州婺源人，今属江西）。朱熹主张"道者，古今共由之理，如父之慈，子之孝，君仁，臣忠，是一个公共底道理"（《朱子语类》卷十三《类行》）。朱熹也主张"去人欲，存天理"等。朱熹所制的"家典"、"族规"，也都为徽商所遵循。徽商不仅在家乡修建祠堂"祭用朱文公家礼"，在外地也在所建会馆祭祀朱公，如苏州的徽州会馆"殿东启别院士，奉紫阳朱文公"，汉口的"新安会馆"、景德镇的"新安会馆"、吴江盛泽镇的"徽宁会馆"等，均"奉朱子入祠"。徽商把理学作为家族内行事和经商活动的准则，因而理学观念在徽商中影响极大。

晋商"贾而尚贾"。尽管在晋商中也有像张四维这样做到首辅的高官，清代的范永斗，也曾被朝廷封为皇商，但这种情况在晋商中并不普遍；徽商"贾而好官"，尤其把业儒看得高于服贾，对族人子弟的儒学仕途特别期待，寄予厚望，所以徽商和晋商比起来，更多一些官商色彩。如乾隆年间的徽人大学士曹振镛，他家数代为商，同时又数代为官，在家族内部形成官商结合；再如近代徽商重要代表人物胡雪岩，这个御赐黄马褂的"红顶商人"，更是一个典型官商，他被称为中国商人的奇迹，被尊为财富偶像，但最后成为官场之争、权力倾轧的祭品，晚景潦倒。

徽商商而兼士，贾而好儒，与封建官僚混为一体或相互依托，他们除以"急公议叙"、"捐纳"和"读书登第"作为攫取官位的途径外，还以重资结纳，求得部曹守令乃至太监、天子的庇护，享有官爵特权，一些徽商本人不能跻身官僚行业，就督促子弟应试为官，自己也就成为官商。有研究者认为，徽商奢华，虽不是徽商已过，也并非他们自己所需，只是官场如此，商场又岂能幸免，只是他们以此作为结交官府的一种方式，不奢华，就无法交结官府，不能交结官府，又如何能牟暴利，没有暴利，又何来快钱？正是因为他们与官府的紧密关系，所以垄断一经取消，支撑不再，商桥即轰然坍塌，商途随之断裂，衰落就成必然。

在中国商史上，两大商帮其实代表的是同一种传统观念。从本质上看，晋商纯粹，但因为商人在传统社会中的地位不高，所以他们在处世和生活中也就显得比较低调，不肆张扬；徽商通常是在商言文，好文为官，目的不在经商，而是经商读书，然后做官。这当然都是儒家的传统思想。

从某种意义上说，徽商发展了传统文化。而晋商在谨守传统文化的同时，也在商业需要的前提下，做出了某些开拓性创举。

当代浙商

最会赚钱的人

当代浙商是指当今活跃在中国乃至世界各地的浙江籍商人。

有西方人把当代浙商称为"东方的犹太人"，也有东方人称浙商是"全世界最会赚钱的生意人"，他们是继明清十大商帮之后中国近代在海内外最活跃、最庞大的一个商群。在古代中国商史上，早期浙商的名气并不比晋商、徽商大，但中国明、清时期的十大商帮，浙商独占两席——龙游商帮、宁波商帮。

简单梳理一下浙商商史，比较清晰的商迹为春秋战国时期的范蠡（陶朱公）。当时，范蠡作为越国大夫，辅佐越王勾践打败吴国，然后放下功名，弃官从商，成为中国商史上有名的儒商鼻祖。虽然他既不是浙江人，也不是山西人，却与两个地方都结下深缘。细究起来，他与浙商的渊源似乎更为深厚，他在浙江实现了自己的政治抱负，也从这里出道发迹，实现了财富梦想，他的政治谋略、经商理念对后来的浙商也有着较为深远的影响和传承。

秦、晋时期，史书上对浙商的文字记述有"北至青、徐，南至交广"的说法。这其实是指宁波一带的商人和经营情况。唐代以后，中国的经济重心开始南移，"江、浙"一带逐渐成为中国经济较为发达的地区之一，当时的宁波、温州，已经逐渐成为有名的贸易港，泛海兴贩的浙商从宁波出发，横渡东海，到日本岛经商，当时的大商人李邻德、李延孝、张支信等，已经拥有了自己的船队，往来于日本与宁波、台州、温州之间。

宋代时，浙江的海外贸易已经有一定规模。尤其南宋时，杭州、宁波、温州等地，官方都设有市舶司，是官方专管海外贸易的机构。而中国十大商帮之一的"龙游商帮"就发轫于这个时期，"浙商"一词也大致在这个时期开始出现。

明清时期，政府厉行海禁，宁波、温州一带的走私贸易却十分活跃，商人装运硝黄、丝绵等违禁物品出海，到日本等国贸易。明朝中叶，主营书业、纸业、珠宝业的"龙游商帮"迅速崛起，与当时的"晋商、徽商"成鼎立之势，明万历年间，民间就广有"遍地龙游"的说法。明末清初，"浙商"作为一个商团集体的专属名词，开始成为对一个区域性商群的特指，"浙商"商群开始引起关注，但成就与名势远不如当代浙商辉煌。

鸦片战争之后，宁波、温州等地相继辟为通商口岸，中国近代民族工商业得以发展，浙商帮群进军上海，叱咤十里洋场，一度垄断上海的大半产业。

在上海洋场，浙商尤其善于顺应时势，因时趋变。当时上海正处在社会转型的风口浪尖上，而在上海商营业较为有势且规模宏大的晋商，因没能及时转变经营方法，调整功能机制，而最终随着时移势易趋向没落。曾经同样强大的徽商，则由于沉湎于理学宗法，致使他们在近代上海世变日新的时候，仍然固守旧习，终成颓势。这时候适时而起的浙商，就因"胆识机敏、手腕灵活、眼光独到"而占据上风。浙商在上海开埠之后，适时抓住各种机遇，及时变换创业和投资的重点，从而在近代中国经济史上创造了诸多的辉煌。清朝末年及民国初年，浙商成为中国民族工商业的中坚力量之一，浙江财阀成为国民政府的经济基础。

浙商更大的发力始自20世纪80年代初。

当时，中国改革开放的闸门一开，数万浙商涌流而出，以水银泻地般的气势漫向全国乃至世界。他们活跃于海内外，成为中国最庞大、最具活力的地域商群。在北京、上海、广州、重庆、拉萨、包头、乌鲁木齐等大中小城市，无论通都大邑、穷乡僻壤、欧陆大国还是美洲、非洲小国，到处都有操浙江口音的投资者和生意人。2011年10月，当时的浙江省委书记赵洪祝在"首届浙商大会"期间对媒体给出一组数据：据不完全统计，当时浙江省出外经商的人员有600多万人，其中有150多万人在全世界138个国家和地区创业经商。

无孔不入的当代浙商快速形成以地域、经营品种等不同特色为主的商帮商群，组成各种商会、财团、炒房团，他们声势浩大、组织有序、商纪严明，手持重金四面出击，动辄投资几十亿元、上百亿元资金，用于银行、地产、民间高利贷、大小商品、电器、服装、煤炭……成群结队的"温州帮"、"宁波帮"、"义乌帮"，疾如劲风，所到之处，草木尽收。

浙商成为全国人数最多、实力最强、分布最广、影响最大的投资经营群，他们带着投资项目及实干进取的精神，在中国乃至世界各个角落留下商迹、业绩，在为当地创造就业和税收的同时，也对各地经济的发展促动功不可没。有人说：哪里有市场，哪里就有浙商。而浙商说：哪里有浙商，哪里就有市场。他们非常自信，非常"我天下"。这就是当代浙商。

浙商的地方帮群

当今中国，浙商的地方帮群独步天下。在早期晋、徽商帮中，无论规模、气势还是影响力，都很难与当代浙商帮群相提并论。

早在"尧、舜"时期，晋人尧都平阳（今山西临汾）、舜都蒲坂（今山西永济）就已经形成中国最早的物贸集市。在当时"天下大和、百姓往来"的繁荣景象中，晋商并没有在后来形成有规模影响的"临汾帮"、"永济帮"、"太原帮"之类的强势帮群，即便最鼎盛时期，晋人的商业网络遍布国内大江南北、长城内外及整个北亚地区，"地域性"、"乡土情"依然桎梏着他们的乡土思维，他们没能够继续走远，近观现代晋商的大部分业务，也大都围绕着煤炭和焦炭等重工业来做，其足迹很难走出山西大山。

早年徽商的构成主体为古徽州府地域六县（歙县、休宁县、婺源县、祁门县、黟县、绩溪县），统称"徽帮"，或"新安商人"，是徽商最有代表性的商群，其系各地、县虽也有代表本地的巨商大贾，虽强势，却难成帮。在某些方面，徽商形同晋商，很难冲出历史视野中的"地域围城"，小农意识的"宗派亲族"、"小富即安"，重"商仕官途"、偏"散淡放纵"等，这使一些徽商缺少了商人的纯粹和坚执，不能一条道走到底、走到头、走通辙……徽商的区域性宗派族群强大却各怀心志，因为路迹不同，目标不一，形不成像浙商那样声势浩荡的地域性帮群。

19世纪初，被称为"浙江财团"的浙商不仅推动了旧上海金融业、工商业的发展，也对近代中国金融业、工商业的发展产生过重大影响。自清末到民国初，他们创立了中国工商业和金融业的众多第一。

当中国改革开放的大门洞开，浙商更是率先"蹚水"，先后出现的"浙江模式"、"温州模式"、"宁波经验"、"义乌现象"等，不仅影响和推动了中国改革开放的进程、为中国各地经济的发展注入了生机活力，同时也给世界一些国家的经济带来了影响和冲击。在浙商地方帮群中，先后出现过驰名中外的"湖州帮"、"龙游帮"、"宁波帮"、"杭州帮"、"萧绍帮"、"台州帮"、"温州帮"，"义乌帮"等。

历史上的"湖州商帮"，溯其根源，最晚在宋代已有"湖商"分布于全国各地。至明中叶以后，"湖商"崛起于众商之林，成为中国商界一支劲旅。"湖商"的崛起，缘于湖州地区地阜物富，"蚕桑之利莫盛于湖"，"丝绸之府强盛于郡"。南浔镇的丝商在清末形成以"四象、八牛、三十二条金狗"为代表的中国近代最大的丝商团体。当年孙中山先生从事革命活动的经费，绝大部分就是由湖州丝商筹集捐赠的，而南浔的丝商也成为后来民国财政支柱的江浙财团的中坚力量之一。湖州帮与晋商、徽商最大的不同是，"晋、徽"商帮多为行商，而湖商则以坐商居多。

浙江"萧绍帮"所在的萧绍地区是古越文化的核心地区。

萧绍平原和绍兴水乡是当代中国最大的纺织化纤制造基地，也是浙江经济最为发达的地区之一。史书记载："越人，喜奔竞，善商贾。"早在盛唐时期，绍兴就有"日出华舍万丈绸"的美誉，它的青瓷、绸缎、造纸都远销海内外。近现代的萧绍帮更是以"奔竞不息，勇立潮头，敢为天下先"的气魄闻名于世。他们以"实力、低调"兼备的文化理念带动资本扩张，在海内外创办了很多行业巨头和规模企业。当代萧绍帮在商界最具影响的代表人物有：鲁冠球、徐冠巨、宋卫平、高志伟、裴德道、陈妙林等。

台州商帮以"低调、抱团、大气、硬气、挣大钱"出名。

历史上的台州是农耕小业，以海为田，"资食于海外"。《嘉靖太平志·食货志》称："太平无富商巨贾巧工，民不越乎以农桑为业，间有为贾者，盐利大，鱼次之，已而商次之，工又次之。"当时的台州商业并不发达，富商巨贾很少，但对外贸易相对活跃，"泛海售商"是台州沿海人的一条生计之路。特殊的地理环境造就了他们出海的传统和敢于冒险的精神。明代《台州府志》将台州人的个性概括为"台郡山海雄奇"，故"士多磊落挺拔"，勇于冒险，敢于闯荡。改革开放之后，台州帮更是活跃于国内外商界。他们从磨豆腐、修鞋子等一些低端的生意切入，又很快地按照经济的发展实现产业升级。当年磨豆腐的人，现在开始造高楼；当年修鞋子的人，现在生产缝纫机；当年用自行车带客挣钱的人，现在造汽车；当年捕鱼的人，现在造海轮……台州帮以精明、吃苦耐劳、敢闯敢干著称，东北、新疆、海南，中国只要有民营经济的地方，就有台州商人的身影。台州的产品几乎在世界各地都能见得到，遍布全国及海外的各级商会，以及"台州街"、"台州工业园"、"武汉汉正街"、"浙商新城"等，使台州帮群创造出一个又一个经济奇迹，成为经济"后发优势"的标杆范本。

再就是杭州帮。

严格说来，杭州商不成帮。因为杭州是浙江的首府城市，也曾是历史上的南宋帝都，"上有天堂，下有苏杭"，守着与天堂为邻的一湖圣水，地道的杭州人似乎多不善商，抑或他们根本不屑营商。盘桓于先祖荣耀与圣湖的美景之中，杭州人的优雅自负是很难与那些八面出击、觅缝插针的当代浙商相提并论的，把耀足之心与浙商的财富雄心相比较，杭州人似乎更多的是一些恬淡怡然。但是绝不能说杭州人不善商。两个人就可以佐证：宗庆后、马云。前者靠卖矿泉水，一瓶一瓶卖至中国首富；后者把现代科技与传统消费成功嫁接，成为声名鹊起的商界奇才。

龙游商帮是所有浙商地方帮群中成名较早的商帮之一。

"钻天洞庭，遍地龙游"，龙游商帮是从浙江西部山区闯出来的一个地方商群，发轫于南宋，活跃于明代中叶，清乾隆年间为鼎盛时期。当时在中国明清十大商帮之中，龙游商帮几与晋商、徽商齐名。

龙游商帮的崛起始自一个历史契机，当年宋室南迁，建都杭州，为方便同长江沿岸抗金前线的联系，官府修建了一条东起京杭、西接湘赣的官道，这条官道在龙游和寿昌交界的梅岭关进入龙游境内，龙游商人乘势走出山区，四处经商。

明朝时期，一个以龙游商人为中心、带动整个衢州地区商人的流域性商团开始形成气候。他们先是在金衢盆地崛起，然后逐鹿中原、远征边关、漂洋出海，开始以"遍地龙游"的气势征战天下。据史料记载：明万历年间，"龙丘之民，往往糊口于四方，诵读之外，农贾相半"。明天启年间，"龙游之民，多向天涯海角，远行商贾，几空县之半"。当时的商人童巨川，在嘉靖年间，到宣府大同做边贸生意，"一往返旬月，获利必倍，岁得数万金，自是兄弟更相往来，垂20余年，遂成大贾。"到了清乾隆年间，童氏家族"多行贾四方，其居家土著者，不过十之三四耳。"就是说在这个时期，童家的人，已十之六七出门在外经商，整个龙游地区，有一半以上的人出外营商，龙游商帮当时的气势和盛况可见一斑。

龙游商帮出道以来，既不同于手握巨资、经营票号、在金融市场显山露水的晋商，也不同于垄断盐鹾、结族附权、声名显赫的徽商，他们没有官府支持，身后没有强大的宗族势力作强盾，却在强手如林的各大商帮中迅速崛起，成为明清时期称雄商界、颇有影响的地方商帮之一。

中国明清时期驰骋中外的十大商帮中，浙江占据两席，一个是龙游商帮，另一个就是宁波商帮。不同的是，当代龙游商帮影响渐弱，宁波商帮正大展宏业，大手笔书写着财富新史。

"大海泱泱，忘记爹娘。"宁波地处浙东，三江汇流，抱山临海，是中国最早开放的贸易口岸之一。自唐宋（618~1279年）以来，宁波商人即假舟楫之利，漂洋过海，与日本、高丽及东南亚沿海各国开始贸易往来，与宁波毗邻的上海，则最早成为宁波商群打拼的主场。早期的宁波商人沿着一条"沙船之路"驶向上海，在上海这个东方梦工场开始造梦⋯⋯1797年，宁波人在上海建立了第一个同乡团体"四明公所"；1819年，宁波籍的商人和船主在上海建立了"浙宁会馆"；1831年，在上海从事手工艺的宁波籍下层民众，又本着"亲帮亲，邻帮邻"的互助精神，建立了"水木业公所"，会众多以泥、木、石、雕、锯工匠为主；1840年鸦片战争前夕，走出故乡的宁波商人已遍布上海各业，据资料载：1920年，上海公共租界共有华人68万人，其中有40万人是宁波人。宁波商人以上海为最大的集散地，从这里辐射出去，走向全国乃至海外。他们不但影响和推动了江浙和上海工商、金融领域的进程，也影响和推动了中国工商、金融领域的进程。

宁波商帮在自己的发迹过程中，创造了许多项中国第一：1897年，创办了中国第一家华人银行——中国通商银行（这是中国传统金融业迈向现代化的标识之一）。1908年，创办了以一个城市为标志的股份制商业银行——四明商业储蓄银行。

第一次世界大战爆发后，西方列强的在华势力一度收敛，宁波商帮抓住机遇，迅速出击，在一年之内创办了上海煤业银行、民新银行、日夜银行、中华劝业银行等十余家银行，与此同时，又接连创办了中国垦业银行、中国企业银行等，以宁波金融家为主体的上海银行家队伍当时被誉为"江浙财团"并名享天下。

中国第一家日用化工厂、第一家机器制造厂、第一家机器轧花厂、第一家灯泡制作厂、第一艘轮船、第一家轮船公司、第一家中国国货公司、第一家西药店、最早的民营仪表专业厂、最早的保险公司、最早的房地产公司、第一家证券交易所、第一家电影制片公司、第一部无声故事片、第一部有声影片……同仁堂、商务印书馆、企业大王、五金大王、颜料大王、棉纱大王、地产大王、娱乐大王、蛋品大王、废品大王等名号头衔，都是由宁波商人创建摘取的。

宁波商人还是中国现代服装创始人。当年宁波人有一个很响的名字——"红帮裁缝"。"红帮"创造了中国服装史上诸多第一：中国的第一套西服、第一套中山装、第一部西服理论著作等。1949 年以后"红帮裁缝"的影响并没有随着旧时代的结束而消失，毛泽东、周恩来等新中国领导人身上的服装，几乎都由"红帮裁缝"传人精心制作。今天的宁波市已是中国名副其实的服装之都，宁波共计有 3000 余家服饰企业，在国产的每十件服装中，就有一件是宁波人生产出来的。

温州商帮与低调沉稳的宁波商帮相比，更多一些狠辣霸气。

温州位于浙江东南，属沿海港口城市，是浙江三大经济中心之一。它也是中国民营经济的发祥地，被誉为"民营之都"……自 19 世纪 80 年代始，温州商帮异军突起，他们以著名的"蚂蚁经济"走向中国各地乃至世界各地，以高调的"温州模式"横扫天下。

近些年他们更是以资本聚散无形、手法凶悍精准著称。他们组成各种大小商团，挟重资，叱咤于楼市、煤矿等资金密集性领域，征服并震撼着世界……有一位著名的韩国企业家曾发出这样的感叹：从我儿子 8 岁开始，我就跟他讲温商的故事，我相信等到他 80 岁的时候，他会发现，他一生的成功都来源于这些故事。

温商的故事，是浙商故事中最经典、最撼动人心的篇章之一。

20 世纪 70 年代末 80 年代初，从温州走出一支特殊的队伍——农民购销员。据统计，当时温州这支农民购销员队伍达 14 万人以上，号称 10 万大军闯南北。10万大军背井离乡，四处奔波，开创着12个"千与万"的奇迹："跑千山万水，说千言万语，历千辛万苦，想千方百计，购千万吨原料，销千万种产品，签千万张合同，组千万家生产，传千万种信息，辟千万条财路，出千万种发明，造千万个人才。"

这10万大军，像辛勤采蜜的"工蜂"，奔忙在大江南北。仅柳市五金低压电器专业市场就有4000多名购销员常年在全国活动；被誉为东方最大纽扣市场的桥头纽扣市场，由近万名农民购销员串成一个全国性销售网；金乡的徽章、标牌、塑片市场，有7000多人在外推销产品；宜山区再生腈纶市场，共有5000多人跋山涉水，他们挑着一袋袋衣服，走村串巷……

有人称这是中国8亿农民的第一个裂变。无孔不入的温州人，开始勤奋而快乐地"蚕食"每一块财富土地。无论海内海外，无论地贫土瘦，只要有人的地方，只要能赚到一分钱的地方，就一定有温商的足迹……在北京，从早年的永嘉弹棉郎、温州发廊、瑞安鞋匠，到后来的"温州店"、"温州村"、"101"毛发再生精、纽扣群、电器电子大王、商标大王……他们蜂拥而至，以京城为依托，将他们的大小商品销往北方、独联体、东欧诸国。

在上海人引以为豪的繁华商地南京路，那些琳琅满目的柜台和闪烁的霓虹灯后面，有近80%的柜店老板渐次被温州人取代，精明的温州人以租赁、经营承包、联合、合股经营等多种形式，抢下这里的一块块黄金货档；在高寒缺氧的"世界屋脊"西藏，久居江南的温州人建起家园，据统计，在进藏行商者中，有近50%是温州人，在拉萨城里，有一条专以裁缝铺为主的"温州街"。

在英国、法国、意大利、西班牙、荷兰和美国，温州人聚在一起创业，打造财富"家园"。在巴黎的13区和14区，几乎住的全是温州人，人们在这里听到的几乎都是温州话，甚至连警察也不得不说温州话。据资料：目前在美国的温商大约有24万人，他们大多以经营小商品、开餐馆等行业起家，在投资领域涉及贸易、房地产开发、服装制造及销售等，在中国改革开放的30年历程中，有一个专属温州人的形容词，叫"胆大包天"。

当时践行并叫响这个形容词的，是一位年仅26岁的农民。这位叫王均瑶的苍南农民，当年创造的奇迹让中外为之感慨。1991年春节前夕，当时25岁的王均瑶与同在长沙经商的老乡一起，包一辆大巴赶回温州过年。一路风雨兼程，归心似箭的王均瑶无意中埋怨了一句："这车真慢。"同行老乡立马打趣他："飞机快，你去包飞机啊。"谁也没想到，这个玩笑触发了王均瑶的奇思妙想：对呀，既然能包汽车、包大船，为什么不能包飞机呢？

两个月后，王均瑶踏进了湖南民航局的大门，胆大的王均瑶真的包了"天"，1992年，王均瑶历尽艰辛盖完一百多个图章后，成立了国内首家民营包机公司——温州天龙包机有限公司。短短数年先后与国内6家航空公司合作，相继开辟了10条国内客运包租航线，包机公司从包租40座的小型客机到包租200座的波音客机，业务从北京到香港，航线遍布50多个城市，每周400多个航班。

一个奇妙的构想，改写了中国的民航史。当时美国《纽约时报》这样评价他："王（均瑶）超人的胆识、魄力和中国其他具有开拓和创业精神的企业家，可能引发中国民营经济的腾飞。"

当这片翻腾的国土有人仍在沉睡时，胆识过人的温州人再次掀起了新一波浪潮——资本扩张。他们组成各种商团，携重金在海内外房地产、煤矿、国企改制、水电站、银行等诸多领域寻找着各种各样的投资机会。据不完全统计，温州目前拥有民间资本近8000亿元，弹丸之地的温州共有60多万人在世界131个国家和地区创业发展，有175万人在全国各地营商创业，全国211个地级以上城市建有温州商会，温州商人在外地创办企业多达2万多家，创办各类专业市场达2000多个……

浙商文化

浙商帮群在形成与成长过程中，地域文化始终是他们最主要、最活跃的深层次文化基因之一，当"浙商"一词跃升为这个地域商群的"旗帜、标识、品牌"时，"浙商精神"、"浙商文化"就成为他们行走江湖的核心动力。

在中国历史上，越王勾践"卧薪尝胆"的故事一直被奉为励志经典。古越人复仇复兴的利器不是刀锋剑刃，是潜心隐忍，人的"内心力量"成为利器。勾践的故事在浙商群体身上体现出来的是"忍辱负重"、"坚韧不拔"、

"矢志不渝"，浙商血脉里有着"勾践精神"的文化血统，它形成浙商精神的早期内核，这是浙商有别于晋商、徽商的地方。勾践成就伟业和人格的动因基于一个刻骨铭心的目标——复仇灭吴；浙商群体四出艰苦创业的动因同样刻骨铭心——赚取财富摆脱贫穷，有尊严地活着。

多数浙江人怀揣着这样的梦想寻求突围，义无反顾跨出家门，漂洋过海、远走他乡，什么苦都吃，什么活都干，无论多么边远穷困的地方、无论多么被人瞧不起的"下等活"、无论多么微薄的小利，都阻滞不了他们的创业热情，他们起早贪黑活跃在街陌小巷，理头发、卖眼镜、弹棉花、补皮鞋、织针工、磨豆腐、配钥匙……没有豪言壮语，没有宏伟蓝图，一切都在现实、简单、低调的追求中直达目标。

一方面他们是社会边缘"讨生活"的开业者，另一方面他们又是为改变命运而呕心沥血的创业者，一路裹挟向前，由此聚合起一个蔚为大观的浙商群体，这个群体无形之中成为改变和推进历史进程的重要角色，造就出一个个令人为之惊叹的经济奇迹和财富故事。

对浙商早期"精神特质"影响颇深的另一个人就是陶朱公，当时同他一起陪在勾践身边的另一个名臣叫文种，两人一起卧薪尝胆、戮力同心完成大业，陶朱公功成身退，文种却人头落地，为什么呢？之前陶朱公曾规劝文种，邀他一同下野，但文种就是不听，他不懂"狡兔死，走狗烹"、"君可患难而不可同乐"的历史冷血，最终被勾践砍了头。"识时务者为俊杰"，陶朱公被后世尊为中国儒商始祖，与他的智慧、商德、商则不无关系，这也是他对后世浙商影响至深、至大的地方，后世不少蜚声中外的浙商成功之后，不是把巨大的财富率先用来兴院造宅，也不是用来买官享乐，而是兴业办学……

浙江背靠山岭，面向大海，号称"七山二水一分田"，就是这一片灵性之地，孕育出浙人精明灵通、隐忍坚执的国民性格。

历史上浙江人才辈出，其文化传承同样浸染流动着中国的儒家血脉。据资料记载，自南宋起浙江的两榜进士就一直居全国首位，一共有 3697 人，同时期"晋、徽"两地的两榜进士分别为 1194 人和 1169 人；明、清时期，浙江的文状元 40 人，徽人 13 人，晋人为零；另据史载，北宋末年金兵入关，宋高宗赵构率旧臣南渡，在今天的杭州建都，山东曲阜孔子第 48 世孙随着南迁，赐居衢州，当时孔氏南宗家庙立于衢州，孔家后裔在这里大建书院，坐馆授学，孔庙一直成为杭州最高学府"临安府学"所在地，南宋时还做过太学，相当于当时全国的最高学府，儒学因此得以在浙江广为流传。

明末清初，被称为"中国思想启蒙之父"的黄宗羲（浙江余姚人）认为：治学的目的"大者以治天下，小者以为民用"，从经世致用的治学目的出发，浙江传统学术主张尊重客观规律，要求学问与社会的实践和百姓的生产、生活紧密结合。这种鲜明的思想特色从古至今一直绵延于浙江大地。

浙江一带经济相对发达，与其注重教育有很重要的关系，这也是"实用学"的表现之一。一个地区的经济发不发达，与那里人的文化素质息息相关，一个人接受了良好的教育，他就会思考，会思考才有作为，才能促进社会经济的发展，尽管儒家主张重农抑商，但其核心价值"仁、义、礼、智"与浙江本土传统的"实用"文化、营商理念相融碰撞，再加上以衢州为中心的 300 公里范围内，又是中国历史上滋生商人的肥厚土壤，历史上的江西商帮、徽州商帮、龙游商帮、宁波商帮、绍兴商帮，及当代的温州商帮等，都是在这 300 公里的范围之内，在地方文化的助力之下兴盛强大。

耕读遵礼，弦歌不绝。

在浙商地方帮群中，早年兴起的龙游商帮之地原本就是姑篾故国的旧地，作为诗书礼乐传家，素来就有重文化的传统。龙游人先是由商而儒，又由儒而商，或因儒而商，终成儒商。

当时龙游商人出山为贾不忘读书，爱书惜纸，有人就是靠专营书纸、刻印贩书终致巨富的。龙游商帮在儒学氛围中崛起，也与当时的文人名士渊源颇深，如明代与唐寅（伯虎）、文征明齐名的一代名士李维桢，即专为龙游商人李汝衡立传，题为《赠李汝衡序》；龙游书商童佩，也被当时的名流硕儒王世贞、王穉登、归有光等引为座上客，并亲为其作序传。许多龙游商人之所以和这些清高自许的名士成为莫逆之交，正是因为相互间气质相近，文气相通，意气相投。尤为重要的是，龙游商人对中国传统文化不是肤浅地附庸风雅，而是认认真真，把它当产业来做，并以此推动和扩大文化发展的影响，同时也由此扩展自身的影响。

田家有子皆习书，士儒无人不织麻。

浙商中的另一支商帮"宁波商帮"，同样是一个传统儒学教化之下崛起的新兴商帮。当年王安石入宁开创的那种"尚文尚礼、崇信崇义"的地方文化精神，一直成为历代宁波人人格理想的精神支柱。

据《宋史·王安石传》记载：王安石在当年任宁波鄞县县令的时候，不仅兴修水利，以低息贷谷与民，组建联保，平抑物价，还首创县学，延聘名师，以培养人才，开启四明学风。王安石当年推行的"贷谷与民，立息以偿"，可以说是中国银行信贷的早期雏形。他当年改破庙为县学、临深山寻先生（为浙东学术史上著名的"庆历五先生"）、为学人科举设专门的"考试院"等举措，使宁波十年之后，相继走出了史上第一代进士、第一名状元，宁波历史上出过 12 名状元，2432 名进士，数万名举人，数十万名秀才童生。

王安石的开蒙之功，其意义不只在于让宁波人以学海为径，走向更加广大的世界，也倡导了一种价值取向，并从此在当地形成了一种耕读传家与商儒并生的优良传统。

宁波历来是中华藏书文化的重地。自宋代以来，宁波私人藏书蔚然成风，名楼迭出，历代著名的藏书楼计有 80 余座，可谓"藏书之富，甲于天下"。而位于月湖之西的"天一阁"，则是中国现存最早的私家藏书楼，也是亚洲现有最古老的图书馆和世界最早的三大家族图书馆之一，被人们形象地称为——宁波的书房。

宁波书房记载着许多宁波学子经商的故事，他们一开始就有"转而从商"的精神准备，官宦仕途，风险环生，若读书为官，虽投入多但成效低，于是在开蒙阶段，家长们要求学子首先掌握的并不是当时流行的八股策论，而是三门实用技巧：书法、尺牍、珠算。他们认为：作为学生，首先要写一手好字，精于计算，打一手好算盘，即便不求官，营商也会是一把好手。

　　在"天一阁"收藏的历代文献中，有五百多种宁波人和地方的家谱。在这些家谱所载人物传记中，记载着不少某某人从小喜欢念书又因故不能再念、只能弃学从商的故事……而他们从商成功后又会拿出钱来大兴办学，以励后代，继学、习读、营商。1985 年 10 月 29 日，船王包玉刚捐建宁波大学，一大批海外"宁波帮"闻风而动，在故乡办学的热潮在海外宁波商帮中蔚然成风；2004 年 4 月 15 日，浙江万里学院与英国诺丁汉大学联合举办的宁波诺丁汉大学在宁波举行了奠基仪式，这是中国第一所独立设置的中外合作大学。

　　有人这样评价说：宁波商帮既有商人的精明开阖，又不失书生的道德操守，在完成传统商业到现代商业转型的过程中，以"务实、拓进、创新"精神迅速壮大，活跃在中国近代经济舞台。

　　浙商中另一大帮温州商群，其商业文化元素中的重商价值观则起始于南宋。南宋期间，以"事功学派"的集大成者叶适为代表的"永嘉学派"，崇尚功利，主张务实，反对空谈道德性命的理学，批评理学的"贵义贱利"、"重本抑末"，提倡"农商一体，发展工商业"。

　　"永嘉学派"又称"事功学派"、"功利学派"，是南宋时期重要的儒家学派，与朱熹的"理学"、陆九渊的"心学"呈鼎足相抗之势，因为成形发展于永嘉（今温州）地区，代表人物又多为永嘉的学者，故称"永嘉学派"。当时永嘉（今温州）地区工商业经济开始繁荣，出现数量众多的富商、富工及经营工商业的地主，他们要求抵御外侮，维持社会安定，主张买卖自由，尊重富人，并希望能够减轻捐税，发展商业。

　　"永嘉学派"最早提出"事功"思想，主张"利义"一致，"以利和义，不以义抑利"，提倡"道不离器"，反对某些道学家空谈义理，反对"专以心性为宗主"，对董仲舒提出的"正其义不谋其利，明其道不计其功"的说法表示异议，曰"既无功利，则道义者无用之虚语尔"。他们反对传统"重农抑商"的政策，极力主张"通商惠工，以国家之力扶持商贾，流通货币"，认为应该大力发展工业与商品经济。永嘉学派继承了传统儒学中的"外王"和"经世"，提倡"学与道合、人与德合"，主张一个杰出的人物应该是"实德"与"实政"的结合。

这种重商价值观成为浙商群体的重要精神支撑，也是浙商经济发展模式的文化精髓和动因。浙商在这样的人文土壤里，自觉滋生出强烈的自我创业欲望和浓厚的商品经济意识，"百折不挠、卧薪尝胆、自强不息、艰苦创业"，其民间经济细胞，才如此具有活力、韧劲和爆发力。

— 中 篇 —

托夫勒认为：正是"金钱经济"和"非金钱经济"这两种事物的结合构成了我们称之为"财富体系"的主体……事实上，我们正越来越深地陷入金钱经济的旋涡之中，每个人都处心积虑，苦寻出口。

第三章　密码

据说智慧女神企求得到对上帝"神质"的"真知"，许多圣殿骑士狂热地崇拜她也只是企图借此洞悉不可知解的上帝……

而财富世界的奥秘却被金融大鳄索罗斯轻松捅破：世界经济史就是一部基于假象和谎言的连续剧。要获得财富，做法就是认清其假象，投入其中，然后在假象被公众认识之前退出游戏。

第一节　解构富层

"乌龟塔"论

史蒂芬·霍金在《时间简史》一书开头讲了个小故事：有一位小个子老妇人，用"乌龟塔"论去挑战一位著名科学家的"地球太阳公转"论。

这位科学家在演讲中描述了"地球如何围绕太阳公转，而太阳又如何围绕恒星集团的中心公转"，演讲刚结束，小个子老妇人就从后排站起来指斥他："你讲的是一派胡言。实际上世界是驮在一只巨大乌龟背上的平板。"科学家反问老妇人："那这只乌龟又是站在什么上的呢？"老妇人立即回答："这是一只驮着一只、一直驮下去的乌龟塔。"科学家笑了，回说："不得不承认你很聪明。"他被老妇人的机智与想象力震住了。

我们是不是认为小个子老妇人的"乌龟塔"论比较荒谬？

霍金不这么认为。霍金说：我们凭什么就自认为知道得更多呢？神秘的宇宙从何而来？又将向何处去？它有开端吗？如果有的话，在开端之前又发生了什么？时间的本质是什么？它会有一个终结吗？霍金认为，对于所有的这些我们自己又知道多少呢？

回到财富世界。宇宙充满神秘与未知，财富体系充斥其间，同宇宙本身一样充满神秘与未知。对于人类来说，有时它似乎更像小个子老妇人那个无限叠加的"乌龟塔"，在大宇宙之下的小宇宙（人）心中，是不是也存在过一座财富世界的类似小个子老妇人描述的那个无限叠加的"乌龟塔"呢？

托夫勒认为正是"金钱经济"和"非金钱经济"这两种事物的结合构成了我们所称之为"财富体系"的主体，究其关系及原理，却似乎有点类似小个子老妇人的"乌龟塔"论。事实上我们每天都陷在"金钱经济"的旋流中，又时时刻刻无不与"非金钱经济"发生着千丝万缕的联系……首先，金钱承载着我们的全部生活；其次，金钱经济承载着金钱；再次，非金钱经济又承载着金钱经济；最后金钱又反回来承载着非金钱经济……如此往复，循环重叠，完整地构筑起人类经济生活及财富世界的体系。小个子老妇人的"乌龟塔"论不可以解释宇宙万象，却可以诠释这种经济现象，这个小故事告诉我们：智慧与机敏有时比学识重要。

有人曾提出过这样一个问题：城市的核心是什么？然后他自己作出回答：是人。简单说，就是：衣食住行、生老病死、安居乐业。于是人类在生命的初期就要接受严格训练，学习本事；到生命旺期，就要出去工作，拼命挣钱，挣钱干什么？"衣、食、住、行"，因为我们要穿得光鲜漂亮，要吃得更健康，要住得更宽敞舒适，要出门旅游休闲；到了生命衰期，要无忧体面地生存；到生命终期，死也要死得体面尊严……所有这些，都需要钱。

但很遗憾，我们许多人是抱着赚钱的目的出去工作的，却因为工作耽误了赚钱。勤奋工作一生，我们没能挣到钱，反而越工作越穷，最后沦为穷人。但这是人的错吗？就像一个人贪吃不是他的错，是细菌暗中捣乱一样，一个人终生勤奋而与财富无缘也极可能是"机遇、行情、智商、情商、财商"从中作祟，虽然一个人通过强化训练可以形成较高的智商、情商、财商，但这是一项工程，简单而又复杂，简单是因为我们只要去做就有可能，复杂是因为做的过程充满变数。

2006年阿尔文·托夫勒耗时12年推出新作《财富的革命》，他在新书中深层次揭示了与财富相关的三个基本原理——时间、空间、知识原理。托夫勒首先认为，财富产生的机制已不堪重负、摇摇欲坠，与财富本身已经不再同步；其次财富的快速流动和高科技使得人们的空间概念越来越无所谓有，也无所谓无；最后非对抗知识的运用正在影响着人们对财富的获取或分配。

他暗示人们：财富绝非只是金钱、资本一样简单，我们只有及时更新头脑中的财富观，明白创造财富的机制已今非昔比，才不致尽失先机。他在该书第九章"大循环"写道："有史以来财富最大的地理迁移之一正在发生着，财富正在以前所未有的方式运动着。"

当华尔街金融危机席卷全球，其速度远非10年前的"浪潮"可比，用"金融飓风"来形容它毫不为过，飓风速度与高科技的无缝连接只需轻抹一下，就会完全清除掉人们传统财富的时空概念，当财富大转移开始由西向东挪动之时，财富的不确定性让世界充满戏剧性，这时对于个体来说，不解密钥，就有可能在窥见巨大财富甚至唾手可得时让一切化为乌有。

基因差异

基因是人类遗传信息的化学载体，决定我们与前辈的相似和不相似之处。在基因"工作"正常时，我们的身体就发育正常，功能正常，如果有一个基因不正常，甚至在基因中有一个非常小的片段不正常，就可能引起发育异常、疾病甚至死亡。

现代医学告诉我们：健康的身体依赖身体的不断更新，以保证蛋白质数量和质量的正常。由于基因与环境的相互作用，它是可以后天变化的，它的一些变化会引起蛋白质数量或质量的改变（基因突变），当这种变化发生时，就会引起我们身体功能的突变。

人类的财富基因与此类同，也可以后天改变，甚至突变。

2006年《今周刊》为解构富人阶层的基因密码，首次对国内100名富人阶层进行基因调查，那么结果会怎样呢？富人阶层的财富基因与大众阶层的财富基因相比有什么特别之处吗？根据《今周刊》介绍，他们这次调查针对一般股市投资人与银行贵宾理财中心 300 万元以上 VIP 客户（各银行估计：300 万元以上 VIP 客户的总资产几乎都在 3000 万元以上，有的身价上亿元），调查比较前后两者在"财富特质、投资理财、消费习惯"等方面的差异，结果如下：

致富的关键因素

在致富的关键因素方面，受访的富人阶层认为：致富最为关键的因素是"专业知识"、"技能、理财规划"、"储蓄习惯"三项。一般投资大众给出的前两项因素和富人阶层一样，第三项因素多选择"良好的健康状况"。

理财 EQ 高，控制情绪与欲望

有 50% 以上的富人阶层认为：运气是累积财富的重要因素，比一般投资人高出许多。这是为什么呢？

分析认为：可能有的富人在致富以后力求低调，他们谦虚地把一切成功归诸于运气。分析者从王永庆的例子得到验证，一次专访王永庆，适逢台塑四宝总营收创历史新高，王永庆当时只淡淡地说了一句"碰到了"，意思是运气好，而不是自己有多优秀。

那么是理财 EQ 和理财 IQ 哪个对累积财富更重要呢？

富人阶层认为"理财 EQ"比较重要的达 83%，一般投资人同意"EQ"重要的只有不到 30%。

访问中有一位身价四五十亿元的富豪直言："想要致富，必须比别人会控制自己。"控制自己是指理财情绪稳定，即不"贪"、不"怕"，如自己手上的股票不涨时，就一直想着别人手上狂涨的股票，如此一来很容易追高杀低。再如有节制的消费，省下钱做投资，这些都需要自我控制能力，也是所谓的理财 EQ。

工作、理财、勤奋，在乎手中每一块钱

有一件小事，春天酒店董事何丽玲一次跟友人抱怨："我想了一下午，我那 50 块钱到底是丢哪儿去了？"何丽玲身家好几亿元，为什么会为 50 元

钱纠结呢？富人阶层几乎都非常珍惜手上的每一块钱。积沙成塔，他们清楚金钱的重要性，绝不随便浪费每一分钱。

20%年收入投资股票与基金，而且自行做决策

在理财方面，富人阶层对投资报酬的预期以每年6%~10%为最高，其次是10%~20%。普罗财经董事长林建锋认为，有钱人的投资行为稳健，而且不贪心，6%~20%是合理的报酬预期。

至于投资的配比，42%的富人阶层投资股票与共同基金，占财富比率20%或以下，这个数字与美国富翁大调查的20%比较相近。

配偶精打细算，家中有编列预算的习惯

富人阶层们的配偶都是什么样的人呢？

一方面，富人绝大多数同意自己的配偶属于精打细算型，是一般投资大众的3倍。这个结果与美国富翁大调查呈现同样结果。所以如果我们的另一半对钱财也能控制得当，小心翼翼用好每一分钱，是有助于家庭财富累积的。

另一方面，不论富人阶层还是一般投资人，都同意如果能不向人借钱就不向人借。在理财与赚钱上面，所有受访者都认为，与其花时间赚钱，不如花时间理财，大家认为理财比赚钱重要。

想钱没有错

天上不掉馅饼，即便掉了，砸中的也不一定是我们。对富豪们的调查发现，绝大多数富人的财产都是自己努力挣来的，很少是从父辈那里继承来的。

既然如此，如果我们现在缺钱，没有关系，现在开始想钱，靠近钱……我们可以不迷钱，但也绝不要仇视钱，也一定不能直接去富人阶层那里获取钱，即便人家愿意，白拿也不道德。不过我们可以学习并移植他们的精神、方法，再持之以恒，就可以改变命运。

关于想钱

一个人"想钱"并不可耻。想钱，是因为我们离不开钱。

在一个物质社会里，钱的功能很多，也很强大，它不仅只是用"生存"、"幸福"这样简单的词义能说得透彻的。

富人阶层显示出的一个共同特点即是：几乎每一个人在成功之前都有强烈愿望与企图心：想要致富。这种企图心驱使他们去苦苦地钻营、寻觅，直到找出适合自己的致富路径。在一本叫《有钱人想的和你不一样》的书中，作者提到过一项致富守则："如果你的目标是过得舒服，你可能永远不会有钱；但如果你的目标是赚大钱，那么你最后很可能会过得很舒服。"

节俭、节俭

为什么要这样强调它？

要拥抱财富，一定先要聚敛起"第一桶金"，然后在这个"基金"之上，逐次翻滚。这"第一桶金"窃不来、抢不来、要不来，但节俭可以，节俭能让我们首先积攒起财富人生的第一桶金。

富人阶层中几乎每个人都崇尚节俭。台北富邦银行理财区督导洪淑琴与新光金财富管理中心筹备处襄理汤守民一致认为，即使家财万贯，对于小钱，富人阶层都会很在乎。

执行与律己

一个科技致富的有钱人凭什么？他每天只要有空，就会打开电脑浏览、收集各类产业与公司信息，十几年如一日，从不间断。

另一个在公务机关任职的学生公寓出租大王杨先生，知道房地产业会让人快速致富，就利用下班之余来执行他的投资计划，长此以往取得成功。有不少人知道某个渠道可以赚大钱，却不去做，缺乏执行力，就永远只会原地踏步。

现在大多数人的财富基因里缺失"自律"。很多人觉得偶尔超支一下预算没有太大关系，最后演变成常态，导致支出失控。富人阶层中大多表示：他们不会这样干。严格控管财务，十分清楚自己生活上的任何一笔花费，在投资方面谨守纪律，一旦决定了方向，绝不会轻易改变。

本业与投资

国泰投信总经理张锡以投资专家的角度告诉我们：一个人的"富贵"不

是上天给的，而是借由一套有系统的理财策略，将"富贵基因"一步步移植在自己身上，从而摆脱贫穷，走向致富。

他认为"移植基因"的基本步骤就是先做好本业，做好充分的资产配置规划，所谓本业就是投资自己，先找适合的工作，收入不是太差，乐在其中，事半功倍，就有了 50 分成功。他提醒上班族千万不要为了投资而辞掉本业，一旦投资失利，就会两头落空，人生将会非常凄惨。

EQ 与胆识

一位做投资的董事长表示：他身边的富商都比常人冷静，不会随市场的起伏轻易变动。市场热络时，他们不冲动、不盲动，市场低迷大家都恐慌抛售时，他们反而逆势操作，大胆进场抢货……他认为一个人理财 EQ 最重要的精髓就在于此。

第二节　犹太人的财富智慧

谜一样的民族

全世界都知道犹太人会赚钱，但他们真正的聪明不是会赚钱，而是他们亲手参与了一个惊天杰作：创造上帝。

旧约说上帝创造了世界，创造了人类，当我们逆向推论过去的时候，发现正是早期犹太人创造了上帝，因为犹太人是上帝的早期创作者之一，然后，他们宣称自己是上帝的选民。

《旧约·出埃及记》记述：上帝帮助以色列人逃出埃及后对犹太人先知摩西说："我如鹰将你们背在翅膀上，带来归我。如今你们若实在听从我的话，遵守我的约，就要在万民中作属我的子民。"

上帝让摩西告诉所有以色列人，他们全都是他的选民，是他神圣的国民。上帝因此与他们有个约定，即著名的"上帝之约"——《圣经·旧约》中记述的"摩西十戒"。上帝说:"凡心里有智慧的,我便更使他有智慧。"犹太民族正是属于那种心里有智慧的人,当"杖"握在手时,智慧已驻入到他们心里。公元前 1240 年,摩西率领在埃及为奴的以色列人逃离埃及后来到西奈半岛的旷野上,上帝在这里把诫命亲自面授给他,这不仅宣告了"犹太教"的真正诞生,也创造了"上帝"这个概念,奠定了西方人类宗教发展的基础。上帝颁给摩西的戒律共有 613 条,这些戒条不仅奠定了"孝敬父母、不杀人、不淫荡、不偷盗、不做假证陷害人、不贪恋财物" 等人类道德的基础,而且对人类律法的发展也起到了初始的推动作用。

上帝之约成为犹太人的精神之源和智慧之源,而这个上帝正是他们呕心沥血创造出来的。然后犹太民族以此为信仰,坚信自己是离上帝最近的人……无论民族遭受多少磨难、几经亡国、颠沛流离,都无法动摇他们的信念,无法摧毁他们的精神。

马克·吐温说:"犹太人的数目还不到人类总数的 1%,本来应该像灿烂银河中的一个小星团那样不起眼,但是他们却经常成为人们热衷的话题,受到人们的关注。"

有着数千年文明的犹太民族留给人类的不是什么特别值得炫耀的宏殿大宇,而是永恒的智慧。在世界民族之林中,很难再找到一个民族像犹太民族那样有着苦难深重的历史,5000 多年的漫长历史,其中有 2000 多年家国无依、流离失所、行走天涯、屡遭屠戮,整个民族在世界各地流浪,没有一种力量可以保护他们,他们没有权利、没有地位、没有安全、没有安宁,但他们总能凭借自己神奇的智慧生存下去并发展起来。

惨绝人寰的"二战"同样没能够摧毁他们。犹太民族是"二战"中灾难最为深重的民族,但大战之后,一声召唤,数百万犹太人决然放弃已有的生活,从世界各个角落赶往贫穷落后、危机四伏的乡土,坚韧不拔地开始了艰难而轰轰烈烈的犹太复国运动。短短几十年时间,他们在贫瘠的沙漠上建起了自己的家园,建成了一个富裕的、高度发达的现代化国家。

在光明里行走

耶稣在受难之前最后一次对犹太人布道说："要趁着有光明继续行走，免得黑暗追上你们。因为在黑暗中行走的人不知去向何处，趁着光明，信从光明，好使你们成为光明之人。"

不要让"黑暗"追上，自始至终在光明里行走……犹太民族因此严格向子孙传授犹太教先知们的这些教诲。他们尊崇教育，让智慧之光照亮心灵，照亮生命的行程。教育与学习，是犹太文化之谜的一个重要谜底，成为犹太人精神信仰、民族精神的一部分。犹太人认为勤学是仅次于敬奉上帝的一种美德，是神圣的使命，教师比国王更伟大，没有教育就没有未来，只要有学校在，犹太民族就在，当代犹太政治家更是提出了"对教育的投资是有远见的投资"、"教育上的投资就是经济上的投资"等见解。几千年的犹太民族史、几十年的以色列国家史，就是一部推崇教育、不断追求民族素质的历史。

在犹太教中，有一部汇总了对《圣经·旧约》进行诠释和研究的伟大著作《塔木德》，它是被犹太人视作生活规范的重要典籍。对长期没有祖国、流离失所的犹太人来说，《圣经》和《塔木德》就是祖国。

犹太人根据《塔木德》的教导开展教育。孩子们从父母那里接受关于戒律和生活习俗的教育，并在犹太教会中接受拉比（犹太教教士）的教诲。他们对孩子严格规定：5 岁学习《圣经》，10 岁学习《密西拿》，15 岁学习《塔木德》，男孩长到 13 岁就要参加被称为"巴·米茨瓦赫"的成人礼仪式，自己选择《圣经》中某一个章节，在众人面前宣读，并阐述自己对这一节经文的解释。虽然刚满 13 岁，但已经被要求发表独立见解。

另一部被奉为"最伟大的经典"的《羊皮卷》，同样成为犹太孩子通向成功之途的励志典籍。犹太民族中流传着这样一句话："为了贫穷女孩子的一份嫁妆，可以在犹太教堂里把《圣经》卖掉。为了使这个女孩子一生富足，她的嫁妆里必须要有一部《羊皮卷》。"《羊皮卷》是 2000 位学者在1000 多年的讨论和研究中撰写成的，他们把这些学者的主要观点和意见写出来，记载在羊皮上。它在道德上、精神上和行为准则上有着独到的见解和观点。《羊皮卷》不仅开启了人的思维，也开始了犹太人最早的商业学习。

联合国教科文组织最近的调查表明，以色列全国一共有公共图书馆、大学图书馆 1000 多所，平均每 4500 人就拥有一所图书馆。14 岁以上的以色列人平均每月读一本书，在有 450 万人口的以色列，办借书证的就有 100 万人。在人均拥有图书馆、出版社和每年人均读书的比例上，以色列超过任何一个国家，成为世界之最。另一项统计数字表明，美国犹太人中受过高等教育的人所占的比例，是整个美国社会平均水平的 5 倍。

在那些经典浩帙里，处处充满犹太先知的智慧。犹太孩子们在学习成长的过程中，意识到自己的犹太人身份，这种意识逐渐强烈，他们会以此为荣。重视教育和善于学习的回报就是：知识、金钱、成功。犹太人之所以能够成为"世界的金穴"，能够在颠沛流离之中独立生存发展并成就卓著，就是与他们几千年的灿烂文化和智慧意识密不可分的。

把麦粒种进土地

耶稣最后的布道中还说："我实话告诉你们：假如一粒麦子不能落到地里，那么无论多长时间，这麦子仍然只有一粒。假如它落到了地里，它就会结出许多麦粒来。"

这是存在于自然生活中的最朴素的财富智慧。犹太人一直懂得为什么要"把麦粒种进地里"，而不是放在仓储里，因此他们成为世界上最富有的民族。

世界人口中犹太民族是真正的少数民族，人口最多时只有近 2000 万人，自公元 70 年祖国被灭，一直到 1948 年建国，在漫长的岁月中流散世界各地，与当地人混在一起，辈辈代代，却始终不与外族人通婚，保持着自己民族的纯性。

他们相信上帝，也相信金钱，认为不管受到怎样的苦难，他们都会回到上帝赐予的"应许之地"。他们相信"笑是心灵的港湾"、"笑是智慧的磨刀石"，为了在逆境下生存，一直以微笑面对生活。他们认为：笑不仅能使心灵得到抚慰而平静，而且绞尽脑汁地制造诱人发笑的故事，能够使人的大脑变得丰富灵活起来，使之成为产生新思维的原动力。

"把麦粒种进地里"，他们没有土地。他们像空中的风，无根无依、四处漂泊，但他们总能握住一把麦粒，找到一块狭小之地，见缝插针地把它撒进"土"里。

在犹太人眼里金钱很重要，但比金钱更重要的是时间。

犹太人认为"时间就是金钱是错误的"，理由很简单：金钱能够储蓄，而时间不能。金钱可以从别人那里借，时间不能借，人生的银行里还剩下多少时间，谁也无从知道，因此时间更重要。所以犹太人从不浪费时间，浪费别人的时间被视为盗窃。他们雇工按时计酬；会客先预约，时间一到，立即送客；办公桌上永远不留下昨天没有处理的文件。

犹太人以团结互助构筑生存空间和发展优势。他们保持着与散居世界各地同胞间的交流与团结，以此建立起广泛的人际网。犹太教规定安息日不能工作，也不能谈论工作，必须中断工作，或旅行，或休息。如果旅行中的犹太人到了一个安息日中的社区，那里的人会留他住宿，并且准备丰盛的饭菜……长年累月的积淀，自然建立起广泛而牢固的人际网。朋友当中谁有困难，或谁有发展前途，大家都会积极提供援助，一个家族会团结在一起赚钱，并用这笔钱来支持有才能的人，将他培养成自己的领袖。

犹太人还建立了诚信度很高的商业网络。犹太人之间做生意有时根本不需要合同，因为他们的口头允诺有足够约束力，"诚信"是他们教义的首条，《圣经·箴言》说："不可使慈爱诚实离开你，要系在你的颈项上，刻在你的心上。" 犹太人期待财富但绝不贪恋金钱，坚信"神听得到"。

他们注重慈善互助，热衷公益事业。

犹太教徒的义务之一就是要"施舍济贫、乐于助人"。"我民中有贫穷人与你同住，你若借钱给他，不可如放债地向他取利"。"你手若有行善的力量，不可推辞，就该向那应得的人施行"。犹太人中没有乞丐，各地的犹太社团总能保持高于其他社团的生活水平，建立人际关系，与人相处，非常注重倾听对方，尊重对方，"要以两倍于自己说话的时间倾听对方"，建立了巨大金融王国的罗斯柴尔德家族的家训就两个字：少说。

第三节　英国富翁之谜

财富精神

英国富商的财富精神就是投机精神。

投机精神不同于当年帝国的"炮舰精神"、"海盗精神"和"殖民精神"，它是那些在经济活动中利用任何时机、任何手段谋取利润（利益）的交易行为的驱动力量，其特征是灵敏、警觉，对利润（利益）的机会敏感性超强，无限捕捉、变现任何利润（利益）机会。投机不仅是英国富商们的核心精神，也是所有资本主义世界商人的核心精神。

人类在货币产生之前，物物交换之初，都是以劳动作为交换价值真实尺度的。亚当·斯密在《国富论》中说："劳动是我们购买一切东西所付出的原始货币，是第一价格。"亚当认为："世间的一切财富原先都是以劳动而不是以黄金白银来完成购买的。而且它的价值对于占有它的人以及想用它去交换某些新的产品的人来说，是完全等于它能使人们进行购买或支配的劳动量。"

但亚当·斯密同时又持另一个观点：一切商品的价值通常并不是根据劳动量来估定的。每一个商品在绝大多数场合是通过与其他商品交换而与之比较的……与此同时，对劳动产物的消费也出现巨大差异。

他的依据是：在文明兴旺的国家中，虽然有许多人没有劳动，而其中的许多人消费的劳动产物却 10 倍甚至 100 倍于大部分从事劳动的人所消费的劳动产物。问题是，这些差异是怎么形成的呢？

首先是权力，除权力导致差异之外，差异也在人类不断的"交易"活动中产生。交易是人类天性的一种倾向性结果，"这种倾向性就是要求物物交换，以物易物，相互交换"，但人类并没有预测到交易活动后来会产生如此巨大的功利性，人与人之间开始相互协作，彼此需要，产生交易活动，即使动物也不例外，区别在于动物之间只有耦合，没有契约，而人有。

亚当·斯密举了一个例子：两只猎犬在追赶同一只野兔时，有时它们也像是在协同作战，但那纯属偶合，并不是任何契约的结果。没有人见过一只狗与另一只狗公平审慎地交换过一块骨头。当一个动物想从人或另一个动物那里获得食物时，要么它是"恃强凌弱"，要么是讨对方欢心，小狗想得食，就去讨好母亲，长毛狗想讨食，就去引主人注意。人有时也用同样的计谋对待自己的同胞。

在一个文明社会里，一个人时时都需要有为数众多的人合作与支持，通过交易，获取所需、相互帮助照料，过程之中，会隐藏许多的"留白"，产生许多意外机会，那些善于捕捉的人就学会投机，当投机充斥市场，制约投机，就出现了一些规则和契约，但又会有新的投机出现。

英国富商当中不乏恪守道德的人，但也有不守常规的人。只是他们都共同憎恶那些"不实用、无意义"的繁文缛节和规章制度，斥责这些东西存在的唯一目的就是为了维护规则本身。许多人承认自己的双面性，他们既是"维护者"，也是"破坏者"，精明过人，懂得规避，寻找途径，合法突围。

1969年成立于英国南安普敦的大型卖场百安居创始人大卫·奎尔讲述了他们创业初期如何解决资金周转的奇迹：按照规则，百安居开业售货前，所有货物必须先掏钱买下，公司当时没有资金，而且存货不多，面临这个难题，大卫·奎尔发现，如果选择在12月最后一周订货，货物在下年1月的第一周进店，规定货款交付的日期是2月的最后一周，利用中间的时间差，完全可以售完货物，回笼资金。一个困扰很久的难题轻易得以解决。

另一位英国人戴维·戈尔德拥有好几匹赛马，但他却不对任何一匹马下注，观点是：要在一场比赛的17匹赛马中下注取胜，胜率要比下注一场二比一的足球赛小得多。他认为后者机会更大。

所以"投机"在人类所有社会活动和商业活动中是不能够狭义理解的。根据对市场的判断把握机会，利用市场出现的价差进行买卖，在交易中获得利润，符合物理学相同压力下单位面积越大压强越小的原理，投机者的适度参与盘活市场，催化 "冻土"，避免那些无法成交的生意变成"死水"一潭。所以投机非全是贬义，它会推动人类生活、经济、科技进步⋯⋯时机、机巧、机遇隐含在一切事物的运行之中，并适用于所有人。

在《大话西游》中有一段我们十分熟悉的经典台词："曾经有一份真挚的爱情摆在我面前，我却没有珍惜。等我失去的时候才追悔莫及，人间最痛苦的事莫过于此。"上天未必会再次把机会奉送给"至尊宝"，为了不让我们后悔莫及，有时选择"投机"也是一种积极态度。

英国传统社会的财富实现需要漫长的岁月，在这个全球最老牌的资本主义国家，当年的百万富翁家族需要很多年甚至几代人沉淀，才能逐渐富裕起来。而现在美国的盖茨、戴尔、巴菲特等，都是不到 30 岁就成为亿万富翁⋯⋯高科技时代的技术变革、金融资本、股市，这些超级兑现机器为财富的获取和累积提供了比传统社会更大的"投机"机会，它们让财富的实现速度有时只在点击之间。但一些英国商人仍以传统的财富增长方式催生着自己的财富。

他们崇尚节俭，相信自由贸易产生的机遇和财力的神奇力量。亚当·斯密坚信：财力是最有力量的。"当斯巴达人有财力购买金银时，金银就冲破革克尔加斯法律反对金银进入内斯得蒙的所有障碍。"而当资本"投机"在全世界以泡沫的方式速成富豪的时代来临，大多数英国人仍固执地认定他们的致富途径沿袭的依然是以下几种：继承财产、和有钱人结婚、挣钱。

与此同时，他们仍相信投机是必然的，比"投机"更大的是冒险。

财富特质

中世纪西方文学作品中常见到这样的主题故事：一个勇士为了得到圣杯或为了营救某一位公主，毅然踏上一条探险之路，路上险象环生，历尽坎坷折磨，经受了林林总总的考验、诱惑、幻影、妖魔⋯⋯这期间他会受伤，会失去一只眼睛，或一只胳膊，还有一匹心爱的马，但勇士意志坚定，一直保持绅士风度。最后，他一定会成功。

勇敢、冒险、目标明确、意志坚定、绅士风度和牺牲精神，这些中世纪勇士的精神特质，或多或少为英国富商们的精神特质打上了不可磨灭的烙印。当然这只是其中之一，构成英国富商财富特质的因素远不止这些。英国人萨伦·麦克斯维尔在他撰写的《财富特质：英国亿万富翁调查报告》中为我们打开了探秘之门：

立志挣钱

挣足够的钱，将来不为钱发愁。

这是大多数英国富商们的首要志向。作家詹姆斯·拉塞尔·洛厄尔这样认为："有钱是一件很美妙的事。因为它意味着权力，意味着悠闲，意味着自由。"

人们崇拜向往"权力、悠闲、自由"，这三种东西在我们的生命中非常重要。而什么东西能够帮助我们实现这些呢？钱，它能帮助我们实现一切。一个人握住了钱，会少受外力影响，会更有能力掌控命运、把握生活、把握幸福。

根据英国郁金香金融调查公司对英国境内 300 名百万富翁进行的调查，大多数英国富商在创业早期，就立志于将来不为钱发愁。他们从小爱钱，对钱感兴趣，相信只有当自己拥有能够供其自由支配的财富时才能够真正进入自由之境。相比"对社会做贡献"、"做名流"、"玩得开心"等，挣足够的钱显得更重要。

自己做生意

既然首要志向是挣钱，那该怎样挣钱呢？答案是：自己做生意。

多数英国富商认为：如果自己做生意，大家都可能成为百万富翁，甚至比百万富翁更富，更有钱。总之，如果你要想通过在公司做事，或者是终生做一名公务员，那么，靠这样聚敛，要赚够百万英镑的可能微乎其微。当然不是没有可能，但概率小于 10%。

点滴积累

克里斯·戈尔曼曾是英国 DX 通信的创办人之一，他把商业成功比作一台老式抽水机。他说："让抽水机抽出第一批水需要付出巨大努力，先是流出第一滴，伴随着抽水机的'吱吱'声，涓涓细流一点一点流下来，随后，你年复一年的抽啊抽。然而，一旦第一条水流成功流下，后来的水就会顺畅地流动起来，先是水流稳定，接着会越来越快……"

这完全是一个趋势问题。但你必须走出第一步，打开抽水机，让它抽水，否则就永远不会有后来的什么回报。

择枝而栖

从英国富豪的居住分布可见端倪：在英国东南部或大伦敦，居住着 30% 以上的英国富翁；在英国中部地区，居住着 14% 以上的英国富翁；在西南部居住着 11% 以上的英国富翁；英国西北部为 8%；东北部为 6%；北部和苏格兰分别为 4%；乌尔斯特和威尔士，则分别只有 2%。

创业环境和商域地理的优势，不仅机会良多，创业有径，也往往更能让我们事半功倍。投资出去，就要有丰厚回馈，反之则空耗财力，无功折返。

相信自己

相信自己，你能做到。

在受访的英国富商之中，有一半的人上过公立学校，有一半的人出身非常一般，有 1/5 的人出身贫寒，有 2/3 的人学习成绩不佳。最年轻的富翁叫小汤姆·哈利特，他 11 岁辍学回家，跟随父亲出门做生意，14 岁做成一笔百万英镑的大生意，19 岁拥有 500 万英镑的身价。

所有富商都超级自信。"我思故我成"，富商们多认为：自信是财富智慧最核心的特质之一。如果你不相信自己，别人又凭什么相信你。希望成功，相信你行，有韧性、决心，任人评说，不为所动，就一定能够成功。

崇尚节俭

在英国怎样能看出谁是富翁呢？如果在玛莎百货、BHS 或其他中档的路边连锁店，站在柜台旁边静静观察，那些为买下一堆便宜货而讨价还价的人，就是百万富翁。

英国富翁大多简朴得惊人，一半以上的富翁每年花在衣服上的钱不超过 500 英镑。多数情况下，他们领妻子外出吃饭时人均花费不超过 40 英镑，1/3 的富翁每周在超市的花费不超过 60 英镑，2/3 的富翁希望晚上和朋友外出时的花费不超过 100 英镑。

他们通常有较小的朋友圈，小汤姆的父亲大汤姆·哈利特说："省一分，赚一分，不浪费钱，就不会缺钱。"

热爱家庭

成功之后的英国富翁并不热衷于花天酒地，相反他们更加热爱自己的家庭。大多数英国富翁与自己的第一位妻子婚姻牢固，美满幸福。钱是对他们辛劳的酬劳与奖赏，现实生活中，大多数富翁感到生活十分幸福，97%以上的富翁认为，是"钱"为他们带来更多幸福。

金钱不仅带来幸福，也能使家庭、朋友、合作伙伴间的关系更加牢固，富翁们每年举家外出度假是他们所有花销中最高的，平均达到 10000 英镑以上。

成功特质

诚实正直是第一位。

英国富翁们认为：一个想要取得财富成功的人，诚实正直是他必须要具备的首要特质。然后依次排序是：热爱事业、勤奋；与周围和谐相处、有良好的人际关系；有主见、有自制能力；有上佳的地理位置；不懈追求、身体健康；善于抓住并把握机遇等。

"RnB 世界"创始人亚历山大·阿莫苏寄语创业者："你们已经在生活中做出自己的决定和选择。如果你努力工作，坚持不懈，最终必定如愿以偿。如果你下定决心、志在必得，没有谁能挡得住你。不错，有些事，我们尝试过，却没有成功，但是只要咬定青山不放松，终有一天，你能够心想事成。"

第四节　美国富商的财富基因

超级提款机

马丁·路德金是将"非暴力"和"直接行动"作为社会变革方法的最为

突出的倡导者之一。他一直为穷人经济、民权运动奔走呼吁。1963 年 8 月 23 日，马丁在林肯纪念堂的著名演讲中向人们宣讲了他的"梦"，为了这个"梦"，他付出了血的代价。

今天的美国人在享受到民主、民权、自由的同时，也享受到世界上最好的福利，每一个美国人怀揣着一个自己的梦，逐梦过程中，不再有马丁那样的流血，没有过犹太人的颠沛流离，也不用老牌英国人的几代沉淀积累，美国人的财富梦在今天可以更加快速地、最大化地实现。

现实就是这样，如果当成功的果实——财富，只能够靠未来许多年的利润来一点点实现时，那种缓慢的积累和实现过程很难再产生社会示范效应，很难像以往一样激励更多人去创业、创新。当人们丧失了激情，活力没有了，衰颓接踵而来，整个社会的科技创新进程也因此放缓下来……当速度成为要素之一，股市这架充满活力的超级提款机就冒了出来。

由于股票的市场价反映的是其未来收入流的总折现值，通过把股票以今天的股价卖出，创业者今天就可以把未来多年的收入流提前兑现。股市为创业者提供了一种提前兑现财富的机器。如果这些创业者愿意，通过提前兑现已建成的某些企业，他们还可以继续其他的创业和创新。这加快了各尽所能的速度，也加深了各尽所能的深度。因此股票的高流通性就这样使美国的创业文化、创新文化，以最快的速度发展，大大加快了财富的创造速度，成为战争敛财之外的又一个最为神奇的扫货（款）机。

传统社会的财富实现都需要漫长岁月，当年英国富翁家族需要许多年甚至几代人才能实现。而大学时期就开始创业的美国青年马克·扎克伯格却只用了短短 4 年，就累积起了数十亿美元的巨大财富，还有比尔·盖茨、戴尔等，他们都是不到 30 岁就成为亿万富翁。榜样的力量是无穷的。当身边的年轻人一个个突然发迹成为富豪，对人们的刺激是直接的，它会激励周围的人去发愤创新，股市这个折现机器加快了财富的实现速度，催生了美国式的快速技术变革。但当年的英国比任何国家更具备条件发展这样的兑现机器，英国没能做到，美国却做到了。

股票的核心意义仍然是"投机"，美国人因此成为新的"投机"高手，美国股价不断上涨，股市交易兴旺而狂热。虽然历史中出现过连续不断的股票泡沫，这些股票"投机热"却为每次大的科技创新提供了大量低成本资本，使美国过去150多年中，有千千万万个近似传奇般的财富故事成为现实。

美国后来居上，快速成长为世界超富，成为一个产生富豪最快、最大、最多的金融资本帝国。

美国人看财富

美国富人怎样理解财富？

我们在"百度"中搜到这样一段文字：美国的富人一直有向慈善事业捐款的习惯。现在通用的"商人"（businessman）一词就起源于美国，1830年左右开始使用。这些商人是美国特有的社群创建者和社群领袖，他们对公共事业怀有极大的兴趣。美国很多大学、医院、博物馆、音乐厅甚至铁路，都是商人赞助或创建的。他们的理想信念是公私繁荣的融合，"在这种城市里，个人和公共的发展，个人和公共的繁荣，已如水乳交融，汇合在一起了"，"社群的命运就是他们自己的命运，所以在当时的美国社会，商人不仅仅为逐利的人，他们往往被称为社会赞助人"（尼尔·J.布尔斯廷：《美国人建国的历程》，上海译文出版社1997年版），这样的一种传统，被美国的商人阶层一直沿承下来。

成功的美国商人因为经历过敛财逐富的过程，成就之后热衷公益慈善，对财富的态度大多表现淡定。比尔·盖茨在宣布将他的财产全部捐给慈善事业之后，美国社会对他的这个大善举表现出来的也只是尊敬与平静，盖茨本人也没有特别张扬。

有美国富翁认为，自己挣钱的目的是为了造福国家、造福穷人。这没有引人侧目，说他们是唱什么高调，美国富人认同这样的观点，美国人有自己的创业观。富翁们大多不愿把遗产留给自家的子孙，而年轻人也对继承遗产不感兴趣，更崇尚白手起家，用自己的双手实现自己的"梦"。

沃伦·巴菲特说："我希望我的3个孩子有足够的钱去干他们想干的事

情，而不是有太多的钱却什么都不做。"美国商人认为，父母如果溺爱孩子，让孩子只会去享受，可能是一生中做得最糟糕的事。因为这样会使孩子失去经历属于自己的成功和失败的机会。

美国富人也追求一种公平理念。

多数美国商人认为：自己家人已经生活得很好了，而"财富不应该集中在少数人手里"。2001 年 2 月，美国 120 名富翁联名在《纽约时报》上刊登广告，呼吁政府不要取消遗产税。这些人中包括盖茨的父亲老威廉、盖茨的忘年交巴菲特，还有金融大鳄索罗斯、金融巨头洛克菲勒等。老盖茨在请愿书中写道：取消遗产税将使美国百万富翁、亿万富翁的孩子不劳而获，使富人永远富有，穷人永远贫穷，这将伤害穷人家庭。

美国《华尔街日报》公布的调查显示：即使美国最后立法取消遗产税，仍有一半美国有钱人打算把自己至少一半的财产捐给社会，只留下少部分财产给子孙。巴菲特声明，他的子女将很难得到他的巨额财产。68 岁的住宅装饰公司董事长伯纳德·马库斯说："遗产对有些人来说可能是可怕的负担。如果我的孩子想成为富翁，他们必须靠自己努力。"他计划把自己的 8 亿多美元财产全部留给支持教育和残疾人事业的马库斯基金会。巴菲特曾经当着他孩子的面在公司股东大会上说："那种以为只要投对娘胎便可一世衣食无忧的想法，损害了我心中的公平观念。"他宣布，将自己超过 300 亿美元的个人财产捐出 99%给慈善事业，用于为贫困学生提供奖学金以及为计划生育方面的医学研究提供资金。

但在追逐攀爬财富之巅的过程中，美国人同样也经历了一段被老旧欧洲人看作"只有钱，没有脸"的阶段。

1894 年，美国经济总量超过英国跃居世界第一，1898 年，美国与西班牙为争夺殖民地爆发"美西战争"，美国以全胜的姿态成为新兴帝国主义，这两件事情标志着美国在全球崛起。

这时候，美国工业发展催生的社会开始变得功利，人们因金钱而扭曲，有人烧钱炫富，如有人用 100 美元钞票裹着香烟抽，给宠物狗戴上价值上万美元的脖圈，为猴子配置马车和仆人，一个叫布雷德利·马丁的人在 1897 年

举办一场舞会就耗费 36.9 万美元，这在当时是一个天文数字。19 世纪最后
20 年，是美国的"镀金年代"，这时候不少美国的富翁们认为，有钱人必须
要为自己建造一幢王侯般的宅邸。当时最著名的富商范德比尔特就是典型代
表之一，他是著名的航运、铁路、金融巨头，是美国史上第三大富豪，他的
身家远超过比尔·盖茨，他也是电脑游戏《铁路大亨》的原型人物，但是他劣
迹斑斑，私生活混乱，家庭四分五裂，他在纽约第五大道建造了七幢豪宅，
投入比美国国家农业部一年的预算还多，由此引发了美国百万富翁修建豪宅
的热潮（远超中国古代晋商兴建四合大院的热潮）。争相攀比之风，让当时
的欧洲人把他们耻笑为没有文化的"土豪"，欧洲的老旧贵族们耻笑美国人
没有文化，没有底蕴，只是一群喜欢炫富的"乡巴佬"。

　　19 世纪贵族浪漫主义文学代表人物夏多布里昂在他著名的《墓中回忆
录》中痛斥美国人："一个像我这样的人来到美国，充满对古代人民的热情，
到处寻找早期罗马的严谨作风，但看到的却是车辆的豪华、财富的不均、银
行和赌场的伤风败俗、舞厅和剧场的喧哗……"

　　诗人波德莱尔则对当时的美国社会大加抨击："（美国）是一个没有脑袋
的怪物，是一个被放逐到大洋那边的流放犯，这个国家，一个大酒馆，顾客
川流不息，在油腻的桌子上，伴着粗俗言谈的嘈杂声谈生意……"

　　这简直没法和当今美国富人中衣冠楚楚的盖茨、巴菲特、索罗斯等相提
并论，甚至无法与同时代的那些"社群创建者"和"社群领袖"不可同日而
语，这就是美国。

　　当然在今天的美国，乐善好施已不是富人的专利。美国《时代》周刊说：
"在每一位比尔·盖茨的身旁，都站立着数以百万计的普通百姓。"许多领取
退休金的老人和收入在万元以下的家庭，都是捐赠的积极响应者，捐款比例
甚至更高：那些收入在 1 万美元以下的家庭捐出收入的 5.2%，而收入 10 万
美元以上的家庭则捐出 2.2%。

　　富人、穷人都热衷捐赠，一个重要的原因是，美国数百年建立、健全了
一整套制度，以保证人们"善有善报"，尽管仍有害群之马，但那些经过审
核、财务公开、接受监督的慈善机构基本上能够得到人们信任，可以放心将

钱交给他们。政府为鼓励民众参与慈善公益，实施税务优惠的法令，规定了对社会公益事业进行捐赠，获得凭证之后可以大幅度抵减个人所得税，也可以抵减遗产税，这也让捐款人得到了实惠。

第五节　中国古代富商赚钱之秘

古人财经妙论

司马迁《史记·货殖列传》是专门论述商业经济的，意在说明商业经济在现实生活中有多么重要，司马迁的财富思想主要源于道家老子的学说，可《史记·货殖列传》却搁置"无为之治"的高远理想，趋时代社会之势，与春秋管仲的"经济政治"观念随唱相和，其中不乏启发性卓见，使我们今天读来仍堪称典论。

首先人是怎样变得贪婪的？治理者又会用什么来引导人们入归正轨？什么样的人才能够赚到富足的钱财？"生财有道"的"道"又是什么？"货"文充满古人"内修外强"的慧知……下面我们摘析几段与诸位分享：

太史公曰：夫神农以前，吾不知已。至若《诗》、《书》所述虞夏以来，耳目欲极声色之好，口欲穷刍豢之味，身安逸乐，而心夸矜埶能之荣使。

这段话的大意是：太史公认为，谈到神农氏以前的情况，我不知道。但像《诗经》、《书经》中所说的，从虞舜及夏禹时代开始，人们的耳目，已经习惯了那些美色靡声的享受和嗜好，嘴巴已经吃惯了好吃的米面和畜肉的味道，身体已经习惯了安逸和享乐，而且在心理意识上，人们已经习惯了那些浮夸、骄傲，羡慕权势、炫耀权势的荣耀。

看来"心被物转"古已有之，物质和欲望早在远古就搞坏了人类的胃口，今天社会的物质文明远远超越古人，我们的精神状态却仍留在远古，如果一定要说超越，只恐怕是人们的胃口更大、欲求更高，人类并没有从两千多年前古人的"声、色、情、欲"中超脱出来，所谓高远理想无非就是要退回到原始人类的纯质拙朴，问题是人们已很难回得去，人类文明的进步充其量体现的是工具的变革、体制的变革、取物方式和享乐形式的变革，人们获取物质的手段越高、胃口越大、欲望越大，人心的贪婪并不是从来没有改变过，而是从来没有止歇过……那司马迁怎样论改变，请看下文：

俗之渐民久矣，虽户说以眇论，终不能化。故善者因之，其次利道之，其次教诲之，其次整齐之，最下者与之争。

这段大意是：人们的这些风俗习惯，是上古以来就逐步养成了的，它们浸染百姓的思想已经很久了，人们渐渐习以为常了，也就认为是理当如此了。要是想挽回人心，恢复到上古时代的那种淳朴与自然，即便是用道家老子那样的微言妙语，去挨家挨户地劝导，那也是枉然的，自始至终，人类是再也不会达到"化民成俗"的那个最高理想。所以善于运用的人，最好的办法就是听其自然，因势利导；次一点的办法是"利"字当头，用"利"来诱导他们走上轨道；再次就是用规范的教育来教导他们，但如果管教也不行，那就只好订立法律规章，以此来约束他们；最下等也是最愚蠢的办法，那就是去和老百姓恃强争胜。

再看下文：

《周书》曰："农不出则乏其食，工不出则乏其事，商不出则三宝绝，虞不出则财匮少。"

财匮少而山泽不辟矣。此四者，民所衣食之原也。原大则饶，原小则鲜。上则富国，下则富家。贫富之道，莫之夺予，而巧者有余，拙者不足。

这段大意是：《周书》上说：农民要是不生产粮食，食物就要短缺；工匠不生产器物，人们就没法很好地劳动、生活和做事情；商人不流通，粮食、器物、财富就要断绝；农、林、畜牧如果不很好地开发，社会上的财货就会短缺。

没有"土地、山林、畜牧、海洋"，社会就无法发展，经济也无法开放，以上这四种是人民衣食物品的资源，资源多，社会就富有，资源少，社会就贫困。这些东西可以使国家富强，也可以使家族富有。而贫穷和富有又都有它的规则，富裕不可以靠抢夺得来，也不可以靠施舍得到，要靠人的聪明智慧去取得。所以那些灵巧勤劳的人，就能富有起来，使财富有余；那些愚笨懒惰的人，就会贫穷，就会始终缺衣少食。

故曰："天下熙熙，皆为利来；天下攘攘，皆为利往。"

"夫千乘之王，万家之侯，百室之君，尚犹患贫，而况匹夫编户之民乎！"

所以说天下的人，川流不息而来，都是为了一个"利"字而来；又一个接一个地为了一个"利"字去往复奔波。

就是那些拥有千乘兵车的天子，拥有万家封地的诸侯和那些妻妾成群的大夫，连他们（官商富贵者）都担心和害怕贫穷，何况那些普通的人和编在户口册子上的小百姓呢？

人人怕贫穷，人人想富裕，人人想过美好生活，人人想获取和拥有更大财富，既然"利、欲"把人心熏染透了，即使有几个难得一见的"赤子之心"，也会被人骂成"呆瓜"，那么什么人才能真正获得足以供他需求享受的更大的财富呢？

《周书》上说"巧者有余"，聪明智慧又勤劳的人，能够创造比他需要的更大的财富，在古代中国谁是最具财富智慧的聪明人呢？

古代财智高人

子贡

在古代富商的聪明人中，子贡算一个。

子贡，姓端木，名赐，孔门弟子中的高徒，也是大富翁。子贡在《论语》里与老师孔子大谈"温良恭俭让"，谈"己所不欲，勿施于人"，谈"君子之道"，但他不是空谈，除了做学问，他做生意的水准也堪称一流。孔子称他"亿则屡中"，看准什么就去做，做什么就能成功，因此他很快累积了很多财富。

司马迁在《史记·货殖列传》中有一段文字专写子贡：子赣既学于仲尼，退而仕于卫，废著鬻财于曹、鲁之间，七十子之徒，赐最为饶益。原宪不厌糟，匿於穷巷。子贡结驷连骑，束帛之币以聘享诸侯，所至，国君无不分庭与之抗礼。夫使孔子名布扬于天下者，子贡先后之也。此所谓得埶而益彰者乎？

这段文的大意是：子贡先是在孔子那里学习，离开孔子后，到了卫国去做官，利用自己往来得空的便宜，顺便以卖贵买贱的方法，在曹国、鲁国之间往来经商，孔门中72个高徒，子贡是最富有的。孔子的另一位高徒原宪，因为固穷，不怕过那种连糟糠都吃不饱的日子，把自己隐居在简陋的小巷子里头。子贡却乘坐着四马并辔、齐头牵引的豪华大车，携带一捆捆通货的帛币，去访问、馈赠那些诸侯，和他们往来交际。他走到哪里，那里的国君都与他行相互敬重的宾主之礼，而不是上下之分的君臣之礼。孔子死后，名声之所以能够传布天下，也正是少不了子贡的功劳，是由于有子贡在人前人后辅助他。所谓"得势之助"，一个人一旦得了势，名声就会更加的显著。

另外子贡的辩才及活动能力也十分了得，看他帮鲁国化解齐国图谋之计，很有纵横家之祖的架势，在孔家弟子中，唯有子贡，在官场如鱼得水，与各势力集团老大和国家"一把手"都相交不错，处成平等的宾主关系，还把学问做得万古流芳，其精神品格令后世景仰，同时还能大把挣钱。这样的富翁在中国古代应该算一等聪明。

计然

计然已在前面有过简述，这里只摘选司马迁《史记·货殖列传》中记载他的部分经济谋略言论。

"上不过八十，下不减三十，则农末俱利，平粜齐物，关市不乏，治国之道也。"

这段话的大意是：出售粮食，如果每斗价格二十钱，农民会受到损害，每斗价格九十钱，商人要受损失，商人受损失，钱财就不能流通到社会，农民受损害，田地就要荒芜，粮价每斗价格最高不要超过八十钱，最低不能少于三十钱，那么农民和商人都能得利，粮食平价出售，并平抑调整其他物价，关卡税收和市场供应都不缺乏，这就是治国之道。

计然的治国之道，也就是他的商道和致富之道。

在中国，他最早提出物价平衡的问题，由国家平抑物价，商家合理定价，商家要赚钱，首先商品要卖出去，商品要卖出去，得让人买得起才行，把产品价格控制在合理范围之内，这样商家和消费者就都能获利，这就是双赢……只有这样才能够促进社会的稳定和谐。

"积著之理，务完物，无息币。以物相贸易，腐败而食之货勿留，无敢居贵。"

这段话的大意是：积贮货物，力求做到万无一失，不要轻易滞留货币资金。买卖货物，容易腐败和腐蚀的物品都不要久藏，切记不要冒风险去囤居，想等机会卖高价，到时候恐怕血本无归。

"囤积居奇"是历代商家敛财的手段之一，但眼光要准，"囤积"的货物宜不宜久藏？能不能熬到机会来临？好比我们投资股票，业绩好坏是暂时，是表象，"内核"才最重要，一只牛得一塌糊涂的旺股，一夜间有可能同它的掌门人一起烂掉；一只内核过硬的股，握在手中，吃得安心，睡得踏实。所以在我们看不准之前，先别冲动，"藏兵蒿梁"，伺机而动。

"论其有余不足，则知贵贱。"

这句话是说：我们怎样才能够知道哪些货物会涨价、哪些货物会跌价呢？只要看这些货物的数量多少，或者说看哪些过剩了，哪些货不足，就可以大概知道价格涨跌的情况。

这里的"有余"即"供过于求"，"不足"即"供不应求"，供过于求，价格必然就会下落，供不应求，价格必然就会上涨，这正是商品经济条件下的物价规律。股票市场容量小，外围资金充足时股票就"供不应求"，股价就上涨，当市场不断扩容，外围资金又不能保持同步放大时，股票相对于资金就"供过于求"，股价就会回落，这就是"有余"和"不足"造成的"贵贱"之分。

"贵上极则反贱，贱下极则反贵。"

这句话是说：物价贵到极点的时候，就会返归于贱，物价贱到极点的时候，就要返归于贵，涨价的货物，涨到一定程度就会向其相反的方向发展；反之亦然。

这就是"物极必反"规律。任何时候我们都需要以辩证方法去观察物价涨落的奥秘，需要用这种关于事物在发展过程中的"度"或"极限"来判断和掌握商品的规律。股市中即使业绩极优良、最具投资价值的个股，当它涨到一定程度时也必然会滑落，近年来牛熊行情的转换，以及大量优质蓝筹股跟随指数下跌的市场表现，就让我们在"大出血"之后长了记性，追涨杀跌只是一个战略理论，但硬性操作就会一头追进大坑，一跌跌个头破血流。在"贵上极则反贱，贱下极则反贵"的一般规律之下，有时，须灵机一动。

"贱买贵卖，加速周转。贵出如粪土，贱取如珠玉。"

当货物价格贵到极点时，视货物如粪土，不犹豫，快速抛出；当货物价格降到极点时，及时购进，把那些低估了价值的货物当珠宝来珍视。货物钱币的流通周转如同流水，不断流动，才能产生效益。注重掌握市场变化的趋势，强调根据需求变化确定价格、加速资金周转是计然的主体经营思想。

资本市场贱买贵卖一直是投资者获取利润的途径。而加快资金周转、提高资金使用效率，则是几千年来工商业经营的基础之道。时至今日，资金周转率仍是考核企业经营效率的一项重要指标，加速周转也可以说是投资者在市场中争取最大化利润的有效方法。

在股市上涨行情中，投资者保持高效率的短线操作，常常能最大化地发挥资金利用效率，获取极丰厚的利润。但有的投资者操作手法过于保守，在资金不多的情况下，持有种类过多，常常因此延缓了资金周转速度，降低了投资收益，涨时看涨、跌时看跌是投资失败的主要原因之一。投资者必须摆脱思维惯性，在股价上涨到一定高度、获利丰厚时毫不贪婪，坚决卖出；当股价跌到一定深度时，要抵御住各种利空消息的干扰，果断逢低买入，像对待珍宝一样爱惜手中的廉价筹码。

白圭

司马迁《史记·货殖列传》对白圭有较详尽记述，这里也只摘取他部分策论。

"人弃我取，人取我与。"

白圭审时度势的目光敏锐独到，什么时候买进、买什么？什么时候抛出、抛什么？谷物成熟时，他买进粮食，卖出丝、漆之类货物，蚕茧结成时，他买进绢帛棉絮，再把粮食卖出去。如果"市场是一只无形的手"，他掌控着这只"手"，然后伺机而动，动则有获。

"欲长钱，取下谷；长石斗，取上种。"

要使钱财的收入有较大增长，便收购那些质量次一些的谷物；要想增长谷物的储蓄量，便去购买上等的种子。

西周社会的商家面对两大消费群体：一个是大众消费群；另一个是高档消费群。大众消费群取食以随意从简、填饱肚子为旨要；高档消费群取食以挑剔唯上、精良极品为旨要。而大众消费群远大于高档消费群，质量次等的谷物，就远比质量上乘的谷物更有市场，消耗量大，消费速率高，用低价购买品质次等的谷物，以低价快速出手，薄利多销，资金周转得快，一文小利架不住万斤大市。相比高档消费群挑三拣四，金口丝喉，一天咽不下几粒粮食的境况，当然是经销大众谷物痛快爽利，赚钱也来得快。但如果要增长谷仓的储蓄量，就万万不能选购质量差的谷物，必须购买最好的谷种，质次的谷物能挣钱，优良的谷种能高产，道理就是这么简单。所以悟到、省到、做到，就能得到。

又载："趋时若猛兽挚鸟之发。"

捕捉信息，迅疾反应，一旦出现赚钱的时机，就像林中猛兽猛禽捕捉食物那样，快速地扑过去。白圭认为，理财富国、富家、富身，信息极为重要，精明商家要有一双鹰一样的眼睛，敏锐地注视着市场，捕捉各种瞬间信息，机会一现，快速反应，果断出手，不错失任何良机。

古代中国"智、勇、仁、强"为商家必备的重要素质。战国时期政治与军事的地位远高于经济，白圭却认为经济的重要性等同于政治与军事，经商需要大智、大勇、仁义之心，这和治国统兵的要求同样高……

弦高

春秋时期最初的强国是郑国，郑人尤善经商。在郑国的富商里有一个代表人物，名叫弦高，秦穆公时期，秦国觊觎郑国已久，见郑襄公新立，认为机会来了，于是派孟明出兵偷袭郑国。

秦军潜行息鼓，千里行军，被经商途中的弦高撞上，弦高看破了秦军的意图，与同行的蹇他商量：秦国的军队行军千里，又几次经过各诸侯国的土地，看他们的势头一定是要去袭击郑国，大凡搞偷袭的人都趁人不备，他们一定是以为郑国没有什么防备，如果让他们看出我们知道了他们偷袭，就一定不敢再前进。

于是，弦高装成郑国使者，献出自己经商的 12 头牛，说自己受郑襄公之托，以 12 头牛犒劳秦军。秦国的三个领军将领一听，私下商量说："郑国已经知道我们的意图，一定坚守防备，再进兵肯定不能取胜。"于是掉转军队返往秦国。弦高一方面假郑国使者，以 12 头牛犒赏秦军，先摧毁他们想奇袭的信心；另一方面赶紧派人回郑国通报，邀友邻晋国在秦军归途上夹击秦军，从而大破秦师。

事后，郑襄公重赏弦高，说他救国有功。弦高坚决推辞，认为自己靠的是诈术，不值得提倡。他说："诈而得赏，则郑国之政废矣。为国而无信，是败俗也。赏一人而败俗，智者不为也。"然后他带着自己的人远走高飞，再也没有回郑国。

弦高一招"兵不厌诈"挽救了国家，是国之大幸，但弦高却认为诡道非君子所为，在兵临城下、国破旦夕时用诡道诈术拯救国家于危难，祭商人智慧，是迫不得已，但国家以信誉为重，一个人为了国家危亡不得已使用了诈术，已经是伤风败俗，哪里还值得给诈术者奖赏呢？为奖赏使诈的人败坏了国家的风俗信誉，聪明的国君怎么会这样做呢？

商场如战场，诈术可用以救国，但不可用以治国，更不可用以经商，对一个商人来说，这是"格"……郑人弦高在古人中是一个既智慧又有"格"的富商。

刘晏

刘晏是唐代人，他在古人中算不上一个富人，却是一位了不起的理财高手。刘晏智慧早成，但他没有走诗赋文章的文学之路，而是成为谋划中唐时期社会政治与经济的关键性人物。

公元 762 年，刘晏任京兆尹、户部侍郎领度支转运使，分管财政，翌年提升为吏部尚书、门下平章事、兼任转运使。刘晏在任期间办了三件大事：

第一件事：改革漕运。

唐代宗广德年间，市场米价奇贵，广德二年（公元764年），刘晏接办漕运，上任后，他组织人力，疏浚河道，打造了2000艘坚固的漕船，开始训练军士运粮，每10艘船为一队，军官负责押运，他不再征发沿河的壮丁，而是用政府的盐利来雇用船夫，沿用过去裴耀卿的办法，将全程分成四个运输段，使江船不入汴水，汴船不入黄河，河船不入渭水。为此，又在扬州、汴口、河阴、渭口等河道的交界处设库贮粮，以备转运。这样比过去用江南民工直运的方法提高了很大效率，减少了损耗，降低了运费。江淮的粮食因此源源不断地输送到长安，每年运量达40万~120万石，漕运一开，昂贵的米价立马降了下来。

第二件事：改革盐政。

办完漕运，刘晏开始整顿盐政，首先整顿盐监、盐场，调整食盐专卖制度，改变肃宗时官运官卖的盐法。他制新规，规定盐官统一直接收购生产盐户所产的盐，然后加价卖给盐商，由盐商们贩运到全国各地销售，国家只掌握统购、批发这两个环节，以此控制盐政，其余的就交由市场去自我调节。盐政改革后，政府收取的盐利，原来每年只有60万缗（成串的铜钱，下同），到大历末年增至600多万缗，占全国财政收入的一半。

第三件事：建立经济情报网。

刘晏主财政，要将各地经济情报了然于胸，在全国各地招募几千名擅走的人，常年四处奔走，专门收集各地的物价情况、雨雪量、庄稼好坏、收成高低情况，迅速呈报上来。各主要通道置设巡院官，选择勤奋、廉洁、干练的人担任知院官，各地的巡院再收集本地各州县的经济情报半月、每月上报到转运使司，通过转运使司报来的情报及时、准确地掌握全国的经济动态、市场动态和丰灾情况。

刘晏根据这些情报调剂有无、平抑物价、扶持生产、扶贫救灾，用"丰则贵取，饥则贱与"的办法，防止谷贱伤农、水旱民散，同时又多购谷物菽粟，运往歉收地区，贱价出售，再换取农民的土产和杂物转卖丰处，这样既救了灾，又不亏国库，也刺激了生产。"虽远方不数日皆知，是以能权万物轻重，使天下无甚贵贱"。刘晏常说自己"如见钱流地上"，可见他真是深得财富三昧。

他不是一个富豪，令人惋叹，而作为理财高手，则万民庆幸。

刘晏的理财方针、措施和办法，使唐王朝经济残破的局面得到了一定的恢复发展，人民得以养息。他初受命为转运使时，全国仅200万户，国家财政收入仅400万缗，到了779年，全国户口增加到300万户，财政收入达1300万缗，而国家并没有增加农民的税收，刘晏真正做到了"敛不及民而用度足"。他本人更是廉洁奉公，提倡名节，为挽国家倾危，解人民于倒悬，身体力行，呕心沥血，上朝时骑在马上，心里还筹算着账目，退朝后批阅文卷，常常也是秉烛夜深。

刘晏室无婢，饮食简素，死时只留下两车书籍和几斗米麦。在官吏贪暴的封建社会，一个理财大臣，两袖清风，用他的财商才智利国于民，让人景仰。

伍秉鉴

伍秉鉴是中国清代名震海外的大富豪。西方学者称他为"世界上最大的商业资财，天下第一大富翁"。但伍秉鉴真正令世人称道的是他的才智，才智大于财富，其经商理念与经商智慧超乎常人。

伍秉鉴视野开阔，有胆略，大气魄，嘉庆五年他继承父业，只用了短短7年时间，就把怡和行做成各大行商中仅居次席的大财团。1813年，清政府在行商中设立总商，伍秉鉴居总商之首。

伍秉鉴在产业方面涉猎广泛，不但在国内拥有房地产、茶园和店铺等，而且大胆地在大洋彼岸的美国进行铁路投资、证券交易并涉足保险业务等多个领域，使怡和行成为一个名副其实的跨国财团。而在经营方面，他以其超前的经营理念，在对外贸易中迅速发财致富，是古代富豪对外贸易最成功的商人之一。

伍秉鉴同欧美各国的重要客户几乎都建立了紧密联系。

1834年以前，伍氏财团与英国商界、美国商界每年的贸易额均达数百万银圆。他是当时英国东印度公司最大的债权人，东印度公司资金周转不灵，即向伍家借贷。伍秉鉴在当时西方商界享有极高的知名度，他以"信义、诚信、实力"形成自己的核心竞争力。当时伍氏财团的茶叶被英国公司鉴定为最好的茶叶，标以最高价出售。凡装箱后盖有伍家戳记的茶叶，在国际市场就能卖出高价。在协调关系上，他不吝重金以平事端。为争取一个良好的商业环境，他行走于中国官场与西方商界间，打通外贸通道，保持通道顺畅，多方协调，奔走斡旋，寻求中外间的妥协谅解。1843 年（道光二十三年），清政府令各大行商偿还《南京条约》规定的 300 万元外商债务，他以 100 万元之资独担全部债务的 1/3。

伍秉鉴因慷慨大义而声名海外。曾有一个美国波士顿商人与他合作，因经营不善，欠下伍秉鉴 7.2 万美元债务，而他一直无力偿还，有国难回。伍秉鉴听说后，马上叫人把借据拿出，当着波士顿商人的面撕碎借据，宣布两人账目结清，自此伍浩官的名字享誉美国，被传扬了半个世纪之久。当时美国有一艘商船下水，就以"伍浩官"命名。

胡雪岩

胡雪岩是晚清头号巨商，被称为"商圣"。

胡雪岩原籍安徽绩溪，出身贫寒，少小入粮行、钱庄做学徒，出道后十几年时间迅速发迹，成为当时富可敌国的巨商富贾。他的经营涉及金融、商贸、军火等诸业，并创办了著名的"胡庆余堂"，经商有成后介入官场，资助左宗棠收复新疆，人称"红顶商人"。胡雪岩只读过两年私塾，从一个小伙计，成为晚清巨富，其经商之道和聪明智慧首屈一指。

胡雪岩深知"诚信至利，欺诈招害"的道理，无论经商还是做人，一言九鼎、一诺千金。在胡庆余堂创办之初，胡雪岩亲立下"戒欺"匾，上书："凡百货贸易均着不得欺字，药业关系性命，尤为万不可欺……采办务真，修制务精，不至欺予以欺世人。"

1866 年，左宗棠调任陕甘总督，奉命出关西征收复新疆，为解决经费，左宗棠奏请朝廷借洋款救急，然而清政府出面外国人根本不借，他们不相信清廷，胡雪岩即以个人担保，以自己的资产做抵押贷得这笔巨款。为帮助左宗棠西征，胡雪岩先后六次向外国人借款，累计 1870 万两白银，以一己之力抵国之"信誉"。左宗棠在朝廷奏折中写道："胡雪岩，商贾中奇男子也。人虽出于商贾，却有豪侠之概。"

胡雪岩崇尚"商人重义不轻利"，曾两度赴日本，高价购回流失在日本的中国文物，以其行侠仗义的仁厚、爱国博得人心。人有急难，他仗义出手。当时轰动朝野的"杨乃武与小白菜"一案，胡雪岩曾资助杨家200两银，用作告御状，并专访回杭治丧的翰林院编修夏同善，诉说"杨案"冤情，为杨乃武和小白菜的最终昭雪暗使力气。成为巨富之后，他热心于赈善扶危、兴办公益事业。在清军攻克杭城后，饿殍遍地，饥民满街，他不但收葬残骸上万具，还捐米万石，施粥施药。那些年旱涝灾频发，他先后捐助直隶、汉口、江苏、陕西、山西、河南等地灾民钱、物以及药材总折价达20余万两白银，还在杭城兴义渡，开义塾，由此博得"胡善人"之名。

他有句名言，"一碗饭大家吃，花花轿人抬人"。这便是今天我们商论中的"互惠、双赢"。

胡雪岩善谋勇，在上海丝业上敢于、善于同外国人较劲。当时常人敢与外国人斗者甚少，所以上海丝业长期被外国人垄断，胡雪岩要向外国人叫板，事前专门找人下乡学习丝的生产、储藏等知识，派人到上海了解丝的行情，召集一批精明能干的伙计，说服江、浙、沪各大丝商，联合起来，组成丝业商会，一致对外，并设法取得官府支持，逼外国人屈服，最后不得不以高价收购了他们囤积的蚕丝。

见端知末，洞烛知财。1853年，上海"小刀会"8月起义的消息不胫而走，一些商人听后大感惶恐，胡雪岩却从中看到了商机，认为"小刀会"起事后，上海一定乱，外面的蚕丝很难运进来，丝品将成为城中奇货，而因为双方力量悬殊，"小刀会"不久必失败，一旦安定，市场定趋活跃，到时丝品就成俏货。于是他倾巨资，大肆从杭嘉湖一带购进蚕丝运进上海，局势果如所料，"小刀会"历时17个月，终被平息，这笔生意成为他创业以来最大的一宗生意，为他以后的伟业奠定了基础。

借势张力，为我所用。胡雪岩善结交官场、商场、洋场、江湖草莽、各路诸侯，为其所用。开始从钱庄起步，发展到银号、当铺，在19世纪六七十年代,已在上海、厦门、宁波等全国著名商埠开设了 21 家银号,在江浙、两湖开设了 26 家当铺,且多属当地资本最巨者,后来又涉足蚕丝、军火、外贸等行业,庞大的金融网为他的经商提供了资金保证,而商贸业的声誉又促进了金融业的发展。

商家都知道以钱赚钱是快速致富之道。胡雪岩认为:"以钱赚钱算不得真本事,以人赚钱才是真功夫。"关键时刻,关键场合,能起作用、能解决问题的最终还是人。他常说"人心都是肉做的,我当你是自己人,你才会把我的事当自己的事去做"。因此"每得一人,必询其家食指若干,需用几何,先以一岁度支畀之,俾无内顾忧"。于是,属下没有不全力为他做事的。

作为一个成功商人,胡雪岩除了商场功夫外,最动人之处还是他的人情味,前半夜为自己想,后半夜为旁人想。这样的思考方式是他成功的要素之一。

盛宣怀

盛宣怀与胡雪岩为同代富商,两相比较,盛宣怀更算是一个红顶商人,他出身官僚地主家庭,父亲盛康是清朝官员,与李鸿章私交甚厚。

1870 年（同治九年）,盛宣怀被李鸿章招入幕府,第二年就升到知府。盛宣怀官至二品,集政治家、僚买办、商人于一身。他在中国近代实业界创立了包括招商局、电报局、铁路、钢铁、勘矿、银行、官办大学、上海图书馆、上海红十字会等在内的 11 项中国第一。盛宣怀最为称道的是:以一招夺命,一鼓作气,一举击溃当时富甲天下的同代巨商胡雪岩。

胡雪岩、盛宣怀都是当时财厚势重之人,只因背景不同,投靠的政治势力不同,一个背靠左宗棠,一个背靠李鸿章。在政治势力的明暗较量中,商人站在前面,首当其冲,一定先折损倒下,这就是所谓的"商场如战场"。商战中盛宣怀以直击要害的手段,使胡雪岩精心构筑多年的财富大厦短时间内轰然坍塌,盛宣怀赢得这场堪称商史经典的案例,只用了两招。

第一招:掐死"七寸"。

盛宣怀十分清楚,要击溃财势雄厚的胡雪岩并非易事,必须一下掐准要害,一招致命。胡雪岩每年都要囤积大量生丝,以此垄断生丝市场,控制生丝价格，这是惯例。生意场同生活中的道理一样，有些东西，你越依靠它，就越受制于它。盛宣怀就选择生丝下手，暗中发力，策动进攻。

他先放出密探，秘密摸清掌握胡雪岩买卖生丝的情况，然后横插一刀，向胡雪岩的始发端客户（货源）下手，大量收购生丝，然后再抢在前面，向其终端客户（消费群）下手，他向胡雪岩的客户群大量倾售生丝的同时，又花重金收买各地商人和洋行买办，让他们不买进胡雪岩的生丝。生意人大多见利忘义，当然言听计从。很快效应就显现出来，胡雪岩的生丝库存日渐增多，资金日紧，苦不堪言。

第二招：釜底抽薪。

第一招打懵了对手，胡雪岩只剩喘息之力。接下来，盛宣怀紧跟着实施第二招——釜底抽薪。他选择胡雪岩的现金流下重手。

胡雪岩这个人，财大势大，胆魄过人，加上信誉度又高，所以他最敢于负债经营。他5年前向汇丰银行借了650万两银，定7年期限，每半年还一次，本息约50万两。次年，他又向汇丰银行借了400万两银，合计1050万两银。这两笔贷款，他都以各省的协饷作担保。这时候胡雪岩历年为左宗棠行军打仗所筹借的80万两借款已经到期，这笔款虽为朝廷所借，但签合同的人是胡雪岩，外国银行很重合同，只管向胡雪岩要钱。这笔借款，清廷每年均由各地协饷来补偿给胡雪岩，按常规，每年的协饷一到，上海道台就会把钱轮送给胡雪岩，以备他还款之用。

盛宣怀就在这里对他动了手脚。他暗地里找到上海道台邵友濂，借传李鸿章的意思说："李中堂想让你迟一点划拨这笔钱，时间是20天。"李鸿章此时正与左宗棠较着暗劲，邵友濂哪敢违拗，自然照办，就是这20天时差要了胡雪岩的命。

对于盛宣怀来说，20天已经足够他运筹谋划，摧城拔寨。之前他已事先串通好外国银行，只管向胡雪岩逼催贷款。关键时刻，左宗棠远在北京军机处，鞭长莫及。因事出突然，不知道背后被人算计的胡雪岩，只好将他在阜康银行的钱调出80万两银，先补上这个窟窿。他认为协饷反正早晚要给，只不过晚到些时，先挨过这20天再说。然而80万两贷款只是雷声，接踵而至的才是真正的暴风雨。

盛宣怀步步紧扣，招招发力，不给胡雪岩任何喘息的机会，以完成其最后的致命一击。他通过内线对胡雪岩调动银款的活动了如指掌，估计胡雪岩调动的银子陆续出了阜康银行，趁阜康银行库空之际，暗托大批储户到银行提款挤兑，前来提款的都是大户，少则数千，多则上万，盛宣怀知道，单靠这些人挤兑，还搞不垮胡雪岩，趁提款风起，紧跟着让人放出传言，说胡雪岩囤积生丝大赔血本，只好挪用阜康银行存款，如今胡雪岩尚欠外国银行贷款80万两，阜康银行倒闭在即。

尽管胡雪岩信誉度高，储户们也相信他财大气粗，但积压生丝和欠外国银行贷款却是不争的事实。人们很快由怀疑转为恐慌，恐慌一经蔓延，就势若洪水猛兽，所有储户纷纷涌进阜康提款。挤兑先由上海开始。盛宣怀坐镇上海，搞大声势。

上海挤兑初起的时候，胡雪岩正在回杭州的船上。此时德馨任浙江藩司，两人一向交好，听说上海阜康即将倒闭，便料定杭州阜康也会发生挤兑，忙叫两名心腹到库中提出2万两银子，送到阜康，以支撑杭州的局势，而上海的局势已经失控。胡雪岩一到杭州，还没顾得上休息，又星夜赶回上海，让总管高达去催上海道台邵友濂发协饷，邵友濂却让下人称自己不在家，胡雪岩这时候想起左宗棠，叫高达赶快发电报。盛宣怀早就防住了他这条通道，暗中叫人将电报扣下。

第二天，胡雪岩见左宗棠那边没有回音，才真正急了，亲自去上海道台府上催讨，可邵友濂借口去视察制造局，早已溜之大吉。走投无路的胡雪岩只好把自己的地契、房产抵押出去，同时廉价卖掉积存的蚕丝，希望能够挺过风潮，但他没有想到风潮愈演愈烈，各地阜康银行门前人如潮涌，银行门槛几乎被踩破，门框被挤变形。

胡雪岩这才明白中了盛宣怀的暗算，大势已去。道光十一年（公元1831年），晚景凄凉的胡雪岩黯然离世。

财富"慧眼"

所谓财富的慧眼就是明势。

明势是一个创业者成功的基本素质。明什么势呢？明大势，国政大事、国商大事、世事、人事、财事……明势而具超乎常人的预见能力，这是当代富豪们早期发迹的秘诀之一。

在前面"浙商"一章中，我们提及宁波商帮是如何修炼"明势"功夫的。早在1997年，浙江宁波的乡镇企业和乡村农民，普遍都在私下研读中央的"十五大"报告。他们研读"十五大"报告的专注度与兴趣度，要比一些读金庸武侠小说的人更有兴致，深入得多，仔细得多，浓厚得多，完全是自觉意识……他们在字里行间，逐句逐字地细"抠"，比那些国家公务员、企事业单位人员组织的学习要认真得多，专业得多。

农民关心大势，他们在大势中嗅风向，寻空隙，宁波人当时自称他们是走在政策前面的人。中央"十五大"报告中出台的一些新政新规，有的在他们这里早在半年前已经普遍实施。上面的某些政策基于他们的实践经验，而他们的思路与践行则领先于某些"政策"的正式出台。那时候精明的宁波人先后在乡村办起自己的大学，师资多是从"浙大"、"北大"、"清华"、"人大"等名校请来的资深教授，一些村办、乡办企业也早已跨出国门，走向世界，开始赚西方乃至世界的钱。

商业活动说白了，就是在夹缝里求生存，在夹缝生成之前突围出去，尤其在社会转轨时期，中国的各项制度、法律环境都不健全，那些胆大的人、目光犀利的人闻风而动，顺势抢进，占尽先机，他们在政策、法规的缝隙中游刃有余、自由行走，成为"率先富起来的那一部分人"。江浙富商们的致富秘诀大多离不开这两条：善于预见国家政策；善于利用国家政策。

早期政策利用

当中国计划经济向市场经济过渡时，产生了一系列政策机会，主要表现为以下几种：

（一）定价机制市场化带来的财富机遇

中国市场化的初期，最先是民用商品定价的市场化。那时候民用商品奇缺，市场供不应求。在 20 世纪 80 年代初期，一大批从事民用商品制造及流通领域的企业，通过相对简单的方式迅速获取财富。在这一领域，那时候真的可以说是暴利日子，暴利日子在 20 世纪 90 年代初基本结束。

进入 20 世纪 80 年代中后期，国家实行双轨制，针对当时一般商品和服务的管制价格体系，采取体制内和体制外两种价格体制，逐步放任体制外价格机制的发育壮大，并最终使得体制内的价格丧失其显赫地位，逐步退出历史舞台。一部分人利用价格双轨制套取差价，当时最盛行的倒批文，就是某些干部子弟利用关系，有些胆大的人则通过行贿从领导机关弄出来批文，然后去倒卖紧缺重要的生产资料和进口商品——粮食、钢铁、水泥、石油、木材、土地等。计划内外的投机倒把很容易取得超额利润。

当时提出并极力推崇"双轨制"的经济学家张维迎，在 2008 年接受《经济观察报》采访时说："今天农村那些最富有的人，许多都是那些以前的村干部。城市的改革也是类似的现象……'双轨制'在保持经济系统基本稳定的前提下，孕育了几代中国企业家，他们是过去，也是未来中国经济高速发展的主要推动力。"

但张维迎同时也坦承："我那时候对价格'双轨制'的认识还是很粗浅的，只是感觉价格改不动，一切都无从谈起，但一下子走到完全的市场价格又不可能，必须想办法突破这个僵局，出路就是通过'双轨制'逐步完成从计划到市场的过渡。但没有想到双轨同时并存可能发生严重的官倒和贪污腐化问题。"

现在贪腐问题之严重，已经上升到事关"政息国亡"的高度。

（二）产权制度改革带来的财富机遇

有人认为，中国在产权制度方面，自新中国成立后算起，前 30 年是化"私"为"公"，后 30 年是化"公"为"私"，而在这个公与私的转换过程之中，潜藏着诸多的财富机遇，可谓千年不遇，与此同时一些政策盲区的出现，也让不少人乘势而起。

让一部分人先富起来，允许私营经济的存在，使浙江个体私营经济模式、江苏集体经济模式等相继出现，而 20 世纪 90 年代中后期的改制，乡镇企业、集体企业转制成私人企业，国家抓大放小，进行国企改制，让民营资本、管理层、外资参与改制和收购，在这个过程之中，更是催生了一大批"政策"性富豪，国家（全民）财富掉进某些个人的私囊。

（三）分配政策变化带来的财富机遇

20 世纪 80 年代国有、集体企业的承包租赁经营、企业利改税、各种吸引外资政策和对外商投资的超国民待遇、经济特区政策、各地开发区、工业园区以及招商引资的优惠等一系列政策，催生了一大批富人阶层。所有这些，既是一种分配方式的改变和进步，也是泥沙俱下，导致不少人利用政策的盲区和不完善钻政策的空子而获取财富。

（四）产业政策变化带来的财富机遇

在国有资本从竞争性行业退出的过程中，在反垄断过程中，也存在着大量财富机会。如医疗、教育、金融、运输、粮食、石化、航空等，在向民营企业开放的过程之中，最先拿到进入许可证的民营企业大多获得了非常丰厚的回报。

（五）其他政策的财富机遇

例如，从 20 世纪 90 年代初开始的金融领域的市场化。伴随着金融债务、上市公司的大量出现，这一时期受政策支持的那些上市公司，包装上市，股本高溢价发行，向公众大量圈钱，几乎无偿获得了大笔财富。前面说了，股市曾经造就了一批富人的大量财富。在 2007 年的"财富最快成长 50 人"中，90%的富人拥有上市公司，其财富之所以迅猛上升，主要由于旗下公司新上市或股价上涨所致。

现时政策机遇

目前的中国，仍然处于市场经济的初级阶段，政策机会依然有较大空间，并且在较长时间内都会存在，只是表现形式不同罢了。有专家为我们梳理出以下将长期存在的政策机遇：

（一）定价机制由指令向市场过渡的政策机遇

首先最明显的是土地的市场定价机制。在土地定价上，许多地方各级政府仍然沿用计划经济的办法，低价甚至强行征地，然后以高价半市场化的形式卖出。说它是半市场化，是因为土地征收成本与市场价之间存在很大的价格空间，这一空间为官员腐败提供了条件，也为企业权力"寻租"、钻政策空子获利创造了条件。

其次是企业资金的供给方面。因为利率定价市场化还远远没有形成，多年来存款相对物价指标（CPI）的负利率、零利率、低利率政策，使存款人数千亿元的利息损失转移到获得贷款者的收益，数千亿元的利息损失也为官员腐败、企业权力"寻租"提供了条件。而汇率形成机制的市场化道路，尚在远方。

最后是股票、企业债券等融资方式。这方面的发行定价，现在仍然是半市场化，带有强制定价的成分，高溢价，发行成本远低于市场化所应承担的成本。只要获得政策支持，企业发行股票、债券，无疑都能获得巨大利益。人们常说资本市场的"圈钱"就是这个道理。

其他在重要能源以及生产资料方面，价格形成仍然处于半市场阶段，无疑也为企业利用政策机会获利提供了机遇和施展空间。

（二）产权制度断续改革仍会形成新的政策机遇

在"公"变"私"的过程之中，有大量的不良国有资产需要处置。国有、集体企业的改制，不良资产的处置，由于没有完美的定价机制和定价标准，具体情况的复杂性也决定了不可能有十分完美的定价机制和定价标准。而具体问题的复杂性，又为"灵活"利用政策带来了新机遇。

（三）分配制度持续改革仍会形成新的政策机遇

近几年来，国家又拉开了新一轮税收体制改革的序幕。如消费税和增值税的合并，企业所得税与流转税存在重复计征的调整，中外企业所得税的并轨等新的税收政策将逐步推出。

中央提出构建和谐社会的战略构想，如何构建和谐社会呢？其中重要的一条是增加财政的转移支付，这为相关政府倡导的，有利于民生、环境保护、资源节约的行业提供了获得政策扶持的良好机会。

（四）行业准入放开的政策机遇

2005 年 2 月，中华人民共和国《国务院关于鼓励支持和引导个体私营等非公有制经济发展的若干意见》出台。它将作为中国"财富选民"的"福音书"永载史册。

放宽非公有制经济市场准入，贯彻平等准入、公平待遇原则。允许非公有资本进入垄断行业领域，进入公用事业和基础设施领域，进入社会事业领域，进入金融服务业，进入国防科技工业建设领域。鼓励非公有制经济参与国有经济结构调整和国有企业重组；鼓励、支持非公有制经济参与西部大开发、东北地区等老工业基地振兴和中部地区崛起。所有这一切，都为非公经济的发展创造了新的政策机遇。

（五）产业政策变化带来的机遇

国家根据国民经济的综合规划及社会经济发展各阶段的主要矛盾，不断提出新的产业政策，如国家产业结构升级、产业结构优化、产业准入、发展规划、融资政策等。产业经济政策变化将给企业经营带来新的政策机遇与风险。

中国当代富豪的发家史，许多都呈现出中国经济改革的发展轨迹进程，他们利用以上市场化进程中政策变化带来的机遇，如"产权政策、分配政策、产业政策"的改革机遇，计划经济向市场经济过渡中存在的"灰色地带"，如"半市场化"的定价、审批制度、配额制度等获利，它们都成为政策机遇的重要来源。

政策的预见性

中国当代富人阶层发迹的另一个原因，就是他们非常善于预见政策。一个人的成功与一个企业的成功一样，在决策时需要远见，这种远见是对不确定变化的准确预见，而预见政策，则需要一种精准的预见能力。

一项政策从发布到实施，一般都有相应滞后性。国家的各项经济政策及法律、法规，是针对社会实践中的各种矛盾提出来的，是针对以前一个阶段经济、社会活动而言的，整个经济社会的发展，会不断遇到各种新的矛盾和问题，当人们在解决这些矛盾和问题时，没有现成的政策依据，又不得不解决这些矛盾和问题，于是便按照某种"预见性"方式来试探性解决或经营。

所谓"摸着石头过河"，在"摸"之前，对"石头"是有预判的，可以从水流的走势和波纹来预测，大致在什么位置、潜隐着多大的石头，凭我们的常识和经验试探，慢慢地伸脚，在脚尖触石之前的瞬间我们的心会有感觉，这种感觉便是直觉，人的直觉有时至关重要。

这样的预见性为我们提供了两种可能：一种可能被认可，即可能演变为以后制定政策的依据，那是一种正确的预见性；另一种可能不被认可，就不能成为以后制定政策的依据，是一种不正确的预见性。正确的预见性代表一种经济活动的主流，它为决策带来先发优势，中国改革开放 30 年率先富起来的一些富豪和企业家，大多具有这样的直觉和预见能力。

在 20 世纪 70 年代中后期，当很多人还对"资本主义尾巴"讳莫如深的时候，江苏华西村已经开始着力发展私营经济。从 20 世纪 80 年代末到90 年代初，地区间的"物物"贸易仍被许多人认为是"投机倒把"，但不少先知先觉的人已开始试水，靠"投机倒把"掘得"第一桶金"。

几年以后，政策放开，地区间的差距消失，差价也消失，机会也就随之消失。身陷囹圄的牟其中早年的发迹之路就是典型案例，当别人还在为姓"社"、姓"资"争论不休时，他就创办了南德公司，开始"物物"交易，用民用品换苏联的飞机堪称经典，让不少人瞠目结舌。

而当许多民营企业仍在为融资困惑时，浙江民营企业就开始利用各种地下钱庄、私募基金相互拆借。在当时，他们并没有任何政策依据，却代表了一种经济潮流。国家为此曾专门派员调查，结果发现地下钱庄、私募基金的运作效率、坏账及风险小于四大国有银行的平均水平（当然它的负面作用亦不可小觑）。

与此相反，有一些落后地区的经营者却在等政策、盼政策、要政策。一位边疆大吏在中央两会小组讨论会上，总理问他今年的基本建设需要多少资金时，他小心翼翼，不敢开口，连总理都替他着急，张口要钱你都没有底气，还怎么指望你造福一方呢？像这样的保守型官员，指望他为国家创造多少财富、为当地老百姓带来多少福音令人怀疑，国家政策本就有滞后性，那些"等、盼、靠、要"政策的就更加滞后，而张口"要"的胆魄都没有的则注定与财富擦肩而过。

邓小平深知政策的滞后性对经济发展的制约作用，一再要求"胆子再大一点，步子再快一点"，他鼓励经营者放开脚步，勇于探索改革，大胆预见政策。

政策的预见性为经营提供了决策先机，形成先行优势。孙子兵法讲"先发制人"，主动权是先发制人的重要因素，正确预见性能使我们掌握主动权。充分预见政策变化，先行一步，在别人还在担心、害怕、犹豫时提前行动，由此获得充分的机遇，切忌在先行者成功后盲目跟风，一哄而上，当良机错失，又不得不一哄而下。

财富"特质"

古罗马皇帝马可·奥勒留说：在我的父亲那里，我看到了一种他在经过适当的考虑之后对所决定的事情的不可更改的决心。他在所有事情上都显示出一种清醒的坚定。奥勒留的先师爱比克泰德（古罗马哲学家）告诫我们：珍视你的思想，忠实于自己的目标，要有自己的立场。一旦经过深思熟虑，认定行动方向是明智的，那就不要怀疑你的判断。要坚持自己的决定。

那些成功拥抱住财富的人，大多具备某些人类普遍认同的优良品质，品质增加了生命的厚度，品质使其内心强大、充满魅力，品质也帮助他们战胜一切并获得成功。

这些奋力挣扎，走过泥淖，挺过风浪，然后成为这个时代财富骄子的富豪们具有的重要品质之一就是坚持。坚持的妙处在于：当我们决定放弃某一件事物时，其中被放弃的最重要一项却是我们最渴望的成功，往往在这个时候，它已经近在咫尺，有时候只隔着一道门槛，或一层纸，只需迈一下腿，或伸手捅破……所以每一位拥抱住财富的人一定是一个坚持下来的人。

另一个重要的品质是具备"领袖素质"。

领袖素质首先是具有统帅的能力，这是必须的。这种能力能够使其树立起正确远景和坚定目标。一个"外王内圣"的人，会有一种超人的自信、霸气和笃定，他本能意识超强，或者说第六感超强。香港首富李嘉诚先生说商人要做领袖不是做老板，就是他营商生涯的金句。

撑死胆大的，饿死胆小的。

这是被大多数人顶礼膜拜的又一种品质："冒险"。什么驱使我们去冒险呢？动力源是什么？贫穷，穷则思变。与中国今天大多数的企业家当年涉险"下海"一样，美国的卡内基和洛克菲勒当年也同样出身贫寒，当他们决定冒险时，他们几乎没有什么可以失去的，正所谓哀兵必胜，能够使他们制胜的就是那一股置之死地而后生的血拼勇气。一个人的基本需求一旦满足，他对冒险的渴望就会降低，所以不断有人走向成功，就是因为不断有人不满足。

"机遇"存在于任何事物之中。

它会在事物的某一个节点呈现出来，善于捕捉的人会在灵光闪现的瞬间将其抓住。每一个执掌财富的人，几乎都本能地具有"把握机遇"的品质和能力，而"把握机遇"这种品质最为关键的就是要知道如何抓住机会。我们的确无法否认运气的存在。有很多时候，机会自己会送上门来，而这个时候问题的重点是：我们是不是随时随地为这个时刻做好了准备。

"创新"是一种蜕变突围，是一个涅槃重生的过程。

财富的创造在很大程度上依赖于新观念和创造力。现在的富商和企业家们大多都在探寻如何"创新"，因为他们十分清楚，要保持财富和事业的持续成长壮大，创新是必须的。

"诚信"是人类最重要的品质之一。

在财富世界，诚信可能暂时会带给我们一些小损，但之后会有大益，反之如果诚信缺失也许会暂获小利，但接踵而来的大损将无法弥补。从长远看，财富世界的良好信誉能给一个人事业的起步和发展提供有力的支撑，一个企业通过对其他合伙人、投资者（对上市公司而言）、雇员以及社会负责，赢得充分信任之后的这个企业就拥抱住了财富。

再一个让人走向成功的品质是"务实"。

那些拥抱住财富的富商和企业家们起步之初，没有一个人成天只幻想着自己要挣一笔庞大资产，他们专注于眼前，专注于手里的每一件事情，专注于某一个时间达到一个什么样的目标，一步一步、脚踏实地，前行并抵达，而后继续……他们非常清楚地知道：什么时候需要为了长期利益而牺牲短期利益。

还有"嗅觉"。

"嗅觉"是一种能力。有的是天生的，有的是后天的，尤其是"商业嗅觉"。我们都知道嗅觉器官是我们身体内部与外界环境沟通的一个出入口，它具备一定的警戒能力和辨识能力，不同的人，其敏感度也不同，有的人甚至缺乏这种能力，称之嗅盲。而那些"商业嗅觉"灵敏的富商企业家，大多能非常及时地嗅到某些"机遇"的气息、"钱"的气息、"海浪"的气息和"风暴"的气息，他们会凭借这些信息抛弃大量复杂理论，从而做出最迅速、最简洁、最精准的判断筛选和抉择处理。过人的"商业嗅觉"使他们在财富世界游刃有余。

另外财富与"勤奋"的缘结很深。

创业是艰辛的。每一个成功者的创业初始都不堪回首，他们不分昼夜，加班加点，没有节假日，与家人散多聚少等，正是这些忙碌和辛劳，日积月累换来回报，有时甚至是巨大回报。勤奋需要良好的健康状态，包括心理、生理两个方面，有一个比较理想稳定的家庭助力也十分重要，这是勤奋的支点，成功的附着点，无论成功大小都会因此而有了意义。

而中国当代富层最大的一个优秀特质是"终生学习"。

"学习的敌人是自己的满足"，一个人自以为已经满足了的时候，就不思进取，也不再学习。但一个令人钦佩的现象是，中国那么多的富商、老板、企业家，成功之后仍然手不释卷，他们非常了解自身管理与业务的不足，并一直通过学习来提高，那些啃读完 EMBA 课程的老板、企业家并非浪得虚名，他们中多数人是认真的，心沉了下来，身子俯了下来，细读、研习，即使他们不再受财利的诱惑，却会一直为精神和心灵的强大去不停汲取，而墨卷书香又回馈并提升他们的品位与境界，这让他们能够长期保持良好状态，就如财富和品位一样散射出魅力，有时魅力即财富，且胜过财富。一个坚持"终生学习"的人是不可估量的，一个民族和一个国家同样。

投资达人秘笈

2013 年《福布斯》杂志推出投资特刊，网罗那些投资达人，揭示从沃伦·巴菲特的父亲式忠告到新生代投资领袖拉米特·塞西的自动储蓄理论等诸多投资观点，为大众投资者展示顶级理财大师的投资秘笈。

著名经济学家、财经评论家本·斯坦

本·斯坦传承于家族的投资策略是：稳健、谨慎。

1983 年开始，本·斯坦买入伯克夏·哈撒韦的股票，至今仍坚持持有，无论投资地产、股票，其始终如一的理念都来自先父的忠告："绝不与穷邻为伍。"如今拥有十余处优质地产的本·斯坦建议：投资股票越早越好，并从交易所交易基金（ETFs）开始买起。

对冲基金巨头、欧米加顾问公司掌门人里昂·库珀曼

库珀曼的投资心经是：与大众背道而驰。库珀曼一向擅长在价值被严重低估的股票池里淘金，其旗下对冲基金自 1991 年成立以来，已创下年均收益率 13% 的佳绩。而年少时毅然弃医从经的库珀曼感触最深的投资要诀便是："拥有对投资事业的极大热情。"

新生代理财专家拉米特·塞西

30 岁的拉米特·塞西的投资建议是：不把钱财耗费在无用处。

他认为年轻投资者应尽量杜绝像买杯咖啡这样可有可无的消费行为，并将自动储蓄行为制度化。

先锋投资集团创始人杰克·伯格

杰克·伯格则将高额成本视为投资大敌。他于 1975 年首创指数共同基金，成功之道便是低成本、长期投资。他建议美国的年轻人应尽早从常规储蓄和退休基金开始积累财富，并将主要资金用于投资低成本指数基金，从而得到令人称奇的复利回报而非复合成本。

著名价值投资理论家布鲁斯·格林沃德

美国哥伦比亚大学商学院教授布鲁斯·格林沃德信奉无债一身轻。

号称"华尔街专家中的专家"的格林沃德认为：很多投资者很难把控好收支平衡，从而阻碍了致富之路。而集中持仓量和赚别人的钱则是他奉为上策的两个秘笈。

世界创富神话的传奇人物沃伦·巴菲特

巴菲特谈起自己的投资要诀，却很是平易："莫让市场波动扰乱你的投资行为。"他犹如父亲般地忠告投资者：要始终控制好自己的情绪，并保持足够的耐心。

阿波罗全球资产管理公司创始人、私募股权巨头利昂·布莱克

布莱克的投资忠告则是：知所为、勿暴富、做功课、不大赌。

毕业于哈佛商学院的布莱克早年入行投资圈时，在德崇证券师从垃圾债券先驱迈克尔·米尔肯，从中受益良多。他建议年轻从业者最好选择市场实际操作较多且良将齐聚的公司入行，以便迅速了解投资行业的风险与回报，并学会如何耐住心性和抓住机会。

巴伦资本创始人罗恩·巴伦

巴伦则视"长线投资"为致富法宝。入行之初，初出茅庐不谙投资的巴伦一直忙于公司的短线交易，关键时刻得到一位投资前辈的提醒："你见过做短线的有买游艇的吗？"

从此，远离短线交易便成为巴伦的投资底线。"短线如捷径，而投资路上没有捷径，你只有花费千百倍苦心才能达到成功。"

第四章　陷阱

孔子《礼记·中庸》曰："人皆曰予知。驱而纳诸罟攫陷阱之中，而莫之知辟也。"孔子说：人们都认为自己很聪明，但是在利益的驱使下却像禽兽一样不断落入网罟、木笼和陷阱之中。

第一节　塔尖上的财富巨子

1982 年，被称为"资本家利器"的《福布斯》杂志开始编制全美 400 富豪排行榜，一炮打响，从此成为《福布斯》的标志和品牌。凭借自身独到的视角和强大影响力，30 多年来《福布斯》富豪排行榜瞄准全球，发布了数以万计排名世界前 100 名的顶级富豪，它因此成为全世界的财富指标。而全世界的富豪、企业家们无不以登上《福布斯》杂志封面为一种殊荣。

有幸荣登这个评价体系榜单的人让世人仰望，我们试图在篇章里留下他们的印迹，但由于这个评价体系编年式的进程不知道将止于何年何时，我们无力一直跟踪下去，只以 2007~2013 年这段时期作为历史节点，看看此刻的世界，有哪些人一直坐在全球财富的塔尖上？

"她"枯燥却感性

这个加引号的"她"不是指姑娘，而是指数字。

当我们把一大串数字连接起来或堆砌起来的时候，它的确相当枯燥。但是在有的人眼里"她"却比姑娘更动人、更加感性。是的，有时候一串沉默的数字比一位静默的淑女更具诱惑魅力，比聒噪的专家语言和玄乎的哲学家语言更具权威性。

下面我们就来比对一组与全球富豪榜相关的部分数据：

2007 年，《福布斯》全球富豪榜前十名的净资产总额为 3435 亿美元。其中前五名的净资产总额为 2120 亿美元，占前十名净资产总额的 61.75%。

2008 年，《福布斯》全球富豪榜前十名的净资产总额为 4260 亿美元。其中前五名的净资产总额为 2560 亿美元，占前十名净资产总额的 60%左右。

2009 年，《福布斯》全球富豪榜前十名的净资产总额为 2539 亿美元。其中前五名的净资产总额为 1533 亿美元，占前十名净资产总额的 60.37%左右。

2010 年，《福布斯》全球富豪榜前十名的净资产总额为 3422 亿美元。其中前五名的净资产总额为 2112 亿美元，占前十名净资产总额的 60.1%左右。

2011 年，《福布斯》全球富豪榜前十名的净资产总额为 4061 亿美元。其中前五名的净资产总额为 2605 亿美元，占前十名净资产总额的 64.1%左右。

2012 年，《福布斯》全球富豪榜前十名的净资产总额为 3954 亿美元。其中前五名的净资产总额为 2525 亿美元，占前十名净资产总额的 66.4%左右。

2013 年，《福布斯》全球富豪榜前十名的净资产总额为 4515 亿美元。其中前五名的净资产总额为 2935 亿美元，占前十名净资产总额的 65%左右。

无论有没有耐心把这堆数据读完，我们都可以得出结论：历年以来稳居世界前五名的财富大佬拥有的财富，占全球前十位财富总和的 60%以上，而且这个数据一直稳中有增。如果我们以"四三三"集团划分这十位财富大佬的位序，我们就很容易发现，处在顶层第一集团的那三个人几乎从来不变，没有人能够撼动他们。我们也因此很容易记住他们的名字：比尔·盖茨（美国）、卡洛斯·斯利姆（墨西哥）、沃伦·巴菲特（美国）。

比尔·盖茨曾连续 14 年坐上榜首，被称为坐在世界巅峰的人，他同巴菲特、卡洛斯携手三甲，轮流坐庄，保持着这个时代全球财富盟主的地位。另外，2007 年与他们同时处在前五名的瑞典人英格瓦·坎普拉德、印度人拉克希米·米塔尔也一直紧紧追随三甲，稳坐前十的位置。

2008 年跌出《福布斯》全球富豪榜前十位置的，有中国香港的李嘉诚、美国人谢尔登·阿德尔森、法国人贝尔纳·阿尔诺、加拿大人大卫·汤姆森和西班牙人阿曼西奥·奥特加。

2009 年跌出前十的有：印度人辛哈、印度人安尼尔·安巴巴、印度人穆克什·安巴巴、俄罗斯人奥列格·德里帕斯卡。而中国香港的李嘉诚继 2008 年跌出前十后（排名第十一位），2009 年继续下跌至第十六位。斗转星移，2012 年，沉寂四年的李嘉诚再次杀了回来，跻身全球十强，列全球富豪榜第九位。2013 年李嘉诚更上一层楼，上升至《福布斯》全球富豪榜第七位。

2013 年，墨西哥人卡洛斯·斯利姆以 740 亿美元财富第五次登顶成为"全球首富"；比尔·盖茨以 670 亿美元排名第二位；Zara 西班牙创始人奥特加以 570 亿美元排名第三位；而股神巴菲特则跌出前三甲位置，以 353 亿美元排名第四位。

巴菲特首次跌出前三甲位置。这当然不是导致投资达人萌生退意的原因。尽管他在后来的"股东大会"上谈到了继任者，他说"我的继任者需要和公司合拍，比我更有热情和忠诚。"但在早些时候致股东的信中他又雄心不减地宣示："我们将继续干活。查理（副手）和我再次穿上远征服，继续猎象。"

年届 82 岁的巴菲特，仍然怀揣着自己的"猎象"雄心，继续四出征伐，纵横天下，没有人能够将他挤下神坛，在财富的塔尖之上，除非他自己想走开，想下去。另外，这位"猎象"老人在生命的整个过程之中，对诸如"1、2、3……"后面的无限大数字有着无限追求和无限向往，他兴致不减，雄心勃勃，因此青春长驻，奇迹般创造并演绎着财富的不老神话。

风云大事件

2007~2013 年是怎样的世界？全球风起云涌间发生了哪些影响世界财富经济的大事件？

以 2007 年全球经济增长趋缓为发端，继美国次贷危机继续蔓延之后，石油价格居高不下，贸易保护主义加剧。

接下来是 2008 年发生的华尔街震荡、雷曼兄弟破产、麦道夫"庞氏"骗局、通用及克莱斯勒破产、美国银行收购美林证券、高盛以及摩根士丹利转型、食品价格飙升、冰岛国家濒临破产……

然后是 2009 年的东欧国债危机、迪拜事件再次引发的国家债务危机。

2010 年美联储全力开动"印钞机"导致全球发烧、俄罗斯森林大火烧高国际粮价、丰田召回危机、希腊经济为全世界敲响警钟、高盛"欺诈门"、美元贬值与汇率战、欧债危机与恐慌、全球失业恶化与挑战。

2011 年，日本海啸引发 9 级大地震，欧债危机不断升级，西班牙、希腊、意大利、葡萄牙等深陷债务危机，美国首次失去 3A 主权信用评级，全球恐慌……接下来大师们纷纷隐退，包括金融大鳄索罗斯、投资大鳄巴菲特，而苹果创始人乔布斯干脆抛下自己的巨额资产和财富人生辞世归去、息隐天堂……

最后，2013 年，美元王者归来。

在世界财经风云的漫长史河中，以上这些兴许都不算什么，但谁能真正深触到那些身处事件旋涡中心的人呢？谁能感受到他们当事之时的心跳频率呢？

但无论如何全球十大富翁的位置坚如磐石，他们稳坐塔尖，无论世界怎样变化，盘子不变，位置无人能够撼动。美国电影《利益风暴》里的老板约翰有一段话令人印象深刻：做对了，你就能赚大钱，做错了，我们就被淘汰，赢家和输家的比例不会变……根据这个说法，那些稳坐在财富塔尖上的人，都是做对了的人。

托夫勒认为财富就是欲望之子，但仅提高欲望的水平并不会使人变得富有，提倡欲望和追求财富的文化并不一定能够获得财富，而那些倡导贫穷美德的文化通常能够完全得到他们所倡导的东西，所以财富绝不只是像金钱和资本一样简单。

另外不可否认的是，每一位财富巨子对数字都非常敏感、精通、偏爱，但真正的世界顶级富豪并不只用他们的财富数字来奠定其老大地位，他们更以其对财富的深刻理解、态度、独特的方式、非凡的人品、卓然的操行立于人世。

作为《福布斯》第三代掌门人的史蒂夫心里一直牢记着祖父 90 年前写下的那句话：商业的目的是创造幸福，而不仅仅是财富的堆积。

中国财富塔尖上的人

中国自古藏龙卧虎，民间大户深藏不露，能够上榜的多有史文记载，我们根据那些史载可查的古今望族甄选出一批中国的财富巨头，下面按年代顺延列出三十位历代中国富豪：

陶朱公（范蠡）

中国历史上弃政从商的鼻祖和开创个人致富纪录的典范（其商智、策论及财富前面已有叙述）。

子贡

《史记·货殖列传》载其"废著鬻财于曹、鲁之间"。曾经自费乘高车大马奔走于列国之间，说齐、存鲁、霸越、亡吴，儒家学说后来得以发扬光大、流传百世，他功不可没。

白圭

战国初期周人，中国最早的经商理论大师。

"人弃我取，人取我与"是他首创的经商名言。《史记·货殖列传》推其为"天下言治生祖"，曾有经商哲学理论著作问世，已失传。

卓氏

中国历史上最早的"冶铁大王"，战国时赵人，秦灭赵后，"迁卓氏"，史载夫妻推辇，至之（四川）临巩，凭炼铁业累致巨富，西汉著名文人司马相如的岳父卓王孙即他的后人。

吕不韦

战国时期阳翟大商人，史载"往来贩贱卖贵，家累千金"。

他一生最得意的一笔大买卖即结识秦流亡公子嬴异人，并资助其回国即位，从而成功实现个人由商从政的历史性转变，据说连秦始皇都是其"调包"的私生子，堪称传奇，业绩惊人。

寡妇清

秦朝初期巴蜀人，其祖辈凭开"丹穴"致巨富，守成有术，曾受到过秦始皇的嘉奖接见，是史上难得的女富豪代表之一。

邓通

西汉文帝宠臣，凭借与汉文帝的特殊关系，垄断当时铸钱业，广开铜矿，富甲天下。景帝即位，旋失宠，被收。史上名气很大。

董贤

西汉哀帝宠臣，成帝时即为太子舍人，真正靠"陪太子读书"成为一举挤进"富人圈"的典范，贵至"与帝同车"、权倾天下，后遭王莽诛杀。

梁冀

东汉外戚，两个妹妹皆为皇后，广敛财富，鸩杀皇帝，时称"跋扈将军"。汉桓帝时被抄家，缴得家财 30 多亿银钱，曾跻身于《亚洲华尔街日报》评选的中国巨富行列。

石崇

西晋著名富翁，其财富来源系任荆州刺史时拦劫沿途客商而得。

最经典的故事是与晋武帝的舅舅王恺斗富，大获全胜，说他"富可敌国"毫不夸张。但就是因为不懂"外不露富"的古训，终为一才妓绿珠破财，最后连命也搭上了。

孔灵符

南朝官吏，利用职务之便广敛民财，据说私建一宅方圆三十余里，在当时显赫一时。

萧宏

南朝梁武帝之弟，史载其人爱钱如命，被时人讽为"钱愚"。

利用广开旅馆、大放高利贷疯狂敛财，据说仅存钱的房屋就达三十余间，"但见满库，不知多少"。是"皇族"富商的著名代表人物之一。

武三思

唐武则天称帝时的宠臣，靠卖官鬻爵、广敛钱财发家，是唐朝最有代表性的贪官之一，结局甚悲，唐睿宗立，下令将死去的武三思斫棺、暴尸、平其坟墓。

田令孜

晚唐僖宗时宦官，凭控制盐业敛财，干涉朝政，但相比后代宦官富豪则充其量是一个"小巫"而已，后被意图割据西川的王建将田令孜兄弟二人同日分别杀死。

蔡京

北宋末年大奸相，利用职权，搜刮天下，时称"百足之虫"、"六贼之首"。后因失势，狼狈不堪，年届八十死于流放途中。

贾似道

宋理宗时宠臣，其姐为理宗妃。

贾似道贪赃受贿，家财巨万。公元1270年，正当襄阳军民拼死抵抗蒙古军的时候，贾似道却大兴土木，建起私家别墅供自己享受，还请道士在那里供奉起自己的塑像，所谓的"半闲堂"、"养乐圃"都是贾似道当时的杰作。

贾系宋末误国权奸，官居右丞相，后因领兵去救鄂州（今武昌）被南侵元军击溃，全军覆没，被贬循州安置，武举人郑虎臣在奉命监押贾似道路过木棉庵时将其处死。

成吉思汗家族

《亚洲华尔街日报》曾列铁木真及其孙忽必烈为世界级的强盗大富翁。其家族凭抢劫起家，从亚洲掳掠到欧洲，横行1300万平方公里，累为世界巨富（原本历代帝王不入排行，但这个视为个例）。

阿合马

元代忽必烈时宠臣，曾任诸路转运使，利用管理全国财富之便，搜刮经商，广占民田。后被太子党人矫诏以铜锤击毙。

沈万三

元末明初江南巨富。

曾助朱元璋修南京城，个人承包1/3工程费用。其孙卷入蓝玉之案被充军云南，财产没收。其财富来源一说为海上贸易所得，可能算是历史上最早的国际贸易商人。

严嵩

明代嘉靖朝大奸相，利用职权，卖官鬻爵，侵吞军饷，废弛边防，招权纳贿，肆行贪污，激化了当时的社会矛盾，最终招致亡国。晚年，因事激怒世宗，为世宗所疏远，抄家去职，两年而殁。

刘瑾

明代正德朝大宦官，被《亚洲华尔街日报》列为世界级富翁。

其收受贿赂所得据说合为 33 万公斤黄金、805 万公斤白银，而李自成打进北京时收缴崇祯一年的全国财政收入仅为白银 20 万公斤。后太监张永利乘献俘之机，向武宗揭露刘瑾罪状，刘瑾被捕，从其家中查出金银数百万两，并有伪玺、玉带等违禁物，刘瑾被判以凌迟，于同年八月伏诛。

和珅

清代乾隆时大贪官，入选《亚洲华尔街日报》世界级富翁行列。

发迹之路无须赘述，仅提一件事，嘉庆抄其家时，所获财产相当于乾隆盛世 18 年的全国税赋收入，民谚说"和珅跌倒，嘉庆吃饱"，可见此人富可敌国，并非虚妄。

伍秉鉴（商名伍浩官）

清代广东十三行怡和行之行主。凭与英国东印度公司走私鸦片迅成巨富。1834 年，宣称已有资产 2600 万元（或为 2600 万两银），西方学者称其为"世界上最大的商业资财、天下第一大富翁"。

胡雪岩（本名光墉）

著名的"红顶商人"，近代"徽商"的杰出代表。

因与左宗棠结交，借协办福建船政局、兰州制造局之机，靠包办湘军军需物资业务致巨富。资金最高曾达 2000 万元以上，后受洋商排挤破产。胡庆余堂即为其创办的知名企业。

盛宣怀

清末官商代表人物，总办全国电报业务，承办汉阳铁厂、江南制造局等实业，中饱私囊，累为巨富。

张謇

近代著名的"状元商人",创办大生纱厂与垦牧公司致富,兴办教育,鼓吹立宪。

小德张

据说他是中国最后一个宦官,凭其服务宫中搜刮之钱财,晚年曾在天津广置田产、开办当铺,小有名气。

孔祥熙

民国山西太谷票号商人,近代"晋商"的优秀代表。

曾任民国财政部长、中央银行总裁之职,名列"四大家族"之列。

宋子文

《亚洲华尔街日报》列为世界级富翁。

其出身、事迹不再赘述,据说在任民国财政部长期间,靠垄断美国对华军援物资业务等聚财甚厚,其财富在当时在国内首屈一指。

荣毅仁

著名"红色资本家",曾任中国国家副主席,其事迹及财富之路不再赘述。作为中国民族资本家的代表性人物,其政治意义更大于其财富总额。

以上三十位历代中国富豪中靠经商勤劳致富者只有 30%,其余 70% 与"权力"有关,有的是皇亲国戚,有的权倾朝野,弄权谋利,以利维权,强取豪夺,进而越做越大,但最终结局几乎都难善终,70% 以上的富豪或身陷囹圄,或身首异处,或穷困潦倒,或客死异乡……

第二节　跌入陷阱的财富大佬

美国八大"财富教父"

美国畅销书《穷爸爸·富爸爸》的作者罗伯特·清崎说:即使那些被称为

百万富翁教父的大富豪们，也难逃不幸的结局。他记述了 20 世纪二三十年代的一件往事：1923 年，美国一些伟大的领导人和一些富有的商人在芝加哥"海岸酒店"举行了一次富人会议，他们中间有：

美国当时最大的独立钢铁企业领导人查尔斯·施瓦布。

最大的煤气公司领导人霍华德·霍普桑。

当时世界最大的公司国际火柴公司总裁埃娃·克鲁格。

国际清算银行总裁李昂·雷泽。

纽约证券交易所主席查德·惠特尼。

当时最有名的股票投机商杰斯·利弗莫尔。

贸易商亚瑟·卡顿。

美国第 29 任总统哈代内阁成员阿尔伯特·福尔。

这些人当时号称世界八大首富，这八个富可敌国的人是美国当时最懂得如何挣钱、如何积累财富的人。据估计他们的资产整合起来总和可以超过当时美国政府所掌控的资产，但是他们不善于把握财富，不善于把财富转化为自己的幸福，他们财富人生的结局都非常不幸。

罗伯特·清崎为我们记述了这八位美国富豪后来的结局：

查尔斯·施瓦布（Charies Schwab）

这个美国当时最大的钢铁公司总裁在他死前的 5 年时间中，因债务缠身，只能靠借债度日，最后他因无力偿还债务郁郁而终。

霍华德·霍普桑（Howard Hubson）

美国当时最大的煤气公司总裁，因为压力过大导致精神崩溃，最终被送进了疯人院。

亚瑟·卡顿（Arthur Cutton）

作为美国当时最大的日用品贸易商之一的他因无力偿还债务，最后在自己的公司悬梁自尽。

查德·惠特尼（Richard Whithey）

美国当时纽约股票交易所总裁，在被送进监狱获刑之后，默默无闻地病死狱中。

阿尔伯特·福尔（Albert Fall）

他是美国当时第 29 任总统哈代内阁成员，锒铛入狱之后，被监狱赦免回家，最后羞愧而死。

杰斯·利弗莫尔（Jessie Whithey）

当时华尔街最大的"空头"，最有名的股票商，结局是自杀身亡。

埃娃·克鲁格（Lvar Krueger）

这个当时世界上最大的垄断集团总裁，最后的结局也是自杀身亡。

李昂·雷泽（Leon Fraser）

这位国际结算银行总裁的结局同样是自杀身亡。

美国是一个崇尚个人奋斗的社会，也是一个崇尚财富、金钱的社会，但金钱与财富带给人类的并非都是美满结局和幸福人生，在财富光环下，在纸醉金迷下，在鲜花美酒中，掩藏着无数荆棘陷阱，有的看不见，有的看得见，有的可以规避，有的绕不过去，穷富无恒定，转身只在瞬间，有的人一开始就意味着结束。

中国十大巨富

中国古代顶级富豪善始善终者同样不多，下面我们按财富绝对值指标来排列出中国古代十大富豪，然后看他们的最终结局。

明朝太监刘瑾

刘瑾被称为史上最有钱的人。"我不是男人，更不是女人，可我是十足的富人。"传说中这是刘瑾说的话。太监刘瑾自诩中国首富，曾以黄金 33 万公斤、白银 805 万公斤被《华尔街日报》列为世界级富翁。

刘瑾少年入宫，历经波折，最终得以侍奉太子，即后来的武宗皇帝正德，凭着和皇帝的铁关系官拜太监司礼，总管东厂、西厂（史上最厉害的特务机关之一），他有时甚至代为皇帝批阅奏折，时称"立皇帝"，正德皇帝为"坐皇帝"。

权力的集中刺激了刘瑾的贪欲，他利用权势，肆意贪污，劝武宗下令，各省库藏尽输京师，从中贪污大量银两；公然受贿索贿，大搞钱权交易，各地官员朝觐进京，都要先来向他行贿，谓之"见面礼"，动辄白银 1000 两，有的高达 5000 两，有人为了行贿，只好借贷于京师的富豪，时人称之为"京债"。此外，他还派亲信到地方供职，为其敛财。据《明武宗实录》记载，刘瑾"用侍郎韩福，肆虐湖广，馈银至十余万两"。善行贿者，往往官运亨通，如巡抚刘宇，先后向其行贿数万银两，官位也随之上升至吏部尚书。

刘瑾的贪婪专权给国家和人民带来了无穷灾难，安化王朱寘趁机于正德五年（1510 年）四月发动叛乱，太监张永利用献俘之机，向武宗揭露了刘瑾的罪状，刘瑾被捕，经过会审被判处凌迟，同年八月伏诛，结束了他贪婪罪恶的一生。

清朝贪官和珅

和珅被称为史上最有名的大贪官。从嘉庆年间开始，社会上就广为流传一句口头禅：和珅跌倒，嘉庆吃饱。

随后有关他的传闻、野史、笔记不断。人们只要一提起和珅这个名字，立马就想到中国历史上最贪婪的头号大贪官，他做官近 25 年，期间聚敛巨量财富，清朝一个著名的外交家薛福成写了一本书叫《庸庵全集》，里面专门有一个章节，题目就叫《查抄和珅家产清单》，清单里详细列出了和珅被查抄的所有家产：

其中房屋 3000 间，田地 8000 顷，银铺 42 处，当铺 75 处，赤金 60000 两，1000 两一个的纯金大元宝 100 个，100 两一个的小银元宝 56600 个，银锭 900 万个，洋钱 58000 元，制钱 150 万文，铜钱 150 万文……玉器、绸缎、洋货、皮张等藏库若干。

查抄的家产编号一共是 109 号，而仅其中的前 26 号估价就高达 2.64 亿万两白银，后面还有 83 号没有估价，如果按前 26 号的估价粗算一下，剩下的编号估值应该达 8 亿多两银，这就是说和珅的家产一共有 11 亿两银之多，当时清朝每年的国库收入为 7000 万两，11 亿两银即清朝国库 15 年的全部收入，和珅当官不到 25 年，其中就有 15 年把国库的全部收入揽入自己私囊。

嘉庆四年（1799 年）正月十一日，离乾隆去世仅 8 天，和珅下狱，在狱中感世伤怀，写下这样的诗句："百年原是梦，卅载枉劳神。"正月十八日，嘉庆派大臣前往和珅囚禁处所，赐白绫一条令其自尽，和珅自尽而毙。

民国财政部长宋子文

宋子文是离我们最近的大富翁。

1985年，美国出版《宋家王朝》一书开篇即称："宋家王朝聚集了这个时代最大财富的一部分。"在《不列颠百科全书》中称："他是全球最富有的人。"该书作者斯特林·西格雷夫（Sterling Seagrave）利用联邦调查局20世纪50年代对宋氏家族财产调查的有关档案，指出宋子文在中国聚敛个人财产达数亿美元。

宋子文早年毕业于上海圣约翰大学，后去美国哈佛大学攻读经济学，获硕士学位，继入哥伦比亚大学获博士学位。1923年，宋子文任孙中山英文秘书，后主管国民党财务工作，1924年在广州创办中央银行，任总裁，1925年任国民政府财政部长。

自南京国民政府成立以后，宋子文利用政治特权发展官僚资本，先是控制中央银行、中国银行等金融机构，通过发行货币、公债以及通货膨胀等手段掠夺财富，后以开设棉业公司、垄断对外贸易等手段聚集钱财，经抗日战争时期发国难财和战后接收敌伪产业等办法积聚起巨额财富。

宋子文同蒋介石、孔祥熙、陈立夫和陈果夫合称"四大家族"，是中国官僚资产阶级的典型代表之一。1949年1月，宋子文去法国，随后侨居美国纽约，1971年4月25日病逝于美国旧金山。

清末商人伍秉鉴

伍秉鉴被西方学者称为"天下第一大富翁"。

2001年，美国《华尔街日报》统计1000年来世界上最富有的50人之中，有6名中国人入选，伍秉鉴是其中之一。1834年伍秉鉴的财产估计达2600万银圆，其在珠江岸边的豪宅，堪与《红楼梦》中的大观园媲美。

清末广东在外界流传有"洋船争出是官商，十字门开向二洋；五丝八丝广缎好，银钱堆满十三行"的说法，据记载称：当1822年广东十三行街发生一场大火灾时，竟有价值4000万两白银的财物化为乌有，甚至出现了"洋银熔入水沟，长至一二里"的奇观，十三行中的怡和行，因其主人伍秉鉴而扬名天下。

伍秉鉴在经营方面依靠超前的经营理念，在对外贸易中迅速发财致富，同欧美各国的重要客户都建立了紧密联系。1834 年以前，伍家与英商和美商每年的贸易额都达数百万银圆，他还是英国东印度公司最大的债权人，东印度公司有时资金周转不灵，常向伍家借贷，正因为如此，伍秉鉴在当时西方商界享有极高的知名度，他所供应的茶叶曾被英国公司鉴定为最好的茶叶，标以最高价出售。此后，凡是装箱后盖有伍家戳记的茶叶，在国际市场上就能卖得出高价。

产业经营方面，伍秉鉴不但国内拥有地产、房产、茶园、店铺等，而且大胆地在大洋彼岸的美国进行铁路投资、证券交易并涉足保险业务等领域，怡和行成为一个名副其实的跨国财团。

1840 年 6 月，鸦片战争爆发。《南京条约》签订后，清政府在 1843 年下令行商偿还 300 万银圆的外商债务，伍秉鉴一人就承担 100 万银圆。时隔一年，伍秉鉴病逝于广州。

春秋时期的陶朱公

陶朱公善终（故事略）。

西汉邓通

邓通因开采铜矿、铸造钱币成为当朝仅次于帝王的大富豪。

司马迁《史记》、班固《汉书》都将邓通收录入人物列传“佞幸”传，“佞幸”之意为以巧言谄媚而得到宠幸的人。

邓通是四川南安（乐山）人，家境贫寒，早年在岷江当船夫，日子辛苦，船夫们喜头戴黄帽，故称其为“黄头郎”。邓通渴望有一天飞黄腾达，光宗耀祖，父亲花钱将他送入长安，不久被征召到皇宫里做黄头郎，专职掌管行船。一日汉文帝梦见自己欲升天，却怎么努力都飞不上去，正焦急无奈时，突然一个戴黄帽的人把他推了上去，梦醒后文帝前往未央宫西边苍池中的渐台，私下寻找梦中推他上天的黄头郎，看到邓通衣带如梦中所见，召问其姓邓名通，音与“登通”相近，文帝大喜，日渐宠他，前后赏赐十几次，累计亿万钱之多，升其官位至大夫中爵位最高的上大夫。

有一天，有位相面的官员晋见汉文帝，说邓通终会一贫如洗、饿死街头。汉文帝告诉这位官员，他能够让邓通富甲天下，绝不可能饿死街头。于是汉文帝决定赐蜀郡严道铜山给邓通，自己铸钱。

邓通被文帝赏赐家乡大小铜山用以铸钱，父亲感念皇上恩德，带领几个女儿和女婿雇工匠在铜山一带采铜、烧炭、铸钱，严格遵照邓通的嘱咐，每一个钱都精工细作，又从不在铸钱时掺杂铅、铁而取巧谋利，因而制作出的邓通钱光泽亮、分量足、厚薄匀、质地纯，当时上自王公大臣，中至豪商巨贾，下到贩夫走卒，都喜爱邓通钱。吴国钱以发行量大占优势，邓通钱以质地优良取胜，这一时期，吴国与邓通所铸的钱币流遍全国，邓通也成为富甲一方的富豪。

后来，邓通因帮文帝吸吮疮毒，引发后来的景帝嫉恨，景帝即位后，邓通被罢官，没收全部财产，寄居他人檐下，穷至死，不名一文。

东汉梁冀

梁冀，人称"跋扈将军"，为东汉头号大贪官。其富贵、荣华和权势在当朝甲于天下。

梁冀是东汉时安定乌氏人，其两妹为顺帝、桓帝皇后，少年时代就依仗皇亲国戚身份游手好闲，酗酒斗殴，放鹰斗鸡，赌博嫖娼，是京城有名的纨绔恶少。其父梁商死后，继为大将军，后在朝廷横行二十几年，利用外戚和大将军的双重身份权势，疯狂聚敛，奢靡无度，广受贿赂，前来送礼行贿者不绝于门，他甚至把全国的富商巨户资产调查登记，然后治罪，巧取豪夺30多亿银钱资产，据说他夫妻二人曾沿街相对，大兴土木，一较高低，亭台楼阁，宅第连云，宛若皇宫，又在各处广占耕地，修游乐园，不惜使许多百姓倾家荡产。

当他被诛杀时，查封家产，有30多亿银钱资产，合全国一年租税的一半。诛杀梁冀党羽时，朝中公卿、刺史、郡守及二千石俸禄的官吏中死者数十人，宾客故吏罢黜者300多人，朝中官位为之一空。梁冀最后被桓帝查抄之后，引颈自刎。

战国吕不韦

吕不韦是战国末年著名的商人、政治家兼思想家。

据《史记》记载，吕不韦为"阳翟大贾"，因"贩贱卖贵"而"家累千金"。阳翟就是今天的河南禹州，吕不韦是当地商人，他往来各地，以低价买进，高价卖出，所以积累起千金家产。

吕不韦以"奇货可居"闻名于世，他曾经辅佐秦始皇登上帝位，任秦朝相国，并组织门客编写了著名的《吕氏春秋》。他也是史上杂家思想的代表人物，秦昭王末年，吕不韦在赵都邯郸见入质于赵的秦王孙公子异人（后改名子楚），认为奇货可居，遂予重金资助，并游说秦太子安国君宠姬华阳夫人，立子楚为嫡嗣，后来子楚与吕不韦逃归秦国，安国君继立为孝文王，子楚遂为太子。次年，子楚即位（即庄襄王），任吕不韦为相，封为文信侯，食河南洛阳 10 万户。庄襄王卒后，年幼的太子政立为王，尊吕不韦为相国，号称"仲父"，吕不韦"招致天下游士"，门下有食客 3000 人，家僮 10000人。他命食客编著《吕氏春秋》，又名《吕览》，有八览、六论、十二纪共 20余万言，汇合了先秦各派学说，"兼儒墨、合名法"，故史称"杂家"。

吕不韦执政时曾攻取周、赵、卫的土地，立三川、太原、东郡，对秦王政兼并六国的事业有重大贡献。后来因为叛乱事受到牵连，被免除相国职务，出居河南封地。不久，秦王政复命其举家迁蜀，吕不韦恐诛，乃饮鸩而死。

西晋石崇

石崇是当时京都洛阳无人可比的大富豪。

当时洛阳有三个有名大富豪：一个是掌管禁卫军的中护军羊琇，一个是晋武帝的舅父、后将军王恺，另一个就是散骑常侍石崇。羊琇和王恺都是外戚，两个人的权势都比石崇大，但在财富方面却远比不上石崇。

石崇当过几年荆州刺史，这期间除了加紧搜刮民脂民膏之外，还干过肮脏的抢劫勾当，有些外国使臣或商人经过荆州地面，石崇就派部下去敲诈勒索，甚至像江洋大盗，公开杀人劫货。就这样掠夺了无数钱财、珠宝，成为了当时最大的富豪。

这个靠抢劫起家的当朝首富，最后也难逃被人抢劫的厄运，不但全部财富遭抢，连全家的脑袋也被砍了。赵王司马伦当政时，军阀孙秀看上了石崇的女人和财产，就给石崇安上一个"莫须有"的谋反罪名，带军队光天化日下闯进他家，把他的财产和女人全部抢走，还回过头来，把石崇连同他的三族几十口男女，全部押往东市刑场砍了头。

明初沈万三

明代沈万三，号称江南巨富。

沈万三致富之后，把苏州作为重要的经商之地，曾支持过平江（苏州）张士诚，张士诚也曾为沈万三树碑立传。

明初朱元璋定都南京，沈万三助筑都城 1/3，朱元璋封了他两个儿子的官。他还在南京建造了"廊庑" 1654 楹，酒楼 4 座，在周庄、苏州、南京、云南都留下过足迹，但他始终把周庄作为立业之地。尽管他受到过张士诚、朱元璋的封赏，但他不愿离开周庄这一块宝地，让子孙都要留在这块富裕之地，不惜重金加以培养，使沈家在此久盛不衰。

沈万三之富，富得连朱元璋都眼红。当时新南京城有一半是沈万三出钱修筑的，明太祖朱元璋定都金陵（南京）时，曾经召见沈万三，命他献上白金千锭，黄金百斤，修筑南京外城时正值国家府库匮乏，沈万三自恃财富盈厚，表示愿与朝廷对半而筑，朝廷的工程与沈万三的工程同时开工，结果沈万三抢先，比皇帝先完工，这惹恼了皇帝，沈万三还不识趣，又申请犒赏全国军队，每人一两银子，总共近 400 万两，这更让心胸狭窄、出身穷苦的朱元璋由妒生恨："匹夫犒天子之军，乱民也，宜诛之。"朱元璋下令收他重税每亩九斗三升（平均亩产的一半多），随后借口沈万三修筑苏州街道，以茅山石为街石，有谋反之心，派兵包围他家要杀他，经马皇后苦苦劝谏，才改将他在明洪武六年流放到云南，家产全部充公。

沈万三随后在流放中悲惨死去。

以上就是中国古代十大巨富的不同结局。

除陶朱公结局完满、宋子文病逝于美国、伍秉鉴病逝于广州之外，明代首富刘瑾被凌迟处死、清代大巨贪和珅被赐一条白绫吊死、西汉铸币大富翁邓通穷死、东汉大富梁冀被查抄财产之后刎颈而死、战国首富吕不韦喝毒药而死、西晋大富石崇最后连同三族几十口人被砍头而死、明朝巨富沈万三最终被流放边远客死异乡……

巨量财富本该为他们带来巨大幸福，但却落得如此结局。

富豪榜变"杀猪榜"

1999 年，英国人胡润首次发布中国"百富榜"的时候并没有想到会有这样一天："富豪榜"被称为"杀猪榜"。

从百富榜发布的那一天起，中国的"问题富豪"们就与榜单如影随形，几乎每年都有上榜富豪"中箭落马"，因此，网民们把胡润的"中国富豪榜"谐称为"杀猪榜"。不止如此，网上甚至出现了"防火，防盗，防胡润"的"三防"箴言。2008 年，在中国做了 10 年富豪榜的胡润自己也上了中国网络"恶俗富豪排行榜"（虽纯属网络恶搞），入榜理由：中国富豪公敌。

事实果真如此吗？

首先中国"富豪榜"绝非"杀猪榜"，其次中国的富豪并不全都是所谓的"猪"运。中国富豪大多数人是通过自己艰辛创业、奋斗、拼杀、投机、搏利，然后才逐渐"壮"起来的。多数人以其主动、机敏、勤劳、节俭起家，即便一些暴发户们，也绝对没有一个像"猪"一样躺着就可以被人喂"肥"的，所以上榜富豪们的命运并不是注定被"杀"的，上榜的真正意义同《福布斯》全球富豪榜一样，本是对富豪们的一种认定，是一种荣耀。

那些绝对的"问题"富豪，也只是屈指可数，充其量区区几个而已，只是"一粒老鼠屎弄坏一锅汤"。从 1999~2008 年的十年间，据统计：中国一共有 1330 名企业家上了《胡润百富榜》，上榜者"中箭落马"或发生变故的共有 49 名。

胡润在接受 CBN 记者采访时说："自己做这份榜单的初衷是对中国社会的变革充满了好奇心。"对发生变故的富豪，胡润进行过简单梳理，将其分为六个类别：被判刑的有 16 人；尚未宣判的有 3 人；正在被调查的有 10 人；下落不明的有 7 人；曾经被调查过的有 7 人；去世的有 6 人。

对"杀猪榜"这个戏称，胡润并不认可，他表示：上榜和落马并不存在一种因果关系，"百富榜"是不是"杀猪榜"已不重要，重要的是，为什么好多"猪"没有长大就死了？或者说这些"肥猪"到底是吃了什么？为什么到最后如此脆弱不堪？

根据胡润的调查，能登榜的中国富翁至少有 2000 多人，而截至 2008年，也只有其中的 17 人没有能够逃脱被"榜杀"的命运，而有问题的富翁也只占榜富翁的 1.4%。90%以上的富翁其实并不是注定要被"宰"的。

中国财富的大门曾经对个人闭关太久，改革开放之后，闸门一下打开，涌流之势鱼龙混杂，一开始有人还"摸着石头过河"，小心翼翼，但面对白花花的银子如日光泻地般铺满大地，又有谁还能抵挡得住诱惑呢？一些自诩坚守的专家学者、精英权贵不也为了几两银子守不住底线吗？一个物质社会，连精英层都情不自禁、迫不及待时，那些枭雄又怎么能够把控得住自己呢？俗话说：猫不在道上走，是因为道边出现了耗子……诱惑出现，定力没了，警觉丧失了，良知也随之泯灭。但"货悖而入者，亦悖而出"，先前怎么吃进去的，现在怎么吐出来，吃进去多少，吐出来多少，古往今来，很难有人逃得过这样的因果法则。所以胡润才敢放言说：该"死"掉的，不管上不上榜，都会"死"掉。

2014 年，法国人托马斯·皮凯蒂出版了他的《21 世纪资本论》中国版，皮凯蒂在书中谈到中国时说："在中国，公共资本转为私人资本的进程已经开始，合理的理由是为了提高经济效率，有时却让个别人借此暴富，中国也出现了越来越多的寡头。目前中国政府正大举反腐。腐败算得上是最不合情理的一种财富不平等，让巨额财富源源不断地流入极少数人手中。"他认为私人资本的积累和分配过程本身就具有使财富集中且往往过度集中的强大推动力。

我们相信这种推动力的能量。正是这种能量把那些雄心勃勃的人推上人类财富的巅峰，但没有人预料得到结局。一开始时，只是源于各种小事、小惠、小利、小便宜、小逾矩、小违规……然而累积效应比财富本身增长的速度更加势不可当。

"园子"与陷阱

"你所贪爱的果子离开了你，你一切的珍肴美味和华美的物件也从你中间毁灭。"（《旧约·启示录》）

我们享用、贪恋上帝的园子，但上帝在造园之初已在园子遍布陷阱并警示世人：我的园子，是造与天下人的。园子是供天下生命共享的，这包括人类、众兽、蚁虫、飞鸟，大家共同栖息取食，园子里所有树、果子、水、空气，归大家所有，若有人想独占园子、独占饮水、独占果子，据众口为己有，他便成众矢之的，最终必失去园子和贪占的所有……所以"贪婪"是设在财富路上的最大陷阱之一。

然而园中树上的累累果实对于人类又的确有很大诱惑，它没法不勾起人们的欲望，人类止不住要觊觎、偷吃它。人类抵挡不住欲望的诱惑而偷吃果子的行为，被西方神学认作是"原罪"的起源。

西方神学认为人类就是带着这样的"原罪"来到世上的，神学中关于原罪的传说告诉我们，人是怎样才被注定要辛苦流汗才能糊口生存的，在这里原罪指贪婪（偷吃苹果），而"注定汗流满面才能糊口、只有辛勤劳作才有饭吃"则是对"贪婪"的惩罚。

不过苏格兰人亚当·斯密不这样认为。亚当坚持认为人类的原罪是"懒惰、奢侈、妄为"。他指出："资本增加，由于节俭；资本减少，由于奢侈与妄为"，"资本增加的直接原因是节俭"，"若只有勤劳，无节俭，有所得而无所贮，资本绝不能加大"（亚当·斯密《国民财富的性质和原因的研究》）。亚当认为，资本增加来自节俭，节俭来自勤劳，既然资本积累是通过"先勤劳，再节俭，后致富"的过程来实现的，那么资本积累的来历就比较合理，是"正当"的，所以在亚当看来，人类的"懒惰"、"不勤劳"、"不节俭"，这些才是人类的"原罪"，摆脱不了这些"原罪"的人，就不可能有原始积累，也就根本不可能致富。

马克思不认同亚当的观点。他讥讽亚当·斯密"在温和的政治经济学中，从来就是田园诗占统治地位。正义和'劳动'自古以来就是唯一的致富手"

（《资本论》第一卷第 24 章第 1 节）。马克思认为："事实上，原始积累的方法绝不是田园诗式的东西。"

不是田园诗式的，那是什么呢？马克思认为是"暴力、征服、奴役、劫掠、杀戮"。而这种暴力"都是利用国家权力，也就是利用集中的有组织的社会暴力来大力促进从封建生产方式向资本主义生产方式的转变过程，缩短过渡时间。暴力是每一个孕育着新社会的旧社会的助产婆"。

那么这种暴力手段又是如何实施的呢？马克思指出：那些具有划时代意义的资本原始积累方法是"对直接生产者的剥夺，是用最残酷无情的野蛮手段，在最下流、最龌龊、最卑鄙和最可恶的贪欲的驱使下完成的"，"掠夺教会地产，欺骗性地出让国有土地，盗窃公有地，用剥夺方法、用残暴的恐怖手段把封建财产和克兰（指氏族）财产变为现代私有财产——这就是原始积累的各种田园诗的方法。这些方法为资本主义夺得了地盘，使土地与资本合并，为城市工业造成了不受法律保护的无产阶级的必要供给。"马克思一针见血地指出："资本来到世间，从头到脚，每个毛孔都滴着血和肮脏的东西。"

那些遭"榜杀"的中国当代新富豪贵们，同样不会忘记他们的昨天，他们是从哪里来的呢？《旧约·启示录》说："这些人从大患难中来，曾用羔羊的血洗白了他们的衣裳……他们不再饥，不再渴，日头和光热也不必伤害到他们。"

这些刚刚用"羔羊的血洗白了衣裳"的人之前和所有人一样，沉浮在同一片浅水呼吸共艰，当闸门打开，"潮水"汩涌而来，他们快速反应，顺势跃入一片更加宽阔的水域……在他们小富（资本原始积累）的过程之中，当社会规则尚未形成，他们兴许有过违规，当国家法律之网尚未张开，他们也许有过违法，但他们一路闯关，以不同手段，通过不同途径，十分艰难地走到了今天，现在拼富成功，进入到富层，这些"权力致富者"、"资本致富者"、"房地产致富者"们在利用权钱交易、利用资本游戏、利用土地和房产炒作等手段轻而易举地赚取暴利时，就已经为自己的财富人生种下了不幸因子。

可以这么说，很多人是自己为自己设置了陷阱……

跨越陷阱

佛家启悟：生命不在长短，财富不在多少，活得有意义就好。

什么叫活得有意义？慧广法师在他所著的《生命的真相》一书中告诉世人："由于人自己是主宰，所以就能创造，有创造的能力，我们必须好好地创造。"

能主宰自己的命运，拥有创造的能力，并能够好好地创造，这样的生命与生活，就有意义。

佛家又说，一个人真正的快乐，是生命的快乐。

那生命怎样才快乐呢？是拥有之后吗？有一个喜欢别人给他送礼的人毫不掩饰地告诉大家，他的信条就是拥有：拥有就是快乐。他喜欢拥有，哪怕是一本邮册，一罐茶叶，一只杯子、一包香烟，但拥有之后，会真的快乐吗？

有很多拥有大财富的人，其内心深处依然掩藏着很深的孤独和凄惶，他并没有多少快乐，实际上，他的烦扰困苦远比快乐大很多。真正的生命的快乐，不在于你是不是已经成为富豪，不在于你拥有什么，拥有得多大、多昂贵，也不在于你拥有之后怎么去享乐，而在于创造，创造便是人的生命，创造的过程便是生命的快乐。

佛法中的缘起法则，不仅可以开释宇宙万象，更可以拨云见日，让人看清自己的心念，从而平息纷乱，走向平静，寻找到生命之路的新出口……财富世界和生命存在的空间互为依存、无处不在，一个人只有明白了生命的本真要义，才能够跨越陷阱。

所有那些跌入陷阱的巨富们，他们都曾有过创造的生命，都曾有过丰富的人生，都曾经活得相当有意义，那样的结局，本不该发生在他们身上，但的确发生了……从改革开放到财富榜的建立，人们用了整整30年的时间追求财富、追求更好的生活品质，率先富裕起来的那一群人，理应成为众人效仿的典范，成为社会的标杆，从而赢得社会的羡慕与尊重。随着不断有富豪落马，富豪们的财富在人们的语境之中多与"不法之财"、"不义之财"、"土豪"、"暴发户"联系起来的时候，于社会或个人，都是一种危险信号。

当一个时代人人都在诅咒金钱与贪婪，却又人人都在梦想轻松获得巨量财富的时候，人性是扭曲的，人的内心是狂躁的、虚假的、虚弱的。当财富之剑高悬在头顶，刺激又诱惑，谁都想跃跃欲试，谁都在幻梦中温习那种仗"剑"在手的美妙感觉……海派脱口秀先生周立波在他的"立波秀"节目中说："有的人20岁忙着当干部，30岁被双规，40岁走出牢门，然后又忙着重新创业……"周氏幽默道出的正是现世。

古罗马"帝王哲学家"马可·奥勒留告诉世人："毫不炫耀地接受财富和繁荣，同时又随时准备放弃。"

帝王哲学家这里的"随时准备放弃"，我们可以理解为退却。假如我们是拥有了驾驭力量的人，当我们驾着自己的战车轰隆隆来到一座壁垒之前，该怎么办？撞上去粉身碎骨，绕过去又不知道会否隐有深壑……这时候我们就可以选择暂停，或者叫退却。按照现代科学的解释，如果我们进入四维空间，就没有迈不过去的壁垒和陷阱，因为四维空间是一个时间轴，时间概念，此前由于我们的想象力和理解力受限，所以很难跨越过去，简而言之，退却也是为迸发蓄力，我们知道发射的原理，武士要让箭射得更远，会拉弓后仰，后撤是在为"发力"提供更大的力场，另外，理性退却会让人息躁，一个人心灵平静之后，世界就变得开阔起来。

马可·奥勒留提醒我们："一个人退到任何一个地方都不如退入自己的心灵更为宁静和更少烦恼。"他说：所有事物都是微小的、变化的、会腐朽的，而灵魂不会。一个人务必保持自己灵魂的年轻与清醒，以避开和避免坠入那些无处不在的陷阱……

"水静犹明，而况心乎。"庄子智慧告诉我们，水在遇风起浪的时候是什么都看不见的，只有平静下来才照得见山色云影。人心也是这样，受财利不停搅扰的内心很难看得清世事路径，只有把心静下来，才看得清事物表象后面的东西，"每临大事有静气"，在财富世界，宁静也是一种生产力。

所以陷阱无所谓在，无所谓不在，你根本就不需要跨越……

— 下 篇 —

　　窥视过以上关于人类财富世界的部分概况，现在我们该回过头来审视自己，我们该如何构筑、提升，如何让我们的灵魂与精神足够承载，能够具备某种平衡、掌控和支配的能力。

　　帝王哲学家马可·奥勒留反复告诫世人：抓紧时间去考虑你自己的支配能力，因为上帝给我们的时间并不多。

第五章　灵魂

西方斯多葛哲学派认为宇宙是一个美好的、有秩序的、完善的整体，人是宇宙体系的一部分，当人力图在神圣的目的中实现自己的目的时，就必须让自己的灵魂清醒。

第一节　内心与品质

天下是天下人的

这是中国古代一本叫《尸子》的书里说的，《尸子》中说："务利天下，兼爱百姓。"写《尸子》书的人，名叫尸佼，鲁国人，是法家代表人物商鞅的师傅。

战国时代，正处于中国历史上一个重要的大变革、大动荡时期，就是所谓"礼崩乐坏"的社会大转型时期。善于博采众长的尸佼，融合"儒、墨、道、法"各家思想，自成一大杂家，尸佼认为："天地生万物，圣人裁之。君臣父子，上下长幼，贵贱亲疏，皆得其分曰治。"意思是：万物是天地所生的，应该归天下人所有。圣人要做到把这些财物公平地分配给天下所有的人，要使天下的百姓都能够得其所、安其业、丰衣足食，这才能够消除社会的"祸患"，社会也才能够真正地富庶起来。

尸佼当时主张去"私"，他治天下四术中的第二术就是去私，其去私理念源于天地自然的无私：天无私于物，地无私于物，袭此行者，谓之天子。尸佼从推天地以明人事的原理出发，自然得出人君也要无私的结论。

尸佼认为：私心限制了人们对客观事物的认识，公心则开阔了人们认识事物的视野。他说："夫私心，井中也；公心，丘上也。"就是说一个人基于私心认识事物，就如同从井底下看星星，所看见的也不过就是几颗星星而已；而基于公心认识事物，就如同站到山顶上看星星，不仅能看见星星出来，还能够看见星星消失。尸佼由此得出结论："故智载于私，则所知少，载于公，则所知多矣。"他的意思是说，如果把智慧用于私心，那么了解的情况就很少；相反，把智慧用于公心，了解的情况会很多。所以尸佼主张判断是非的标准必须出于公心，自公心言之，自公心听之，而后可知也。认为只有从公心出发认识事物，才可能得到真知。他同时认识到公与私是相对存在的，绝对的去私是不可能的，尸佼也认为君主治国，并非做到完全彻底的无私，而是存大私，去小私。

尸佼说：圣人于大私之中也为无私，先王非无私也，所私者与人不同也。执掌者要去除的是自己的一己之私利私心，而要存百姓、国家、天下的大私。

中国先圣先贤认为，先王"尧"很注重抚养那些无助的人，"禹"很注重爱护那些有罪的人，这是他们能够安定社稷和收拢民心的重要原因之一。商汤王向上天祷告：我一个人有罪，请不要对天下的百姓进行报复；天下的百姓有了罪恶，请让我一个人来承担吧。商汤王不偏爱一己之身，而泛爱天下百姓。周文王说：假如有仁人，又何必非得是周族的亲戚不可呢？文王不偏爱亲族而泛爱万国之民。看起来圣王们的确是大爱无私的，但这些古代的明君圣王们，真的是一点私心都没有吗？

实际上在他们内心里不只是有私，而且是大私。

这个大私与一般人的小私不同，圣人们在他们最大的无私里，表现出来的是最大的私情，他们比常人更明白大私之道：一个人只有不心存小私，才能成就大私；一个人也只有以不图小利为利，才会获取大利。

秦人黄石公说：得到的东西不要占有，建立的功名不要获取，只要尽力而为就是了。争取功名是士大夫的事，天子何必要知道功名利禄的所在呢？天子不从万民那里收取功名，所以他才成就了自己至高无上的地位。国君不和百姓争夺名位，所以才成就了自己广大无边的美名。要让守城的将士自己来保卫城池，让攻城的将士自己来攻克城池，就要承诺把城中的财产全部分配给他们，天下是将士们的天下，城池也是将士们的城池，让将士们知道是为自己而战，自己去守取自己的财产，他们就会拼命地攻城守城。

黄老道家认为：法的基本精神就是公平与公正，只有去私就公才够能实现法治。正如鹖冠子所说：法者，使去私就公。由此，去私就公成为黄老道家政治理想中的重要内容。黄石公同尸佼一样，强调天下共有共享的观点，"家国情怀"一直是中国先圣们经世立言的精神信仰。在中国古代社会，一个圣人，一个有能力的人，一个顶天立地的大丈夫，他第一要做的事就是使整个社会都富庶起来，让全天下的人都幸福起来……

财富追逐中，当我们终于拥抱住一些财富的时候，我们当然可以不必去拔高自己，也可以不必去胸怀天下，但起码为了自由掌控，为了自由调度，我们的胸怀与灵魂，一定得大于所能掌控的世界，只有这样，才能成竹在胸，承载大任。

孔子说："器欲难量。"一个人要胸怀宽阔，理想远大，处事做人，心胸之阔，器量阔大，阔大到让人难以置信、难以估量才好。俗话说"将相头上堪走马，宰相肚里能撑船"，一个心大意大的人不只是胆气豪放，且因胸中天大地大，纵横的舞台也大，一个胸怀太虚、量齐沙海的人，又怎能不把自己的事业做得气势如虹呢？

而一个心小量窄的人，嫉贤妒能，守财如命，不但财浅福薄，还往往下场不好，他们会把自己的路越走越窄，最后变成孤家寡人，形影相吊，一个不幸落入器量陷阱的人，会很难从中挣脱。

宽容的力量

宽容是人的另一种品质。

它是人的一种胸襟、一种气度和自信，也是一种境界和一种生存哲学。

宽容是一个人精神成熟之后、心灵丰盈之后散发出来的智慧之光和仁爱之光，当一个人释怀别人、宽恕别人的时候，他实际上已经是在善待和救赎自己了。

宽容也是一种软势力。

当年美国人林肯就任总统之后主张对他的政敌予以宽容，有议员向他提出质疑，对他说："你不应该试图和那些人交朋友，应该消灭他们。"林肯回答议员说："当他们变成了我的朋友，难道不正是在消灭我的敌人吗？"在与对手所有的争战之中，这种"化敌为友"的策略要比"化敌为泥"的策略更加人道，难度更高，所以更需要大智慧、大勇气。

春秋时代群雄争霸，硝烟四起，有一天，秦穆公与晋惠公在陕西韩地打仗，晋惠公见战势有机可乘，便亲率人马冲锋陷阵，想一举拿下秦穆公，没想到马失前蹄，把他陷入了泥淖。秦穆公一见机会来了，即刻率将士拍马赶来，想活捉晋惠公。不想还没等他抓到晋惠公，战场形势陡生逆转，大批晋军蜂拥上来，反把他包围在了中间。捉人不成，反陷重围，拼命突围时又受战伤，秦穆公转瞬之间反陷入被俘的险境。危急时刻，一支300多人的义军突然杀了进来，这些人个个争先，勇不可当，不只救出了秦穆公，还顺带帮他生擒了晋惠公。秦穆公好不奇怪，这支义军是从哪里杀出来的呢？他们又是一些什么样的人呢？

经过询问才弄清来历：几年前，秦穆公喜爱的一匹名马丢了，马跑到岐山脚下，被山下的游民捉住，杀了吃肉。秦穆公派去寻马的将官正好赶到，一看这还得了，他禀报秦穆公，要调兵来抓人治罪。秦穆公听了说："君子不以畜产害人。吾闻食善马肉不饮酒，伤人。"秦穆公先是说君子不可以为了畜牲而伤害别人，后又说自己听说吃良马的肉如果不喝酒会伤身体，对偷吃马肉的乡民，他不仅不治罪，还令人专门送去几坛好酒让他们饮，偷吃马肉者见国君不仅赦免他们无罪，还赐予酒喝，于是心怀感恩，常思报答，今天听说秦穆公与晋惠公交战，且战况陷于不利，一干人就一起组成义军，从岐山脚下杀出，个个奋勇争先，杀进重围，解了秦穆公之危。秦君舍一匹好马，赢三百义士，还救了自己的江山性命。

所以君怀宽容，天下归心，近者心悦，远者思投。

古今中外的明君大多懂得这个普通的道理。

有一次楚庄王大宴群臣，令他的爱妾许姬下去敬酒，正好遇到一阵夜风吹灭了灯烛，黑暗之中，有个人趁机拉了许姬飘舞的衣袖，许姬顺手摘下了那个人的帽缨，她去告诉楚庄王，要楚庄王掌灯，追查失缨的人。不想楚庄王说："酒后狂态，人之常情，不足为怪。"他先请群臣，全都把帽缨摘下来，然后再掌灯，轻轻松松化解了一场尴尬。时隔不久，吴国侵犯楚国，楚庄王属下一个叫唐狡的将军，杀敌勇猛，屡立战功。后来他告诉楚庄王，他就是夜宴中那个在殿上被摘下帽缨的人。楚庄王并不究其过，以其宽容的胸襟和气度，保住了一位臣子的项上人头，不仅成就了一员忠诚良将，也使之成为一位保家卫国、战功显赫的英雄。

近贤臣，重大义，远小人，亦不计小过。

这样的君王或领导者当然会让他的属下舍命相随。

现代企业经营管理中，管理者宽容大义，施别人以空间，也为自己预埋下更大空间。有一位企业老总，在企业发展的关键时期突然面临一场人事危机：几位业务骨干提出辞职。老总苦思一夜，做出决定：重奖跳槽者。他让人贴出告示：本企业员工跳槽出去，出任新单位经理以上者，予以两万元以上重奖。告示一出，一片哗然，几乎每个人对他的器量都表示怀疑。但他用事实证明了自己。他首先公开给一个成功跳槽者发了大红包，然后，随着跳槽者增多，付出的资金也越来越多，但他坚守信用，结果公司不仅没有因人跳槽而出现人才断档，反倒在几天之内，几个有经验的业务骨干相继来投奔他。他们在私下这样说：不为别的，就奔他的器量和人品而来。而公司那些跳槽出去的人才，在新公司也个个有了很好的发展，当然也对旧主的宽宏器量心存感谢，一个个后来都成了他的朋友兼忠实客户，财源因此滚滚而来。

"将欲取之，必先予之"，是老子智慧。有个朋友把它变成牌桌上的口头禅，朋友窃以为：你在牌桌上要打出一张捂了很久的牌，那是要冒很大风险的，也许你刚一打出去，对手一碰，就和了。但冒险之中，又潜伏着机遇，你不把手里的牌打出去让对手碰，对手也不会打出他手里压的牌，兴许那张，正好是你杠后翻番的大牌呢。

给别人机遇，也是给自己机遇。"预取之，先予之"，以此达成"双赢"格局。故容量之力，器量之力，所向无敌，宽容的力量不可小觑。

曾氏家风

晚清重臣曾国藩被誉为"晚清第一名臣"、"官场楷模"。

曾国藩曾经扶晚清王朝垂而不死，在"同光中兴"（同治、光绪）时期，他更是起到中流砥柱的作用。他一生"而勉而行，铢积寸累，受之以虚，将之以勤，植之以刚，贞之以恒，帅之以诚，勇猛精进，坚苦卓绝"（梁启超《曾文正公嘉言钞》），且"学问兼收，文章并蓄"，真正实现了儒家"立功、立德、立言"三不朽的理想境界，被誉为"中华千古第一完人"。

曾氏家族更是中国历史上数得着的侯门望族，其后世子孙，代有英才，先后出现了像曾纪泽、曾广均、曾广铨、曾昭抡、曾宪植这样的杰出人物。曾氏家风在一百多年来的传承中没有出现过一个"败家子"，成功跨越了中国多数官宦之家难以逾越的"盛不过三代"的魔咒，其家风传承的核心内容，就是曾国藩临终前留下来的"四条遗嘱"。

同治十一年（1872 年）三月十二日，62 岁的曾国藩在儿子曾纪泽的搀扶之下散步，他对儿子说："我这辈子打了不少仗，打仗是件最害人的事，造孽，我曾家后世再也不要出带兵打仗的人了……"这时候他忽然连呼"脚麻"，倒在了儿子身上，瞬时已不能说话，临危之际他抬起手，指了指桌子上早已写好的遗嘱，遗嘱大意如下：

我做官三十余年，官至极品，而学业一无所成，德行一无可许，老人徒伤，十分惶恐惭愧。今将永别，特立四条以教汝兄弟：

一是"慎独"则心里平静。

自我修养的道理，没有比养心更难的了。心里既然知道有善恶，却不能尽自己的力量以行善除恶，这是自己的表现。内心是不是自欺，别人无从知道。孟子所说的"上无愧于天，下无疚于心"，所谓养心，一定要清心寡欲。所以能够慎独的人，自我反省时不感到愧疚，可以面对天地，和鬼神对质，绝对不会有行为无悔恨而心却退缩的时候。人假如没有可以愧疚的事，面对天地便神色泰然，这样的心情是愉快平和的，这是人生第一自强之道，是最好的药方，修身养性的第一件大事。

二是"主敬"则身体强健。

在内专一纯净，在外整齐严肃，这是敬的功夫；出门如同看见贵宾，对待百姓像行大祭祀一样崇敬，这是敬的气象；自我修养以让百姓平安，忠实恭顺而使天下太平，这是敬的效验。聪明智慧，都是从这些敬中产生的。庄重宁静则一天比一天强，安闲敬纵则越来越懒惰，都是自然的征兆验效。如果不论人多人少，事大事小，都以恭敬之心相待，不敢懈怠，那么身体的强健，还有什么令人怀疑的呢？

三是追求"仁爱"则人高兴。

一般的人生下来，都得到天地之理以成心性，得天地之气以成形体，我和民间万物根本是同出一源的。如果只知道谋求私利，而对百姓不知道宽仁，对万物不知道爱护，这是和同出一源道理相违背的。至于（我们）高官厚禄，高居在百姓之上，就有拯救百姓于水火、饥饿之中的责任。读书学习，粗浅地知道了大义所在，就有使后知后觉的人觉悟起来的责任。孔子教育人，莫大于求"仁"，而其中最要紧的，莫过于"欲立立人，欲达达人"这几句话。人有谁不愿意自立自达，如果能够使人自立自达，就可以和万物争辉了。

四是参加"劳动"则鬼神也敬重。

如果一个人每天穿的衣服吃的饮食，与他每天所做的事所出的力相当，则看到的人会赞同他，鬼神也会加以称许，认为他是自食其力的人。倘若农夫织妇终年勤劳，才能收获数担粮食数尺布，而富贵人家终日安逸享乐，不做一事，却每餐必是美味佳肴，穿必锦衣绣袍，高枕而眠，一呼百应，这是天下最不幸的事情，鬼神也是不赞同的。这样怎么能长久呢？古代的圣君贤相，无时无刻不以勤劳自勉，为自己打算，则必须操习技艺，磨炼筋骨，在困境中奋力前行，殚精竭虑，而后可以增加智慧增长见识。为天下人考虑，一定要使自己饥饿，自己陷于水火之中，把民贼强盗不被擒获视为自己的过失。大禹治水十三年三过家门而不入，墨子摩顶放踵以有利于天下，都是极俭朴以修身、极勤劳以救百姓的实例。所以勤劳能使人长寿，安逸能使人夭亡；勤勉则人尽其才，安逸则无能而被人抛弃；勤能够广济百姓，而神灵敬仰，安逸对人无好处，鬼神也不羡慕。

此四条为余数十年人世之得，汝兄弟记之行之，并传之于子子孙孙。则余曾家可长盛不衰，代有人才。

曾国藩的这份遗嘱，对其子孙后世影响深远。

他的次子曾纪泽，在曾国藩死后承荫出仕，成为中国清代著名外交家，先后担任过清政府驻英、法、俄国大使，曾纪泽还工诗善文，通书法篆刻，绘山水狮兽；孙子曾广铨，早年跟随曾纪泽在英国多年，精通英、法、日、德语及满文，曾担任驻英使署参赞、驻朝鲜公使等职，并充当过李鸿章幕僚，参与过《金陵书局刻书章程》的拟定；其弟曾国潢的曾孙曾昭抡，系中国科学院院士，为中国著名化学家、教育家，是中国近代教育的改革者和化学研究的开拓者，培育了中国几代科技人才和教育人才；曾国藩九弟曾国荃的第五代孙曾宪植，是叶剑英元帅的第三任妻子，她也是邓颖超和宋庆龄的秘书，全国政协第一届会议委员……曾国藩五个兄弟，绵延至今，已到第八代，从这五房八代里出来的有成就者大约共240位。

曾国藩在清朝史上位列三公，拜相封侯，显赫一时，是当朝最有权势的汉人之一。然而他治家教子，异于常人，他不许自家孩子住在北京、长沙这些繁华的都市，要他们住在县城老家。他告诫子女：饭菜不能过分丰盛，衣服不能过分华丽，门外不准挂"相府"、"侯府"之匾，出门轻车简从，考试前后不许拜访考官……曾氏的后代子孙没有一个人加入行伍之列，也极少有人出仕为官。曾国藩教育孩子立足社会，秉承家风，关键在"勤、俭"二字，他让孩子一生铭记十六个字："家俭则兴，人勤则健，能勤能俭，永不贫贱。"

曾家后裔恪遵先祖遗言，远离尔虞我诈的政界、军界，洁身自好，大隐于世，实现了曾氏"长盛不衰，代有人才"的遗愿。曾氏家风传承八代，虽代有人才，却有人惜叹曾家第五、第六代以后，没有能够再出现显达贵人，而让曾家引为豪的是，曾家八代没有出一个坏人。

良好的传承

"品质闪耀在良好的传承中"，是马可·奥勒留所著《沉思录》的开篇题名。这位帝王哲学家首先在这里回忆并记述了他从身边周围的亲人、师长和朋友身上学习和传承到的各种优良品质。

马可·奥勒留幼年丧父，孩提时以其坦率和真诚获得赫德里安皇帝的好感。这使他后来有幸成为罗马帝国的皇帝。他庆幸自己因传承那些良好的品质而"保护了自己的青春之美"。那么这位"帝王哲学家"到底从他的祖辈亲友那里传承了哪些良好的品质呢？以下内容摘自马可·奥勒留的《沉思录》：

> 从我的祖父维勒斯身上，我学习到宏德和制怒。
>
> 从我的父亲（生父阿尼厄斯·维勒斯）的名声及对他的追忆中，我懂得了谦虚和果敢。
>
> 从我的母亲那里，我濡染了虔诚、仁爱。不仅戒除恶行，甚而戒掉恶念的品质，以及远离奢侈的简朴生活方式。
>
> 从我的曾祖父那里，我懂得了不要时常出入公共学校，而是要在家里有好的教师，懂得了在这些事情上一个人要不吝钱财。
>
> 从我的老师那里，我明白了不要介入马戏中的任何一派。也不要陷入角斗戏中的党争。我从他那里也学会了忍受劳作、清心寡欲、事必躬亲。不干涉他人事务和不轻信流言诽谤。
>
> 从戴奥吉纳图斯那里，我学会了不使自己碌碌于琐事，不相信术士巫师之言，学会了不畏惧也不热衷于战斗，学会了让人说话。学会了亲近哲学。
>
> 从拉斯蒂克斯那里，我领悟到我的品格需要改进和训练，知道不迷误于诡辩，不写作投机的东西，不显示自己训练有素，不穿着出门用的衣服在室内行走，学会了以朴素的风格写信。

从阿珀洛尼厄斯那里，我懂得了意志的自由和目标的坚定不移，懂得了在任何时候都要依赖理性，而不依赖任何别的东西，懂得了在失子和久病的剧烈痛苦中镇定如常。

从塞克斯都那里，我看到了一种仁爱的气质，一个以慈爱方式管理家庭的榜样和合乎自然地生活的观念。看到了毫无矫饰的庄严，为朋友谋利的细心，对无知者的容忍……

从我的兄弟西维勒斯那里，我懂得了爱我的亲人，爱真理，爱正义……从他那里我接受了一种以同样的态度对待所有人、实施权利平等和言论自由平等的思想和一种最大范围地尊重被治者的所有自由的王者之治的观念。我也从他那里获得了一种对于哲学的始终一贯和坚定不移的尊重，一种行善的品质，为人随和，抱以善望，相信自己为朋友所爱。

在我的父亲（养父安东尼·派厄斯皇帝）那里，我看到了一种温柔的气质，在他经过适当的考虑之后对所决定的事情的不可更改的决心。在世人认为光荣的事情上他毫无骄矜之心，热爱劳作，持之以恒……他把自己视为与任何别的公民一样平等的公民，有一种保持友谊的气质，不会很快厌倦朋友，同时也不放纵自己的柔情，对所有环境都感到满足和快乐。能不夸示地见微知著，富有远见。他直接阻止流行的赞颂和一切谄媚。对帝国的管理所需要的事务保持警醒，量入为出，精打细算，并耐心地忍受由此而来的责难。对于幸运所赐的丰富的有益于生命的东西，他不炫耀也不推辞，所以，当他拥有这些东西时，他享受它们且毫不做作；而当他没有这些东西时，他也不渴求它们。

我为我有好的祖辈、好的父母、好的姐妹、好的教师、好的同伴、好的亲朋和几乎好的一切而感谢神明。我也为此而感谢神明：我没有卷入对他们任何一个人的冒犯。

——马可·奥勒留《沉思录·卷一》

反复读过《沉思录》这本小书，我们发现作为个人来说，奥勒留比他的帝国更加完美，他一生勤奋工作，不断思索，虽然最终他没能挽救古罗马帝国，但他在鞍马劳顿之中写成的这本小书，成为西方历史上最为感人的伟大名著之一。

美国作家费迪曼教授说它是一部黄金之书，以庄严不屈的精神负起做人的重荷，直接帮助人们去过更加美好的生活；本书译者说它有一种不可思议的魅力，甜美、忧郁、高贵。它的高贵来自作者思想的严肃、庄重、纯正和主题的崇高。它的忧郁来自作者对身羁宫廷的自己和自身所处的混乱世界的感受。它的甜美则来自作者心灵的安宁和静谧。法国人雷朗则认为：马可·奥勒留使人有这么一种朴实的信仰：面对宇宙自然，一颗高贵的道德良心是任何力量都不能够改变的。

品质是不朽的。

良好的品质可以传承，也可以习承。一位前国家总理说他曾经把这本小书每天放在床头，读了不下100遍，几乎天天都在读它。尽管我们并不知道这对于他会产生多大的影响，抑或对他的治国理政有什么影响，但在今天的世界，一个胸怀宽宏、仁爱、品质良好的人，能够让自己的内心保持一份沉静、真诚和高贵，是难得的。

具有这种良好品质的人对于财富的态度是坦然的。

既坦然接受，也坦然失去。陷阱在与不在，对他都没有什么关系，因为他已经跨越，他的精神境界已在此之上……

信使的品质

一百多年前的一个傍晚，美国出版家阿尔伯特·哈伯德在同家人一起喝茶的时候受到启发，创作了一篇传奇不朽的文章——《把信送给加西亚》。在这篇文章里，哈伯德极力推崇和赞扬的就是人的一种品质，他说：世界会给你以回报，既有金钱也有荣誉，只要你具备一种品质：主动。

那么什么是主动呢？哈伯德告诉我们：

主动首先就是不用别人告诉你，你就能够出色地完成工作。

其次，就是别人告诉了你一次，你就能去做，像书中的主人公罗文一样，不问地址和原因，接过总统的信，掉头就走，克服一切困难把信送给加西亚。

再次之的，是别人告诉了你两次，你才会去做。

更次之的，是那些只有在形势所迫时才能把事情做好的人。

而那些即使有人追着他、告诉他怎样去做并且盯着他也不会把事情做好的人，则是最等而次之并必遭淘汰之人。

由此我们知道——主动是人类最重要的财富品质之一。

它是人类个体按照自己规定或设置的目标行动而不是依赖外力推动的一种行为品质。主动的要义很简单，即不用别人推动你，而完全由个人的需要、动机、理想、抱负和价值观等来推动。这个简单的要义很多人难以做到，但它却是最管用的。无数经验告诉我们，在现实生活中，当我们以最简单的方式应对那些最复杂的局面时，往往事半功倍。而简单恰恰是主动的要义与前提，一个目标单纯、思维简洁的人，其主动性通常强于目标混乱、思维复杂的人。

我们曾经反复咏叹过郑板桥的"聪明难，糊涂亦难，由聪明到糊涂难乎其难"，多少人想要糊涂，却糊涂不起来，究其原因，是因为很少有人再能回归到简约中去。

大道若简，简单与拙朴，对于大多数人来说已经难以企及。因为我们习惯了复杂思维，简单已经成为一种境界。管理大师杰克·韦尔奇对此深有感触，他说："你简直无法想象让人们变得简单是一件多么困难的事情，他们恐惧简单，唯恐一旦自己变得简单就会被人说成是大脑简单。而事实正相反，那些思路清楚、坚韧不拔的人们，正是最简单的人。"

这就犹如宗教的神性，一个心智精神越单纯的人，离心中上帝就越近，因为他的大脑屏蔽了其他信息源，去除了芜杂，那些蕴藏在宇宙、自然、生活中的道理、真谛、信息，就更能够轻易触动他超级敏感的神经之弦，从而引导他进入先知世界（上帝世界）。

简单之于事物，能使人一眼洞穿，快速决断，准确出击，直达目标，就像那个"把信送给加西亚"的信使罗文那样，不问条件、环境和报偿，一心只想着抵达目标。执着单一的目标大大增强了加西亚的主动性。

奈斯比特把我们身处的时代比喻为一个"布满各种成熟果实的果园"，他说："在问题解决者还在为已经掉下的果实担心时，机遇寻找者已经在寻找那些新的可以采摘的果实了。"

一个一心一意采摘果实的人，他的第一品质即：主动。

第二节　灵魂与精神

物随心转

在一个"心随物转"的时代，反过来要让"物随心转"，这需要很大的智慧、决心和勇气。在物质时代，我们几乎无时无刻不处在杂念与欲念之中，我们的心很难有暂时的、短暂的歇息……

达摩祖师说"外息诸缘，内心无喘，心如墙壁，可以入道"。

佛家的妙意，是充分包涵了出离心的。外息诸缘，就是要修出离心以及修出离心的真实功夫来，外界的一切环境都要丢掉。但我们与佛无缘，修正是很难成功的，一句话，基本上做不到。因为我们的心都是攀缘心，这件事情完了，又出来下一件事情，事情一个接一个地来，永远没完没了，外缘也就永远息不下来；而"内心无喘"，就是要做到不呼不吸，进入四禅八定的境界，这就更加难了；再接下来的"心如墙壁"，就是要我们把内外都完全隔绝了，外界的任何事情都动不了你的心，心不动，妄想就不会出现，妄念也就起不来，如果连这个你都可以做得到的话，那你真的太厉害了，但实事求是地说我们大多数人很难做到。

做不到没有关系，天下不是人人都要去屏蔽、去阻隔诸缘。那样的话谁来躬耕、谁来探索宇宙自然、谁来创造社会财富，而人类生息和社会文明又是离不开财富的。

但能不能够暂时地静息片刻，在我们鼻息尚存、还有知觉的时候做到瞬息没有念头升起来呢？尽管这个对我们来说仍比较困难，但我们需要静性、观心、洗心、荡涤灵魂，当我们的心从那飞速的物转之中暂且退出，我们可否更能够看得清楚一些事物的真貌呢？可否照得见宇宙之中永恒的道乃至人性的本真呢？

老子李耳当年骑着青牛，朝行露宿，沿途每一抹阳光，每一片云彩，每一息清风，每一株草叶，每一滴清凉的雨滴，每一个泥坑水洼和每一只蚁虫飞鸟，他都体会得到，细细地感知，然后他移步登上城头，临渊远眺，越泽望水，天地混元，人世万物，浊滚翻腾，继而至静、至清，所谓"上善若水，水利万物而不名……居善地，心善渊，与善人，言善信……夫唯不争，故无尤"，我们只需要随意咀嚼一下当时老子思绪万千的点滴，其思想光芒就将让我们万世仰望。

倘若老子当年不骑着那头青牛，不登上雄关城头，他也乘坐一辆高速率的大巴急驰而过，那函谷关在他的心目之中，充其量也是一件一晃而过的憾事而已，断没有今天读来还令人振聋发聩的那篇传世典作《道德经》。

面对这个飞速的时代，我们"随物飞转"的心已十分疲惫，总这样无休无止地狂转下去，除去眩晕、变蠢之外，我们的肚子里又还会存下多少真的东西呢？心，到了疲惫不堪时，就暂停一下，权且退出以静性、观心……诚然我们回不到过去，回不到初始，也不能像老子那样骑着一头青牛去感知天地自然，更不可能像老子那样登上城头远眺一下就思绪万千、文思泉涌，悟出隐藏在宇宙万物之中的那些宏论大道，但至少我们可以观照、内省自己。

宇宙之下，人类自封万物灵长，探知、索取并主宰万物，"心被物转"原本是自然赋予人类的一种律动，后来渐成本能、常态。但是既为灵长就必思索，物来自哪里？它为什么会让我们痴迷并带着我们晕转？

先圣认为天地生物，物生财富，财富归天下，就是说财富自始至终应为天下人所有。孔子说"生财有大道，生之者众，食之者寡，则财恒足亦"。人人都勤奋工作，大家就都可以过上小康的日子。儒学"仁者以财发身；不仁者以身发财"则是说一个有仁德的人会运用财物来帮助别人，自己也会得到众人的拥戴；而一个不仁的人会利用拥有的身份和地位来为自己搜刮财富，最终他就会招来亡身之祸。

既然先人们早就弄明白了这些，我们是不是在狂追执迷之后让自己的财富观再放大一点，以宽厚仁义的胸襟气度探知、索求、创造并获取，以此累积财富，相信这样的财富人生，过程精彩纷呈。有过如此精彩奋斗的人生足以自豪，财富本非快乐的本源，财利的"得"与"失"又有什么关系呢？儒学倡导"国不以利为利，以义为利"，一个国家以仁义为目标是兴之根本，以利为目标就危在旦夕。

成败的转换

20 世纪 50 年代初，有一次毛泽东约周谷城谈话，当毛泽东的话题说到"失败是成功之母"时，周谷城马上回答他："成功也是失败之母。"

毛泽东想了一想，回答他："你说得好。"周谷城在毛泽东面前把他的这句话掉过来说解出新意，毛泽东略微思之，即予首肯。这即是心有灵犀的智者问答。

成败转头空是人们财富生涯和奋斗历程暗含的某种玄机。前者认为：失败和挫折教训了我们，让我们聪明起来，在后来的实践中就会以此为鉴，避免重蹈覆辙；后者认为：当我们取得一些阶段性成功之后，志得意满，意气风发，往往就放松警惕，不思进取，这时对手一旦乘虚而入，失败转瞬即至。

所以失败孕育成功，成功同样也孕育失败。

福特家族两代人由成功转为失败的案例令人印象深刻。

福特创始人亨利·福特，16 岁出来闯荡天下，他用大约 15 年时间建立起当时世界上最大的制造业企业——福特汽车公司。刚开始创业期间，老福特依靠杰出的管理专家和机械专家，励精图治，同心协力，攻城拔寨，而在成功之后，他开始自大自满，认为一切功劳归于自己。他渐渐听不进别人的意见，导致一批英才纷纷离去，几年之后（到 1927 年），福特汽车王国开始失势，走下坡路，从此一泻不止，滑向破产的边缘。

1943 年，曾在美国海军服役的小福特（福特二世）出任公司副总经理，两年以后升任总经理。福特二世执掌之后迅速发动了一场"宫廷政变"，他驱逐了祖父时代的那些遗老，聘任由 10 名退役的美国空军青年军官组成的桑顿小组来管理公司。一开始，同祖父一样，他礼贤下士，励精图治，利用管理专家们为公司建立起一套全新的科学管理制度，重整旗鼓后的福特公司再一次崛起，迅速坐上世界第二大汽车公司的宝座。然而，当公司跃上又一个高度，进入又一个鼎盛时代之后，福特二世重蹈了祖父的覆辙。

他开始高高在上，独断专行，在公司中他就是一切。在他的高压统治之下，公司内部人人自危。当他把创造了数十亿美元利润的汽车奇才艾柯卡以"我不喜欢你"的莫须有罪名赶出福特之后，他也赶走了福特的运势，公司迅速走向衰败，到 20 世纪 80 年代初，福特二世走到了尽头，不得不被逼交出大权，并被除名后逐出公司。

福特二世曾经被称为所罗门式的人物，被尊为当时汽车工业的魔鬼老大。他奠定了现代汽车业的基础，曾多次做出过有先见之明的决策，并在必要的时候迅速做出调整，对现代汽车业的发展功不可没。但最终将他逐下"坛主"位置的，不是众多强大的敌手，而是他自己。成功后的自大、自满、专横，像血栓一样堵塞了他的脉管和智慧通道，他因此失去活力，变得暴戾，目空一切，听不进任何人的意见和建议，容不下自己不喜欢的人，即使对方胸怀奇才功不可没。成功滋生的自满使他变成当年自己曾经斥责过的那种人——管理人白痴。

福特二世和老福特一样，都取得过很大成功。成功导致了老福特的失败。又如出一辙地导致了福特二世的失败。

比尔·盖茨说："对于成功的企业和企业家来说，其事业最大的威胁不是来自竞争对手，而是来自他们自身。"

居安思危，"一日三省吾身"，时刻保持清醒，从非理性的高处迫降下来，适时地、不间断地矫正我们人生的航标，以新的视角和立场去思考做事与做人，把我们的心灵当计算器不停敲击，让键盘赋零，然后开始新的编程设计并运算出新的更高级程序。

既然失败乃成功之母，成功就更应该是成大业、伟业之母。

神庙熹光

希腊戴尔菲神庙刻着一行字：认识你自己。

戴尔菲神庙是世界著名的古希腊神殿，其中供奉的阿波罗神是希腊神话中的太阳神，代表光明、真理、音乐以及各种安顿的力量。因此神庙对很多人来说是一个解决人生困惑与迷局的地方。人生总是充满困惑，古代的教育又不够普及，因此人们在迷惑的时候都会到戴尔菲神殿去求签，请神殿的祭司加以解释。所以戴尔菲神殿对希腊人来说算得上是精神信仰的中心。

神庙的神殿上还刻了一行字：凡事勿过度。

这句话是与人们的行为有关的。就是说一个人做任何事情都不要太过，要知止、知适可而止。我们年轻气盛的时候比较决断，很多事情凭义气，多年后才有感悟，才知道后悔。凡事勿过度用在财富世界，我们拼到某个阶段的时候要停顿、省思，给自己也给别人留一些空间余地。这就是神殿中"凡事勿过度"的真义。孟子说孔子："不为已甚者"（《孟子·离娄·下》），意思就是说孔子这个人，很有分寸，做任何事都不会过。

再回到神庙的"认识你自己"，有人会认为很不靠谱，难道我不认识我吗？但是你真的认识你吗？一个人要真正认识自己是比较困难的。当我们面对现实世界时，常自困惑，我们经常看得到的是自己的影子，却看不到真实的自己，真实的自己在哪里呢？什么是自己呢？有很多时候当我们伏案良久，蓦然抬首，恍若隔世，那时候我们不知道自己身在何处，不知道我们自己是谁，我们似乎无法辨清周边的世界，无法捕捉到自己，无法触摸到影子后面的那个实体，我们找不到自己。

存在主义哲学的先驱克尔凯郭尔说人生有三种绝望：不知道有自我；不愿意有自我；不能够成为自我。

《现代寓言》讲述过一只长了三只耳朵的兔子，因为在同伴中备受嘲讽戏弄，它很悲伤，常自哭泣。有一天，它终于决定把那一只多出来的耳朵忍痛割掉，然后它快乐极了，从此它将和大家一样不再受排挤和嘲弄……

　　但快乐很短暂。这只兔子走进了另一座森林，它惊呆了……在这座林子里的兔子全都是三只耳朵！跟此前一样，它因为缺少了一只耳朵同样被这座林子里的兔子们嫌弃并嘲弄，它再次陷入困惑，隐入迷惘和悲伤，它现在彻底迷失了自己，不知道该怎样做自己。

　　财富之途犹如行走。当我们穿上不合适的鞋行走是痛苦的，是不快乐的，但如果让我们"削足适履"会同样痛苦，同样不快乐。该怎么办呢？要么穿合脚的鞋，要么将不合脚的鞋甩掉，因为脚始终是我们自己的，鞋只是物质世界的一件衍生物，它同物质世界一样可以带给我们舒适快乐，也可以带给我们痛苦烦恼，要接受所有这些，我们就得忍受某些东西。

　　在这个苦乐并存的物质世界里，痛苦会一直多于快乐，有时痛苦会贯穿全程，而快乐只是瞬息。我们如果要真正获得行走的轻松和快感，就必须懂得抛弃，将不合脚的"鞋"抛弃（尽管这需要勇气与决心），换上新鞋，或者豪放一点，"光脚的不怕穿鞋的"，如果行走在泥淖里，光着脚蹚，就比穿着鞋强，而我们的生命旅程很多时候正如泥淖。当然，我们也可以在来到地面时选择一双"合脚的鞋"。

　　行程中我们必须认识并珍惜自己，尽管我们的生命十分渺小。

　　当我们把目光投放在浩瀚空间，我们远观宇宙的一角，那是银河系，银河系的一角，是太阳系，而承载我们的这个地球，也只是太阳系的一百三十万分之一。这时我们会发现，在宇宙世界里，地球是多么渺小，而在地球里，我们自己是多么渺小，甚至只是渺小里的一粒极小的微尘，但正是因为渺小，才尤显其珍贵，在量子力学中，物质粒子比渺小更小，但所有物质粒子之间的力和相互作用就会改变物质粒子的速度，如果它们被交换的数目不受限，它们就可以引起超强大的力，从某种意义来说，世界正是因为数万亿众小"我"而存在并推动的，如果没有了这一个小我，没有小我的思维和自我的意识，这个宇宙的存在对我们还有什么意义呢？

　　所以三只耳朵的兔子大可不必为多长了一只耳朵而忧伤，也大可不必再为割掉的一只耳朵而沮丧，已经是这样，就让它这样，独立走行于这个世上，特立独行，这个时候，我们在这个世界上得到的就不只是嫌弃与嘲弄，还有欢呼、尊重。只要我们足够坚持，足够自信，就能打败世俗，然后赢它。

著名希腊哲学家伊壁鸠鲁认为：人应该努力追求身体的无痛苦和灵魂的无纷扰。

享受人生，创造快乐，相信自己，只做自己，更好地认识、发现并长久地坚持自己，从而更好地创造生命的意义，创造和享受生活的快乐与幸福。

我们每个人未必都要去开创英雄式篇章，但至少可以秉持这样的态度，正如中国儒家学说的"入世"哲学一样，孔子说"未知生，焉知死"，我们应努力去弄明白应该怎样"生"，怎样"尽人事"，怎样努力去"立功、立言、立德"……想明白了，践行过了，虽然每一个人都有必死的一刻，但物质死了，精神不朽，品德、著述、功业转化为财富，永驻人世，并惠泽、影响后世，这样的话，我们能不能拿到或拥抱到财富，还有所谓吗？

沏茶有术

中国人沏茶，冲七分满就行了，杯满则溢，这对于客人是为不敬，难以下嘴，陷宾客于尴尬。茶道即商道，商道即人道，人道则是一个人修身立业的根本。

古时候有一个自认为造诣很深的游士，听说寺庙里隐着一位德高望重的老禅师，便寻着要去拜访。几经辗转，他寻找到那座庙堂，老禅师的徒弟出来接待他，游士一见是个小和尚出来，很不屑，心想自己也是一个有学问的人了，差一个小和尚出来接客，这分明是怠慢自己。怨形于色，游士的举止神态就流露出一些傲慢来……后来老禅师走了出来，恭敬地将游士让进禅房，亲手为他沏茶，冲茶的时候，老禅师把着壶一直往杯子里注水，眼见杯子已经满了，仍不停地往里注水，茶水溢了出来，流到茶几上，漫到了地板上。游士大惑不解，进身问老禅师："大师，杯子已经满了，为啥还要往里倒呢？"老禅师说："是啊，既然已经满了，干吗还要往里倒呢？"游士顿悟，正身叩首，谢过大师，小心退下。

"月盈则亏，水满则溢。"宇宙中最深刻的道理，即以最平常的形式存在于我们举头可望、低头可见的地方，举头可见，视而不见，见而不思，思而不省，妄自尊大，志得意满，这样的人，心里又怎么能够盛得下更新的东西呢？

老禅师往满杯里不停地倒水，意思已经十分明白了，一个人只有虚怀若谷，才能够海纳百川，既然你已经很有学问了，已经满杯，说明你没有空间，容不下老僧为你所沏的新茶，你心里已经容纳不下新的学问，又干吗还要跑到我这里来讨教呢？游士是聪明之人，在大师的沏茶之中，他已经悟到了一个人生命中最好的学问。老禅师往满杯里不停地加水，是教给他一个人必须力戒自满，应该常怀一种空杯心态。

大道若简，大师并不以高深的说教来教训那个自满的游士，而是以礼宾之茶晓谕他，游士不得不心服口服，叩首谢过，小心翼翼退了下去。在一个人一生的学习、创业、升迁和打拼的过程之中，当自满之心开始滋生的时候，狂妄自大随之衍生，命运也就开始逆转。

《三国演义》中的袁术，原本公相世家，偶得传国玉玺，便迫不及待要篡天下，想要做一回天子，招惹得曹操领大军讨伐，继而又被他鄙为"织席编履小辈"的刘备击败，兵尽粮绝，这个公子哥儿还痴梦不醒，咽不下去粗粮，大呼庖子要蜜水止渴，快拿蜜水来……庖子回：只有血水，哪还有蜜水。袁术闻言，大叫一声倒地吐血而亡。

无论身份、地位、势力，袁术都比卖草鞋出身的刘备强大，但刘备做人低调，先把徐州城让给强人吕布，自己甘居城外的小沛，又在生性多疑的曹操面前小心谨慎，敛息噤声，最终养得羽翼丰满，然后做强做大，雄霸一方，与曹操、孙权三足鼎立。袁术心高气傲，年纪不大，出道没几天便损兵折将，气绝而亡，都是与他的骄满有关。

所以杯茶事小，自满事大，一个人不断保持心的空灵，是必胜的前提。

清空之妙

与上同理，一个人如果总把陈茶盛于杯中，那他这个杯子也就永远无法注入新茶。

陈茶白而无味，如果我们懒得把它倾倒干净，就沏不进新茶，不沏新茶，哪来鲜香之气？无鲜香之气，又何以涤荡心灵烦尘、净爽性灵？一个人如果凡尘浊气停滞胸中，时有心堵、淤塞，郁结起不解之虑，盛水之杯就好比人的心，茶杯易碎，人心也易碎，杯碎了，无以盛物，心碎了，无以聚神，一个人心神不宁、魂不守舍，就张皇失措，看不清方向，任何事情都缺少主张，一个人没有主张，缺失了自信，哪来自强，不能自强，焉能自立？所以不时地清空心灵，就是要保持心的更新，保持心的鲜活，保持心的健康，唯有健康、强大的心灵才不至于动辄心碎，心不碎，则神聚，聚精会神，大功告成。

昔年商汤王在他的洗澡盆上刻下箴言："苟日新，日日新，又日新。"他的意思是：如果能够一天新，就应该保持天天新，新了还要更新。商汤王以澡盆铭志，力图更新，所以他在洗澡的时候，既洗外身，更洗内心，内外涤荡，身心舒畅。

中国古人如此看重修身、净心，故国人自古多圣贤。

如今信息管道密布，频率更新频繁，如果我们不及时清理掉内存的垃圾，就会造成淤塞，转瞬之间，新闻成旧闻，垃圾信息蜂拥而至，堆集起来，堵塞住我们的系统，就造成"死机"，造成网速慢死……所以一些系统软件专设一键删除功能，把那些恶评插件、垃圾文件、临时文件、网站存储的无用文件、副本、图像、历史记录、表单数据统统删除，网速就清爽、洗练、快捷许多。

生活中我们往往只重洗身，疏于洗心，每天清除身垢固然重要，而涤荡心垢更重要。内在那些过时陈腐的东西、心灵的杂草、大脑的垃圾，通通洗涤荡净，让身心干净利索，清清爽爽，保持通畅，这是我们每个人每天必须坚持要去做的事情。只有这样，我们才能够抛弃旧的东西，迎取新的东西，与时俱进，不断完善，我们才有信心，才有活力和勇气，坚持完成自己的事业和目标。

2002 年 5 月，哈佛大学校长劳伦斯·萨默斯到北京大学访问，其间他讲了一段自己的亲身经历：有一年，他向学校请三个月假，然后告诉家人，不要问我去什么地方，我每个星期会给家里打个电话，报个平安。

劳伦斯·萨默斯只身一人去了美国南部的乡村，他尝试着去过一种全新的生活。在乡村，他先后到农场去打工，去饭店刷盘子。有一次在田地做工时，他背着老板偷吸了一支烟，然后和工友们聊天，这让他很新鲜，有一种前所未有的愉悦。最有趣的是在一家餐厅刷盘子时，刚干了四个小时，老板就把他叫过来结账。老板对他说："可怜的老头，你刷盘子太慢了，你被解雇了。""可怜的老头"重新回到哈佛，回到自己熟悉的工作环境，一下子觉得过去那些再熟悉不过的东西，陡然变得新鲜起来，有趣起来，工作成为一种全新的享受。三个月的经历像一个淘气孩子的一次恶作剧，新鲜而有趣。更重要的是回到乡土之中，那种朴素的原生状态，就如同儿童眼中的世界，一切都那么新鲜有趣，不知不觉中，那些淤积在心中多年的"垃圾"清理一空。

这个故事告诉我们的就是：每个人都需要定期让自己的心灵复位归零。要时常清空自己，只有清除掉心灵沉淀的积垢，我们才神清气爽，才有新鲜的活力，才能够更好地享受工作与生活。

虔诚的教徒每天忏悔，在主的面前把所有以前做过的错事，把心中隐藏的罪恶、恩怨、悔恨统统倒出来，一番洗心革面，如释重负，当他跨出教堂，就像换了一个人，一切焕然一新，这时候他眼里的世界已经是一个全新的世界。

古人说："周虽旧邦，其命唯新。是故君子无所不用其极。"周朝虽然是老旧的国家，但却禀受新的天命。一个品德高尚的人无处不在追求新的东西，以不断完善自己。

第三节　筑造灵魂

自由之魂

古巴比伦六千年前是当时世界上最富裕繁华的城市。当时的每一个巴比伦人都了解金钱的价值，并懂得如何让自己变得富有。

　　然而据史书载，当时巴比伦并没有很好的天然资源优势，只有土地和人工运河引流的河水。古巴比伦辉煌的历史是靠巴比伦人的智慧和勤劳创造出来的。人定胜天，古巴比伦人充分发挥潜能，不断总结和运用一些简单的致富原则，从而使自己获得财富，保住财富，并使金钱不断升值。

　　在"巴比伦寓言"中记述过一个故事：萨鲁·纳达是巴比伦商界中最受人尊敬的佼佼者之一，衣着体面、意气昂扬，骑着一匹高头大马，带领一支豪华的商队，从大马士革出发……

　　然而商队只是萨鲁财富的九牛一毛，唯一让他忧心的，是跟在他身边的哈丹，这个戴着戒指耳环的年轻人，是他的恩人阿拉德·古拉的孙子，这个小公子哥一心贪恋享受，厌恶工作，萨鲁不知道该怎样唤醒他。商队经过一片水田，水田里几个耕田的农夫，慵懒而老迈，萨鲁对他们似曾相识。已经四十年没有走这条路了，萨鲁终于回想起来，这些农夫正是四十年前的那些农夫……于是那段痛苦的经历被勾了出来，他决定把那一段痛苦的经历讲给哈丹听。

　　萨鲁告诉哈丹：四十年前，因哥哥赌博杀人，父亲为凑钱打官司把他抵押给了一个寡妇，父亲没钱赎他，寡妇一怒之下把他卖给了奴隶贩子，沦为奴隶的他被链子锁着，与"偷羊贼"、"海盗"一起解往巴比伦。当途经这片农田时，这群懒洋洋的农夫嘲笑他们，其中一个农夫脱下破帽子对奴隶们鞠了一躬，大叫："欢迎光临巴比伦，国王的贵宾们！国王正在城墙那边等候着各位大驾光临，为你们大摆宴席，还有泥砖和洋葱汤。"所有农夫开怀大笑。

　　哈丹不明白这些农夫们为什么取笑他们，而且他也不相信像萨鲁这样高贵富有的人会曾经是奴隶。萨鲁对他说："其实任何人都可能发现自己是某种东西的奴隶。"当萨鲁告诉哈丹，他的爷爷——大马士革富商阿拉德也曾经是奴隶时，哈丹简直愤怒得发疯，他说打死他也不相信富豪爷爷曾经是奴隶。但萨鲁告诉他：这是事实。

　　萨鲁接着讲下去：农夫们取笑他们，是因为国王要把这些奴隶们弄去挑砖石修城墙，直到把腰背挑断，但许多奴隶在腰背累断之前就已惨死在工场上。怎样才能逃脱修城墙的命运呢？夜深时，萨鲁问警卫，警卫偷偷告诉他：到了巴比伦，先要上奴隶市场交易，那时你要尽量争取有人买走你，买不走的，就全部送去修城墙。萨鲁牢记警卫的话。

在交易市场，太阳快落山时，萨鲁也没被人买走。正绝望时，一个叫纳纳奈德的面包师过来，询问奴隶们谁会烤面包，萨鲁立刻站了出来说："找一个乐意学做糕饼的人，不是比找一个现成的面包师傅更容易吗？你看看我，年轻力壮，又非常愿意为你工作。请给我一个机会吧，我会尽力为你赚进更多的金银钱财。"萨鲁的主动赢得了纳纳奈德的好感，他把他领走了，萨鲁逃脱了修城墙的命运。萨鲁工作勤奋，潜心学艺，很快学会了烤制糕点，也赢得了主人和另一位女奴的好感。当工作越来越顺手时，萨鲁并没有停下来，他想，中午干完活以后，自己为什么不利用空闲，多烤制一些糕点去卖呢？他把想法告诉主人，主人一听很高兴，答应每卖出一份糕点会分给他 1/4 的钱。萨鲁到街头、赌场、商队、修城墙的工地，所有那些最好卖的地方，他都不辞辛劳赶去，糕点越卖越好。

他开始有了自己的存款，也结识了不少朋友。哈丹的祖父阿拉德就在这时认识了他，阿拉德是个地毯商，经常骑着一匹驮运地毯的驴子，带着一个黑奴进出各个城市，他常来买蛋糕。有一天，阿拉德对他说："小伙子，我喜欢这些蛋糕，但是我更喜欢你以如此良好的经营方式贩卖这些糕点。这样的进取心，将会让你大踏步迈向成功。"这使萨鲁受益终生。

接下来的几个月，萨鲁每天起早贪黑，辛勤地工作，继续赚钱存钱，这时他的腰包开始有些分量了。

工作是他最好的朋友，他因工作而快乐。这期间，他亲眼见到国王如何将一个逃跑的奴隶吊死，又亲眼见了那些"海盗"因反抗被鞭笞至死……他还知道了地毯商阿拉德的身份原来也是一个奴隶，只是阿拉德正以自己的智慧和勤奋，努力争取自由。当他再见阿拉德的时候，阿拉德已经摆脱了巴比伦的奴隶身份，在大马士革获得了自由，并成为大马士革的富商。正当萨鲁充满信心工作并努力攒钱的时候，主人因为赌博输光，把他卖给了另一个叫萨希的奴隶贩子。萨希可不是让他去烤面包，而是让他去沙漠里修运河。

沙漠里一棵树也不长，只有几株灌木，烈日如炙，水袋被晒得滚烫，水根本没办法喝，一排排奴工从天亮到黑夜，不断走下深深的壕沟，挑着沉重的泥土上岸，给奴工吃的食物像猪食一样盛在细长敞口的器槽内，没有帐篷，没有稻草铺的床，如此巨大的工程，哪年哪月才算完呢？

在悲惨境遇中，萨鲁做过几种设想：像偷羊贼那样浑水摸鱼，避免让自己折断脊背，但偷羊贼结局并不妙。他又想到过反抗，但海盗悲惨的结局证明，一个奴隶孤立反抗的结果只有死路一条。正当萨鲁陷入绝望时，有一天，萨希通知他，有一个信使要带走他，信使把他带到新主人的院子，一个人从屋里走出来拥抱他，萨鲁惊呆了，这个拥抱他的新主人就是哈丹的祖父阿拉德，他没有忘记那个勤奋工作卖糕点的奴隶朋友，他自由以后，成了富商，花大钱为萨鲁赎了身，把他从死亡沙漠里拯救了出来。

萨鲁眼眶里噙着泪水对哈丹说："你要知道，我那时认为自己真是全巴比伦最幸运的人了。"他告诉年轻人："你看，辛勤工作就是这样，每当我最凄惨的时候，它总是像精灵一样适时出现，证明它是我最要好的朋友。我乐意工作的心态和行动，使我能逃过被卖去修筑城墙的苦奴命运。同样，我的辛勤工作使你祖父对我印象深刻，他解救了我，并挑选我做了他的生意伙伴。" 哈丹眼睛一亮，问道："难道辛勤工作也是我祖父致富的秘诀吗？"萨鲁肃然回答："辛勤工作是他唯一的致富秘诀。你祖父非常勤奋并且享受工作，诸神都很惠顾他的勤勉努力，也给了他慷慨的报偿。"

萨鲁指着那些农人："看那些懒散的农人，四十年前，当他们嘲笑我们的时候，我那时多想成为他们那样的人啊。可如今看看，四十年前他们这样，四十年后他们依然这样。近半个世纪，他们的命运因为慵懒而没有丝毫改变。"

梅吉多哲学

梅吉多是萨鲁的奴隶朋友。在同萨鲁一起被解往巴比伦的路上，他以自己的人生哲学影响并照亮萨鲁的一生。

当奴隶队伍途经农田，种田的农夫嘲笑他们时，同萨鲁被链在一起的梅吉多并没有自卑，而是反过来嘲笑农夫草率地对待工作，他对萨鲁说："看看那群懒惰的农夫吧，他们的手根本没有握紧犁把，应该把地耕得更深一些，那个鞭打牛的人，也没有让牛用力气把地耕深一些，不耕深一些，怎能期待有好收成呢？"

当萨鲁问海盗："那些农夫说，国王正等着在城墙那边宴请我们是什么意思呢？"海盗回答："就是到城墙那边挑砖块，挑到你的腰背折断为止。也许在你折断腰背之前，早就被国王的部下打死了。我绝对不会让他们打我，我会跟他们拼。"

梅吉多反驳他，一本正经地说："我并不认为做主人的会把愿意辛勤工作的奴隶打死。"偷羊贼萨巴多愤愤不平："有谁辛勤工作了呢？那些看上去辛勤工作的农夫，其实都是些明哲保身的家伙，他们才不会把自己的脊背给弄断哩。他们只是装出一副很辛勤的样子，实际上也是能混就混罢了。"梅吉多立刻抗议："你根本不应该混事和偷懒，假如你犁了一公顷田，主人会知道你今天做得非常好，但是假如你只犁了半公顷，那明显就是在偷懒。我喜欢工作，喜欢把工作做得很好，因为工作是我最好的朋友。"

第二天他们被送到奴隶市场交易，买主还没有挨近时，梅吉多便热切地告诉萨鲁："工作对我们的未来是多么重要。"他安慰萨鲁说："有些人讨厌工作，把工作当成敌人。但是你不要在意工作的辛苦和艰难。当你想到自己已经盖了一幢多么漂亮的房子时，你又怎么会在意当初搬运那些栋梁有多沉重、为了混合泥灰挑那些水回来有多遥远呢？答应我，小伙子，假如你被买走，你就尽心尽力为你的主人工作。假如他一点也不感激和欣赏你的辛劳，你也不要介意。记住你只管把工作做好，并且协助其他人做好他们的工作，这样你便会成为更出色和更幸运的人。"

告诉了萨鲁这些，梅吉多不再多说话，他开始关注那些买主。当一位粗壮的农夫来到围栏前，仔细地打量着他时，梅吉多主动询问农夫，有关他的农田、他的收成等事宜，他显得内行、自信、主动，了解完农夫的田地、收成，立刻毛遂自荐，说服农夫买下他。农夫这时要定了他，在与奴隶贩子几经讨价还价后，从袍子里拿出钱袋，付了钱，带走了梅吉多。

后来有一天，萨鲁在大街上巧遇梅吉多，这令他喜出望外。这时梅吉多已做了工头，带着三只驮运蔬菜的驴子来到市场，梅吉多对萨鲁说："我把工作做得非常好，主人也非常赏识我，我现在已经是个工头了。你看，他把重任托付给我，负责将蔬菜带到市场来卖，他还会派人将我的家人带来与我团聚。辛勤工作已帮助我从过去的困境中慢慢走出来了。总有一天，工作将帮助我赎回我的自由，并且使我再度拥有自己的财产。"

而让萨鲁永远不会忘记的，是他最后一次遇见梅吉多的情景。那时梅吉多的双手因为辛勤工作，长满了厚厚的老茧，但是他的心情总是显得非常轻快，脸上洋溢着希望和幸福的表情。这是梅吉多式的表情。

梅吉多的人生哲学即：辛勤工作，工作是他最好的朋友。

这影响着萨鲁，萨鲁因而成为古巴比伦的富商。

对自己残酷点

作家路遥说：人有时要对自己残酷一点。

他在写作长篇巨著《平凡的世界》时在随笔中这样写道：应该认识到，如果不能重新投入严峻的牛马般的劳动，无论作为作家还是一个人，你真正的生命也就将终结……这是他创作这部作品过程的真实写照。

那个时期他每天的早晨是从中午开始的。通常情况下，他都是凌晨2~3点左右睡觉，有时要到4~5点才能睡觉，有时则要工作到天亮才睡，在吃午饭前的一个钟头左右，他从睡梦中醒来，于是起床开始一天的工作，早晨，他先用一盆热水好好洗一洗脸，然后喝一杯浓浓的咖啡，以证明自己同别人一样拥有一个真正的早晨，然后咖啡让他彻底清醒过来。

午饭过后（对他来说是早饭过后），他几乎立刻扑到桌面开始工作，他从来没有午休习惯，整个下午正是他工作的最佳时间，除了上厕所，他几乎头也不抬地伏在桌面上，这样埋头工作，直到晚饭时间来临，他仍会沉浸在下午的工作之中。

晚饭后的一段时间，是他一天中最轻松悠闲的时光，大约有一两个小时，他会用来看新闻、读报、会友人。临近午夜，当人们又一次进入梦乡的时候，他的思绪再一次活跃起来，如果下午没有完成当天的工作任务，他一定要重新伏案工作，直至完成。然后或进入阅读，或详尽列出明天的工作内容，整理全书各种各样的问题，那些无穷无尽的问题不断地往外涌，像水一样淌出，他随手将它们记在纸上、笔记本上，以备后来整理。这时候他的思绪通常会离开作品，离开眼前的现实，穿过深沉寂静的夜空，穿过时间隧道漫无边际地向四面八方流淌。

在睡觉前他必须阅读，直到睡着以后，书卷自手中脱落。然后第二天午间再次醒来，又是一个新的早晨。

他也曾有过极度的寂寞、孤独，甚至恐惧，痛不欲生，很多时候他不可名状地忧伤，渴望友人突然来访，以致在午夜突然起身，信步走到车站去迎接臆想中的友人，一个人在空荡荡的车站，在料峭的寒风中悲伤而惆怅，他悄然伸手抹去眼角冰凉的泪滴……

但他咬牙坚持着，辛勤地工作着。

他渴望日出，渴望温暖，渴望阳光。

在日复一日的忙碌工作中，他说他曾经有过的最大渴望就是能够走到院子里去晒一晒太阳，一个人沐浴在温暖的阳光中是快乐的，一个人在阳光下的工作是庄严的。

每个人都在阳光下庄严地工作，包括父亲，包括春天播撒种子的农民。《平凡的世界》描写的是平凡世界的平凡人生，路遥用生命写成了它，但那已经不属于他个人，它属于社会，属于人类，只有工作与辛劳属于他，劳动属于他，孤寂属于他。

那些心灵的独白、隐忍，思维的放射，对宇宙的仰望、叩问，对生命的忘我扑入、狂热、无悔无归，超乎所有财富的意义，那是他用生命铸就的丰碑。

财富在瞬息之间是可以消失的，田园日久也可以烂掉，楼阁也将在风雨飘摇中坍塌，而丰碑不朽。

时间不等我们

马可·奥勒留说："抓紧时间去考虑你自己的支配能力，宇宙的支配能力和邻人的支配能力……因为上帝给我们的时间并不多。所以我们不能容忍自己有太多的犹豫和懈怠。踌躇不前，定会让我们渐失一种能力，那种支配的能力。"

他认为一个人做适合于自己做的工作对他来说就是满足。

美国故事片《奔腾年代》中那匹叫"海饼干"的小马，虽然矮小却永不放弃，它的口号就是：因为很矮小，所以勇往直前。它的主人望着它不知疲倦地奔跑的身影感慨地说："当一个小家伙不认为自己小的时候就能做出大事情。"

一个人不以小不为，不以烦琐冗长不为，埋头一直辛勤工作，不停地奔跑，一直地往前、往前……如果致富与成功真有所谓秘诀，这就是其中之一。

在无限大的宇宙之中，生命将一直延续，但个体生命不能，我们个体的生命是有限的。

比尔·布莱森在他撰写的《万物简史》一书中说："一个寿命很长的人也总共只活大约65万个小时。而当那个不太遥远的终结点或沿途某个别的终结点飞快地出现在你眼前的时候，你的原子们将宣告你生命的结束，然后散伙，悄然离去成为别的东西。你也就到此为止。"

所以在我们有限的生命中，勤勉劳作其实就是在延增我们生命的厚度和长度，如果可以，我们不妨每天告诫自己：抓住今天，也就是眼前的时间做我们想做的事情。

没人会推着你走

"在我们朝着自己目标进发的行程中，没有人会弯下身来在背后推着我们向前走"。

这是史蒂芬·柯维告诫我们的"金语"。

史蒂芬·柯维是富兰克林柯维公司（Franklin Covey）的联合主席，是世界 500 强企业众望所归的新智慧学家，也是美国家喻户晓的启蒙家，被美国《时代周刊》誉为"思想巨匠"、"人类潜能的导师"和影响美国历史进程的25 位人物之一。

富兰克林柯维公司善于通过使用先进的培训方法和系统，以帮助个人和组织提高效能，其最著名的课程《高效能人士的七个习惯》即源于史蒂芬·柯维的同名著作。史蒂芬这本书在全球销量超亿册，几乎覆盖了所有的美国成年人，是美国成年人中最具影响力的书。它也因此成为美国各公司员工、美国政府机关公务人员、美国军队官兵的装备书……

别指望谁能推着你走

如果你不向前走，谁又会推你走呢？

因此，积极主动的态度，是实现个人愿景的原则。我们经常会这样说："我不会，因为遗传……""我迟到，因为……""我的计划没完成，因为……"我们总是在找借口或是抱怨，在不满中消耗自己的生命。

而人类与动物的区别正是：人能主动积极地创造、实现梦想，来提升我们的生命品质。

忠诚于自己的人生计划

我们经常在人生的道路上迷失方向，因徘徊和迷途消耗了生命。

而高效能的人懂得设计自己的未来。他们认真地计划自己要成为什么人，想做些什么，要拥有什么，并且清晰明确地写出，以此作为决策指导。因此，"以终为始" 是实现自我领导的原则。这将确保自己的行为与目标保持一致，并不受其他人或外界环境的影响。

我们将这个书面计划称为"使命宣言"。

选择不做什么更难

每个人的时间都是有限的。

所以要做重要的事。即你觉得有价值并对你的生命价值、最高目标具有贡献的事情。要少做紧急的事，也就是你或别人认为需要立刻解决的事。

消防队的最大贡献应是做好防火工作，而不只是忙于到处救火。

远离角斗场的时代

懂得利人利己的人，把生活看作一个合作的舞台，而不是角斗场。

一般人遇事多用二分法：非强即弱，非胜即败。其实，世界给了每个人足够的立足空间，他人之得并非自己之失。因此，"双赢思维"成为人们运用于人际领导的原则。

换位思考的沟通

培养设身处地的"换位沟通"习惯。

欲求别人的理解，首先要理解对方。人人都希望被了解，也急于表达，却常常疏于倾听。众所周知，有效的倾听不仅可以获取广泛的准确信息，还有助于双方情感的积累。

当我们的修养到了能把握自己、保持心态平和、能抵御外界干扰和博采众家之言时，我们的人际关系也就上了一个台阶。

1+1 可以大于 2

集思广益的合作威力无比。

许多自然现象显示：全体大于部分的总和。不同植物生长在一起，根部会相互缠绕，土质会因此改善，植物比单独生长更为茂盛。两块砖头所能承受的力量大于单独承受力的总和。这些原理也同样适用于人，但也有例外。

只有当人人都敞开胸怀，以接纳的心态尊重差异时，才能众志成城。

过着身心平衡的生活

身心和意志是我们达成目标的基础。

所以有规律地锻炼身心，将使我们能够接受更大的挑战。静思内省，将使我们的直觉变得越来越敏感。当我们平衡地在这两方面改善时，则加强了所有习惯的效能。这样我们将成长、变化，并最终走向成功。

以上这些习惯是相辅相成的。

前三个习惯在于我们本身，确立目标就要全力以赴，着重于如何进行个人修炼，从依赖转向独立，实现"个人成功"。后面的几个习惯即建立共赢、换位沟通、集思广益，这都将促进团队沟通与合作。而最后一个习惯涵盖了前六个，它督促我们从身心开始完善。通过培养这些习惯，我们可以循序渐进地获得实质性的变革，成为真正的高效能人士。

人生最值得投资的就是磨炼自己。

因为生活与工作都要靠自己，因此自己才是最终最值得珍爱的财富。工作本身并不能给人带来经济上的安全感，而一个人具备良好的思考、学习、创造与适应能力，才能使自己立于不败之地。一个人拥有财富并不代表他拥有永远的经济保障。一个人拥有创造财富的能力才真正可靠。

第四节　灵魂的予取

把勺子伸出去

现在说一个老命题：把勺子伸出去。

我们先用一幅漫画来勾勒出某些时候我们自己的样子：叉开双脚立着，双手高举，一手抓着一只耙子，一手捏着一把勺子，通常我们会伸出右手的耙子去拼命捞，干的、稠的、一切我们认为对自己有价值意义的东西，而这时候我们往往忘掉了另一只手，忘了把另一只手里的勺子伸出去。

现在我们来重复那个老故事：有一个人来到上帝那里，要和上帝讨论天堂和地狱的问题，上帝领着那个人说一起去看看到底什么是地狱。他们走进一个房间，于是他们看到一大群人围着一大锅肉汤，但每个人都营养不良、饥饿、绝望。原来他们手里拿着的汤勺柄比他们的手臂长，他们没有办法把汤送到自己的嘴里。

上帝又让那个人去看看什么是天堂。这个房间里的一切都和上面那个房间一模一样，还是一群人、一锅汤、一样的长柄汤勺，唯一不同的是大家都在快乐地歌唱，结果大家都知道他们在干什么：在天堂里大家都在喂别人，而在地狱那边他们只喂自己。

看到这个故事我们情不自禁想到，最早编这个故事的人颇动了一些脑筋，智慧且善意，他想借上帝之口启悟世人：帮助别人，别人也会来帮助你，大家都相互帮助，人世间就会变成天堂。

然而道理已经被反复讲过，似乎很普通，不再新鲜深奥，不再振聋发聩，但我们还是提醒一下：即便那个颇具高深智慧或拥有巨大财富的商界大佬，在"伸勺子"的问题上也会有绊跤的时候。我们自己也未必做得到、做得好。

我们转述一条过往的消息：新华网北京（2010年）2月1日电：全世界最富有的专职慈善家、前微软公司首席执行官比尔·盖茨日前表示，他将在中国发起一项活动，鼓励那些最富有的中国人从事慈善义举……

比尔·盖茨为何跑到中国来鼓励中国人从事慈善义举？中国人难道没有善心吗？中国的那些富商、富豪们难道没有把他们的勺子伸出去吗？

据法新社报道，比尔·盖茨在瑞士达沃斯世界经济论坛的记者招待会上说："我肯定会去那里，一些中国人成为成功人士，在我看来是振奋人心的消息。但中国会不会像美国一样，有许多富人把自己的财富和时间奉献给那些最需要帮助的人和事业，这还有待观察。"比尔·盖茨果然对中国富豪们的慈善义举持保守的看法。

但我们真的不能埋怨他。

2008年，没有什么比中国汶川大地震更大、更需要救援和帮助的事，可就在四川汶川大地震的"捐款门"事件中，中国企业家们却在"伸出勺子"的问题上广受社会的争议。中国"万科的LOGO"王石先生（一个至今仍令我们尊敬的企业家）在这个伸勺子的时候，首先陷入"负担门"风波，王石说："企业给地震捐200万元是合适的"、"慈善不能成为企业负担"，王石在博客中的理性言论引发了他个人信誉最大的次生灾害，他健康、公益、富有责任心的形象因此受到公众质疑，连带他的一些业绩受损、股票下跌。

王石喜好登山，曾征服过不少山峰，但网友们"不管你征服多少座高峰，你的心灵却高不过一座坟头"的批评让他缄默。当然，王石很快做出正面反应，他出现在灾区现场，身体力行地去救助灾民，去感受灾难，在废墟与死亡之地洗练自己的灵魂，现场所有一切，触目惊心，这触及到他内心的痛。

善举是一种诚意，是纯心灵的问题。

善举绝对不等同于工程预算和商业投入，它测检一个人灵魂的纯度与洁度，而不以数学、公式、程式、报表的形式计算某种量度和刻度，尽管当我们伸勺子的时候，我们的灵魂是笃定的，但纯商人理念的声音却使它改变了意义。在伸出勺子的时候，企业家在非常不合适的时间表达非常理性的慈善理念，无论你内心认为自己有多么理性或多么正确，它都触及到了公众主流价值的底线。

时隔七年，2015 年某一天，王石再次被记者问到这件事情时回答说："隔着时间去看越看越淡。我遇到那种情况，压力非常大，负面舆论大，心里想不通。但现在再回过头看，那个事反而比较简单。既然做公益，本身被误解，不被接受，这很正常。当然当时不会这么想，只能事后来看……"

王石谈到自己的体会时说："我去金沙江漂流，有一个非常深的体会。金沙江是长江的一个支流，漂流又是在悬崖峭壁之间，我发现一种现象，峭壁上都是一股股涓涓流水，你会感觉到，滔滔长江、金沙江就是涓涓细流汇合而成的。我们每个人就是一股涓涓细流，如何让社会更美好一些，我们是抱怨呢？是等着政府来决定、来改变呢？还是首先从我们自己做起？如果每个人都从自己做起，社会自然就改变了。这么多年，我终于找到了做这些事情的感觉。能力有大小，你尽自己的能力，你是企业家当然要尽企业家的能力。这就是我自己应该扮演的角色，不要更多地想着这是别人应该做的。这是我最大的体会。"

再回到"天堂与地狱"的故事，故事本身蕴含的既朴素又简单的道理，让我们最精明智慧的企业家为之困扰并付出代价，七年过去，反思证其智慧，是值得的。

比尔·盖茨要来中国就没有什么可奇怪的，他表示将发起一项活动，鼓励那些最富有的中国人从事慈善义举，他有资格这样做。从纯商营角度看，一个人将欲取之，必先予之，先给予别人，然后才能得到回馈，不图小利，然后才可能获大利。

《管子》说"明白给予就是获取的道理，是为政的法宝"。

这个世界谁的手里都握着一把勺子，问题在于当我们把勺子伸向别人的时候，能够做到纯粹、自然、不动声色吗？相信在我们有所需求时也会有勺子伸过来，即便没有，也不改初衷。

营造"江湖"

什么是"江湖"？

尸佼说："鱼失水则死，水失鱼犹为水也。"尸佼告诉我们一个很简单的道理：从古至今，无论圣人、统治者、富豪、老板乃至所有人都是游在水中的鱼，鱼没了水，必死无疑，而水没有了鱼，依然是水。

那片育养并保护我们性命的"水域"，就是"江湖"。所以无论我们是一条已经长成的大鱼，还是正在成长中的小鱼，我们都应该懂得"江湖"对我们意味着什么。我们的祖先多少代人都灰飞烟灭了，江湖却依然存在，我们打造、呵护、营运它，是因为它滋养过我们的前世今生，它越是深阔，水质越好，供我们游走与驰骋的空间就越大，我们生命的质感就越强，反之水枯鱼亡，无论你曾经多么强大，成长的环境没有水了，你挣扎不了几下，就会变成"鱼干"。

笔者曾在《商界》杂志读到一个故事，它以不同结局的两种版本简明告诉我们"江湖"蕴含的意义。

第一种版本：有一个地方发现了金矿，富人投资建起矿场，雇100个工人，年获利1000万元。富人把获利的50%作为工人工资，每一名工人年收入5万元，工人们拿1万元租房，剩余4万元消费并成家立业，富人手里还剩500万元用作再投资。因为工人手里有余钱，成家也要买房子，富人就用手里的钱盖房，或租，或售，接下来工人还要吃喝、娱乐，富人开了饭馆、咖啡厅、影视娱乐厅等，而这些产业又需要服务人员，于是工人们的新婚妻子就有了就业机会。

几年后这里出现了100个家庭，会有100个甚至更多的孩子，于是又有人来办起学校。富人依靠工人赚钱，又以工资的形式把获利的50%分配给工人，再以服务的形式赚回工人的钱，工人家属则又以就业的方式赚回富人赚走的钱，互惠互利，50 年后金矿即将开采完，而这里已经发展起来一座颇具规模的繁荣城市。

第二种版本：同样是一个地方发现了金矿，富人来这里开矿，他同样雇了 100 个工人，同样每年获利 1000 万元，但他只把获利的 10% 用来作为工人工资，工人每年挣 1 万元，这些钱只能够供他们填饱肚子，没有钱消费、租房、买房、娶老婆，只能临时挤住遮风挡雨的工棚。

富人年赚 900 万元，他一看眼前满地都是穷人，矿区也一片荒凉，没有再投资的需求，于是把钱转到了国外。富人在当地盖了自己的豪华别墅，因工人赤贫致生存环境恶化，富人必须花重金雇保镖，每天担心小命不保……50 年后矿挖完了，这里满目疮痍，富人卷款走了，工人们失业流亡，男沦为盗，女沦为娼。

这个故事以不同结局向我们提出一个问题：湖之不存，鱼将焉附。一个抱住财富的人是否拥有自己的"江湖"？一个人行走别人的"江湖"与打造自己的"江湖"有什么不同？这是一个今天我们应该怎样认识财富、分配财富、使用财富而引发的问题。中国古人认为：把爱分与天下者为仁，把财富施与天下者为义，忧天下之忧者为智，诺天下之诺者为信。

那么天下是什么呢？天下不就是我们的"江湖"吗？一个崇尚"仁义智信"的人，他一定懂得怎样营造和保护好自己的"江湖"。尸佼说"民为邦本"、"天子忘民则灭，诸侯忘民则亡"。贵为天子者，如果要保住自己的王位，绝不能够忘民，卿相公侯们要保住自己的小命，同样不能够忘掉自己的民本——"江湖"。

尸佼把这个"民"看得如此重要，因为"民"就是百姓，就是民心，而民心即天下，天下即"江湖"。

让花开在心上

中国西域秘境新疆境内有一座湖——赛里木湖。

云影日光下，赛里木湖碧绿、幽深、静谧、神奇，当地人称它为圣湖。圣湖南岸坡上有一片绿茵草地，草地后种着一片松林，每年 6 月上旬，这片草坡上就开满金色的小黄花，它们映衬在明媚的阳光之下，与白云、蓝天、松林、碧水相映生辉，让人迷恋而陶醉。

如果这个时候恰巧我们有机缘躺在那片草坡上，在花草丛中沐浴着暖暖的阳光，然后闭上眼睛，细细体味，我们的心中会慢慢升腾起一种奇妙的感觉：轻风微醉，朵朵小花，犹在心上，它们似乎纯粹是在为我们而绽放，因为我们醉迷这一片小花，它在我们心的深处一直这样浅浅地开放……

但要义是：你必须心中有花。只有一个爱花、痴花、心中有花的人，才能够永远花驻心间。

这不是玩什么小资，那是我们心的育养与润泽。

财富也是这样，它就像我们一直精心培育的花圃园艺。我们曾经为这座园圃投入得太多：时间、金钱、精力、汗水乃至生命。我们无休止地劳作、修整、除草、防病虫害，忍辱负重，忍饥挨饿，它是在我们如此辛苦地精心照料之下，才能欣欣向荣地绽放出来的财富之花，如今这一份欣欣向荣正与我们的付出相辉映，这时候我们要做的是什么呢？是如何放大它，如何将这份荣耀和尊荣放到更大、惠及更多，惠施的原意就是分享，也许那些分享的人与此完全没有关系，但他们会像我们享受到圣湖边上自然或上帝恩赐的青草鲜花一样，纯粹为爱而感动、沉醉，这时候你的尊荣与荣耀便具有了更广大的意义和价值。

每当除夕之夜新年的钟声响过，我们会站上阳台，环望四周璀璨绚烂的夜城，所有目之所及的地方，都燃放起五彩缤纷的烟花，热烈喜庆的节日气氛包裹着我们，这时我们的心情难以言表，有些事我们根本不需要参与，不需要走下楼去，不需要去亲自燃放，所有的烟花似乎都是为我们而绽放，满城共庆，天下共享，执手与否已经无关紧要，快乐、感慨，一切原本盛于心中，只需我们用心去体悟就行了……如果你培育并关爱着生活中的某些事情，作为回报，生活会为你创造更多美好的东西。

财富人生中真正的富豪大多知道金钱的力量。

他们在财富原始积累的过程之中不会忽略一元钱、一角钱、一分钱的力量，他们会精心计算：这一元钱、一角钱、一分钱如何能够衍生出上千、上万、百万、千万乃至上亿财富……所以我们会发现富豪们把自己手里的每一分钱都呵护得非常仔细，爱它，如若爱心中呵护之花。

富豪们认为：必须非常善于控制流入生活中的钱财。因为最终这些小钱将会累加，将很有可能使自己财源滚滚，也将成为自己日后回馈捐赠社会的一大笔财富。如果现在不去珍惜，不认真去做，那么最终就没有什么可以付出，也就没有任何途径去造福后人。正是基于这样的理念，他们才在创业之中惜钱如命，而在慈善捐献的义举之中却视钱如花，毫不吝啬，与人分享。那些择时出手、毫不犹豫，且一出手就是百万、千万、上亿的财富大佬们，为什么从不吝惜他们用辛勤换来的成果呢？

有一种物理现象，水降到摄氏零度以下时结冰。

这是一般人们对钱的态度，一般人们对钱都非常谨慎，抓得非常牢，但真正的富豪不这样，他们不是封住让其凝固，而是放手让钱散开、流动，当他们把钱放送出去时，"冰"就开始松动，继而渐变成液状，铺开的面就更加广大，如果释出的不断增大增多，弥漫开去会变成蒸气，扩大到云层空间，这些沉浮于空间的水气在大气中形成孤立积云或层状云，其中孤立积云的降水概率及量要微小许多，而层状云通过云与云层间的相互作用，其降雨量可以增大几倍甚至几十倍，当某一天财富世界为我们降下一大片甘霖的时候，那不算什么，因为它一定是我们此前长久释出累加的作用结果。

《旧约·启示录》说："丰富尊荣在我，恒久之财并公义也在我。好施舍的，必得丰裕；滋润人的，必得滋润。"上帝告诫世人："我必赐福于你，你也要叫别人得福。你若有行善的力量，不可推辞，就当向那应得的人施行。"只有这样，你才可以"坦然行路，不至于碰脚；你躺下，不必惧怕；你躺卧，睡得香甜"。

真正的富豪懂得通过付出把这个世界装扮得更加美好，他们不仅付出个人的财富，还有时间、精力、精神、观念……他们把自己的经历、经验、感觉、信心、智慧、勇气和目标与人分享，以此激励别人，大家一起在路上，一起努力，他们深知这样付出是值得的，是明智的，所以他们不求回报，但回报往往超乎想象。

随着精神层面的不断提升，富豪的行动与思维更加积极纯熟，一种美满人生的感觉会使他愈加自信，人生的目标感越来越强，越来越清晰，接下来别人会为他卓尔不群的个性魅力所吸引。

这就是光环效应：照耀别人，也照亮自己。

唯灵魂不朽

在 2012 年的全球金融危机冲击面前，一些富豪开始反思，他们开始寻求危机背后蕴藏的智慧和奥秘。

SOHO 中国董事长潘石屹在自己的博文中这样写道："这是一个我们几乎每天都会遇到的问题：这场经济危机什么时候才能过去？发生的原因是什么？普通人的智慧和洞察力是有限的，这些危机背后到底蕴藏着什么样的智慧和奥秘，我对此问题也是诚惶诚恐……只能在静思中祈祷，翻开先辈、智者的著作，在其中寻找答案，关于人的精神生命是永恒的，灵魂的不朽成为了一切问题的焦点。"

潘石屹认为当前有一种令人忧虑的现象即"人生最悲哀的事是人死了钱还没有花完"。这句话成为当下大家的一句口头禅，如果大家都抱着这样的认识，做任何事就会没有道德底线、没有原则。

事实上谁在为"人死了钱还没有花完"悲哀呢？是那些有钱的富人，还是那些自私唯我的、可怜的"守财奴"呢？潘石屹在圣贤与智慧书中寻找到的终极答案是："无数的圣贤、智者告诉我们：事实绝非如此。灵魂是永恒的，是不朽的。"他认知的关键词是"灵魂"与"不朽"，唯有灵魂永恒不朽。

当一些苦思冥想的富商们从圣贤和智者的著述中获得些许启悟时，那些貌似"傻博"的人却一直在付诸行动。

2008 年"福布斯中国富豪榜"排名 53 位的"福耀玻璃"董事长曹德旺日前宣布，将曹氏家族持有的"福耀玻璃"股份的 70%用来成立慈善基金。按该股当时的收盘价计算，股份现值达 43.8 亿元，这是迄今为止中国最大的一件个人善举。《福布斯》创始人胡润说："这并不意外，曹德旺一直有意捐赠他所持的股份，若最终成行，他将成为中国最慷慨的慈善富豪。"

捐出曹氏家族 70% 的财产，同样有人在网上提出质疑。曹德旺回应说："我捐的还不够，最后我都会捐出去，不留下一分钱。"他的用意十分简单：首先，他并不认为自己是站在道德的高点；其次，他不会因为"人死了钱还没有花完"而"悲哀"。他在回答媒体提问时说："参加各种慈善活动只是作为一个人最起码的道德而已。"布施在他的眼里只是基准，是一个人为人处世最基本的行为标准，在他看来：人人都会这么做。这是一个最简单不过的道理。

以"济世为怀"为祖训的凉茶王老吉集团，在汶川地震中捐出 1 亿元时引起较大反响。同样是民营企业，集团善举的初衷只是"尽一个企业公民应尽的社会责任，发自内心地希望能够帮助受灾的人"。

但网友们的回报却让人始料未及，他们喊出口号："封杀"王老吉，买光超市所有王老吉，出一罐，买一罐（尽管网上认为有炒作之嫌），"王老吉"所有货架上的存货被一扫而光。集团老总陈鸿道是信佛之人，他将佛法精神延伸到企业的管理中来，以济世为怀，而"世"予以他的回报让他始料未及。

另一位在汶川地震灾区捐赠中博得"中国首善"美誉的江苏黄埔董事长陈光标，谈及慈善事业时说："生活在人们心中的慈善家比死在存折上的守财奴更光荣、更伟大。"这是对那些发声"一个人最大的悲哀是人死了钱还没花完"的自作聪明者最好的回应：人不能沦为钱财的奴隶。

相比于世界最大的慈善家比尔·盖茨，中国慈善家们的影响力甚微，但他们同样纯粹。比尔·盖茨因为"财富观"和布施的魅力光芒四射，这使得他更有人格力量，在世界更具影响力。当初他捐出自己全部 580 亿美元的财产，一分钱也不留给子女的时候是出于什么目的吗？他有动机吗？没有，既没有目的，也没有动机，以没有目的为目的，纯粹才是布施的真正魅力。

佛经讲因果关系，比尔·盖茨并没有潜心向佛，他兴许根本就没有研习过佛经，当然也并不深谙"舍得"的妙境，更不会事前先要去弄明白佛经的什么"因果"关系（我们并不以为慈善家们的布施与财富智慧事前都有精密算计又貌似大智若愚，尽管他们的确有佛性、有智慧）。比尔·盖茨这样说：

"一个人带着财产去死是一件可耻的事情，如果把 580 亿美元留给子女自己会遭人唾骂，也害了自己的后代，不如如数捐出回馈社会，自己一身轻松，安享退休生活。"

佛学的智慧境界原本埋存于天下所有人心的深处。比尔·盖茨一向热衷于慈善事业，包括那些世界顶尖富豪们，他们几乎个个热衷捐施，都是慈善大使，他们在善捐义举的"舍与得"中安享人生的成功与乐趣。

美国商界领袖吉姆·罗恩对这个问题的看法是：世界上最大的赚钱秘密就是布施。他说："我们从一开始就要学会慷慨解囊。我一直对人说，在最开始的时候，你可以从 10 美分做起。这样，当你一点点富起来的时候，当你一点点有了钱以后，这部分捐款也会一点点随着增加……如果你学会了慷慨解囊，那我向你保证，你的孩子们也会以你为榜样，从他们赚到的每一块钱当中拿出一毛钱来帮助那些一时无法自助的人。这种付出可以改变人的精神境界。只要你肯慷慨解囊，就会得到回报，这种回报就是获得更强烈的成就感。"

但一般人仍然很难理解"布施"的真正含义。

净空大师说："无量无边的法门，归纳起来就是六度。这六条再要归纳，就是布施一条。"大师以日常生活中的小事为例：一个人心心念念为别人，不为自己，那就是一种布施。所以人人天天都在修布施，天天都在行善道，只是不懂得、不知道而已。譬如早晨起来，你把家人盥洗的东西准备好，早餐、茶都烧好，那便是在布施家人，在广修供养，你的心就会由此生出许多快乐。反之，你认为家人都把你当老妈子、下女和佣人，要你天天去侍候他们，你就这样念头一转，便天天发牢骚、疾愤、不平，痛苦就会不断地跑出来折磨你的内心。

如果一个人一直为他人利益服务，甚至这种善行已经成为他的一种下意识习惯，那么宇宙中蕴藏的某种力量就会汇集到他的身后，形成他的洪流，成就他的大业。

纯洁心灵，做到纯粹。

正如潘石屹博文中写到的：对危机的认识需要智慧，更需要的是纯洁的心和行为，受欲望蒙蔽的眼是看不到这背后的奥秘的，受欲望驱使的心也是无法感受到这奥秘的。潘石屹的思量与省悟是有回报的，它们助他走出危机。

然而很快，省思彻悟的潘石屹即跌入"捐款门"事件。2014 年 7 月，一条潘石屹助学海外的消息出现在 7 月 16 日"SOHO 中国"的官方微博上，微博配图显示，7 月 15 日，张欣（潘石屹夫人）、潘石屹与哈佛大学校长 Drew Faust 在哈佛大学签订"SOHO 中国助学金"协议。潘石屹为哈佛捐款近 1 亿元（人民币），立刻引来质疑：一个赚中国钱的地产大佬为何捐钱给美国？中国没有比哈佛学子更贫穷、更需要救助的学生吗？这对富豪夫妻是以善举之名，用金钱为儿子将来的哈佛之路做铺垫吗？

潘石屹的善举缘何会引来诟病？他此举的"心和行为"都是鉴于此前"纯洁的、不受欲望蒙蔽"的慧知与顿悟吗？我们当然不可以随意去揣度一个人或一件事。

心灵纯洁，始能明鉴。

一个人只有对他所做的事情问心无愧，其心笃定，平静的心灵才无所畏惧外界的任何干扰与侵袭。

一个人在物质世界的一切都是现世、矫虚与过往，只有纯洁的灵魂永恒不朽。

第五节　灵魂的守护

我们的唯一

我们的唯一，绝不等同于西方的上帝唯一。

一个聪明的商家，他懂得在先贤和智者的著述中去寻找启智的慧灵。但我们的体悟理解，很多时候却很难逾越先人。例如关于"一"的解释，我们在《辞海》里能找到八种之多，在《辞源》里有十三种之多。中国古人对于"一"的用法和关于"一"的词组，则更是变幻无穷，诸如量词中的"一万、一亿、一兆"等；动词前缀的"一挥而就、一掷千金、一拍即合、一马当先"等；意同于一的"一生平安、一冬一春、一江春水"等；用作专一的"一心一意、一往无前、一如既往"等……还有更多作为助词、介词，前后诸多运用。但《辞源》、《辞海》、《辞典》等古籍大典有关对"一"的各种解析，都不能透彻而准确地阐释老子《道德经》中"一"所包含的哲学意义。

老子《道德经》说："昔之得一者：天得一以清，地得一以宁，神得一以灵，谷得一以盈，万物得一以生，侯王得一以为天下正。"

"其致之也，谓天无以清，将恐裂；地无以宁，将恐废；神无以灵，将恐歇；谷无以盈，将恐竭；万物无以生，将恐灭；侯王无以正，将恐蹶。"

"故贵以贱为本，高以下为基。是以侯王自称孤、寡、不谷。此非以贱为本邪？非乎！故致誉无誉。是故不欲珠珠如玉，珞珞如石。"

老子在这里用三段话，讲了三层意思：

第一层说："一"就是隐形在宇宙万物中的道，万事万物都要遵道、守道。天得道就变得清明；地得道就趋于宁静；人得道就思维灵敏；谷得道便能丰收；侯王得道就可以天下安定、国泰民安。

第二层说：如果万物不遵道、不守道，那就将是另一种结果。天不能够保持清明；地不能够保持宁静；人的思维也会混乱；五谷不能生长；侯王的王位也将被推翻或颠覆。

第三层说：所以贱是贵的根本，下是高的根基。之所以那些侯王都把自己称孤、称寡，就是在把贱作为贵的根本，把下作为高的根基。当然，侯王们只是在效仿"道"而已，我们真正要做的是不去追求玉的华丽，而是要像石头一般坚实。

老子又说："道生一，一生二，二生三，三生万物。"万物最后仍归于一，一就是道本身。一由道而生，而道则存在于宇宙万物自然运行的变化与规律之中。

古代帝王们称孤道寡，视天下为己有，视己为唯一。他们眼里的一是至尊，是天下根基，也是根本。普通人当然与天下至尊的帝王不同，但每个人也都有自己的祈愿，一个寒门学子想要一飞冲天，他十年寒窗苦读为的就是那一刻金榜题名；一个百姓终日辛苦奔波，他祈求的就是一个平安；一个竞技场上的箭手苦练寒暑，为的就是比赛那一刻扣弦屏息、一箭射中唯一的靶心；无数马拉松选手从出发迈出第一步起，唯一的念头就是想要跑出最好的成绩，第一个到达终点，尽管最后人人都可能到达，但第一只有一个，只有最早抵达者才是唯一，而也只有这个唯一才是这场比赛的胜者。

又譬如我们面临一块高地，登临它需要迈越百级台阶，我们在计算第"一"级台阶时，这个"一"是基数，也是整数；而每一级台阶是个数，也是累数。假如我们要抵达高地之顶，那第一百个台阶就是终阶，是最后一级台阶，我们从"一"迈过了"九十九"，为的就是要踏上这最后的"一"，若是我们不踏上最终极的这个"一"，那我们就前功尽弃，同样如果没有最下层的"一"和由此而上的"九十九"，我们也不可能踏上最后的"一"，也就谈不上达顶。

财富、人生、商场、名利场、竞技场无不如此。所以"一"蕴含着这样无穷尽的奥妙与道理，所谓"一本万利"，其前提首先是初始的"一本"；"一掷千金"的背后必拥万金、千万金、亿万金的势力与张力；一个书法家一笔走龙蛇，画家一笔点江山，后面也都隐伏着一千笔、一万笔的苦练与功底，一个人对一的领悟或践诺需要从一开始，以十分专一的精神、一心一意、一往无前，去接近并抵达。

最后的关键问题是：我们一生追求，一生训练，一生奋斗，却离达顶的那个唯一相差甚远，而唯一能够站上去的，也只有一个人（如帝王只有一个、公司的核心老板只有一个），如果这个人不是我们、轮不到我们怎么办？那我们就选择退守，退守什么呢？灵魂。这个时候守住我们灵魂的那一份安宁，不去强求，不去因嫉恨而导致心的紊乱，尤为重要，因为我们尽了全力。

我们极尽自己的心智体力去做到极致，就是唯一，就是最好。

越不过的鸿沟

经济学家们常说的"马太效应"源自《圣经》里一个故事。

圣经《新约·马太福音》第二十五章记述：主按照仆人的才干分给他们银子，让他们带着银子到天国外面的国家去。主发给了第一个仆人 5000 两银，给了第二个仆人 2000 两银，给第三个仆人 1000 两银。那领 5000 两的，随即拿去做买卖，又另赚了 5000 两；那领 2000 两的，也另赚了 2000 两回来；只有那领 1000 两的人，却去掘开地，把银子埋在了地里。

许久以后，主来同他们算账，赚了 5000 的和赚了 2000 的人，都得到了主的赏赐，并让他们进来一起享受主的快乐。那个把钱埋起来的人，从地里挖出 1000 两银子，请主看他的银子还在这里，主把他的 1000 两银子赏给了那个赚 5000 两银子的人。

主这样对他们说："凡有的，还要加给他，叫他有余；没有的，连他所有的，也要夺过来。"

好的越好，坏的越坏，多的越多，少的越少。这就是我们人类的生存黑洞。它为我们划出一条巨大的不可逾越的鸿沟。

任何个体、群体、地区，一旦在某一方面（如金钱、财富、名誉、地位等）获得成功，就会产生一连串的累积效应，优势多，机会就更多，从而取得的成就也就更大。反之，差的变得越来越差，穷的也变得越来越穷……1973 年，美国科学史研究者莫顿把这种现象命名为"马太效应"。

人类自有史以来，"马太效应"就十分普遍地存在。

在学界它经常为经济学家们所借用。因为它揭示了一个不断增长的个人和企业资源的需求原理，反映出"贫者越贫，富者越富，赢家通吃"的现象。这种经济学中收入分配不公的普遍现象，关系和影响到每个人的成功和幸福指数，因此它是影响企业发展和个人成功的一个重要法则。许多年来，经济学家们在各种场合引用并提及它，用它提醒决策者，避免和防止贫富差别过大而带来不利因素和负面影响。因为"赢家通吃"风行天下，很多情况下许多具有才华的商人、企业家、科学家、技术工人被压制埋没。当他们体会到社会环境对他们产生的高压，他们或者忍受痛苦，继续坚持不懈地努力；或者失去对目标的信心，委屈认命，不再向往、追求、奋斗；更有人因此走向极端，用非法途径和手段达到成功的目的。

无论成功者或失败者，"马太效应"都有可能会对他们产生一种很大的刺激作用。《圣经》里说：当人子在他荣耀里，同着众天使降临的时候，要坐在他荣耀的宝座上，万民都要聚集在他面前。就好像牧羊人分辨绵羊和山羊一样，把绵羊比作富人，山羊代表穷人，"绵羊"富裕而幸福，"山羊"贫穷而痛苦……这样的两极划分，泾渭分明。作为贫穷痛苦的"山羊"们，又怎么不想奋身挤进"绵羊"群里去呢？水泊梁山的好汉"路见不平一声吼，该出手时就出手"，以利拳快斧削劈天下不平，他们被"逼"走极端、聚义山头，以此获取强势。这正是对"马太效应"负极的抗争与修正。

无论盛世乱世，人类历史的演进都惊人相似，世界就是这样一个不断重复的循环系统，削去旧的不平，新的不平又会像新笋一样冒出来，周而复始，层出不穷，一次又一次，进入新一轮竞争。

在宇宙的物质世界、生物世界，竞争无处不在。当人类道德与精神被欲望诱惑湮灭，当"丛林法则"在社会的方方面面上下通行致世界变成大大小小的竞技场时，谁又能逃得出这个漩涡呢？在幸福与痛苦的比较场上，谁不想站到上帝的恩宠一边？谁不想做一只"幸福的绵羊"？谁不想坐上"荣耀的宝座"？在生存竞技场中，我们一次次较量，如果不能奋力挤进"绵羊"的群，那就只能在"山羊"的群里混，这是简单的真理……但过程很艰难。期间我们必须以心灵的强大胜于"物质"与"技术"，以"智术"驾驭"板斧"。

对于财富的鸿沟，一匹骁勇的战马跃不过去，而灵魂可以。

我们的灵魂要不断地强力发声：坚信自己，你能够做到，一定要做到。这就是：让好的更好，也让坏的变好，让多的越多，也让少的变多。

黑洞一直"醒"着

黑洞在现代广义相对论中，是宇宙空间内存在的一种超高密度天体。它是由质量巨大的恒星在核聚变反应的燃料耗尽"死亡"后发生引力坍缩产生的。黑洞引力强大，吸纳一切，连垂直表面发射的光都逃不了，它之所以"黑"，就是指任何物质（包括光）一旦掉进去就再也不能逃出来。

前些时候美国 NASA 卫星探测到，在天鹅座附近一个沉睡了 26 年的黑洞醒来了。宇宙的黑洞醒来意味着什么呢？它提示我们：黑洞沉睡是一种假象。

宇宙黑洞睡而复醒，对自然与人类的吉凶祸福我们不得而知，但它对我们的生命给予了另一种提示：黑洞不会沉睡。尤其人类生命的黑洞，它根本就没有沉睡过。人类生命的黑洞每时每刻都对我们构成致命的威胁。它潜伏在我们生命中的每一个关口或节点，不动声色，却又一直醒着，只要我们稍有不慎，它就会毫不犹豫地扑出来，把我们吸进去。有很多时候，我们往往在临界处倒下，倒在大门的外面。

无论财富场、竞技场，当我们对某个目标发起最后百米冲刺的时候，在一直领跑了 99 级台阶之后，却在最后一级台阶前轰然跌倒，商界称这种现象为"最后一步黑洞"。许多财商界大佬和社会名流都跌入过这个黑洞。

"最后一步黑洞"在市场营销学中被称为"最后一公里黑洞"，通常营销商注重发端与终端的同时，也注重中间过程，对一级、二级批发商，精明的营销商都能够做到有效掌控并实施培育，但从二批、三批乃至小零售商到消费者这个环节往往被忽略，不少营销商忽略这个环节，使这段最后一公里路程成为"黑洞"，结果首端使劲再大，终端不见起色，所有发力都被"黑洞"吸收，难达末端。

无论商场、官场、竞赛场，规则相通，原理相同。财富场上人人都想拥有最大财富，竞赛场中人人都想问鼎金冠，然而当接近终点，我们离摘冠已经近在咫尺，甚至伸手可触的瞬间，一个小意外，就让我们前功尽弃，猝然倒下，倒在最后一步往往不是因为我们精枯力竭，而是利令智昏：被即将胜利的狂喜冲昏了脑袋。

但即使那些最冷静、最精明、最有经验的商界大佬仍无法摆脱"黑洞"魔咒。上一篇落入"陷阱"的那些财富高手，一个个在中途落马或倒在成功之后的荣耀光环之中，充分说明"黑洞"的凶险。

斯蒂芬·霍金曾发表文章称：时光之旅在理论上是可行的，人类可以打开回到过去的大门和通向未来的捷径……但这个大门和捷径是"黑洞"吗？如果是，我们以什么样的灵魂才能够完成穿越？

别掉进同一个洞

我们往往被旧习气主宰着。

在生命的旅程中，我们很容易跌进同一个窠臼：不长记性，惯于屈从，听天由命，一条道走到黑。当我们一再掉入一个不断重复的模式中，我们曾试图改变过吗？我们希望跳出窠臼吗？

其实我们是完全能够跳出来的，也确实跳出来过，只是过不了多久，我们又会再一次掉入其中，所以一个人一生中最难打败的对手就是自己。

下面我们来读一读索甲仁波切在他的《生死之书》中提到的这首题为"人生五章"的小诗，它朴素、简洁，但蕴含的生命讯息耐人寻味：

我走上街

人行道上有一个深洞

我掉了进去

我迷失了……我绝望了

这不是我的错，费了好大的劲才爬了出来

我走上同一条街

人行道上有一个深洞

我假装没看到

还是掉了进去

我不能相信我居然会掉在同样的地方

我花了很长的时间才爬出来

我走上同一条街

人行道上有一个深洞

我看到它在那儿

但还是掉了进去

我的眼睛张开着，我知道我在那儿

这是我的错，我立刻爬了出来

我走上同一条街

人行道上有一个深洞

我绕道而过

我走上另一条街

我走上另一条街……

你可以问：这是诗吗？严格来说，是，也可以说不是。作者在朴素的直白之中隐喻了人生的几重境界：前三重，小诗中的"我"走的是同一条街，掉进的是同一个深洞。

第一次他没有看见掉进去了，那不是他的错，他费了很大的劲最终爬了出来。

第二次他假装没有看见掉进去了，他不相信自己竟然会掉进同一个洞，花了很长的时间，也爬了出来。

第三次他张着眼睛，明明看见却仍掉了进去。他知道这一定是他的错，于是立刻爬了出来。

第四次，这次虽然他仍走上同一条街，但已经长了记性，不再犯那个错误。他绕道而过，没有再掉进去。

第五次，很简单，他走了另一条街。

财富世界，条条道路通罗马，我们无须一条道走到黑。

前面的路我们经历过，犯过错，反观自省以后，我们的内心深处发生了微变，然后从微变到突变、质变，再到量变——对财富而言则是体量的变化。所以改掉旧习气，甩开旧习惯，忘却生命中那一口我们曾经沦陷过的"井"，忘却那一条老街，我们决然走上另一条全新的街。

索甲仁波切认为：以死亡反省观照，是为了在我们的内心深处做一番真正的改变，并开始学习如何避免"人行道上的洞"，如何"走上另一条街"，虽然这需要时间，需要"避静和深观"，但我们必须这样做。

当假日的阳光照耀着我们，当草地上鲜花盛开，当轻音乐在我们的耳际轻轻地萦绕，一种快乐、健康、自信、幸福的感觉环绕着我们，温暖着我们，这时候我们的心就需要停下来，安静片刻，用这一片刻的时间来反观与自省。

因为在极乐之中，我们会无缘由地、瞬息地想到死亡，想到有一天这些终将消逝，一切将归于零。我们以此反省，对于死亡的观照会自然地引导我们内省的深度，并不断扩延，让我们在瞬间又有新的发现，又有新的体验和新的顿悟……这时过去秉持的那些旧观念将自行崩溃，陈旧的习气将自行消亡，我们内心的改变将导致人生观、世界观的改变。

必死即生

林尚沃是韩国作家崔仁浩的小说《商道》中的一个小人物，小说中这个小人物几经奋斗，最终成为当时朝鲜的一代巨商。

初涉商界的时候，林尚沃只是一个杂货店的店员，在他成为"巨商"的征途上，一步一险，危难重重，然而使他第·次跃上人生巅峰的"商道"秘诀，却是一个"死"字。

1804 年，林尚沃贩丝绸进京，赚了银子，仗义疏财救赎了一位被逼沦落风尘的小女子，老板知道后将他赶出店门，逐出商界。这之前他父亲惨死，两个弟弟又先后夭折，走投无路的林尚沃迫不得已，遁入佛门，去做了和尚，然而林尚沃凡根未净，壮志未酬，心里一边牵挂着孤苦无依的老母亲，一边惦记着从小立下的宏愿——成为"天下巨商"，这些，住持石崇大师都看在眼里。

两年过去，石崇大师终于同意林尚沃还俗下山。临行前，他对林尚沃说："你这一生，将遭遇三次大的危机，每一次危机来临，你都要设法克服它，否则，你将会在朝夕之间招来灭顶之灾。"林尚沃恳求大师赐解危之道。石崇大师让他研墨，为他写下一个"死"字，然后问他："知道这是什么字吗?"林尚沃答："死亡的'死'字。""对。"大师点头说道，"正是这个死亡的'死'字，将解救你脱出第一次危机，只有这个'死'字，除此之外，别无办法。"

1809 年岁末，林尚沃携五千斤上等红参，随陈奏使（有事临时加派的使节）金鲁敬进京，这时林尚沃已借助权臣，垄断了朝鲜的人参贸易，这次进京，他不只拥有独家销售的最佳机遇，而且手头的人参之多，也史无前例。站在唯一的制高点上，"百尺竿头，更进一步"，他需要来一次超大成功，从而一跃成为业界当之无愧的贸易大王。

这时京城里的参价，每斤均价在 25 两银左右。这个价格沿袭了二百多年，始终没有改变。林尚沃决心打破这个价格僵局。一进京城，他标出的人参价格为每斤 40 两银。一时惹得京城震动，商界愤怒，进货商们结成联盟，坚决抵制林尚沃的垄断提价。面对抵制，林尚沃不降反升，第二天新标出的价格，每斤为 45 两银。进货商们更是怒不可遏，发誓与林尚沃对抗到底。价格战进入冷战，僵局难破。

旧岁新春，转眼两个月过去，陈奏使归期将近。

这时林尚沃面临两个选择：一是随陈奏使返乡，5000 斤红参怎么来，还怎么去；二是缴械投降，将人参价降回一斤 25 两银的原价。选择一，林尚沃从此休想再入京城做生意；选择二，林尚沃在北京商界同样将声誉扫地，颜面无存。两条路都是死路。由于是一个人宣战，林尚沃陷入了四面楚歌、孤立无援、自取灭亡的大危机。这时他想到了三年前石崇大师送他的那个"死"字。

所谓置之死地而后生。但若按照上面的两种死法去死，却几乎没有生的可能。即便侥幸生，也将是生不如死。那还有第三种死法吗？林尚沃苦苦冥思。

月明星稀，林尚沃深夜去拜求陈奏使金鲁敬的儿子金正喜。24 岁的金正喜，酷爱中国书法，对中国的道教佛经，也小有造诣。他告诉林尚沃说："必死即生，必生即死。能够击退死亡的，只有'必死'一途。""百尺竿头须进步，十方世界显全身"，金正喜为他解析中国古代一位禅师的偈语，大师的意思是，坐上百尺竿头的人，也是面临绝壁之人，从竿顶退下来，或进一步，都将是死。但要摆脱百尺竿头唯一的办法，只有更进一步，意即：以死求生，只可进而求，不可退而取。林尚沃抚额寻思，仰天顿悟，至此才明白当年石崇大师赐他"死"字的真正意义。

第二天，林尚沃抱着必死决心，在院内集火焚参，清香微苦的参烟，随风飘散，其震荡哪是先前的提价堪能比的。由于林尚沃的垄断经营，京城当时库存的人参早已消耗殆尽，而中医用药，又几乎无方不参。五千斤上等红参，眼看要化为灰烬，参焚烧到将近一半，价格联盟终于溃堤，"买一分、卖一分"，商人以逐利为旨，利益促使他们冲出来救场，一溃到底的进货商们不仅同意林尚沃的每斤45两银价格，还承诺补齐焚烧部分的全部损失。

借助"必死即生，必生即死"，林尚沃领悟了石崇大师赠予他"死"字的真实含义，并以此痛快淋漓地击破了自己人生的第一次危机，闯过了人生中一道大坎，死里求生，转祸为福，一跃成为当时首屈一指的贸易大王。

第六节　灵魂之光

废墟下的星光

人因为得了智慧，上帝便降苦难于他。《旧约·创世纪》载：亚当在蛇的引诱之下偷吃了圣果，眼能见光见物，有了智慧。于是，上帝就对他说：地必为你的缘故受诅咒，你必终身劳苦。地必给你长出荆棘和蒺藜来。从此苦难便成为智慧生物——人类必须经历的惩戒与过程。

既然人类的苦难与生俱来，那么没有苦难的人生，就不是完整的人生，苦难会带给我们巨大的伤害，但它也会给我们带来一笔巨大的精神财富：坚强、勇敢与力量。罗曼·罗兰说："痛苦这把犁刀，一方面割破了你的心，一方面掘出了生命的新的水源。"

在2008年震惊世界的"5·12"中国汶川大地震中，数以万计的人瞬间被埋在崩塌的山体与废墟之下，一场可歌可泣的抗震救灾演绎出无数震撼天地的动人故事。而废墟下两个稚嫩的声音，却一直在我们的耳边挥之不去……这是两个小女孩的故事。

其中一个是蓥华中学的初一女生邓清清，14 岁的邓清清被掩埋在地震废墟下，当武警官兵将她救出来时，她还在废墟中打着手电筒读书。邓清清说："我害怕，想看书，让自己放轻松。"她说她被埋后身边全是石板、砖块，她害怕黑暗，顺手摸出来一本书，借着手电筒微弱的光亮，开始默默地读那本地理课本。她被救以后说："我想分散注意力，看书就能暂时忘记黑暗。"

忘记黑暗。这名女生告诉我们的是一个关于人生的深刻命题。在大灾大难面前，忘记黑暗就能战胜恐惧。

另一个小女孩叫任思雨，才 6 岁半。2008 年 5 月 14 日下午 1 时左右，北川县委大院成了北川最大的废墟，一座座大楼被震裂直至被附近滑落的山体完全吞没。救援队员们在一个幼儿园的废墟下发现了这个被困的小女孩。废墟随时有可能因为余震而再次坍塌，孩子的生命危在旦夕。但因为工具简单，救援工作十分缓慢，就在大家着急之时，6 岁半的小思雨为了安慰救援队叔叔，突然唱起了儿歌："两只老虎、跑得快……"当一块块砖石被移开，队员们才发现，小思雨双腿被压住，她的下半身沾满鲜血，从紧咬的牙关中，他们看出孩子正在忍受着剧痛的折磨，救援者无不为之动容。而小思雨却说："我唱歌就不会觉得痛。"

用歌声忘记疼痛，忘记痛苦。仅有 6 岁半的小思雨再次给我们以生命的启迪。

当年"卡特里娜"飓风袭击美国密西西比和路易斯安娜两州，飓风和洪水把新奥尔良市变成了汪洋中的废墟。在这场灾难中，那个感人的小男孩迪蒙特·洛夫，当时也只有 6 岁，在灾难降临时，他抱着只有 5 个月大的弟弟，还带着 5 个蹒跚学步的孩子，其中 3 个孩子大约两岁，有一个还垫着尿布；还有一个 3 岁的女孩儿，辫梢上带着五颜六色的发夹，拖着她那 14 个月的小弟弟，一群废墟中逃命的孩子，互相帮助，成功自救。

两场不同的苦难，让我们同样深刻地体悟到生命原本的纯真、人性的强韧和极美。我们感受到生命与亲情的珍贵，互相帮助、互相团结的重要，感受到人格的力量、人道的力量、人性的力量、人与人之间温暖的力量。

已故作家王小波年轻时也有过对暗夜的恐惧。

当年他也只是一个 17 岁的少年，在亚热带地区的夜色下，在旷野中，单纯而真诚的他试图抒发出自己本真的内心情感，他对暗夜的恐惧，是对乏味的、无创造生活的恐惧，面对漫漫寒夜般的人生，他选择创作，选择自己的诗意人生，他称自己是行吟诗人、浪漫骑士，以艺术对抗寒夜，超越死亡、命运、生命、存在。他说："好诗描述过的事情各不相同，韵律也变化无常，但是都有一点相同的东西，它有一种水晶般的光辉，好像来自星星……我希望自己能写这样的诗。我希望自己也是一颗星星。如果我会发光，就不必害怕黑暗。如果我自己是那么美好，那么一切恐惧就可以烟消云散。"

他害怕、恐惧暗夜，那与"夜"对应的意象即银色的"星光"，这是他的精神源泉，他仰慕星星，寻找星星，梦想化作星星以照亮黑暗，用他闪亮的光芒照彻晦暗的夜空。

为艺术而生的凡·高，生于荷兰，却属于世界。

面对光波流泻、色彩斑斓的世界，他柔弱的内心充满了热爱和迷茫。而他却是一个非常痛苦的人。凡·高一生被痛苦滋养着，在痛苦中挣扎成长。他的生命肉体，在别人眼里是卑贱的，但他却在被人鄙视的目光中坚守着自己高贵的灵魂。

在躁动不安的情绪下，他充满对生活的渴求，紧握画笔，变得顽强而痴狂，他以一颗纯真的心和非凡的才能，实现了对生命的淋漓挥洒和表现。在他的《麦田》、《星夜》、《向日葵》乃至每一件作品里，我们透过灰暗、亮丽的色彩，都仿佛能听到他血液的流淌和心的跳动。

凡·高只活了 37 年，他的生命短暂而厚重，就像他呈现在画布上的笔触，那堆积在画布上的色彩正是他生命的丰富、辉煌与厚度。他毁灭了自己，却把生命的活力倾注给了艺术，因而他的生命被艺术无限地延续并永久辉煌着。

贝多芬出身于波恩一个贫民家庭，但他是个天才。然而，他的童年和少年，在伴随着钢琴和提琴度过的同时也伴随着痛苦。贝多芬的父亲很苛刻，贝多芬一学会弹琴，他就开始把他当作摇钱树，让他不停地练琴、不停地学习。父亲则每天酗酒，一有不顺，贝多芬就要遭到他的毒打，有时甚至半夜把贝多芬叫起来练琴。就在贝多芬锋芒初露、踌躇满志时，年仅 28 岁的他又不幸因耳咽管炎开始耳聋。另外一位杰出的音乐家、指挥家、作家耶胡迪·梅纽因在他所著的《人类的音乐》一书中说：他就像盗取天火给人类的普罗米修斯，被神锁绑在岩石上，这个岩石，就是耳聋。他晚年全聋，只能通过纸和笔与人交谈。

贝多芬只活了 57 岁，他一生都在与命运抗争。

贫穷、失恋、孤苦、被人误解和歧视。但一切的坎坷都没有使他消沉隐退，对音乐的酷爱，执着的追求，非凡的才能，使他在２８岁耳聋之后谱写出世界音乐史上最辉煌的篇章，《英雄交响曲》、《命运交响曲》、《第九交响曲》等传世名作都是在忍受着耳聋的巨大痛苦中写就的。他为人类留下了一篇篇不朽的作品。特别是《命运交响曲》，是他不屈精神的升华，是一部同命运进行搏击的惊天动地的记录。梅纽因说："贝多芬就像摩西那样，是介于上帝的意志与人类的冥顽不化之间的一个媒介，要率领我们走出受奴役状态进入'应许之地'。他是由必死成为不朽的一位半神。"

而贝多芬自己则说："我们这些具有无限精神的有限的人，就是为了痛苦和欢乐而生的。"

在美国故事片《大地雄心》中，汤姆·克鲁斯扮演的青年约瑟夫是 18 世纪爱尔兰一个佃农的儿子，他的父亲因为土地同地主对抗被打死，在为父亲举行葬礼时，仇家又烧毁了他的家园。血气方刚的约瑟夫骑上毛驴，在众人的嘲笑声中踏上复仇之路，他躲在仇家的马棚里，被仇家的女儿麦侬用粪叉刺伤大腿，向仇家开枪时又因老枪自爆轰倒了自己。仇家收治并囚禁他，追求个性自由的麦侬试图说服一直向往有一块自己的土地的约瑟夫一起去美国，去开创自由的新生活，后来两人一起去了美国。

刚到美国，麦侬唯一的财产（一套银餐具）被当地流氓抢走，这使麦侬的美妙幻想瞬间成了泡影。为了生计，约瑟夫在老板的利用下拼命打拳，而麦侬则在屠宰场工作。在一间小破屋里，两人想拥有一块自己的土地的愿望日益成为空想。矛盾、痛苦、绝望、争吵……以至于打拳时，约瑟夫为麦侬分心被对手击败，老板将他们踢向街头，寒冷的冬夜，大雪纷飞，饥寒交迫，两人进一户人家偷吃食物，又遭屋主人枪击。约瑟夫把受伤的麦侬送到她父母那里，再到一个石矿打工，并登上开拓新土地的征程。

在美国西部俄克拉荷马州的圈地运动中，约瑟夫倾囊购得一匹烈马，随着一声炮响，他在荒原上策马狂奔，终于，他实现了自己美好的夙愿，同麦侬一起，拥有了一块真正属于他们自己的土地。

上帝说："你将要受的苦，你不要怕，你务必要患难十日，你务必要至死忠心，我就赐给你那生命的冠冕。"

一个人面对接连不断的打击和苦难，只要雄心犹在，坚强、刚毅、充满勃勃生机，他最终将摘取到自己"生命的冠冕"。

经历　失败　犯错

经历与失败是财富的两大阶梯，错误则是引导我们寻找到财富大门的路标。所以去经历、去失败、去犯错，让错误尽管来……

丹尼尔·笛福是英国人，他没有受过大学古典文学教育，早年经营内衣、烟酒、羊毛织品，从事制砖业等。他到各国经商，充满冒险与刺激，后来他以自己的亲身经历创作出一部作品——《鲁滨孙漂流记》，这本书成为当时仅次于《圣经》的畅销书。1683年，丹尼尔·笛福被海盗俘虏，惊心动魄的历险经历加上一名曾经在海上遇难的苏格兰水手的叙述，成就了笛福这部脍炙人口的小说。

经历成就了丹尼尔·笛福，冒险成为他一生最大的财富。

影响过几代中国人的苏联作家高尔基曾经是一个流浪汉。

他出生在伏尔加河畔一个木匠家，父母早亡，10岁出外谋生，到处流浪，当过鞋店学徒，在轮船上洗过碗碟，在码头上搬过货物，给富农扛过活，还干过铁路工人、面包工人、看门人、园丁……在颠沛流离的生活境遇中，只上过两年学的高尔基通过顽强自学，在24岁那年发表了第一篇作品，从此他就以"最大的痛苦"作为笔名开始了创作生涯,最终成为苏联时代最负盛名的作家。

高尔基的成名作《母亲》、《童年》、《在人间》、《我的大学》等大多是依据自身的苦难经历写成。他的一生,正如他给自己取的名字"最大的痛苦"一样,从悲惨的痛苦开始,又在极度的痛苦中结束。不同的是,少年时代的痛苦促使他拿起笔,开始了一个战士的历程。

同样是经历成就了高尔基,苦难痛苦成为他一生最大的财富。

美国人道密尔专门收购濒临破产的企业,而这些企业在他的手里又一个个起死回生。有人不解地问他:"你为什么总爱买一些失败的企业来经营?"道密尔回答说:"别人经营失败了,我接过来就容易找到失败的原因,只要把缺点改正过来,自然就会赚钱,这比自己从头干省力多了。"

道密尔是聪明人,他懂得失败为"成功之母"这个玄机,失败中隐含更大的财富。当别人不行时,他总能弄明白:他为什么不行。然后跨过并超越别人,站在别人的失败之上,会省掉很多事,然后再立起来,把别人的失败与痛苦转化成自己的财富。

聪明人道密尔省掉了创业与经历,直接从"别人的失败"开始,别人的失败即他的财富。

另外一个名叫罗伯特的人,用几年的时间收集了多达七万件失败产品,然后创办了一个"失败产品陈列室"。他为每一件失败产品配上言简意赅且富有创意的解说词,这个"失败展览"给参观者以最真实、最深切的警示与启迪,开展后观者如潮……这也给罗伯特带来了滚滚财源及良好声誉。

他同道密尔一样,都是把别人的失败转化成为自己财富的那种聪明人。他们堪称是那种附着在"失败者"身上赚钱的财富"智虫",所以失败也是财富。

法拉迪、诺贝尔、齐奥尔科夫斯基,以及许许多多的人,都曾经历过无数次失败,尽管他们的失败各有不同,但有一点相同,就是不失望、不灰心、不气馁。有的学者一直在失败中度过自己的一生,尽管成功之门没有为他们打开,但他们为后人的成功取得了经验、铺平了道路。历史也记录下他们百折不挠、锲而不舍的拼搏精神。

爱迪生发明电灯经历了上千次失败，最终成功之前，爱迪生这样回答失败的意义："我失败一次，我就可以让自己与世人都知道什么材料不能使用，失败并非无价，失败是成功的阶梯，经历一次失败，我们就向成功又靠近了一步。"

经历失败对一个人的财富生涯是重要的，必需的。失败与成功是一对孪生兄弟，当我们有了失败，也许只需一转身子，就能够发现成功。泰戈尔说："当你把所有的错误关在门外，真理也就被拒绝了。"

所以，要让错误尽管来。在创业大本营美国硅谷，每年都有数以万计的企业倒下，但同时也有成千上万的创业者一夜站起来。美国知名创业教练约翰·奈斯汉说："造就硅谷成功神话的秘密，就是失败。"

第七节　灵魂之梦

萤火之光

梦想之于人类，一开始犹如一个人心灵中的"萤火虫"。

温斯顿·丘吉尔曾经说过这样一句话："我们都是小虫子……但我坚信我是一只萤火虫。"坚信自己是一只小小的"萤火虫"，让那一星萤火之光永不熄灭，照亮心灵，照亮生命的行程，也为暗夜的行人照亮脚下的路，当年的"差等生"丘吉尔一直这样心怀着美好梦想。

丘吉尔从小对历史、诗歌、作文感兴趣。他最反感的是拉丁文与数学。12 岁那年，在哈罗公学的入学考试中，丘吉尔守着那一份拉丁文试卷，一动不动地发呆，足足一个小时过去了，他仍一个问题也没有解答出来。无奈之下，他只好在试卷顶上写下自己的名字，记下试题的编号"I"，想了想，又用括号把编号框起来，成为 [I]。但哈罗公学校长韦尔登博士慧眼识珠，他从丘吉尔的拉丁文散文中看出他的才华，认定他具备入公学的资格。于是丘吉尔成为哈罗公学学生，尽管是倒数第三名，但庆幸没有垫底。但很不幸后面的两位因病或其他原因，很快消失，丘吉尔只好荣升倒数第一名。

但"差等生"丘吉尔仍怀揣梦想。

当伙伴们以优秀的拉丁文诗歌和精粹简练的希腊语短诗而获奖、出名、大展宏图时，丘吉尔的学业一直停滞不前，生性诙谐幽默的父亲来信尖刻地表达了他对儿子的不满，他预言，儿子"将是一个一事无成的饭桶"。然而不久，"饭桶"撞了大运，丘吉尔准确无误地背出了1200行麦考利的《古罗马的遗迹》，当着全校同学的面领取奖品。进到高年级的最后阶段，他又成功通过了英国陆军学校"桑德赫斯特皇家军事学院"的预考（有许多成绩远远在他之上的优秀男生却并没有通过预考）。

父亲斯潘塞·丘吉尔公爵曾担任英国下议院长兼财政大臣，虽已辞职，但仍是英国政治家的中流砥柱，他一直想通过自己的影响和罗斯柴尔德家族的关系为"差等生"丘吉尔在商界谋一个差事，没想到"差等生"丘吉尔竟然闯入了桑德赫斯特皇家军事学院……于是丘吉尔开始了他的军事生涯。

随着非凡的政治历程和卓越的军事才能，丘吉尔的"萤火虫"之梦越放越大，他一跃进入世界伟人之列，成为影响世界的领袖人物之一，小"萤火虫"最终成为一颗划过宇宙空间的耀眼彗星。

所以我们不要小看那最小的一点"梦想之光"。

无论多么艰难，无论暗夜多么深沉，它都能照亮、引导我们的生命行程。我们望着那一点点微光，在暗夜走路就不会孤独，就能看见一些路的轮廓，不至于失足跌入旁边的深谷。我们因它而坚持，直至暗夜过去黎明到来，朝阳升起。

很多时候，我们的确是因为梦想而坚持着，为梦想而活着。梦想并不是一个人的妄想，也不是空想，它是一种愿望，是人类心灵酝酿出的、蕴藏着美好目标的愿景，所以我们要点亮心灵的"萤火之光"，让自己怀揣一个一生的梦想，一个灵魂有梦的人，一个有精神畅想的人是幸福的。

掌控力

马可·奥勒留说:"热切地追求你认为最好的东西。不要老想着你没有的和已有的东西,而要想着你认为最好的东西,然后思考如果你还未拥有它们,要多么热切地追求它们。"

当生活中某些好的东西成为我们的梦想与理想时,它们会时常地温暖、激励、照耀着我们,使我们感到一种生命的非常意义。但是我们必须分清,在这个物质世界里,有什么东西是我们可以掌控的,有什么是我们不可以掌控的。

马可·奥勒留的先师爱比克泰德说"我们能够控制的是我们自己的观点、愿望、欲求与厌恶之事。这些东西与我们息息相关。我们至少可以选择自己精神生活的内容与品质",但"有些事物我们无法控制。比如我们拥有什么样的身体,我们是否生而富足或运气亨通,他人怎样看待我们,我们的社会地位如何。我们必须牢记,试图控制和改变我们力所不及之事,只能带来痛苦……你的最高理想应该是使你的意愿和自然和谐一致"。

我们相信"一个人的梦想再大都有可能实现"并不是妄语,但前提是你必须让它与趋势合拍,再就是在你的掌控之中。

把梦种在高山上

但我们还是要把自己的梦种在高山之上,让我们思维的触须无遮无掩地向四维延伸……这是一棵巨大的古树给予我们的启示。

笔者上小学时的原址,原是一座很老的古庙,坐落在一座形似莲花的山的山顶上,古庙门前有一对石狮,右侧100米左右,有一堆凸起的青岩,岩石上生长着一株巨大的菩提树,这棵参天大树的树围十来个人牵手也围不过来,仅它横伸出去的一根枝干就可以围坐四个大人打扑克,它独居山顶,像巨大的华盖,遮掩住一大片天空,它的坚硬如铁的虬根,紧抓住那块古怪的岩石,扭曲的岩石又缠吸住它,它们就这样相依为命、扭为一体,据传它已有1000年以上的树龄,但它凭什么生存1000年以上呢?为什么它抱着那些裸露的岩石就可以生存、旺盛如此久远的年代？

它一直是笔者小时候的一个谜。在笔者眼中，它是一道奇景，有若神树。最终我们在它巨蟒般盘桓而下的树根上找到答案，从山顶到山底大约2000多米的距离，它的蟒根盘桓在岩石上，蜿蜒而下，在半途又钻进土里，又在没有土的地方钻出来，再绕着往下，又再钻进有土的地方，然后再往下，一直在山底一片水田的边上，我们找到它露出的一截鳞甲状的根身，它在这儿弯头向下，一头扎进水田的深处，在水田深处的地方，贪婪地汲取着供它庞大树冠枝繁叶茂所需要的全部水分。

威尔逊说："我们因有梦想而伟大，所有的伟人都是梦想家。"

一个人必先有大梦想，才会有大作为、大成就。而在现实生活之中，我们有很多时候却像契诃夫小说《套中人》里的别里科夫，成天生活在套子里，晴天带雨伞，耳朵塞棉花，还要把脸躲进竖起的大衣领子里。我们思维的触须和生命意象犹如一株橡树盆景，人的尊严、思维、追求与理想局限在狭小空间，在受囿中缠来绕去，蜷缩苟安，委曲求全，比山无高，比水失灵，生活得小心而狭促，生命的形态难以舒展，而我们心藏的梦想愿望，作为灵魂的需求一直存在，我们的灵魂需要有梦，需要有对美好事物的向往，我们对生命的追求与精神的理想支撑起我们的信念……所以把梦想种在高山之上，像那株千年古树一样站在山之巅，即便我们能够抓住的只是裸岩，却仍能够以枝展蓝天、叶触云影的气势存立于天地之间。

一个人，当他思想的触须越高，他生命的形态就越舒展，其生命的根须也就扎得越深，必须这样，像这株大树，爬过裸露的岩石并绕过绝壁，钻进泥土，深入地底深处，在最低的地方吸足山顶庞大树冠所需的水分养分，然后让树冠在蓝天云影里枝繁叶茂。

我们说要把自己的梦种在高山之上，那是要将我们的"个人之梦"同"家国之梦"交织融合，我们个人梦想的实现，离不开"家国"的庇护与支撑，我们希望在个人层面获得健康、幸福乃至良好的家庭生活条件时，更希望我们的"家国"成为一个可以有"梦"、可以实现"梦"的国度，拥有一个不断上升的、强大的、理想的"家国"依附，梦方为之梦……

第六章　涅槃

在一个联系紧密的物质世界里，每一个人都坚守着自己的信诺之道、处世之道、创业之道和敛财之道，各自的路径与个性不同，而不同的个性决定着不同的命运。

一个人从纯粹的穷人到"货币人"、有钱人、富人，是一个财富体量与身份依次递进的过程，每一次蜕变都是一个旧我的灭亡和一个新我的重生……

第一节　财富重生门

凤凰涅槃

在佛教教义中，"涅槃"意为灭、灭度、寂灭、安乐、无为、不生、解脱、圆寂……"涅槃"的原意是火的熄灭，或是风的吹散状态，这个概念在佛教产生以前就有了，后来佛教把它作为修习所要达到的最高境界。

传说中的凤凰以五百年为一个轮回，每当生死时刻，大限来临，生命将尽的凤凰，就要背负着五百年来积累于人世的所有不快和恩怨情仇，集梧桐枝自焚，这时候它投身于熊熊的烈火之中，以生命和美丽的终结，换取人世的祥和与幸福。同时，当它把自己的肉体投入烈火、在烈火中经历巨大痛苦燃为灰烬之后，它即以一个更美好的躯体重生。

在火中重生后的凤凰其羽更丰，其音更清，其神更髓，其叫声便是仙界的音乐……这便是传说中的"凤凰涅槃"的故事。

佛经天龙八部中提到过的迦楼罗，就是传说中凤凰的原型，它原本是一种超级大鸟。

在诗人郭沫若的笔下：那一对衔着香木飞来的凤凰，在投身烈火之前，飞来飞去，发出吟鸣。这时候它们眼中的世界，已经背负着太多的黑暗与罪恶，它们眼中的茫茫宇宙，这时候已经冷酷如铁，黑暗如漆，腥秽如血。它们面对宇宙发出诘问：你为什么存在？你自哪儿来？然而没有回答。一切的一切，死一般的沉寂。

它们不甘地问：我们年轻时的新鲜呢？我们年轻时的甘美呢？我们年轻时的光华呢？我们年轻时的欢爱呢？为了年轻时候的新鲜、甘美、光华、欢爱能够重新回来，复活并新生，它们奋身投入到烈火之中，在香烟缭绕的火光之中舞蹈、焚毁、更生。

于是死了的宇宙更生了。

更生了的世界同更生后的凤凰一样光明、新鲜、华美、芬芳、生机盎然……原来诗人笔下的死亡具有这样灿然的生命意义，原来我们的那些观念、习惯、思维、制度、常识、精神乃至生命，都在不断的盛极而衰之后死而复生，一切陈旧与衰朽都在渐次地更替中死亡，一切又都在死亡中重生。

在《涅槃无名论》中，无名氏说：一个达到一定境界的人，必有空寂灵昧的体验，体验到空境，就不会在意世界万象的事物。

万物由我心流出，执万物与我合一，这当然只有圣人才能够做得到。现实之中的我们，都是普通人，绝大多数的普通人是很难成为圣人的，浩浩然物我一心，我们真的能够进入到那种物我两忘的空灵境界吗？显然不能。但我们仍然可以在生命的进程中以死亡为镜，以此观照并自省，我们的灵魂乃至我们生命的每一个瞬间，每一个片段和顿悟，都是一种瞬息的死亡，一次新的更生，不断地"死亡"，不断地更生，我们的生命事业乃至灵魂才得以延续、升华，我们事业乃至生命的每一次突围，每一个高度，每一重境界，原本都是"死亡"之后的重生。所以"凤凰涅槃"的死亡意义绝不是失败的恐惧。

它不是生命的亡息。

它是生命历程中最悲壮、最庄严、最尊贵、最美丽、最荣耀的一个时刻。它背负着使命与责任，寓意着一种不畏痛苦、不畏牺牲、义无反顾、不断追求、不断提升和更新自我的执着精神。索甲仁波切在《西藏生死书》中说："接受死亡，清晰地了解痛苦是一个精深、自然的净化过程的一部分。"

而这个不断净化的过程在我们每一个人的生命中是必需的。

七重门

宗教的"七重门"原本是指神话中的轮回之地，苦难之地，我们现在一般用它来比喻忍受的痛苦与折磨。

西方世界把"七"视为圣数，受圣数影响，各个族群的认知与观念有所不同：中国古人认为天有九层（九重天），地狱为十八层；穆斯林则认为天和地狱都是七层；而在埃及神话中，冥府是"十二黑暗王国"；在古巴比伦神话中的冥界则又是"七重门"。

在美国宾夕法尼亚州也有一座七重门——"地狱七重门"。据说这座七重门是在一次收容所不幸的火灾之后出现的，如果有人能够穿过这七道门的话，他就可以直接进入地狱了。但似乎从来没有人走入第五道门，所以也就从来没有人见过六道门以后的门，至于七重门的后面到底是什么样子，恐怕至今没有人知道。

只是这里说到七重门的成因是因为一座收容所失火而出现的，收容所是干什么的呢？是收助那些孤苦无依的贫弱者的，即穷人之所。由此我们可以这样推断：穷人是离地狱之门最近的人，抑或说穷人就是徘徊在地狱门口的人，所以世界上没有人情愿做穷人。

但假如我们刚好不幸成为了一个穷人，该怎么办？

就像我们前面所说的，也许我们并不怠惰，恰恰是因为勤劳或市场严酷、个性执拗、脑洞不开才导致贫穷。总而言之，导致我们贫穷的成因很多，但无论哪一种原因致穷，相信我们都心有不甘。我们渴望改变，渴望远离地狱之门，渴望有一天能够由"山羊"升级为"绵羊"……鉴于此，我们试图做一点什么。如果我们此生拥有 70 万个小时的生命，我们现在正好走过 40 万个小时，那么我们还有近 30 万个小时的时间来做这件事情——改变命运，但是我们不知道该从何入手。

阿尔文·托夫勒在其《财富的革命》一书中为我们精细地描述出人类进入货币经济体系的"七重门"，他说：一个贫穷的人要想进入货币经济体系，他必须走进被称为"通向货币的七道门"之中的一道门，这"七道门"分别是：

第一道门：创造产品（就是可以卖钱的东西）。

第二道门：找一份工作（确保能拿到报酬）。

第三道门：继承财产（如果有这个可能的话）。

第四道门：获得礼物（能换成钱的礼物最好）。

第五道门：结婚或者再婚（前提是对方有钱，并愿意同你分享）。

第六道门：接受政府福利救济。

第七道门：偷盗。

托夫勒同时指出：与上面这"七道门"相对应的是——还有一千道（甚至更多）通向隐藏的或者"没有登记的"经济之门。这些门对所有的人都是敞开的，不管是有钱的还是没有钱的。这是因为进这些门没有要求，我们都是生来就具备了这种资格。

问题是我们该怎样去使用并享受这种资格。

我们有没有创造出某一种产品并把它转化成为财富？有没有获得一份收入相对稳定、衣食无忧的工作？有没有继承到祖父母辈的可以荣耀我们一生的老屋财产？有没有获取价值不菲的礼品乃至财钱物的渠道？有没有撞上一个可以依仗的有钱又愿意把它分享给我们的可信赖的另一半？有没有资格、权力乃至脸面伸手去向政府和社会索取到一份长久的、可供我们生存一世的福利救济？最后，我们有没有勇气去偷窃？我们有勇气吗？如果所有这些都没有，我们怎么办？

当然也有另一种情况：我们根本不存在以上问题。

我们兴许已经通过"七重门"中的任何一道门进入到了货币经济体系的大门之内，我们已经在使用和操控货币经济并以此服务于我们的生存计划和生活计划，我们依赖它，用货币进行一切（用它买食品、打酱油、进影院、乘公交车），当所有活动已经离不开货币时，我们可以称自己为"货币人"，只是作为一个"货币人"，我们所掌控的货币体量还非常微小，它只够勉强维持生存，远不能称其为财富，我们离富足和富裕还相当遥远，我们依然还是穷人，我们怎么办？

有一个 40 岁的男子前半生一直生活在贫寒之中。他不知道好运是否会来、什么时候来，于是去请教一位大师。大师仔细观察了他许久说："你在 40 岁以前落魄贫穷，很不如意。"这个人很惊讶，大师看得真准，他急忙问："那 40 岁以后呢？40 岁以后我会有财运吗？我能够富裕起来吗？"大师摇了摇头说："40 岁以后你依然贫穷。"这个人惊问道："为什么呢？"大师说："因为你已经习惯了贫穷。"

是的，假如我们愿意像这位 40 岁的男子那样习惯贫穷，我们就习惯好了，如果我们喜欢贫穷、享受贫穷，那就喜欢、享受好了，我们还有什么必要去做改变、去努力呢？但假如我们不习惯贫穷、不喜欢贫穷也不把贫穷当享受，我们就要去改变，去做努力，就应该动一动心思。

现在让我们先来看一看那些 40 岁以后都对自己做出了改变的人：

（1）汉高祖刘邦。我们都知道刘邦在 40 岁的时候手下还没有一兵一卒，可日后他却创下了大汉基业，拥有了天下。

（2）刘邦第五代孙刘备。早年刘备是干制造业的，算是进了货币经济的门，但他的制造业只是编织草鞋沿街叫卖而已，到 52 岁时他尚仰天长叹："不知何时功成"，日后却终与曹操、孙权三分天下。

（3）当代美国人史蒂夫·乔布斯。乔布斯 42 岁回苹果公司接任 CEO 时，公司负债高达 10 亿美元，14 年后，苹果成为全球市值最高也是全球最伟大的公司之一。

（4）肯德基大叔。这个老人 60 多岁以后才开始创建起全球最大最火的快餐连锁商业帝国。

当然还有许多，数不胜数。他们就在我们身边，我们身边那些其貌不扬、再平常不过的普通人，在 40 岁以后才开始改变命运并创下惊人伟业的大有人在。所以相信自己，我们有能力改变，有能力撬动命运的天平。

而我们要做的只是去寻找并打开另一扇门，因为我们身边的财富世界不只是"七重门"，而是成千上万道门……

还有另一扇门

其实门是一直敞开着的。《旧约·启示录》说："我在你面前给你一个敞开的门，是无人能关的。"

很多时候我们只需换一个视角，以一种全新的眼光和角度去看世界，就会在不经意间打开并进入到另一扇门，这时一种新奇会扑面而来，我们会感受到一种前所未有的狂喜。

笔者曾读到过一个中学生的故事，这个中学生在进入中学之前曾一度非常排斥科学，他在文章中这样写道："在我看来，科学无异于残忍冷酷的终结者……当科学能够解释一切，这个世界魔法般的美丽和神秘便不复存在。"

直到进入中学之后的某一天，另一扇门才在他好奇的驱使下徐徐打开，世界以一种全新的姿态展现在他面前，他说："无法形容这种狂喜的感觉，犹如蛹蜕变成蝶，发现周遭的世界也一起新生。更令我惊奇的是，我发现精灵和魔法也可以与科学和平共处。这些我从未得知的事物，例如物理和化学变化，在我眼里似乎更加神奇。我觉得自己犹如《桃花源记》中的渔夫，在漆黑的山洞中探索，终于看见了第一丝亮光，顿时豁然开朗，一个全新的世界，不再畏惧摘下它神秘的面纱。"

中学生认为：每个孩子都曾是一个伟大的哲学家和科学家，只是当岁月流逝、童真不再，我们步出那一片桃源，已经找不到（或是不愿找到）那条回去的路，然而钥匙就一直藏在某个你过于熟悉以至于熟视无睹的地方。

你只需要换一个角度，一扇大门即会敞开。他这样描述自己的新发现："敲敲桌子，想想你的皮肤感受到这种触碰，再将这种体验通过神经传入大脑，这一系列的过程是多么神奇地发生着；端起杯子时，你又端起了多少个硅原子啊！然后眺望窗外，设想你的目光穿过对流层、平流层、中间层、暖层、外层，然后看见了宇宙，你会发现这个世界相比宇宙，也许只是一粒硅原子。恍惚间，如同饮下爱丽丝梦境中的仙水，一切都从未如此清晰纯净，你发现，真理以一种最朴实而最令人感动的方式悄然出现。"

中学生的脑洞里充满了飞跃宇宙的奇思妙想。

而另一个女人却用一生来专注于一座山头的草木。

这是我们亲自见证的一个女人和一座荒山的故事。1994 年，在西部首府边城，一位嫁给了当地农民的"老三届"女知青承包了当地一座荒山，万千年来这座被盐碱壳包住的山头不长草木，只长白毛，女知青要将它改造成一个绿树成荫、风光秀美的新家园。此前，她花了整整三年，找遍了上上下下所有相关的部门、官员，历尽艰辛拿到了一本红皮书（承包责任书），她从此享有了这座荒山 50 年的经营管理权。然后，她开始规划、打井、挖树坑、种树苗……春夏把树苗种下去，经过一个秋冬，到来年春天，树苗全死了。

第一次失败女知青没有气馁。她去求助农科院的专家，挑选耐旱耐碱树种，第二年再种下去，眼看树苗成活得很好，坡上泛出一片新绿，却被一群乡人以冒犯荒山上的老坟为由，冲上山将全部的树苗连根铲断，所有心血毁于一旦。女知青坐在荒山顶上，守着那些被摧残的幼苗痛哭，这一次，她绝望了，因为这个时候她已经一贫如洗，耗干了所有的家产。

绝望的女人在山上哭够了，又抬起头来，含着泪环望她魂牵梦萦的荒山，然后从怀中掏出那份从不离身的规划图，上面标着她的梦想与愿景：东山一座加油站，一片葡萄园；北坡一片枸杞园、果林；南坡一片草场、一座马场、一座养殖场、一座猎场；西山脚下一方鱼塘……重温梦想，痛苦减轻了许多，女知青决定先易后难，把大面积的造林植树先放下，先挖池塘，建葡萄园，这样成本低，见效快，也可以借此向大家展示荒山潜在的开发力。

说干就干，她收起图，下了山，同丈夫、儿子一起在西边山脚开挖池塘，又在东山头北坡的加油站旁开出一小片地种下葡萄……八年过去，城里人开始在双休日来她的池塘钓鱼，到加油站加油的司机也开始钻进她的葡萄园棚架下乘凉，并顺手采摘葡萄。有一天，一个城里人站在葡萄园里突发感想，说这儿离城区只有十几公里，想来这山坡上建一座房子，种些果子，双休日全家来这儿度假，城里人的有感而发给了她启示，她想：我为什么不把这座山划成若干片小区，让那些日渐富裕起来的城里人认养它们呢？他们可以在自己认养的土地上种自己喜欢的果树，建休闲屋子，他们跟我一样只享受使用权，所有权归国家……信心、勇气、梦想重新回到她身上，一幅更加美好的蓝图开始一点点展现在她的眼前。

这个新蓝图是她的另一扇门，几近绝望中，她为自己打开了另一扇门，尽管并不知道门里面是什么，但她不畏惧，不退缩，继续痛苦并坚忍地守着她那座荒凉的山头。

法国著名女作家乔治·桑在《我的生活史》中说："如果世界上有那么一个人，他贫困，但是能使用很少的物质，甚至几乎是两手空空，单凭自己的梦想，便为自己创造出一种生活，为自我建立起一座朴素的茅庐，那么他到后来必定是满手财富。"

彼得·林奇在《成功投资》一书中向投资者推荐了一个策略——"铁镐与铁锹"策略。他举例说：在美国过去的淘金热潮中，大多数想要成为金矿主的人最后都以失败告终，而一些淘金者转而售卖铁镐、铁锹、帐篷和牛仔裤却大获全胜，发了大财。

而铁镐战略的原理即在于：当上帝关上了所有的门时，已经为你打开了一扇窗。

发现更大的门

在我们每一个人的未知世界里还隐藏着更大的一扇门。

尽管有人终其一生都没有能找到它，但它的确存在着。

18 世纪一个寒冷的冬夜，在波兰乡村，19 岁的家庭女教师玛妮雅因为爱情受挫伤心欲绝，她想到了自杀，于是在灯下写下这样一段文字："我是得过且过，到了实在不能过的时候，就向尘世告别。这损失想必很小，而人们惋惜我的期间，也一定很短，和惋惜许多别的人一样短……"

这位痛苦的姑娘经历了怎样一段凄楚的爱情呢？初中毕业的玛妮雅家境

贫寒，只好到一个庄园主家里去做家庭教师，不幸的是庄园主的大儿子卡西密尔爱上了她，她也同样，两情相悦，在玛妮雅满 19 岁的时候，他们准备结婚。但这时候卡西密尔的父母站了出来，他们认为玛妮雅的贫寒身世与自己家的钱财地位不相匹配，更没想到卡西密尔是个孱弱的家伙，当父母隐在后面时，他享受自由的爱情，当父母站出来了，他完全屈从于父母，就在玛妮雅最后一次与他倾心长谈时，他表现出的软弱和恐惧，对于一个深陷情网的姑娘来说，打击是致命的……于是痛不欲生的姑娘写下前面那些文字。

但谁又能够想到，为爱情差点走上绝路的玛妮雅，17 年后获得了她人生中的第一个诺贝尔奖，那时候，人们这样尊称她——居里夫人。爱情之门关闭了，上帝为她打开了一扇更大的门，美好的居里先生在巴黎等待着她，他似乎是为她而生，物理世界神秘的"镭"在等待着她，"镭"似乎也是为她而生。在世界人类的乡村史上少了一个孱弱绅士的小夫人，却在世界人类的科学史上诞生了一位伟大的居里夫人。

居里夫人这样说："我从来不曾有过幸运，将来也永远不指望幸运，我的最高原则是：不论对任何困难，都决不屈服……如果能够追随理想而生活，本着自由的精神、勇往直前的毅力、诚实不自欺的思想而行，则定能臻于至美至善的境地。"

就在居里夫人成名后的晚年时光，另外一位贫穷孤独的青年画家正背负着自己的理想和画夹四处流浪。1923 年，这位青年画家跑了几家电影公司，希望得到一份导演工作，均被回绝，因付不起房租，他只能借用一家堆放杂物的车库作临时画室兼卧室，有一天深夜，他支起画架，专心作画，突然从墙角传来"吱吱"的声音，他疲倦地抬起头，借着微弱的灯光，看见一只小老鼠瞪着一双亮晶晶的眼睛，正机警地注视着他，画家取出吃剩的面包扔给了它，小老鼠坐在地上，一边享用着面包，一边用那闪闪发光的眼睛打量着画家。

这是个缘遇之夜——小老鼠同画家结下了深厚友谊。

每当夜晚小老鼠来到面前，画家就忍着饥饿，从他那少得可怜的食物中省下一些来留给它。有时画家和小老鼠共进晚餐，用餐完毕，画家作画，小老鼠则在一旁调皮地蹦来蹦去。

1927年，画家创作的第一个最受欢迎的卡通人物《幸运奥斯华》被发行公司以欺骗的手段夺走，人心奸诈，前景灰暗，画家伤心地负气回乡，在火车上，面对无边黑夜苦思冥想，突然灵光一闪，他眼前闪现出小老鼠那亮晶晶的眼睛，它盘起小尾巴，坐在地上，小爪子捧着面包，它享用时那满足的神态让画家欲罢不能，于是他以自己的车库伙伴小老鼠为原型，创作出受到全世界儿童喜爱的卡通形象——米老鼠。

没错，他就是沃尔特·伊利斯·迪斯尼，美国最负盛名的传奇人物之一。世界上凡是有文化的地方几乎就有米老鼠，这只小老鼠给沃尔特带来滚滚财源，上帝为他打开的这一扇更大的门，一直掩藏在不经意中。是的，在生活的细节中，当失败和贫穷困扰着画家的时候，上帝只给予了他一只启灵的小老鼠，但他慧眼识珠，以善心、慧心留住并抓住了它，也由此抓住了自己命运的咽喉，从而取得巨大成功。

著名哲学家培根说："只有不断观察生活的人，才能全面了解生活，体味生活。一方面，生活堆垒起一垛高厚的墙，阻断人们通向理想的道路；另一方面，又为人们开设了另一扇通向圣地的门，而且没有锁，只要你轻轻一推。"

野心与狂想

野心是指一个人心性的放纵。

通常我们发现的身边那个不安本分的人、难驯服的人、不轻易低头的人、有许多想法的人，大抵就是一个有野心的人。人类的野心大到宇宙，小到夸克，无所不包，而个人的"野心"则是催生所有奇迹的萌发点。

1998年，法国人巴拉昂在医院去世。

巴拉昂是一位年轻的媒体大亨，早前曾经很穷苦，靠推销装饰肖像画起家，用了不到十年的时间，迅速跻身法国50大富豪之列。他去世以后，法国的一份报纸刊登了他的一份遗嘱，内容为：曾经是一位穷人，在以一个富人的身份跨入天堂的门槛之前，我把自己成为富人的秘诀留下，谁若能通过回答"穷人最缺少的是什么"而猜中我成为富人的秘诀，他将能得到我留在银行私人保险箱内的 100 万法郎，这将作为睿智的、揭开贫穷之谜的人的奖金。

遗嘱刊出来之后，总共有 4800 多人寄来了答案，有不少人认为是金钱，也有人认为是机会，还有人认为是技能、帮助、关爱……谜底最后被一位叫蒂勒的 9 岁小姑娘猜中，她的答案是：穷人最缺少的是野心。

"野心"正是巴拉昂的谜底。为什么呢？小蒂勒解释说："每次我姐姐把她 11 岁的男同学带回家时，总警告我说，不要有野心，不要有野心……我想也许野心可以让人得到自己想得到的东西。"野心能够让人得到自己想得到的东西。单纯朴素的小女孩一语中的，切中要害。

所以我们说：一个人心在山头，他的脚就能站上山顶；一个人心有多大，他的舞台就有多大。心胸决定了发展的空间，一个目标远大的人必然会成为一个追求卓越的人，当一个人有强烈欲望改变自己命运的时候，欲望就化为力量，所有困难、挫折、困扰都会给他让路，野心越大，克服的困难越大，跨越的险阻就越大。

一个正常情况下的人一生有 30~60 年的创业期。这期间每个人都希望最大化实现自己的人生价值，都希望自己短暂的人生活得精彩而丰富。所谓"生无益于世、死无闻于后，是自弃也"。每一个人对生命的价值取向有所不同，标准有异，但有志向、有抱负的人却有一个相同愿望——让生命的价值最大化。

但人生的价值悬殊何其巨大？比尔·盖茨拥有 580 亿美元资产，试着分解一下他所创造的价值，相当于 580 个亿元富翁、5800 个千万富翁、58000 个百万富翁……对大多数人来说几乎不可能实现其万分之一。抛开比较的科学性，我们首先要问的是：我们自己有没有这个野心？我们想过拥有那万分之一的财富吗？我们敢向那些同时代的顶级富豪发起挑战吗？

一个人要改变命运，要获得想要的东西，首先要有野心，不要让野心泯灭，强大的野心可以促使我们做出成绩，成绩能提升自我，增强信心，野心有多大，目标就有多大，其行动也就有多大。

接下来说想象。

想象和一个人的野心是神通的，或者说一个人的想象是建立在野心的基础之上的。想象是一种心理过程，它不受任何羁绊，能突破时空束缚，达到思接千载、神通万里的境域。

2007 年，美国人约翰·奈斯比特在继他的《大趋势》发行 20 年之后出版了一本名叫《定见》的新书，他在这本新书中分别介绍了人类的 11 种心态，并对这 11 种心态按重要程序排列，被他排在首位的就是"想象"，原文是：尽情想象，错又何妨。

小时候，我们无数次听人讲述一个穷人与一枚鸡蛋的故事。这个穷人捡到一枚鸡蛋，走在街上，边走边想：如果我用这一枚鸡蛋孵一只小鸡，小鸡长大了，就会下一窝蛋，孵一群小鸡，一群小鸡长成大鸡，会下更多蛋，孵更多鸡，然后……以此类推，会有一群鸡，可以卖很多钱，钱多了干什么呢？买羊，羊群大了卖更多钱，再买牛，买了牛可以耕地，收获粮食，有了粮食，就可以娶女人，娶了女人，就要生一个儿子……生一个儿子不听话咋办呢？老子踹他一脚（非常关键的一脚）。结局：这个想入非非的穷人一脚踹翻了别人的货摊，同时也踹碎了自己的梦。

这是一个关于穷人异想天开的调侃故事，但是我们不可以轻易地去嘲笑这个穷人。

这个想入非非的穷人，他的浪漫与遐想犹若安徒生童话中的小女孩，在一束火柴的光焰中看到自己的幻景与温暖……任何计划与美好的愿景都基于想象，想象本没有错。穷人从偶得一枚鸡蛋开始勾勒人生，设计缜密，层次递进，螺旋上升，丝毫没有超越他人生环境的轨迹和范畴，试想他如果没有从想象的涡洞中跌出去，谁能断定他的想象会升多高、走多远呢？

他的错误在于：关键时用脚而不是用智慧。

事实告诉我们，脚不能代替大脑，不具备较高创意的执行力。野心家的狂想加穷人的执行力注定会毁掉一个美好的梦。更重要的是他没有立刻跑回去用那枚鸡蛋孵小鸡，如果他立即果决并小心翼翼地实施其第一个梯次，进而实施第二个梯次，完成每一个梯次之前，你无法断定他到底能走多远，当他果决地以正确的执行力去开始实施，而不是忘形地狂想下去，他就在有99.9%失败概率的同时拥有0.1%的成功概率，反之他将鸡蛋砸了并一脚踢翻了别人的货摊，他的失败概率就是100%，"星星之火，可以燎原"，谁能说0.1%的概率不会将一个穷人引上成功之途呢？

在《中国的新革命》这本书中，记录着中关村清华创业园A座302室那些微公司老板们的创业故事：2005年，这间屋子装着38家公司，每家公司占一个方格，由一张简易电脑桌和一把转椅组成，电脑台后面坐着的人个个年轻，既是老板，也是会计，也是自己公司唯一的员工。他们在这里每坐一个月的花费是500元，而他们在这里的时间通常不超过半年，半年以后，他们中的多数人败下阵来。

但总有人成长起来，脱颖而出，成长的人开始扩充，又搬到楼上的单间，在12个月或者18个月以后，这一层级的公司又多数垮掉，少数成长起来的公司再一次扩充，搬到更大的写字楼，甚至占据整整一层。

一张桌，一间房，一层楼，一幢楼……

这个脉络直观地反映出一个人、一个公司的成长过程和财富的累加过程。这些微公司和中国众多的创业公司一样，败多成少，在它们中间有77%的公司在3年内消失，90%在5年内消失，99%在10年内消失，但笔者在这些失败与成功的后面看到智慧、激情、勇气、压力和不确定性，看到生生不息的力量，看到死亡与新生，它们构成中关村的故事，成为国家历史的一部分。

想象力是一种特殊的思维形式，是一个人特有的天赋。它能突破时间和空间的束缚，不仅起到对机体的调节作用，还能够预见或设计未来。所以，我们绝对不要轻易嘲弄并扼杀自己的天赋。在今天这个世界，无论你身在哪里，无论你处在什么层级，无论你有多么卑微贫穷，你都有冥想的权利。

设计与构筑

人类以劳动改造世界，创造文明，创造物质和精神财富，而最基础、最主要的创造活动是造物，设计则是造物活动进行之前的预先计划。上路之前，我们每一个人都自觉或不自觉地要对自己的未来和目标进行一些规划。

在中国的《三字经》中记录着一个"孟母三迁"的故事："昔孟母，择邻处，子不学，断机杼。" 我们可以说它是中国最古老的人生设计故事。当然孟母对孟子的人生设计是粗放的。但"孟母三迁"对孟子的人生设计至少考虑了以下几点：环境设计、目标设计、教育设计和时间利用设计。

中国现有的教育体制从八股制教学、科举制到应试制，同样的东西通考几代人，要考一辈子，有些人因此被考成傻子。而我们身边的世界却在发生剧变。就物理教科书来说：最小的物质是原子吗？真空存在吗？光速可变吗？在科学发展的进程之中，伽利略、牛顿、爱因斯坦、波尔，都在不断破旧立新，光速可变在挑战爱因斯坦的光速不变论，生物技术发展到组织工程，基因改造，天文学家正在研究"潜物质"，探索"反物质"的科学家发明了反氢，还有诸多领域的突破性进展，如合成材料、传导聚合物、医学、克隆、微体流学、超分子化学、光学、能源、纳米技术等。

进入互联网时代，我们思维的触须更是毫无阻碍地伸延至宇宙的任何一个角落，一旦有什么新的东西出来，立马传遍全球，各种各样的知识浩如烟海，它们全部可以通过植入芯片进行传输，从而把时间与空间彻底消灭，以前要学几十年的东西，现在几年、几个月就可以学会，学习周期缩短，产品、技术、教育的生命周期也大大缩短，社会与市场需求日新月异，为适应新的市场和全球需求，越来越多的人开始对自己的人生和未来进行科学、细致而精心的设计。

有一位曾就读哈佛大学的父亲在女儿5岁的时候，为她设定了将来的职业归属：律师。小女儿接受了这个设定，因为那时候她还没有逆反心理，很容易接受父母灌输的思想，当一个小孩子形成自己牢固的志向之后，会开始自觉地接受各项相关能力的培养。经过长期努力的学习培养，这个小女孩不仅能说英、汉、法、西4种语言，还积极参与少年法庭、报社、社会工作等，积累了大量实践经验。女孩如愿在哈佛毕业的同时，也顺利进入哥伦比亚大学法学院攻读法学博士，并进入美国顶尖律师事务所工作。

这位父亲之所以能顺利地实现女儿童年的职业目标，得益于从小对她进行的周密人生设计和女儿自己长期的艰苦努力。

另一个小男孩 7 岁半时，父亲就让他自己办报。这位父亲帮助孩子策划并出了第一期报纸，出第二期报纸时，从编辑、撰稿到版面设计就全由小男孩独立完成，然后打印出 30 份分送给同学，办报需要的纸张、墨，每月大约花去父母 50 美元。当报纸编辑增加到 3 个人，这个孩子自己担任了总编辑，为了调动别的编辑的积极性，男孩主动地把自己的文章从一版撤到了后面的版，小男孩的报纸不仅有了名声，而且还得到了一笔 500 美元的资助，可别小看了这一笔赞助，它很有可能就此拉开一个财富人生的序幕。

小男孩的父母对他进行的职业预备训练，正是对小男孩未来人生设计实施的第一步。

马云作为当前中国最会赚钱的富商之一，其年赚钱的能力曾超过巴菲特、比尔·盖茨，在马云携手进军电商市场的两大世界财团中，其中之一就是早年敢于向世界首富比尔·盖茨叫板挑战的日本财团软银的大老板孙正义。

20 世纪 80 年代正是全球信息社会揭开序幕的时代，根植于西方发达国家的比尔·盖茨恰逢信息时机，而他所选择的产业正好与世界趋势撞个正着，他从事多年的、正处在一个产业新时代的发端行业加上诸多因素，造就了他无与伦比的财富人生。与此同时，日本人孙正义向他发起了挑战。两个信息时代的先锋人物隔着太平洋开始了无言对抗，后来一个成了世界首富，另一个成为亚洲首富。盖茨在把自己所写的第一本书赠送给孙正义时，在赠书上写下这样的话：你跟我一样，是个冒险家。

下面我们就看看"冒险家"孙正义发迹之前对自己的人生事业是怎样设计和构筑的。

从小重视人生设计

孙正义 17 岁争取到了去美国留学的机会，这为他日后事业的成功奠定了一个有利的基础。这个决定是小的时候，孙正义针对父亲经营弹子房受天气影响的弊端，设想摆脱靠天吃饭的生意，发誓要自己把握自己的命运，取得铁一样的成功而催生的。

设计大目标

孙正义 19 岁时定出 10 年的梯次目标：20 岁打出旗号，30 岁左右储备 1000 亿日元的资金，40 岁左右与业界一决雌雄，50 岁左右实现营业规模一兆亿日元。

当公司成立时他定下的目标是：5 年内销售规模达到 100 亿日元，10 年内达到 500 亿日元，要使公司发展成为几兆亿日元、几万人规模的公司。

设计全面的项目选择

孙正义的目标很大，但不急于求成。他花了一年多的时间静下来冥想，自己到底要做什么？他把所想到的事情都列出来，然后逐一去做市场调查，还在上大学的时候，他就勾画出 40 个公司的雏形，并设计了一个 50 年创建公司的计划，包括如何筹集资本、如何把发明创造传下去，他对 40 种项目全部做了详细的市场调查，并根据调查结果做出了 10 年的预想损益表、资金周转表和组织结构图，每一个项目的资料有三四十厘米厚，40 个项目的文件全部加起来足有十多米高。

选择详细的项目标准设计

他的项目选择标准有 25 项。其中比较重要的有：该工作是否能使自己持续不厌倦地全身心投入，50 年不变；是不是有很大发展前途；能否在 10 年内成为全日本第一；是不是别人可以模仿。

根据以上这些设计和标准，孙正义的计算机软件批发业务脱颖而出，在不到 20 年的时间内，他创立了一个无人能与之媲美的网络产业帝国。现在孙正义持有他所领导的软银公司 44% 的股票，在软银公司股票最火的时候，他的身家达 700 亿美元，直逼当时身家约为 780 亿美元的世界首富比尔·盖茨。

孙正义的过人之处是他的思维理念。他能从眼前的生意中看到未来生意方向和发展前景，看到并设计构筑的未来愿景不是 10 年、20 年，而是 100 年。

现在亿万富豪当然不再是西方发达国家的传奇，中国每天都在发生这种故事。在北京的中关村，中国互联网界异军突起了一大批这样的年轻新贵，他们稚气未脱，却有着非凡的雄心和成熟的心智，有着非同寻常的创业经历，拥有上千万元、上亿元的财富新贵如雨后春笋般不断冒出，他们的出现，一夜之间颠覆了人们心目中传统企业家的形象。

第二节 脑洞问题

脑补脑补

脑补是由脑洞衍生出来的一个新词。

按照网上流行的意思，"脑补"即脑内的补充。它最初主要用于动漫方面，指人们在头脑中对某些动漫情节进行补充，后来使用范围逐渐扩大，如对一个故事、小说、影视及现实中还没有发生或者不可能发生的情节进行幻想，或对我们前面提到的未来设计规划施展放量想象，或学习、吸收、汲取新知识、新方式、新方法……所有这些都可称之为"脑补"。因为"脑补"是关乎大脑的事情，在我们的脑内进行，所以一个人"脑洞"开得越大就补得越多，新词"脑洞大开"就比较形象地说明了一个人"脑补"能力的强大。随着使用频率增高，"脑洞大开"开始衍生出更多含义用法，如"想通了"、"有想法"、"开窍了"、"有创意"、"创新思维"等。

有人用"热气球"比喻 21 世纪中国一线城市的房价。

高房价就像缓缓飘离地面的"热气球"拽住了不少人，当它升到离地面 1 米、2 米时，有人想跳，却没有跳，看着"热气球"越升越高了，他们仍不选择跳，他们不相信"球"会一直升，相信它很快会落地，"球"升到 5 米、10 米以上，他们仍相信"球"会落地，经验和常识告诉他们"球"的热力一耗尽就自然落地……于是"热气球"带着他们升到了 20 米、30 米、50 米、100 米，这个该死的"球"还丝毫没有瘪、没有掉下去的意思……这时候他们突然想跳了，却不敢跳了，因为跳下去必死无疑。他们搞不懂这个该死的"球"的热力到底来自哪里？为什么它可以一直这样飘？它会飘多高、多久，会突然在空中爆炸吗？看不到它有任何着陆的迹象……绝望！

这时候，这个悬空绝望的人就应该"脑补脑补"。

有时绝境就是生路。因为按常识"球"早晚会落地，但你根本不知道它什么时候、以什么方式落地，它有可能还要飘很久，有可能突然高空爆炸，无论如何后果都很恐怖……他们如果继续怀着这种恐惧、忧虑、焦躁的心情悬浮在空中，就会出大问题，身心都要坏，而且开始受损的核心部件（心、肝、脑），是要命的。这时要止损，就需先补脑，需打开脑洞想一想：地球不全是由岩石、水泥、钢铁构筑而成的，地表有沙、土、水、青草、茂密的森林……所以横下心来跳下去，兴许会落进水里或落在沙、土、青草上，也许侥幸会被茂密森林的树枝挡挂住，总之一切皆有可能。

这个比喻是说：住房具有投资功能之后，在一线城市（如北京）房价每平方米 2000 元时，他们不出手，5000 元时他们也不出手，到 10000 元、20000 元、30000 元还不出手，现在均价奔 50000 元了，他们想出手了，却不能也不敢了，于是绝望。而把他们带入绝望的不只是疯狂飙升的"热气球"（高房价），还有他的大脑。

一开始脑洞没有打开无所谓，但窥不到财富的轨迹和力量问题就大了，而且绝望并非绝境，一味绝望下去，就会真的陷入绝地，这时候如果放手一搏，一闭眼跳下去，兴许就是另一重生门……因为必须记住的，是我们打比喻的这个城市北京，这座古老而又现代的大都市，任何人间奇迹都不足为奇。我们坦承北京现在的房价让许多人望尘莫及，但飙升期间仍不断有人抢进（有位专家不无炫耀地说他这些年每年买一套房），这些人并非拥有多大的财力，但他们的头脑风暴席卷过政府大脑，加上会钻营、算计、思考许多可想不可想的办法，无论采取"借、贷、集"（"集"是指银行加亲朋好友）哪种方式，总而言之，他们义无反顾，有胆识，有勇气，如今他们多数人并非像有人预言的那样沦为房奴，而是携着几套房子观天下（基本上他们都拥有至少几百万元乃至千万元以上的资产），财富这个东西就是这样，看似密度紧实，没一点孔缝，但一旦钻营进去，发现它孔缝密布。

所以问题的关键是脑补、脑补……

另外说一个"三只羊"的故事。

20 世纪 90 年代中期，笔者在一部名叫《穷则思变》的纪录片中看到这个故事的时候，被震撼到了。这是一部后来没有能够公开播放的纪录片，片中有一段讲述了中国西部一个"穷老伯和三只羊"的故事，穷老伯住在陕北黄土高原的一个小村庄，用家徒四壁形容他一点都不过分，老伯穷得只剩自己了，每天除了倚着墙根晒太阳，唯一想做的事情就是到哪儿去弄一点什么东西来填一填瘪瘪的肚子。

这时候意外降临，政府的救济金来了。当地政府为了让上面拨下来的这批救济款发挥最大效应，能够真正帮助村民们摆脱贫穷，没有把钱发到村民手里，而是给特困户每个人发三只羊，地方政府希望他们将这三只羊养大，获得一笔可观收入后，再扩大羊群，从而一步步脱贫，最终过上小康日子。

穷老伯也分到了三只羊。

一年以后，政府人员回访山里的贫困户，出人意料地发现，穷老伯依然坐在墙根下晒太阳，政府人员问他："老人家，你怎么没有上山去放羊呢？"老伯笑了笑，尴尬地摇摇头。政府人员看了看他空空的屋子，很惊奇地问："老人家你的羊呢？"老伯抬一抬下巴，又尴尬地笑一下，然后坦白地说："吃了。"政府人员目瞪口呆。

接下来的画面是一个夕阳西下的傍晚，夕阳从只剩窗框的窗口照进屋子，映衬出老伯的剪影。老伯举着旱烟袋，安静地眯缝着眼睛坐在夕阳中……这原本是一幅多么温暖而唯美的乡村图画啊！然而背景中传来的声音却让我们心情沉重，记者的声音："老人家，当时你为什么要把三只羊吃掉呢？"沉默良久，老伯说："好吃嘛！羊，好吃呢！"记者停一会儿又问："如果政府再给你三只羊，你还吃掉它们吗？"老伯快速回答："吃，还吃……"记者问："为什么？"老伯回答："好吃呀……羊好吃呢。"记者沉默良久。

这时候画面切到夕阳映照的山坡上，一个衣不蔽体的小男孩正挥鞭放着几只羊，他羞涩地望着镜头的方向，两眼放射出好奇的、快乐的光……这是一个完全真实的故事。

假设我们现在同穷老伯一样，都是一贫如洗，家徒四壁，这时候我们每一个人又都意外得到"三只羊"，结果会是什么呢？会有什么不同吗？这时候，我们的脑袋就将决定我们的命运和结果。

如果我们选择贫穷，那就像老伯一样，把羊一只只吃掉，羊是美味，暂时可以满足味蕾，填补饥肠，但结果是我们依然贫穷，贫穷就像施了魔咒，会紧紧缠绕住我们，永久无法摆脱，因为我们脑子出了问题，观念出了问题，选择了享受、索取、无休止索取，再大、再多的财富都将掉进一个黑洞，国家会被吃穷、被拖垮，我们将长久生活在泥淖之中。

反之我们可以选择富足。就像衣不蔽体的小男孩，在山坡上放牧我们的羊群，尽管饥肠辘辘，但饥寒之中，我们看见希望，有希望支撑，我们就可以去忍受、去经历、去战胜、去翻越……有一天我们的羊群壮大了起来，它开始大于我们消费的部分，我们有了富余，开始积累，财富的积累便是我们对社会的奉献，当所获超越需求，成为财富资源，这时我们放牧的羊群越是壮大，资源就越大，因此我们的奉献就越大，承担的社会责任就越大。

所以选择富足、成为富豪并不意味着我们就会有多么开心、多么享受、多么幸福和荣耀。我们完全没有必要因为富足而雀跃，相反我们要忍耐更多、付出更多、承受更多、承担更多，但这对我们来说是值得的，生命的意义即在于创造(财富)与承担（责任)，我们不是为享乐而生的，我们不可以消耗、作践生命，而应该放牧生命，我们会因此笃定并快乐。

几乎就在这位穷老伯吃掉"政府救济羊"的同一时期，美国未来学家阿尔文·托夫勒出版了他的另一部力作《力量转移》，托夫勒在这本著作中提出人类有史以来力量表现的三种基本形式：暴力、财富、知识。

至于三种形式谁最重要，托夫勒选择"知识"。他认为由于暴力和财富在惊人的程度上要依靠知识，从而今天正在出现空前深刻的力量转移，人类社会初期力量的主要表现形式为暴力，在整个奴隶社会和封建社会时期，暴力最有力量；到了资本主义社会，力量的表现转移为财富金钱，整个资本主义时期，财富和金钱最有力量；从20世纪八九十年代开始直至今天，信息化革命所带来的信息爆炸和全球网络传播让全世界都感觉到力量的性质发生了一种深层次的变化，即知识的力量。

俯仰之间，知识的力量无所不在。

生命的灵魂

美国人威廉·詹姆斯说："人的思想是万物之因，一切始于你的观念。"一个人脑洞的核心问题就是观念，一个人的观念（价值观）是一个人生命的灵魂，一个人生命终止了，但灵魂仍在，灵魂不会终止。

宇宙之下，我们感观到一切事物，我们该如何认识、体悟、理解、评价这些事物呢？当价值观在我们大脑里形成一套独特评估系统之后，我们依据它来判定这些事物或行为对个人意义的大小或重要程度，一个人的聪明可以与生俱来，但价值观不会，价值观受家庭、环境、文化、社会熏陶影响而逐渐衍生形成。

当一个小儿呱呱坠地，完全依赖生命的本能来表达、索取和诉求，他无论饿了、渴了、尿了、拉了，都不管不顾，张开小嘴，哇哇大哭，这时手足无措的母亲一边适应，一边与他互动，开始对他施加影响，试图引导他进入一种有序可循的生活，稍长大些，传统家庭就试图让他伸出稚嫩的小手去抓钱、抓书、抓纸或什么玩具，以此预判他将来是从政、经商还是搞艺术。一开始只是母亲把自己的期望掺和进来，她有针对性地对着幼儿小声哼歌、读古诗、听莫扎特音乐（有的在孕期即已开始），接着父亲介入进来，两个雄心勃勃的大人开始制定计划，指导、训练并打造他们未来小子的光明前程……

然而不同的家庭会有不同的回应。一个富家子，一生下来就锦衣玉食，从懂事那一天起，他就知道自己是金枝玉叶，举手投足，贵气夺人；一个学者之子，自小在书卷气中浸润，琴棋书画，礼义廉耻，胸怀天下，冰雪聪明。而一个乡村小子从小粗粮杂菜，风餐露宿，赤着一双小脚，爬树蹬杆，满地乱跑，他从父母那里得到的信息即：你是一棵小草，命好比一粒草籽，撒到哪儿都能成活……于是他放荡不羁地下河捉蟹，上树掏鸟，因为卑微常不敢仰视，因为局限不敢有浪漫云天的幻想，但他内心充满了单纯的欲望与冲动。

然而一切在悄悄改变。

在中国西北甘肃的中部山区，有一个叫会宁的小县，它既是国家重点扶持的特困县，又是全国知名的高考"状元"县。一方面，它以"贫穷"著称，需要政府的救助与帮扶；另一方面，它又以"高升学率"享誉全国，并因此成为甘肃省的骄傲。这个山区小县几乎没有工业，拼学考学成为山区青年唯一的出路，仅一个叫黑虎村的小村，就曾考出包括一名清华教师在内的3位博士，对山村穷孩子来说，要走出山村、摆脱贫穷、改变命运，只有"华山一条道"，豁出去，吃非常人能吃的苦，用非常人能用的功，只有这样，才能够金榜题名，脱颖而出，所以隆冬腊月会宁中学的操场上，那些身穿薄衣捧着书本瑟瑟发抖的学子，在飘飘雪花中大声朗读的场景尤显怆然悲壮。

"金榜题名"已成为山区学子的个人目标价值观。在这个目标价值观的驱动下，他们走上那条"华山小道"，背水一战疯狂脑补，在艰辛与清苦的困局中为自己劈杀出一条体面的生路。

今天信息不对称的时代已渐远，世界在变平、变小，无论富家子弟、学者之子、穷小子，最终都要各怀抱负，走出家门，去实现自己的人生价值……他们或许在幼儿园、小学、中学、高中或是进入社会的某一个阶段相遇，这时候富家子弟的贵气，学者之子的聪明，穷小子的狂野，便开始碰撞、磨合、互相影响，并悄然改变各自的位置。假设三个人一起去市场消费，出手阔绰的富家之子会让另外那两个人感到寒微；满腹经纶的学者之子又会让另外两个人结舌；而足球场上纵横驰骋的穷小子也会让另外两个人叹服。

不同的人会聚到同一个平台，背景、聪慧、拙朴、高下之势，既相互补充又相互转换，从高处往下行的人，内心或许会日渐羸弱，从低处往上行的人，内心或许会日渐强大。前者的价值观日渐迷失变得虚茫，后者的价值观日渐清晰变得明朗，而聪明的学者之子则有可能集两家之长形成自己全新的价值观。

就像放生东北虎一样，把豢养几年的学子放归原野，依据丛林法则，三个不同背景的人纵横驰骋、追逐、猎取、搏击、谋利，个个虎胆雄心，生机勃勃，梦想征服世界，但残酷的现实、强悍的对手、资本市场的血性，一次次粉碎他们的梦想，面对失败，一部分人会急流勇退、偃旗息鼓，一部分人会休养生息、蓄势再来。后者开始积极调整、改变，不断开阔视野，不断更新观念，博弈永远都在升级。

经历让他们领悟到"一切始于观念"的真义，一个人越早确立自己正确的人生价值观，其成功的概率就越大。

精神的家园

价值观也是一个人精神的家园，一个失落了家园的人，就像游荡荒野的孤魂，灵魂无所依附。

不朽的爱情之作《呼啸山庄》中的女主人公凯瑟琳，疯狂无度的爱情最终使她丧失了自己的家园。她狂放不羁，不管不顾，爱恨就像一阵疾风，没有底线。她嫁给了艾德嘉，却又一次次去引诱希斯克利夫，对艾德嘉的温和善良视之无物，从不内省，从不在乎归宿，以至于后来在疾病中开始思念呼啸山庄——她的家园。但她失去了。她死后变成孤魂，游荡荒原，十八载一直在呼唤她的小山庄，迫切盼望回到山庄，在山庄外发出"我回家来了，让我进去吧"的苦苦哀求，山庄是她灵魂的归宿，但自私、任性、疯狂使她在丧失了美好爱情的价值观的同时也丧失了自己精神的家园。

希斯克利夫是《呼啸山庄》里的另一主角，他原是恩肖先生拾来抚养的孤儿，因为没有能够与心爱的凯瑟琳成亲开始报复，尽管他后来成为呼啸山庄与画眉田庄的主人，却最终绝食而死。这个结局让他酷似弥尔顿《失乐园》中最后的撒旦，一样坚深的爱恨情愁，爱得激烈，恨得刻骨。希斯克利夫的价值观取决于他原始的野性，力量决定价值，因为他从小生活在歧视中，脑子里有一股深深的仇恨，他复仇时采用的仍然是别人的价值尺度——身世、财富、社会地位。当他拼尽全力完成了这些超越与转换之后，其心灵也完成了由善到恶的转换过程，这导致他最终变成一个超越对手之恶的恶人……财富是一把双刃剑，价值观决定一个人的走向与结果。

个体性是价值观的特征之一。马可·奥勒留在《沉思录》这本小书中告诉我们："那种在生活中没有一个始终一贯的目标的人，不可能在他的一生中是统一和一致的。""即使你有了一个始终一贯的目标，但如果不加上这一点就还是不够的，即这个目标应当是什么。"

今天我们同样面临着这个问题。

在现实生活中，我们每一个人都会依据自己的价值观体系对各种事物和行为的意义及重要程度做出评价和判断，所有这些评价和判断的主次、轻重、排列次序构成我们个人的价值观体系，如财富的、伦理的、经济的、社会的、政治的、唯美的、爱情的、宗教的等，我们依据自己的世界观、人生观、兴趣爱好及教育环境影响来形成自己的价值观。之前我们像茫茫大海中飘摇的一叶小舟，需要桅帆导向，价值观就是我们导向的桅帆。

在这个世界上，无论你是政治家、银行家、企业家、操盘手、大亨、农民、美学家、诗人、爱情专家还是小市民，都需要寻找到并树立起属于你自己的正确的人生价值观。没有它我们会撑不下去，终有一天会轰然坍塌。这关乎我们的生死存亡，它是我们深藏内心的一种尺度，贯穿于人性始终，凌驾于整个人性之上，支配着我们的一切行为、态度、观察、信念和理解，支配我们认识身边的世界，认识整个世界，使我们明白事物和行为对自己的意义，为我们自认为正当的行为和目的、目标提供充足的理由，我们需要一种理由。

如中国走的是以社会主义为指导的发展道路，其国家核心价值观就必然是为社会主义事业服务。从人类发展史看，当人类生产力发展超越奴隶制、封建制时，资本主义出现了，它继续推动人类经济、科技和社会向前发展，但其核心价值观是什么呢？说白了，就是赚钱，努力赚钱，全民赚钱，为赚钱学本事、学知识、学技术、利用并发展科技，一方面它推动了社会的进步，另一方面它的整个过程充满盲目、冲动、贪婪，使人的私欲无限制膨胀……这需要一种力量来制衡、调控，国家力量就体现出来了，这就是中国特色的社会主义。而中国国家层面的核心价值观就是"富强、民主、文明、和谐"、社会层面的核心价值观为"自由、平等、公正、法治"、公民个人的核心价值观即"爱国、敬业、诚信、友善"……这既是中国传统文化理念的精髓，也是近现代百余年中华民族矢志不渝的追求，是新中国的最高价值取向，也是中国社会的主流意志和个人的行为基准。

家国天下，一脉传承。

信念的力量

古罗马有一句话："那统辖思想的，比统辖城池的更有力量。"

那么什么是统辖思想的呢？这就是信念。信念是一个人认知、情感和意志的融合统一，它是一种综合的精神状态，是一种强大的、贯穿所有力量的力量。

下面我们列举两个德国人：一个是马克思，一个是希特勒（有人说希特勒是奥地利裔，实查是德国人）。

这两个人谁更有力量？

从表面上看，在他们生命的成熟期，希特勒力量超强，他制造了全世界最有力的战争机器（硬力量）。1939 年 9 月，希特勒出兵闪击波兰，正式点燃了第二次世界大战的焰火。几个月以后，战火燃烧到西方，希特勒只用 6 个星期的时间就击垮了英、法联军，接下来他几乎横扫整个欧洲和北非地区。1941 年 6 月，希特勒突袭苏联，并妄图在 6 个星期到 2 个月内打败苏联，然而意想不到的是，这成为他强悍力量幻灭的转折点，短短几年之后，希特勒的力量犹如阳光下的冰雪消融得毫无影踪。

而马克思的力量呢？19 世纪 50 年代的马克思没有力量。

当时马克思已过而立之年，之前因为从事革命活动先后被逐出巴黎、比利时，这使他衣食无着，深陷贫困，而形形色色的敌对势力又将他置于攻击诽谤的包围之中，几乎所有报刊都对他关上了大门。但他没有退缩，整天埋头在英国博物馆研读政治经济文献，为无产阶级锻造理论利器。就在他最贫困时，好友恩格斯站了出来，为了在经济上支援马克思，他重返曼彻斯特，再次从事自己讨厌的经商活动，以此助力马克思完成创新经济学理论的伟业。1857~1858 年，马克思完成了第一部经济学手稿《政治经济学批判大纲》——那部人类政治经济学的不朽巨作《资本论》第一稿。

依照托夫勒的"力量"观点，我们应该把马克思的力量归属于知识力量（软力量）。马克思没有硬力量，他的力量是思想的力量、信仰的力量、信念的力量，也是改造世界和推动世界的力量……这是那些外在的"肌肉力量、邪恶力量、超强力量"及所有"硬力量"都无法战胜、无可比拟的。

时间是真正的力量。

马克思的力量与时间同在。

第三节　脑袋问题

激活"死脑筋"

死脑筋就是一根筋。

一般用来形容一个人脑子不拐弯，不善变通，做事呆板，一条道走到黑，死钻牛角尖——明知道越往上越尖、越窄，却仍直通通拼命往上钻。

有一个男孩与人打篮球，其中有一个神投小子，无论三分线、内线，无论跳投、定投、跑投、抛投、后仰投，每投必中，有人大声赞他百步穿杨……这个男孩反驳说：百步穿杨是用来形容狙击手枪法的，跟投篮没有关系。别人解释说：古代武士骑射术高超就是用百步穿杨来形容，《水浒传》里的小李广花荣也是百步穿杨。但这个男孩扔开篮球与人家理论，因为他只见过用百步穿杨形容狙击手枪法，没见过其他的说法，所以他认准：百步穿杨只能用来形容狙击手枪法。别人懒得跟他争，球不打了，闪了。留下他自己生闷气。这个就是典型的"盲人摸象"——死脑筋。

还有一个女孩，硕士毕业进一家涉外企业，干活特别认真，特别卖力气，同样的活，她比别人要多花将近一倍的时间，干活的质量也有口皆碑，但她一直很郁闷，同样的活比别人累，比别人质量好，她的薪金却比别人低，她找主管，主管告诉她：别人比你（薪金）高，是因为人家进公司早，底薪高。女孩心里不平衡，大家付出的一样多，自己甚至更多，做得一样好，自己甚至更好，却永远比别人薪金少……主管为了安抚她，暗示她每月可以多报一些差费弥补差缺。女孩拒绝，坚持要求涨底薪，但涨薪资的权限在人事部与公司高层手里，主管无能为力，事情就一直拖下来，女孩一如既往，郁闷并兢兢业业地工作着。

前主管升了，后主管来，后主管走了，新主管来，每一位新主管来，女孩都要找上门去诉说薪金的问题，把自己都说成"祥林嫂"了，问题仍然没有解决。最近这个新主管把她的工作和辛苦看在眼里，就提出给她一个月报两千元交通费，她非常失望地再次拒绝。新主管都惊了：你这人怎么这么"轴"啊？数字到了工资卡上才是真金白银。

新主管这里说女孩的这个"轴"就是死脑筋。

一个人的死脑筋，从哲学意义上说是思想方法问题，从心理活动上说是思维品质问题。人类思维品质的好坏，是要通过思维的各种特性表现出来的，我们思维的广度、深度、独立性、批判性、灵活性，尤其是灵活性，在我们的经济生活和财富生涯中是很重要的。

战国早期思想家列子《说符》篇中说："且天下理无常是，事无常非。先日所用，今或弃之；今之所弃，后或用之。此用与不用，非定是非也。投隙抵时，应事无方，属乎智。智苟不足，使若博如孔丘，术如吕尚，焉往而不穷哉？"

列子是中国古代继老子、庄子之后的又一位道家代表人物，他这段话大意是说：天下没有永久正确的道理，事情没有永久的对错。我们以前用过的方法，今天有可能将它抛弃；而今天所抛弃的方法，以后又有可能使用。这种用与不用，是没有一定的对与错的。所以要抓住机会，适应时宜，处理某些事情时，不要沿用固定的方法，要依靠我们的智慧。一个人如果智慧不够，即使他博学多才犹如孔丘，智慧计谋好比吕尚，不管他到了什么地方，都摆脱不了穷困。

又如真诚，这是人类最基本的也是最重要的品质之一。但在一个谎言成风的世界，真诚有时候也会被视为谎言，甚至被视为拙劣的表演，而适当的技巧就会使我们在轻易化解两方阻塞的时候收到事半功倍的奇效。

笔者在《做人与处世》刊物中读到一个故事：美国加州理工学院物理系教授费曼（1965 年以量子电动力学方面的卓越成就获得诺贝尔物理奖）在康奈尔大学教书的时候，他经常去参加那里的社交晚会，但令他奇怪和郁闷的是，每一位同他跳舞的小姑娘都只和他跳一次，下次再去邀请，人家就会找各种理由，婉言谢绝。费曼百思不得其解。他认为自己形象不错，风度气质也佳，这都足以吸引女孩子们……问题到底出在哪里呢？反复琢磨后，他觉得问题就出在双方的交流与沟通上。有一次，他请一位女孩跳舞，女孩边舞边问他话："你是大学部的，还是研究生部的学生？"

费曼答："我是教授。"

女孩问："你教什么？"

费曼答："理论物理。"

女孩说："你大概还研究过原子弹呢。"

费曼答："是呀，战时我都待在罗沙拉摩斯。"

女孩大叫："你这个该死的骗子！"说完扔开他走了，剩下费曼一个人莫名其妙地呆在那里。

这时候一头雾水的费曼终于完全明白了过来，原来真诚单纯的实话告白被女孩子认为是愚蠢的夸口和谎言。于是费曼改变策略，以技巧应对，用另一种低调模糊的方式与对方巧妙沟通，再邀请女孩跳舞遇到类似问话时，他采用"不"、"才不是呢"、"我不说"或"不想说"这样闪烁其词又略带傻气的方式回答，这不仅没有像原来一样吓跑对方，反倒引起对方极大兴趣，她们非常想追问下去，于是有了继续交流的欲望，甚至有的以学姐身份对他倾诉，施以同情，随着沟通深入，一切顺理成章，费曼教授成为女孩子眼中一个既有内涵又幽默风趣的人。

西汉人东方朔《诫子书》中说："圣人之道，一龙一蛇，形见神藏，与物变化，随时之宜，无有常家。"东方朔的意思是说：一个圣人处世经事，注重行、藏、动、静，因时制宜。有时候华彩四射，神秘奥妙；有时候缄默蛰伏，高深莫测。一个圣人，他是能够随着万物和时机的变化，用最合时宜的方式去处理事物，而不是固定不变，拘泥不通。

我们坚信真诚作为人类道德和人格魅力的基础，以此待人会在可以信赖的人之间彼此架通一座心灵之桥。但真诚并不等于我们就要不假思索地把自己的感觉和想法全部说出来。因为我们的感觉正确与否是一个需要判断的问题。对日常生活中的某些事物人们见仁见智，无所谓对错，许多自诩为"直肠子"的人，有话直接说出来，想什么就说什么。由于简单用自己的价值观去衡量事物或判定别人的某些态度行为，往往出口伤人。

三国魏人六兰《座右铭》中说："审慎汝口，戒无失人。"就是说你一定要小心开口，管住你的口，千万不可以因为口无遮拦而伤及别人，由此弄坏了你的人际关系。如果一遇到不对自己胃口的事，就怒目横眉去指责别人，这怎么叫真诚？那只是随意宣泄而已。一个人内心的真诚并非是不拘言语，相反，善意的真诚是需要委婉、艺术地表达的。

另外根据巴甫洛夫的高级神经活动学说，我们知道人的神经系统有一种"安静型"，其明显特征就是反应迟钝，这种"反应迟钝"虽不等同于"死脑筋"，但心理学研究证明，神经活动的惰性对人的认识活动是有影响的。

假如我们的神经系统属于这种类型，没有关系，惰性是可以改变的，因为我们一直在生活、实践、锻炼，在不断吃苦头，无数苦头会刺痛我们，激活我们，再说这种"钝型"神经类型的人，大多又具有另一些特质：沉着、坚定、自信、顽强……这些是属于我们自己的，是我们的"矛之尖"、"盾之韧"，用好了它则无往不利。

即便那些所谓的"死脑筋"，只要方向正确，一直下去，未必不是一件幸事。只要过程中牢牢记住"逢山开路，遇水搭桥"、"兵来将挡，水来土掩"这两句话，就足够了，就一定能抵达目的地。

"杏仁体"问题

杏仁体是人的大脑中两个形似杏仁的神经元组织。

它的位置在我们大脑颞叶内侧，成左右对称分布。如果说大脑颞叶负责处理我们的听觉信息，主管记忆和情感，那杏仁体就是我们的恐惧记忆神经中枢，它负责主管我们的情绪反应中的愤怒、焦躁、多疑与恐惧。

打个比方，我们晚上独自在家看书，忽然听到隔壁或者窗外有怪异声音，第一时间，我们的脑部会发生一连串变化：首先脑部接收到声波的信息会转化为脑语（脑部能理解的语言），然后从耳朵，到脑干，再到丘脑，进入人脑的重要记忆库"海马回"，海马回快速将声音与库存声音作比对后做出各种假定，传送给杏仁体，杏仁体再经过比对后告知我们进入警戒状态。

这种时刻，杏仁体作为脑部主要警示系统会继续导演一连串的变化：指示脑干细胞让我们紧张，易被惊吓，脸上露出害怕的表情，正在进行的肌肉活动僵凝，心跳加速，血压升高，呼吸变缓、变急，注意力向恐惧源集中，肌肉进入备战状态，眼睛瞳孔放大，专注于一切危险事物……恐惧是植根于人心底的一种复杂情绪，适当恐惧可以帮助我们趋利避害，保护自己 。但如果非常恐惧或恐惧体验强度和持续时间远超正常范围，则会带来病症，甚至恶果。

现实生活中有人曾被自己的影子吓到，甚至有人会被自己的影子吓死，让我们回忆一个场景：一个月朗之夜，一片寂静的野地，月光皎洁，树影婆娑。有一个人在月光下做着或立、或蹲、或走的动作，立着的时候，影子斜斜长长，蹲下时影子变得十分怪异，来回走动时影子忽长忽短，变幻不定……这个人在干什么呢？难道这是什么恐怖怪异故事吗？不是，这是我们小时候经常玩的影子游戏。

我们都有过这样的体验：小时候我们经常在这样的月光下弄影，我们对自己的影子很好奇。通常，这时候我们会对着自己的影子产生恐惧，先是会被自己的影子吓得不轻，但当我们反复数次之后，逐渐弄明白缘由，便不再害怕自己的影子。

还有一个故事：一个月光朗朗的晚上，一个贼进了一户人家，贼没有想到这家人太贫穷，几乎无物可偷，贼很沮丧，但贼有潜规则，进门后不打空手，必须拎一件东西出门，贼顺手把人家的泡菜坛子拎出了门，这个泡菜坛子死沉，又光溜溜没有把儿，抱不住，拎着也重，贼就把它顶在了头上，当他出了屋子，走出一片竹林，然后再走进一片空地，洒满月光的空地上一下出现了一个长长的、无头的怪影子，贼猛一抬头看见那个影子，吓得大叫一声，倒在地上，气绝而亡。贼被他自己顶着坛子的怪影吓死了。

贼为什么会被吓死，而我们却大多不会呢？

著名情绪理论家潘克塞朴（Panksepp）认为：在人的中脑、边缘系统和基底神经之间，存在着四条情绪的传导环路，它们分别调节着期待、恐惧、愤怒和惊恐。人的每一种行为都具有相同的基本控制环路，这些行为都有其遗传基础，但同时又受经验、知觉和体内平衡的影响，所有这些因素的共同结果产生不可计数的特异行为表达。

潘克塞朴强调学习和强化在情绪中的作用，他认为不确定的情绪刺激可以逐渐地改变情绪的环路。

很显然，前面那个贼的所有经历，都不是学习和强化其神经的经验过程，而是整个过程无时无刻不紧绷和拽扯着他的恐惧神经，他每偷窃一次，内心深处的恐惧就放大一次，这样不断放大，表面的恐惧随着历练变得麻木，敏感的内心恐惧却越来越大，其传导环路的神经也就绷得越来越紧，变得越来越纤细，一旦遇到意外强刺激时，便戛然而断，气血攻心而亡。

美国的科研人员曾专门做过一系列实验，证实当一个人突然遭到外界的惊吓时，大脑会指令肾上腺迅速分泌大量的肾上腺素。肾上腺素能使心跳加快，血液循环加速，为身体提供充足的血液，促使肌肉快速收缩和快速做出逃避危险的行动。如果分泌的肾上腺素过多、过快，血液循环则会如洪水泛滥一般冲击心脏，使心脏纤维撕裂、出血骤停而死亡。

而我们在月光下的弄影体验就不同。虽然我们当时也会产生很大的恐惧，但恐惧不至于让我们崩溃，也不会持续累加，因为我们没有积蓄在内心的累加恐惧，大脑"海马回"里没有库存的恐怖记忆，这让我们有回旋的余地。之后我们会冷静下来，有所发现，有所怀疑，我们有机会重复体验，直至发现并找出真相，消除恐惧。

贼的心理阴暗，晓宿夜行，提心吊胆，生性多疑。而多疑导致恐惧，恐惧导致崩溃，骤然崩溃，便导致他气绝而亡。当我们同样被自己的影子吓到后，因为我们没有罪孽之重，心底无惧，不会崩溃，虽然也会怀疑并恐惧，但我们会动脑筋，会重复体验最终找出因果而释然。

有一位超级爱好无线电的大学生，一毕业就迫不及待地来到久负盛名的乔治公司，打算投身到大名鼎鼎的乔治麾下。他想，凭借自己的能力、专业、几篇很有影响的论文，乔治一定会接纳他。没想到乔治根本不听他解释，也不在乎他的论文，而是非常果断地拒绝了他，把他推出门去，"呼"的一声关上房门。大学生很受打击，只好快快回家。他原指望能走一条成功的捷径，可出师不利，第一次求职就吃闭门羹，心里留下很重的阴影，神情沮丧。

一个闷热的傍晚，他独自坐在自家的后院，对面是一片清幽的森林，他看着落日，享受大自然的宁静……当夜幕渐渐降临时，他突然觉得起了一些怪异的风，于是他开始担心刚才的舒适场景会很快消失。接着，他又似乎听到有些奇怪的声音来自密林深处，他开始想象，有一对凶猛的野兽，正从密林中向他走来，它们一点点向院子靠近、靠近，越来越近……他越想越怕，全身悚然，"腾"地站起身跑回到屋子里去。可当他在屋里坐定后，心里再也不能平静。树林中真的会有野兽吗？到底有没有野兽呢？于是，他又走出去，仍坐在原处，仔细地聆听、观察，通过再体验，却发现什么也没有，一切如故。原来是自己吓跑了自己。

这时他突然记起一句话："多疑和恐惧是通向失败的道路。"想到这儿，他突然起身，决定放下包袱，大干一场。他开始自己独立创业。两年之后他站在纽约街头，拿着一个约有两块砖头大的无线电话机与乔治通话，他在电话中说："乔治，我现在正在用一部便携式无线电话跟您通话……"这个拿着便携式无线电话与乔治通话的年轻人，就是世界上第一部手机的发明者——马丁·库帕。

恐惧幻想

这是"杏仁体"引发的另一类问题，它让人陷入精神泥淖。

前面说了，恐惧是一个人对潜在危险的反应，客观存在的潜在危险往往在主观幻想中被无限放大。一个人在踏入财富之路之前，首先就需要突破恐惧幻想。一个人在没有进入创业之前患上财富恐惧症并不一定是因为他有过关于财富方面的创伤性经历，那些与情景相关的负性思维、物象、词句、话语和案例，都能导致其在瞬息产生出恐惧幻象。

当我们将要穿过一条黑暗小巷，进入之前就会想：小巷里也许没有灯，很暗，暗影里似乎藏着什么？我们走进去能逃掉吗？又如当我们要去收拾一间储藏室，首先也会想：那里到底有多脏多乱？有老鼠、蟑螂、蜘蛛、蛇，兴许还有魅影……越想越怕，原本那么熟悉的地方，在我们的想象之中已变成一片恐怖之地。

又如我们在家里招待完客人，散去后丢下满桌杯盘碗盏，家境又不容雇保姆，妻子又因为身体不适不能沾水，这时候从来不进厨房的丈夫就崩溃，一想到那些残羹、剩菜、油腻、杯盘狼藉，脑袋会轰一下变大，近乎绝望。

再如有朋友建议大家合伙开一家小酒馆、咖啡店或书屋，我们可能首先会想到高昂的房租、装修费、水电费、卫生费、厨工的薪水等，接下来又会想到如果没有客人怎么办？工商食卫部门罚款怎么办？原料食材涨价怎么办……

然而，所有一切真的会发生吗？

我们走进那条小巷，也许灯光明亮，行人络绎不绝；走进储藏室只需要拂去尘土、稍事归整便整洁如初；一堆杯盘碗盏清洗出来，叠好后那铮亮闪烁的白瓷光泽会带给我们一种小愉悦，一种自己动手的满足感、成就感；与朋友合伙开小店，兴许一开张就人气爆棚，生意兴旺为你带来财富人生的第一桶金。

但是举步之前，我们往往被自己幻想的恐怖吓阻。

恐惧是人类心灵的命门，也是人类共同的心理疾患，它不仅让人们产生焦虑，裹足不前，把许多人阻挡在成功大门之外，还会在瞬息之间击溃我们，导致我们精神的全面崩溃，从而酿出灾难性后果。

　　华尔街金融神话的破灭、雷曼兄弟的破产犹如金融帝国大厦的倾倒给全世界带来恐慌与危机。通货膨胀、失业、房产缩水、股票大跌、物价指数飞涨，人们为抢购廉价商品挤破超市大门，昔日道貌岸然的君子也露出狰狞面目在货摊上踩踏而过……但现在怎么样呢？那些数钱的老板们依然缩在柜台后面，乐此不疲地数点着他今天赚到了多少钞票。

　　苏格兰人查尔斯·麦凯在 1841 年出版的《非同寻常的大众幻想与群众性癫狂》一书中说：金钱常常会引起群体性的幻想。冷静的民族可能会突然变成孤注一掷的赌徒，几乎把身家性命全寄托在一张纸上。有人说人是群体性思维的动物。我们将会看到，人也是群体性幻想的动物。

　　他记述过一个"伦敦毁灭"的预言：

　　15 世纪，伦敦城到处都是算命先生及占星术士，几个算命先生和占星家同时宣布，1524 年 2 月 24 日，泰晤士河水将暴涨，伦敦城将整个被淹没。恐惧比洪水来得更快，许多人立即收拾财物，举家搬到肯特和埃塞克斯，更多人携妻带子来到 15 公里或 20 公里远的村子，等待伦敦毁灭的这一天到来，有钱人则在海格特、汉普斯特德和贝克海斯的高处安家，有些甚至远在泰晤士河北面的沃尔瑟姆大教堂、南面克罗伊登支起帐篷，圣·巴索洛缪教堂的博尔顿院长更加惊恐，他用超高的代价在哈罗的一座山上建起一座城堡，里面存放了供两个月使用的必需品……所有人都恐惧地等待那一时刻的到来。

　　伦敦这座被判了死刑的城市，最后将只留下四面陡壁的房子，等待即将来临的大水将它们冲走。2 月 24 日这一天，掌握伦敦命运的黎明出现在东方，惊恐的人群一早就骚动起来，紧张地等待河水上涨。然而泰晤士河一如既往，静静地流淌着，一切并没有发生。预言家不得不谎称：由于一个小数的误差（一个很轻微的误差），他们把这次发洪水的日子整整提前了一个世纪……受到愚弄的市民，包括博尔顿院长，一脸茫然。

　　2012 世界末日作为一种末日理论风靡世界，有人宣称：地球将在 2012 年 12 月 21 日发生重大灾难，或出现"连续的三天黑夜"等灾害异象。

　　这种来源于玛雅历法的理论认为：该历法将在这一天结束。但事实是：

历法仍在继续，世界仍然存在并繁荣着。

所以，要管控好我们的"杏仁体"，对我们的"海马回沟"反复输入正能量，反复印证生命体验和财富成功的历史案例，然后放胆去做想做的一切，结果与你先前的幻想与忧虑完全不同，奇迹将会发生，它将令你惊讶。

习惯的力量

习惯是指一个人积久养成的生活方式。

这个同样与我们的脑袋有密切关系，因为习惯终归是由习惯养成的，就像贫穷与富裕积久成习一样，如果前半生的习惯已经磨灭了我们的壮志雄心，我们因此习惯了贫穷，那么，我们就只好这样，继续贫穷下去，因为我们已经戴上了习惯的枷锁。

"不要让束缚和枷锁成为你的习惯"。这是好莱坞影片中一个叫丹尼的警官对人们发出的呐喊。

黑人特警丹尼是美国故事片《王牌对王牌》中一个谈判高手，早前曾是特种部队的一位爆破专家，因为一次偶然接触到警方内部的贪腐内幕，被警局同事、朋友和调查局的官员合谋栽赃、陷害，深爱妻子和家庭的丹尼要洗刷自己的罪名，讨回清白恢复正常的生活，但法律帮不了他，他只能靠自己，于是他不得不采取非常规手段，公开绑架调查局知情的"内鬼"官员，把事件闹得越大越好，在被围困得像铁筒似的调查局楼上，丹尼推开窗户，冲着楼下所有围观的人大声喊话："一个人习惯了束缚和枷锁，就永远不能摆脱。"

黑恶势力与官场腐败和僵化的教条、法律，密织成一张超大的网，丹尼扎破了这张网，冲破束缚和枷锁，在另一位警方谈判高手的协助下让整个事件真相大白，为自己洗清了罪名，罪恶得到惩罚，正义得到伸张，丹尼用自己的方式拯救了自己，也拯救了爱、公理、正义与良知。

在现实生活中，一个人习惯了束缚就会失去雄心，习惯了枷锁就永远摆不脱奴性，习惯了站在高处就处处都想要出人头地，习惯了贫穷就会永远贫穷。

习惯的财富力量尤其巨大，无论好习惯还是坏习惯，都直接关乎一个人的财富生涯的成败。一个人必须改掉让自己落入贫穷的坏习惯，培养自给富足的好习惯，尽管习惯是不容易改变的，但它不是不可改变的，习惯是由于某种行为的反复出现而逐步形成的，是习养而成的，习养提供了可能，从创建自己的新行为着手，以常新思维、超常行动力、科学的方法与步骤，持之以恒，就能逐步改掉习惯。

对一个超爱睡懒觉的人，请记住马可·奥勒留的话："我们不是为睡眠而生的。""早晨当你不情愿起床时，让这一思想出现，我正起来去做一个人的工作。如果我是要去做我因此而存在，因此而被带入这一世界的工作，那么我们又有什么不满意呢？难道我是为了躲在温暖的被子里睡眠而生的吗？"

帝王哲学家认为休息是必要的，是愉快的，人的存在是为了获取快乐，但他同时认为自然为这确定了界限，一个人不能超越界限，他这样发问："人难道全然不是为了行动和尽力吗？那些小小的植物、小鸟、蚂蚁、蜘蛛、蜜蜂都在一起工作，都在有条不紊地尽它们在宇宙中的职分，而你不愿做一个人的工作，不赶快做那些合乎你本性的事吗？所以，遵从你自己的和共同的本性，做每天你该做的事，是人的最基本的，也是必需的职责。"

他指出：聚财者尊重他的金钱，虚荣者尊重他小小的荣耀，艺人尊重他的技艺……当每一个人都对一件事怀有一种强烈的爱好时，他们宁肯不吃、不睡也要去完成或完善他们所关心和爱好的事情。

是的，在这个世界上，我们都不是为睡眠而生的。除了十分特殊的非常时期外，我们很少能突破生理的极限，一般一个成人每天睡眠有 6~8 小时就足够了，但通常是"暖被"把我们滞留在床上，每天的懒睡有如麻醉让人贪恋，使人浑身的骨节、肌肉、细胞和神经都处在一种慵倦、酥软和休眠的状态之中，当一个人习惯了懒睡，天光破窗而入时他仍会睡眼蒙眬地赖在床上，而"一日之计在于晨"，我们会轻而易举地放弃掉一个清新的早晨，放弃掉一轮新日的升起，放弃掉树上的鸟鸣、海边清新的空气，我们错失吐故纳新的最佳时期和许多新鲜而重要的瞬息和际遇……我们怎么舍得那种时光，怎能容忍自己的生命和智慧在晨光中昏睡？

这就是习惯的负力量。

它延滞我们生命的更新，让许多新鲜的、有用的、有意义的东西从我们身边悄然流走，如我们每天坐在电脑桌前，打开电脑的初始，我们原本要开始一天的工作，要拟订一个计划，发一个邮件，起草一份邀请函，但通常我们会放下工作，首先点击登录某个军事网站（假如碰巧我们是超级军迷的话）关注新武器开发、交易，关注阿富汗战事、伊朗核问题、半岛局势、中国南海事件主角、美军海军无瑕号（USNS Impeccable）双体水声测量船拖曳的声呐到底捕捉到多少中国核潜艇的信息、美军的宙斯顿舰艇驶入南海之后会不会引发中美新的冲突、钓鱼岛上空笼罩的战争风云、"艳照门"事件主角复出被威胁全球追杀、《福布斯》榜富豪财富大幅缩水、亿万富翁破产之后卧轨自杀、网上流行的"人肉搜索"及电影游戏下载……当我们在网络世界绕一圈回来，一抬头墙上的时钟已经指向 10 点甚至更晚，很快该吃中餐了，但我们的精力还没有完全集中起来，还沉浸在那些杂乱无章的所谓重量级信息的兴奋与愤懑之中，而我们的工作尚无头绪，尚未开始，于是心里会突然空虚、发慌，匆忙上阵，草率应对，一遇小事便焦躁不安，手足无措。

几乎每天我们都想过要摆脱这种陋习，想沉静下来，认认真真做一点事，却不能够。习惯犹如大麻使我们上瘾，"明日复明日，明日何其多，我生待明日，岁月何蹉跎"，终于有一天我们会发现这样的坏习惯有多么可怕，因为我们突然发现头上生出来一根白发：我们老了，属于我们自己的时光好像一下子走到了尽头。

而习惯的正力量将使其主体发生巨大的正极变化。

一个人的日常活动有 90% 会通过不断地重复某个动作，在大脑的潜意识中转化为程序化惯性，就是不用思考，自动运作。这种自动运作的习惯力量，效能巨大，如一个人知识的累积增长、极限突破，都是行为不断重复的结果，在践行中我们学会运作潜意识技巧，逐渐建立一种自动运作的"长效机制"，最终即可抵达我们曾经视之为不可能的某一个目标。

一个登过顶的人，他心里经常会产生一种无法遏制的渴求常胜的欲望，始终心怀向往，始终瞄向那块新高地……长此以往，他的思维个性都将发生不可思议的改变，越来越富有进取心、上进心，攀援的欲望使他激情四溢，行动敏捷，富有力量，无论多么艰难困苦他都从不言放弃，即使倒下，又会立即爬起继续前行。对他来说胜利的喜悦只是瞬息，很快他就会冷静下来，目光瞄向下一个目标……生命无止、向往无止、追求无止，这就是一个富者与强者的习惯力量。

第四节 非人类智慧

走过寒冬的鹰

物竞天择，在丛林法则下的各种飞禽、猛兽、昆虫等，在残酷的生存竞争中体现出过人的智慧和勇气，在时光流逝的筛除中，它们留存下来，得以同强于它们数倍的猛物和高智人类共存，共享空间。

人类也想飞翔，也尝试着飞翔，虽然人不是真的要张开翅膀在天空翱翔，但人类借助科技、飞行器上天的真正目的同样是为了获得生命的自由，有的人通过努力进入自由，有的人却不行，还有不少的人一生只会像一只觅食的家禽苟活在房檐下……

有一个鹰的寓言故事。

故事说一只鹰蛋误落鸡窝，鸡妈妈恪尽职守，耐心孵化，当初鸡妈妈发现那只鹰蛋时，以为那是从鸡窝里滚落出去的鸡蛋，急忙把它抱了回去，尽管这只鹰蛋体量与她翼下的鸡蛋相差甚远，但她固执地认为那是她产下的最值得骄傲的一枚蛋。不久，鸡蛋都孵出了小鸡，唯有那只鹰蛋没有动静，但鸡妈妈满怀信心，一如既往地孵下去，终于一只健壮的小鹰破壳而出，同其他的小鸡相比，它个头大，吃得多，走路觅食不敏捷，在大家眼里它就是一个又大又丑又贪吃的笨家伙。又过了一段时间，小鹰和小鸡长大了，有一天清晨，小公鸡开始啼鸣，以唤醒主人劳作，小母鸡开始下蛋，为主人带来欣喜和收入，而鹰呢，什么也不会，只能成天在房前屋后笨拙地来回走动、觅食。

有一天，一个老猎人发现了它，惋惜而又惊奇地说："这不是一只鹰吗？怎么跟鸡一样生活呢？"但鹰坚持认为，自己就是一只大笨鸡。猎人告诉它："你是一只雄鹰，尽管你像鸡一样生活，但你仍是一只鹰，你应该振翅飞翔，去飞吧，蓝天才是你的家啊！"鹰疑虑地问："我会飞吗？我连翅膀都没有展开过啊？"猎人鼓励它："现在请展开翅膀，来，跟我来……"

猎人迈开步子朝旷野走去，鹰紧跟后面，它尽最大可能地展一下双翅，这时它才惊叹自己竟然有如此巨大的一对翅膀。猎人把鹰举过头，尽力向前面的空旷地扔出去，鹰拍打几下翅膀，然后跌落到了地上，它受伤了，而且很重，一次又一次试飞都以失败告终，鹰摔得头破血流。在痛苦的挣扎中，鹰挨过了一个月，但它仍没有飞上去。猎人心情沉重地说："只能孤注一掷了，如果你不想做一只鸡的话，请进行这最后一次以生命为赌注的尝试。"

鹰一声不吭，跟着猎人来到了深达万丈的悬崖边，"从这里跳下去吧，然后尽最大努力，扇动双翅，蓝天就属于你了"，猎人说完用尽全力把它抛向深渊。没有时间抱怨，也忘了害怕，只一个劲地拍打着翅膀，但还是往下坠……就要摔死了，鹰绝望地想，眼看就要摔落谷底粉身碎骨，千钧一发之际，鹰本能地用尽全力，奋力扇动几下翅膀，奇迹出现了，它开始平衡住身子，慢慢地开始从谷底盘旋、上升，然后越飞越高，直上云霄。鹰终于回到属于它的蓝天，成为一只真正的鹰。

鹰的寓言告诉我们：王侯将相，宁有种乎？

上帝在用尘土造人的时候，始有男女之别，断无鹰犬之分，区别只是在人类文明的推进过程中衍生出来，社会不断演进，人类文明逐次剥离出那些诸如类鹰、类犬、类狐、类羊、类虎、豹、豺狼等个人习性，一些高智商的人一旦堕为鸡犬之类，多不再思进取，不图蜕变，成天只盯着足下三寸，勾着头，觅残食，寻小利，处处小心畏惧，不敢抬头仰望，一辈子呆在"鸡窝"旁与鸡为伍；而那些志存高远、理想远大的人，即便花落僻壤、根扎黄岩、家境贫寒，也不会就此自卑认贱，他们会像寓言中那只误落鸡群的鹰，一旦羽翼丰满、契机出现就紧紧抓住，昂首展翅，临渊振翼，拼死一搏，最终扑扇着双翅扶摇直上，在天空自由翱翔……

蜕羽重生

现在说鹰的时光概念：生命延展。

鹰是世界上寿命最长的猛禽，一生的年龄可达 70 岁，这个寿命和人类的平均寿命相差无几。鹰是怎样活到这个寿命的呢？在它的长寿中要经历怎样的涅槃更生过程呢？

孔子说"人到四十而不惑"，鹰到四十岁的时候，却是生命最困惑的时候，这个时候的鹰，喙变得又弯又长，几乎要碰到胸脯；爪子开始老化，无法灵敏有力地抓捕猎物；身上的羽毛长得又浓又厚，两只翅膀变得十分沉重，使它飞翔起来非常吃力。这时候的鹰只有两种选择：一是等死；二是经历一个痛苦的更新过程。它必须做出一个十分困难却又非常重要的决定：经历 150 天的漫长蜕变重获新生。

这之后，鹰会努力地飞到山顶，在悬崖上筑巢，然后停留在那里不再飞翔。它首先甩动自己的喙，猛力地击打岩石，直到外壳完全脱落，然后静静地等待新的喙长出来；新喙长出来了，鹰就用它把爪子上已经老化的趾甲一根根生生地拔掉，鲜血一滴滴洒落，然后静静等待新的趾甲长出来；新趾甲长出来后，鹰再用它把身上的羽毛一根根拔掉，直到把自己拔得精光，然后再静静等待新羽毛长出来；等到新羽毛长出来，漫长的 150 天已经过去，这时的鹰重振新翅，飞向蓝天，从此它还有 30 年的生命时光。

为了生命中这最后的 30 年时光，一只鹰必须经历一次十分悲壮的蜕变，以决绝的勇气，撼人的耐力，卓尔不群的生存智慧给高智商的人类以生命启迪。它忍受的痛苦越大、时间越长，从而获得的生命就更实际、更质感、更鲜活、更充满勃然生机。

佛经讲"世间一切有为法"是无常的。所谓生者必灭，会者必离，盛必有衰，众苦流转，无有休息，常为诸苦所侵。佛经有些道理掩隐得比较玄深，但一切众生悉有佛性，所以佛经又讲佛身的长住不灭与永恒存在，那长住不灭的佛身指什么？永恒真的存在吗？物质不灭与生命不息的真谛又是什么？佛讲参悟，佛家的所谓常乐我静是超越生命本意的涅槃的，那什么是生命的本真呢？

我们要回答这个问题，稍加思索就能列举出许许多多种生命的意象、状态、形态……但生物学家和进化论者定义生命最不可或缺的基本特征是应具备以下条件：再生能力、进化能力、物质代谢。生命首先应该是一种可以进化并自我调节的系统，这个系统意味着它具有再生的能力，它包罗万象，并涵盖一切生命的特征。

鹰的重生智慧是自然赋予的，是生命潜能，但它必须用血与痛来书写，它的痛苦是一个生命自然而精深的升华过程中必不可少的一部分，却又不同于宗教的唯美与虚幻，它直面生命，更庄重、更严肃、更质感、更具切肤之痛。

我们常以"脱胎换骨"来形容一个人的重振与改变。生活中我们发现一个人突然之间变年轻了，变自信了，变漂亮了……那是精神的改变催新了人的容颜。

一个人精神的提振与意动会导致全身脉络通畅，会加速体内血液的流通、循环，改变肌肤的外状与颜色，从而使他瞳孔内聚、双目放光、额门发亮、容颜大改、容光焕发。我们生存的环境、信息、知识、信仰、物质与欲望等诸多因素共撑着我们的精神世界，当我们环境窘迫、信息闭塞、知识陈旧、信仰泯灭、物质难以满足的时候，失败的经验和阴影重重压抑并纠缠住我们，我们的精神之翼很难伸展，很难扬起，这时候我们仰望天空却不敢奢望飞翔，我们任凭身体的物质蚀朽，坐等死亡，每天陷入死亡将至的恐怖与绝望之中，完全失去生命的主动、能动、生动，从而失去生命的进取意义。

如果是这样，那不是生命的本真。生命的本真应该是会安静、有痛苦、会蜕化、会重振新生。当有一天我们重新站起来、挺直了，推窗远眺，窗外那川流不息的人流会让我们重新感觉到身体脉管中血液的热涌冲动，那时候我们会感慨：一切远没有结束。

缩身求存

再说说鹰的空间概念：生命扩展。

达尔文认为，在生存斗争中，具有"有利变异"的个体容易在生存斗争中获胜而生存下去；反之，具有"不利变异"的个体则容易在生存斗争中失败而死亡。

千百万年来，动物与人类都在共同的一个宇宙空间繁衍生息，高智商的人类"不利变异"个体不断努力将自己变为"有利变异"个体和动物禽类如出一辙，其奋力求存的核心就是一个字：变。

加利福尼亚半岛曾经生活着一种美洲鹰，由于岛上食物充足，美洲鹰体型庞大，一只成年鹰的体重可达20公斤，翼展可达3米，它锋利的爪子可以抓住一只小海豹飞上天空。由于美洲鹰价值不菲，遭到当地人大肆捕杀，再加上工业文明对周边生态环境的破坏，珍贵的美洲鹰最终绝迹。

然而前不久，美国一名美洲鹰的研究者阿·史蒂文竟在南美安第斯山脉的一个岩洞中发现了它，最让阿·史蒂文称奇的是美洲鹰的生存方式。阿·史蒂文对这里的岩洞进行了考察，在那些奇形怪状的岩石之间，其空隙仅有0.5英尺，有的更窄，那些岩石像刀片一样，十分锋利，别说是这样一种驰骋在海洋上空的庞然大物，就是一般的鸟类也极难穿越。

那体型庞大的美洲鹰究竟是怎样穿越这些小洞的呢？

为揭开谜底，阿·史蒂文利用现代科技在岩洞中捕捉到一只美洲鹰，然后用树枝将它围住，用铁蒺藜做一个直径0.5英尺的小洞，以观测它怎样穿出小洞，穿越时，美洲鹰动作神速，没等史蒂文看清楚它就已成功穿出，史蒂文只能通过录像慢放回看，结果发现美洲鹰在钻出小洞时，双翅紧贴肚皮，双腿伸直，直到尾部，与同样伸直的头颈形成对称，整个身体就像一截柔软的树棍，它是用以柔克刚的方式轻松地穿越了不可思议的铁蒺藜小洞。显然在长期的岩洞生活中，它练就了这个能缩小自己身体的本领。

史蒂文进一步发现，每只美洲鹰身上都结满了大大小小的痂，那些痂也跟岩石一样坚硬。由此可见，美洲鹰在学习穿越岩洞时，是经历过无数次受伤、在一次次的疼痛之中进行的，以致它伤痕累累才最终练成了这套特殊的本领。为了生存，美洲鹰只能将自己的身体缩小来适应狭窄而恶劣的环境。

这就是美洲鹰的生存启示：不存者存，难生者生。

人与动物一样，无论你愿意与否，懂不懂生存之道，在现实的严酷面前，如果想活命，不想被淘汰，就要像美洲鹰一样，以改变自己的方式来适应世界，在这里，适应才是王道。尽管"缩小"的过程很艰难，会疼痛、流血、受伤，但这有什么呢？我们只有先小了，然后才能大，关键时候，要想存活的我们不得不低下头颅，俯下身躯，敛息屏声，伤痕累累。

在中国西南部的贵州境内有一个地下融洞叫"一进龙宫"，洞口隐在山岩下的一只深潭之中，乘小船进去，在离洞口不远的顶上悬坠着一块钟乳石，它就像一道铁闸悬在面前，每一个企图领略洞中风光的人都必须经过它，当你来到它的面前，无论你身份多么尊贵，多么富有，你都要低下头颅，俯下身子，否则你就将碰得头破血流。这道"铁闸"暗喻生活中的某种法则，它是悬在我们头顶的铁律，没有人可以僭越。

然而当我们真正俯下身子时，我们未必就会因"小"而失去力量。庄子《齐物论》说："天下莫大于秋毫之末，而泰山为小。"庄子眼里的"小"与"大"是相对的，天下有什么比秋天动物毫毛的末端更大的东西呢？以泰山之大，相对于宇宙来说，它也够小，很微不足道。

秋毫在一般人看来的确很细小，但它和细菌、原子、粒子相比却又很大，参照物不同，我们看待事物的方式角度不同，得出的结论或结果也就不同。

老子《道德经》说："上善若水。水善利万物而不争，处众人之所恶，故几于道。"圣人就像水一样，具有美德，滋润万物，有利万物生长又不与万物相争。水保持着一份平静，先是以小、以下处在人人嫌恶不屑的地方，然后点滴渗进、囤积，当只是一滴水时，要想站上高地是徒劳的，会瞬间化为乌有，它甘居低下，聚洼成泽、集流成河时，便具有了一种摧枯拉朽的神奇力量，所以老子认为水性更接近于"道"。试想如果美洲鹰始终多着翅膀，它怎么飞得出那片刀丛石林？

王者风范

这是一只金雕面对死亡的态度、品质与风范。

金雕是墨西哥的国鸟，它是古罗马权力的象征，同时也是中国藏民心目中的神灵，藏民们认为，金雕是唯一敢抬头直视太阳的神鸟。

金雕的喙犹若弯刀，一双利爪犹如铁钩，黑亮的眼珠像宝石，褐红色的瞳仁没有一点杂质，金雕凌空直击猎物的时速可达300公里以上，能让狐、兔、鼠等敏捷动物瞬间毙命，它杀狼的绝招更是堪称神奇，一只爪扭住狼颈，另一只爪直插狼眼，曾经有金雕创下一气致14匹狼毙命的纪录，金雕脖子上环绕着一圈金色的羽毛，在栗色羽翅的衬托与阳光的照耀下泛起金色的光芒，尽显王者风范。千万年来金雕即以这样的王者之气君临万物，俯瞰大地。

笔者曾经在一本杂志上读到过一只年轻金雕的死亡，它面对死亡时体现出来的强大生命力和高贵尊严，让我们心灵震撼。

日渐珍稀的金雕被列入世界濒危物种红皮书，它也因此成为盗猎者冒险猎获的目标。有一个盗猎者诱捕到一只年轻的金雕，为了让金雕速死，他放弃往常惯用的毒药方法，改用长钉，把金雕的双腿用铁丝捆住，身体用一块木板夹挤在墙上，然后拿出一枚两寸多长的钢针，抓住金雕的头，用榔头"哪、哪、哪"将钢针钉入，然后又一下拔出来……整个过程，金雕没有一丝悲鸣。残暴冷血的盗猎者这时候认定它已经死了，他看着它，顺手把它扔到了地上，但这只神鸟竟一下站了起来，它站起来时，全身急速地抖动，但它目光纯净，瞳仁里泛着一种宝石般的光芒，它就那样望着它的对手，定定地看了足足有3秒钟，然后倏然倒地。

黄昏，身体渐渐变凉的金雕被扔进储藏间，这时候神鸟的生命仍然没有消逝，它全身像被泼过凉水，每一根羽毛都在急剧地颤动，漫漫长夜过去，清晨的阳光照在窗上，从窗口射进来，投照在金雕的身上，它静息无声，安静地躺在那里，这时候盗猎者推门进来，他坚信经历了一个长夜之后，金雕必死无疑，他要尽快将它制作成昂贵的标本。就在盗猎者走近金雕的时候，这只被他认定已经死亡的神鸟忽然以不可思议的生命意志再次站了起来……它的目光依然纯净，像婴儿的眼睛，瞳仁里依然泛着宝石般的光芒，就在它站起的瞬间，它突然昂起了头，张开翅膀，试图想重新飞向窗外的天空，这时候窗上的阳光正好罩住它，把它张开的双翅和羽毛染成金色，就像帝王散开的金袍罩在它的身上……两秒钟后，金雕再次倏然倒地。

冷血的盗猎者惊呆了，他不得不撬开金雕的嘴，将一把往常惯用的毒药灌进去，一会儿，鲜血从金雕的嘴角流出，不停地流，似乎永久都流不完，曾经有着10年杀戮经历的盗猎者从未见识过这样顽强的生命，从未见到过面临死亡时还这样纯净如宝石般的眼睛……他被震慑到了。

藏族学者索甲仁波切在其《西藏生死书》中说："一个死亡的过程只不过是生命的延伸而已。"金雕悲壮的死亡过程验证了他的这句话，它以不可思议的生命意志，以摄人心魄的沉默、纯净、高傲和高贵，存活在时光之中。

它的金色羽翅、宝石般纯净的眼睛，在它的对手和目击者与见证者的心目之中永久弥留，难以磨灭……时光如水，岁月不会有片刻止息，灵魂的角力仍将继续，而冷血的杀戮者却终将在时间的鏖战中败下阵来。在灵与灵的角力中，他的那颗冷血之心终将崩塌，终将被摧垮。

宇宙之下，在生活的地平线上，我们面临的危险与危机远比机遇更大，智慧难敌贪婪，良知难敌狡诈，明枪暗箭猝不及防，通常我们尚未展开手脚就已经中招倒下。英雄俯仰天地之间，当危机猝然降临面前，面对死亡与绝望，这时我们可曾有那只年轻金雕面对死亡时的平静、纯净与高贵，可曾有金雕不可思议的顽强的生命意志……马可·奥勒留让我们"尊重那宇宙中最好的东西，这就是利用和指引所有事物的东西。同样，也要尊重你自身中最好的东西，它具有跟上面所说的同样的性质"。自身中最好的，也就是宇宙中最好的，那什么是我们自身中最好的东西呢？

"一方面能够强健地承受，另一方面又能保持清醒的品质，正是拥有一颗完善的、不可战胜的灵魂的标志。"这便是这位帝王哲学家反复告诫人们必须具备并尊崇的人类自身中最好的东西。当我们以敬畏之心仰望宇宙，我们需要具有一颗那样纯净、高贵的道德良心和一种顽强得令人不可思议的生命意志。那是宇宙中（包括我们自身）最好的东西，是任何王权、任何种族、任何国家、任何潮流、任何变革、任何对手都无法改变和不可战胜的。

追杀莫比·迪克

这不是黑帮故事，莫比·迪克也不是什么大佬，它只是一头勇猛而智慧超群的"海兽"，一头白鲸。

生活充满魔力，就像神秘大海，有时肃穆柔和，笼罩着田园式的宁静，有时汹涌奔腾，掀起惊骇的滔天巨浪，但无论白昼黑夜、风和日丽、娴静端庄，暗涌的大海底始终蕴藏着巨大破坏力，隐匿着诡诈与杀机，无际无垠的海洋因此也蕴含着莫测高深的真理。

白鲸莫比·迪克是美国作家赫尔曼·麦尔维尔笔下的一头神秘巨大、勇猛无比的"海洋巨兽"，这头巨兽无数次在大海上肆虐，使许多骁勇彪悍的捕鲸者失肢断臂、船破人亡，它因此成为捕鲸者心中的魔咒：约伯的恶魔。

亚哈船长是一位"白发苍苍、不畏鬼神"的倔强老人，在一次猎击中被迪克咬掉了一条大腿，从此这位老人就满怀复仇之念，发誓一定要追杀这头凶悍的白鲸。他带着一群强壮而性格各异的水手，驾着捕鲸船驶向大海，走遍天下，去追逐那条"约伯的大鲸"，然而迪克非常狡猾，神秘大海一会儿宁静幽深，一会儿暴戾疯狂，亚哈和他的水手们在茫茫大海上不停地飘游、追逐，却始终难以捕捉到它的影子，但亚哈知道它就潜伏在大海深处的某一个地方，从第一次走上甲板开始，亚哈每天睡觉的时间只有三个小时，船长室就是坟墓，床铺就是墓穴……亚哈整天在甲板上踱来踱去，他的思想同样也在不停地踱步，白天他观测太阳，计算纬度，晚上看海图，研究航线，参阅航海日志，在海图上不断地标注新的记号，密切关注一切大小潮流，不放过任何蛛丝马迹……

在追杀莫比·迪克的征途之中，亚哈船长先后同 9 艘捕鲸大船相遇，经历过 9 次"联欢"后他终于得知，那头白鲸又在某处的海面现身并肆虐，于是不顾风险，顶着逆风，朝着那一片表面平静柔和却暗藏凶险极可能在瞬间被对手摧毁的海面驰去，历尽千难万险，亚哈船长终于和莫比·迪克遭遇了。

接下来是连续三天的恶战……亚哈船长和他的水手们拼尽全力杀死了莫比·迪克，但包括船长本人的几乎全体水手和大小船只也同这头白鲸一起同归于尽，只剩下一个叫以实玛利的水手侥幸逃生，向世人讲述这个悲壮的故事。在南塔开特的歌谣中这样唱道：

这条罕见的老鲸呵，

置身在狂风暴雨中。

既然强权就是公理，

它就是强权的巨人，

是无边无际的海洋之王……

歌谣里"约伯的大鲸"象征强权，是强权的巨人，同时也象征着财富，是人们终生追逐的目标。为了这个目标，人们需要具有老船长亚哈那样视死如归、一往无前的信心和勇气，需要铸就像这位"白发苍苍、不信鬼神"的老船长一样坚强的神经。

所以真正的"海中之王"不是"约伯的大鲸"，比它更勇猛、更智慧的是老船长，在那个幸存者以实玛利的眼中，亚哈船长才是"海中之王"、"船上的可汗，大海兽的君主"，当船长立在船头，活脱脱一座雕像，拥有一种凛然不可侵犯的气势，他的尊严源于他的内心，源于他的信心和勇气，亚哈船长是个口碑很好的人，一生没有恶德，没有败行，除了日思夜梦追杀白鲸，既不渴求权势，也无利欲野心，勇敢而坚强，有一股拗劲，敢于反抗神明，反对习俗常规，将白鲸看作人间万恶之源，最大、最强、最凶悍的对手，发誓哪怕到天涯海角也要去追逐它、诛杀它，这就是他驶入大海疯狂追逐的唯一目的。

围攻跛腿"哈比"

跛腿"哈比"是一只勇猛的猎豹，只有三条腿，一次偷猎者的子弹击中了它的右后腿，多亏保护区的巡逻队员及时赶来才救下了它的命，但他们却没能够救下它的腿。入夜时分，跛腿哈比为了躲避危险常带着它的三个幼子攀上大树歇息。

肯尼亚马赛马拉大草原的秋夜宁静迷人，却暗藏杀机。

在一个月色清朗的夜晚，哈比的一只幼豹不慎从树上掉下来，五只土狼嗅着味道赶来了，它们企图偷袭幼豹。惊鸟惊起了哈比，一看幼豹危在旦夕，哈比从树上纵身一跃，一招制敌，精准地将一只土狼压在身下的同时，一口咬断了土狼的脖子，土狼瞬间毙命。这时剩下的四只土狼暂停进攻，但并没有畏惧退缩，它们开始小心翼翼，围攻哈比的搏斗开始由斗勇进入斗智。

狼王首先发现了哈比的破绽——跛腿。

它开始集中精力专攻哈比的跛腿，哈比的伤腿很快被撕开，露出白骨，哈比开始体力不支，这时狼王冒险绕到它的正面同它对峙，趁着哈比后防空虚，一只土狼猛扑上去，紧紧咬住了它的臀部，痛极了的哈比一声咆哮，猛一甩身，一个近90度的急转将土狼甩出去好几米远，土狼的脑袋撞在一棵大树上一命呜呼，剩下的三只土狼突然改变策略，狼王在前，另两只土狼在后，对哈比展开轮番进攻。

顾此失彼的哈比很快伤痕累累，但为了不让三个幼子被土狼撕成碎片，它没有突围逃命，而是以死相搏，它放弃后防，不再管后面的两只土狼，瞅准正面的狼王，以同归于尽的搏杀方式，迅疾一扑，在狼王被它舍命相搏的杀招惊呆的瞬间咬住了它的半个脑袋，并闪电般用利爪撕开了它的胸膛，狼王倒毙，另两只土狼立马放弃攻击，仓皇逃命。

在这场搏击战中，跛腿哈比可谓八面威风、勇猛顽强。

它的敏捷、霸气、战术和神速都令人敬畏，但狼王的智慧、信心和勇气同样令人尊重。在马赛马拉大草原，猎豹是连狮子也避之犹恐不及的草原王者，几只土狼怎么敢挑战王者？领着四只土狼挑战王者的狼王并非不自量力，聪明的狼王一开始就很有信心，而且越战信心越足，狼王的信心来源于它的野心和经验。

我们可以用现代商战来解析土狼的这个冒险战例。

目标诱惑：几只土狼如果战胜了草原之王哈比，不仅可以猎获它和它的三只幼豹，而且以弱胜强的案例更可以大增其在草原生存的信心及空间。

敌寡我众：猎豹以一对五，再强悍的王者也经不起群狼前后左右轮番进攻的车轮战和消耗战，猎豹强悍，狼王也有胜算，对于狼来说，它们不会放过任何机会。

敌手破绽：搏杀过程中，狼王很快发现了哈比伤腿的破绽，它立即集中优势兵力，攻其伤腿，屡屡得手，即使两只土狼相继毙命，也丝毫没有动摇狼王的信心，正是因为这些，土狼群信心十足，狼王不倒，进攻不止。

更加难能可贵的是狼王直面死亡的勇气。"我们不能选择死的方式，但我们可以选择死的态度。"这是故事片《神鬼战士》中的一句经典台词。明知敌手超级强大，死亡瞬息将至，狼王仍然选择与哈比正面对峙，以掩护后面同伴的进攻，若非哈比同样以死一搏，继续如前消耗下去，最终倒下的，就极有可能是王者哈比。

同无数次较量一样，这次发起挑战的狼群仍然是失败者。但狼群不愧是自然界最聪明、最勇敢的狩猎机器之一。虽然它们十次狩猎中可能只有一次能成功，高达90%的失败率却丝毫不会让它们气馁，它们从不轻言放弃，而是把失败转化为智慧，它们知道数次未果的狩猎后面还有无数次，所有无数次不成功的累加就成为狼群们集体智慧的一部分，经验储存记忆，以备后用，这便是失败者令人尊重的地方。

一匹狼知道自己的目标之后，世界就会为它让路，挨饿不怕，被抓不怕，被杀也不怕，最怕的是没有信心，狼怎么能够变成一条摇尾乞食的狗？所以活着就是征服：这就是狼性。

红蟹之路

在东印度洋的圣诞岛上生存着数千万只红蟹，每年十月，圣诞岛开始进入雨季，蛰伏在洞穴里的红蟹开始爬出洞穴，成群结队，爬往海边，它们要去往海边的沙滩，搭筑爱巢，寻找伴侣……届时大海的潮汐将把母蟹产下的卵顺利地带入大海。

从栖息地到海滩不足 3 公里，而这段必经的路程既是红蟹的希望之路，又是一条充满凶险的死亡之路。

趁着清晨的阴凉，红蟹开始上路，它们浩浩荡荡以每小时近 700 米的速度进发，蟹爪划动树叶的声音犹如急雨唰唰地掠过树林，一出树林它们便遭遇到第一道凶险，劈面而来的是赤道烈日，它以 50 多摄氏度的高温灼烤着它们，就像一下掉进巨大的烤炉，毒辣的阳光快速蒸发掉它们身体内的水分，所有红蟹这时都加快速度，向前爬行，力求在身体被烤干之前到达海边，但队伍中那些老弱病残者们却一个个先后倒下，永远躺在了这段通往海边的路上。

活着的红蟹继续前行，这时第二道生死考验来到面前，几条运送矿石的铁轨横亘在前进的道路上，烈日炎炎下的铁轨闪闪发亮，轨面温度高达 80 摄氏度以上，红蟹要从上面爬过，无异于经受烙刑，但铁轨望不到尽头，无法绕过，只能翻越，这时红蟹们要以最快的动作迅速通过，否则将命丧铁轨，但仍有大批红蟹因为动作缓慢在铁轨上被烙得直冒青烟，有的侥幸翻过第一道轨，却倒在第二道轨、第三道轨，每一次蟹群经过这里，都要留下一大片尸体，所有死者的头都朝着沙滩的方向，身体保持着爬行的姿势。

跨过这一道凶险，离海滩就只有百米之遥了，但就是这百米之遥的路上还有一道难以逾越的生死线，一条高速公路横在面前。前进的蟹群一如既往地爬上公路，如果侥幸没有汽车经过，它们便能够顺利到达海滩，但每年的迁徙季节，总有成千上万的红蟹在这里被来不及刹车的车辆碾死，就在这一段高速路上，黑色的路面涂满红蟹们悲壮的色彩。

一条危机重重的死亡之路，一路光与热的洗礼，几经生与死的考验，终不能止住红蟹前进的脚步，这就是"红蟹精神"。

当我们矢志开始自己的财富人生时，一旦上路，不问生死，一直前进，义无反顾，即使身边的同伴倒下，即使死神降临到自己头上也视死如归，行进在前程之上，朝着既定的目标，一心一意进发……生命的危机启悟了生存的意义，一个人事业成功的途径就是把生命撒在路上。

第五节　携带你的开山刀

奥卡姆剃刀

"携带你的开山刀"是管理大师德鲁克的一句名言。

德鲁克认为，在未来知识型社会将无可避免地演变为前所未有的高竞争社会，最简单的原因是，知识将在全世界通行无阻，人们不能再以得不到必要知识为表现差劲的借口了，所以他说："供工作者攀爬的阶梯已经不见了，现在更像是藤蔓丛生的地方，工作者必须携带自己的开山刀。"

德鲁克从小有与众不同的教育背景，他的父亲是经济学家，在当时的奥匈帝国政府经济部任职，家里每天高朋满座，德鲁克童年每天都沉浸在智慧的殿堂，大人们聚会时以各种语言向他传述着不同领域的高等知识，环境陶冶了他，培育出他开阔的视角和独特的风格，智慧、胸襟、目光、教养、勤奋，所有这些再加一支笔，便成为大师一生携带的开山刀。

虽不比大师，我们却同样必须携带自己的开山刀，因为我们正是生活在一个"藤蔓丛生"的世界。鲁迅先生说世上本没有路，走的人多了即成了路。但是我们不需要走别人踩出的路，我们不能等待，别人踩出的路也许轻松好走，却没有了探索的新奇与壮美。当坦途呈现，大幕将落，一场演出也将告结束，我们因为没有参与过程而抱憾终生，生命失去厚度，质量大打折扣。所以做拓荒者，挥动自己的开山刀在藤蔓横生的丛山密林中砍劈出一条属于自己的路径意义非凡。

奥卡姆剃刀是我们出发之前必须携带的第一把刀。

它是 14 世纪英国人威廉·奥卡姆提出的一个简单定律，奥卡姆早年曾经在巴黎大学和牛津大学学习，知识渊博，能言善辩，被称为"驳不倒的博士"。奥卡姆一生写下大量著作，真正对后世影响较大的是他的一句格言：

"如无必要，勿增实体。"他这句话的含义是只承认一个确实存在的东西，凡干扰这一具体存在的空洞的普遍性概念，都是无用的累赘和废话，应当一律取消。奥卡姆运用这个原理证明了许多结论，包括"通过思辨不能得出上帝存在的结论"，这就是后来的奥卡姆剃刀定律。

600多年来，一个又一个伟大的人物磨砺着这把剃刀，使之日见锋利，最终使它成为人类科学思维的出发点之一。哥白尼、牛顿、爱因斯坦……伟人们在"削"去理论或客观事实上的庞杂累赘之后，"剃"出了精炼得无法再精炼的科学结论。

英国物理学家胡克比牛顿更早提出引力观念，但他关于引力的物证论述因庞杂繁多而无法证明；接下来牛顿把一切庞杂统统剃掉，只留下一个最简单的事实：一只苹果掉在地上。牛顿以此作为科学推动的初始点发现了万有引力定律；二百多年后爱因斯坦剃掉了长在牛顿头上的"荒草"，用单纯的演绎法建立起新的科学体系。

每一个伟人都解决过最为复杂的问题，而他们的共同特点是将复杂的对象削剃成最简单的对象，然后再着手解决，奥卡姆剃刀定律告诉我们：大自然不做任何多余的事情。

复杂的事情往往用最简单的途径解决。

如果你有两个原理，用它们都能够解释你观测到的事实，那么你应该使用最简单的那个，对于现象最简单的解释往往比复杂的解释更正确；如果你有两个类似的解决方案，选择最简单的那个和最少假设的那个，你就最有可能接近正确；如果面临相同方向的两条道路，当你不可能把两只脚同时伸出去踩住不同的两条路时，你就必须快速判断出哪一条更简捷、离目标更近、更容易抵达，然后选择简捷的路，摒弃另一条路。

杰克·韦尔奇是全球薪水最高的首席执行官，从接手主持通用电气那一刻起就认为这里是一个官僚作风非常严重的地方，他一心想从自己的字典里淘汰掉"经理"这个词，原因就在于它意味着"控制而不是帮助，复杂化而不是简单化"。韦尔奇说："一些经理们把经营决策搞得毫无意义的复杂与琐碎。他们将管理等同于高深复杂，他们不懂得去激励人。我不喜欢'管理'

所带有的特征——控制、抑制人们，使他们处于黑暗之中，将他们的时间浪费在琐事和汇报上。"

他决定向通用电气公司的官僚习气宣战：

一是简化管理部门。

二是加强上下级沟通，变管理为激励、引导。

三是要求公司所有关键决策者了解所有同样关键的实际情况。

在杰克·韦尔奇神奇剃刀的剪裁之下，通用电气保持了连续 20 年的辉煌战绩。

财富世界里博弈的高手都会遭遇不同的阶段性迷茫，都会短暂地出现一些迷途歧道，面对枝蔓横生的乱局乱象，毋庸置疑，就需要果断快速举起手中的剃刀……如金融危机下的资本市场迷雾重重，常令人眼花缭乱，我们就需要举起剃刀剃掉那些漫天飞舞的垃圾信息，剃掉心理上的贪婪、恐惧、浮躁、盲目、轻信和冲动，然后再剃掉那些表面的图表变化，把那些最复杂的变化多端的价格走势剃减成为一个简单的只有"涨—跌—涨"的波次递进公式，一切水落石出之后我们会发现：所有的暴涨暴跌，事前都曾有暗潮涌动，都是有律可循的。

让所有的事情变得简单，一个人行进在简单的道上是轻松的。奥卡姆剃刀作为一把公平的剃刀，无论科学家还是普通人，谁有勇气拿起它，谁就离成功更近。

鲁滨孙梯子

攀援在财富路上，梯子的作用不亚于开山刀。

尽管"鲁滨孙梯子"只是美国自由经济人默里·罗斯巴德为演绎一种经济现象而讲述的一个故事，但很实用。原故事是：鲁滨孙孤身漂流在一座荒岛上，每天为生存而奋斗，他唯一的食物来源只是岛上的一片果林，每天上上下下爬树，要花 8 个小时才能采集够一天的食物，又累又耗费时间，于是他决定做一根采集果子的木棍，这样他每天采集食物的时间就降到了 6 个小时，每天节省 2 个小时时间。

一段时期后，鲁滨孙觉得木棍采集也很累，而且也慢，他决定制作一架梯子，算一下账，用梯子采集一天食物用 4 个小时，省力，提高效率，但制作梯子需要耗费 24 个小时，为了这架梯子需要连续几天不休息，但为了将来能够节省时间和体力，他还是决定制作梯子。

经过 24 小时的苦干，他制作完成了梯子，但是意想不到的事情发生了：岛上的果林全都得了一种病纷纷死去……梯子一下子变得毫无价值，他不得不扔掉梯子，又一次俯下身去，以采摘地上的草莓、挖掘地下的植物根茎来充饥。

罗斯巴德借这个故事告诉我们：做一架梯子原本是为了长远做打算，但世事瞬息万变，等到我们把梯子做好架起来的时候，我们先前的目标很可能已随环境的改变转移或消失，目标一旦改变，梯子就变得毫无用处，我们先前所有的努力与辛苦也全都成了一场白忙。

自由经济学家给我们的启示是：过于周密的计划有时难以应对突如其来的变化。摘取果子之前，如果我们花一些时间和精力架起来一架梯子的确能使抵达和摘取的时间变短，过程变得省力，但首先必须要亲自动手去架梯子（不要期望有人会为你架好梯子），其次不要试图架好了梯子再去采摘果子。罗斯巴德的侧重点在后者，这个观点对荒岛上的鲁滨孙是适用的，但不一定适用于每个人，因为很多人兴许这时候正好非常需要这个梯子。

微观经济学原理首先提出的一个问题是：权衡取舍。

当人们组成社会时，每个人都面临着各种不同的权衡取舍，美国哈佛经济学教授曼昆在其《经济学原理·微观经济学分册》中例证说明："经典的权衡取舍是在'大炮与黄油'之间。当一个社会的支出更多地用在保卫其海岸免受外国人入侵的国防（大炮）时，其用于提高国内生活水平的消费品（黄油）就减少了。"这个例证用来阐释罗斯巴德荒岛鲁滨孙的"梯子与果子"原理，就是鲁滨孙为了省时省力而又能多摘果子，选择利用更多时间去制作梯子，这就意味着他放弃了用这些时间去采摘果子的机会。

于是这就涉及微观经济学的另一个问题：机会成本。

微观经济学原理认为："某种东西的成本是为了得到它所放弃的东西。"

就是说一种东西的"机会成本"正是一个人为了得到这种东西而放弃的那些东西，如鲁滨孙为了得到更多的果子，他放弃了摘果子的时间去制作梯子，他放弃的这个时间，就是为了得到更多果子而付出的机会成本，而这种付出是巨大的、不值得的，因为他身在荒岛，面临的是食物匮乏（生存危机），如果他利用制作梯子的时间去采摘果子，就会储存起更多食物，但他为了尽快得到更多的食物选择去制作梯子，结果机会丧失，什么都没有得到，所以他的"机会成本"代价巨大，权衡下来是不值当的。

这就好比一个穷学生，他现在已没有食堂餐券了，晚餐就要面临挨饿，而这时的他正要去听一场市场营销演讲，这个演讲对他未来的业务实战和提升都非常重要（相当于梯子），与此同时，恰恰又有一单兼职的小生意来了，他必须现在处理，否则就告吹，而这单小生意至少可以解决他半年甚至更长时期的生活费（相当于果子）……这个穷学生面临"梯子"与"果子"的两难选择，该怎么选择呢？理性的他在权衡之后会做出正确取舍吗？如果他果断做出放弃听演讲，而去接这单生意的选择，那么他是理性的，因为这个演讲固然对他的将来非常重要，但对于他的现在来说，就意味着丧失一个机会，而且这个机会的成本很高。

接下来的问题就又涉及微观经济学原理的另一个问题：理性人考虑的"边际利益"问题。

什么是理性人？就是"系统而有目标地尽最大努力实现自己目标的人"。那什么又是"边际利益"呢？经济学家有个术语叫"边际变动"，"边际"是指"边缘"，边际变动就是指"围绕我们做某件事情的边缘所进行的微小增量调整"，理性人通常都是通过这个增量来比较"边际利益"和"边际成本"，然后做出理性决策。

打一个比方：馒头和钻石这两样东西谁更便宜？当然是馒头更便宜，钻石更昂贵。而我们要解决饥饱问题最需要的是馒头，钻石就无所谓。但钻石让人付出的价钱却要比馒头昂贵得多，为什么？这就是钻石产生的边际利益问题（额外利益），钻石额外利益巨大。对于一个饥饿的人来说，馒头越多越好；而对于一个投资者来说，馒头虽然体量大数量多，但增量却微不足道，钻石体量小，存量也极小（钻石也不可能直接用来解决饥饱问题），但钻石的边际利益巨大（增量巨大），所以理性人会通过比对"馒头与钻石"产生的边际利益（额外利益）来做出明智选择：饥饿的人选馒头，投资者选钻石。

如果我们是那个需要用馒头来解决当前饥饱的人，我们就没必要耗费时间像鲁滨孙那样去制作一架梯子，而是利用制作梯子的时间去多抢几个"果子"。

如果不是，我们就非常有必要制作一架像鲁滨孙那样的梯子，因为制作并带上这架梯子会在让我们付出代价（机会成本）的同时，产生类似钻石一样的边际利益（额外利益）。

在攀援的路上，"梯子"的作用不亚于"开山刀"。

理性思维

管理大师德鲁克还有一句名言："有些事情只有大象能做，老鼠是做不来的。"

德鲁克喜欢大概念，喜欢以大规模实现大效益。但这位大师又理性地指出"大"的弊端："大也意味着无法活动自如。"德鲁克因此又有一个非常著名的"跳蚤与大象"论："跳蚤可以跳到超过它身高许多倍的高度，大象却不能。"

我们在前面提到"理性人"概念，当我们站在某一个阶段的起点时，或将要制定下一站可抵达的阶段性目标时，我们就应该理性地做出判断：在大象、老鼠、跳蚤之间做出正确选择。我们不能超越自身的能力贪大求全，目光过于远大，结果事与愿违。

那么，怎样来理性选择最适合我们自己的目标呢？世界著名营销战略家艾·里斯提供过一个经典案例：在美国航空业界，西南航空公司不是最大的，却是经营最好、坚持最久的航空企业之一。刚开始时，美国航空企业首先要确定和选择自己的经营目标：

第一个选择——做客机还是做货机？

各大航空公司都不约而同地选择"两个都做"。因为客舱下面尚有剩余空间，当然要"客货兼营"。

第二个选择——目的地是飞往商务城市还是度假胜地？

同上一个问题一样，各大航空公司大都选择"两种都飞，都要占领"。

第三个选择——飞国内还是飞国外？

答案是"国内国外都要拿下"。

第四个选择——在服务上提供头等舱、商务舱还是经济舱？

绝大多数公司仍是不约而同地选择"全方位提供"。

这时候，只有西南航空公司的选择与众不同，这个公司选择"只飞商务城市，不飞度假地；只飞国内，不飞国际；只设经济舱，不提供头等舱和商务舱"。在机型上，公司只选择波音 737 一种机型。而美国三角洲航空公司、美利坚航空公司都分别选择了 8 种机型。

西南航空公司当时被人讥笑为"鼠目寸光"。但差别很快显现出来，在接下来的实际运营之中，"目光短浅"的西南航空公司与其他航空公司相比，逐步体现出以下优势：

一是运营能力提升。

公司投诉率在美国航空业历年保持最低。

二是维护能力提升。

因为只维护波音 737 一种机型，整体维护水平和服务水平更易掌控。在过去三十多年的运营中，公司一直保持零事故纪录。

仅这两点，已经凸显出公司在激烈竞争中的优势，公司因此取得了不俗业绩。在过去的 10 年中，西南航空公司一直保持着良好的盈利势头。而此时，当初豪气冲天的美国其他各大航空公司，除美利坚航空公司外，全都相继破产倒闭。

有时候"鼠目寸光"并不等于"目光短浅"，相反它也是一种经营智慧，而一味贪大求全，跟强大于自己数倍的对手比大，就犹如老鼠跟大象比大一样。老鼠永远比不过大象，但聪明的老鼠可以以小制大。老鼠可以钻洞过墙，在墙那边享有一个更大空间，可以利用狭窄地形进入到某个领域的深处，也可以敏捷地爬上墙头甚至屋顶，站在比大象更高的地方……而庞然大物大象，永远都无法深入到老鼠所能涉入的某些领域，无论转身、钻墙，大象都因身躯庞大而受到制约，要翻上墙头，爬上尖顶，它想都别想。

大师的观点是：老鼠与跳蚤永远不可能达到大象的高度。但老鼠的事大象做不来，跳蚤的事大象同样做不来。

绝对优势

绝对优势即核心优势。每一个企图取得成功的人，都必须确立自己的绝对优势。

这个原理在某些体育竞技中体现得尤其直接。在体育竞技中，某些项目领先 0.01 秒，就可以抢得先机，拔得头筹，而这个 0.01 秒在早些年只意味着荣耀，在今天却意味着巨量财富。

如美国 NBA 球员科比一个暴扣就价值千金，中国运动员刘翔一步跨越就价值超过千万（仅年广告收入就达 2000 多万美元），而姚明 NBA 第二轮签约爆出的年薪同样高达 2000 多万美元（这还不包括他丰厚的广告代理收入），更离谱的是美国拳王梅威瑟与菲律宾拳王帕奎奥的一场拳击大战，双方仅 12 个回合的争斗，总收入就高达 6.25 亿美元……这就是时下世界风行的"胜者通吃"法则，这个法则让财富以不可思议的方式和速度向优胜者云集。

1995 年，法兰克与库克所著《胜者通吃的社会》一书历数遍布现代社会各个领域的"胜者通吃"现象：电影《侏罗纪公园》的票房收入达 10 亿美元；1980 年一部畅销片主角的片酬仅 200 万美元，到 1994 年已达 1500 万美元；畅销书的稿酬有人高达 300 万~1000 万美元；美国大企业总裁与一般制造工人的收入差距也从 1974 年的 35 倍扩大到今天的 120 倍之多；2008 年"中国平安"老总 6616 万元的年薪对 90% 以上的中国人来说简直就是天文数字，它是普通员工年收入的 1000 多倍甚至 2000 多倍。

这刺激了很多人的神经，有人大呼"受不了"。

胜利者在一个又一个领域脱颖而出，鹤立鸡群，傲视天下。在市场经济的通则下，人们很难对这些能人、超人的"通吃"现象提出理直气壮的非议，科比就是票房，贝克·汉姆就是价值，艾科卡就是效益，比尔·盖茨就是财富……这些人的收入多得惊人，但俱乐部及企业以较小的附加成本从他们身上换得的利润更加惊人。

优者取胜，胜者通吃，财富如风，飘忽来去……这就是我们面临的时代。这个时候，我们如何保持清醒？如何参与竞争？我们的核心竞争力是什么？我们的比较竞争优势是什么？进入跑道之前，弄清楚自己的优势所在很有必要，只有这样才不至于把自己的比较优势同核心优势混淆，误将比较优势当作核心优势去与人竞争将会败得稀里糊涂。

那什么是核心竞争优势呢？核心竞争优势就是自己独有的、排他性的、在长时间内发挥作用的竞争优势。就像 NBA 姚明的高度是绝对高度，这就是他的绝对优势（核心优势），同场队友、对手无法达到和无法逾越他的高度，只能以力度、速度、灵巧和他同场较量。无法逾越的高度就是姚明的核心竞争优势，力度、速度、灵巧成为比较竞争优势。姚明在自己的领域，就可以以自己的核心竞争优势和那些拥有比较竞争优势的人共同竞争。

巅峰时刻的刘翔，110 米跨栏的成绩是 12 秒 88，他因此成为这个项目的世界王者。这里速度是他的优势，但不是核心优势。2008 年 6 月 12 日，在捷克俄斯特拉发举行的国际田联大奖赛上，对手罗伯斯以 12 秒 87 的成绩打破了刘翔保持的纪录，罗伯斯以 0.01 秒的优势成为新的世界王者。速度曾经是刘翔的优势，但不是绝对优势（核心优势），只是刘翔的比较优势。别人通过努力可以超越他的速度，刘翔自己也可以超越自己，所以同一领域中，刘翔没有核心竞争力，永远没有绝对速度（绝对优势），只有比较竞争优势，刘翔只有不断刷新、提升速度才不至于被超越或被淘汰。

这种现象，与我们很多个人包括绝大部分中国企业一样，在同业的竞争之中，我们没有自己的核心竞争力，从而只能靠比较竞争优势取胜。

比较竞争优势的基本原理就是：当一种技能或做法被他人或更多人掌握，它已经成为成功的前提，即基础平台，不再产生比较竞争优势。如刘翔曾经靠比较竞争优势（速度）创造了世界纪录，那只是他的短暂辉煌，别人会不断刷新他的速度。企业与个人的商业竞争与此同理，死抱着当初成功的经验，误把"比较竞争优势"当"核心竞争优势"，不思变革、出新招，失败就成为必然。

管理上司

现代职场中，要努力学会如何管理你的上司，为自己营造一个良好的环境空间。

我们在公司除了明白自己的工作职责、内容、目标以外，还必须弄明白那个关键人物，谁是关键人物？谁能引领我踏上阶梯？谁会助力我跑到终点？谁将为我打开财富之门？那个决定我命运、薪水、地位、晋升乃至前程的人是谁？他就是我们的上司或老板，是捏着我们命运之门或财富之门钥匙的人。

孙子在其《谋攻篇》中说："知己知彼，百战不殆；不知彼而知己，一胜一负；不知彼，不知己，每战必殆。"要知道谁是掌握你命运的关键人物似乎比较简单，但要真正了解他们却很难，平时的他们往往高深莫测、喜怒无常、复杂多变，没有人能夸口说自己完全了解自己的上司或老板。如果我们要更进一步，要与他们建立和谐友好的上下级关系，那就更加困难，而要管理好你的老板和上司，则难上加难。但我们必须冷静下来，摒除复杂的表象，简单明了，直达深层，一针见血地学会如何管理他们。

"管理好我们的上司和老板"，这是现代管理大师德鲁克告诉我们的"必杀技"，在《管理的未来》一书中，他谈到"如何管理你的上司"时提出两个简单的准则：守则、禁忌。

守则：

一年问一次上司："我应该如何做，或我下面的人该如何做，才能帮助你完成既定任务？我或者是我的人有没有妨碍你的地方？"

部属的工作不是去改造或再教育上司，不是让上司成为商学院或管理教科书所描述的那种理想的上司，而是让上司做他自己，从而展现出他独特的风格。经理人的任务是要让下属尽量发挥所长，不让下属的缺点对工作造成负面影响。

这一原则也适用于管理经理人的上司。让你的上司知道所有该知道的事。毕竟，你的上司必须对部属的工作绩效负责。他们必须能向更高一级主管说："我知道我的部属在做什么。"

禁忌：

千万不要让你的上司感到意外。

甚至连好事也不例外（如果真有这种事情的话）。发生这种意外时，负责的人（你的上司）通常会觉得受到羞辱，而且是公开地被人羞辱。

千万别低估你的上司。

你的上司可能识字不多，或看起来很愚蠢。不过，高估上司并没有任何风险。如果你低估你的上司，对方可能会加倍还击。万一你犯了任何错误，可能会遭到来自上司的更大羞辱。

——彼得·德鲁克《管理的未来》

守则与禁忌适用于任何场合。

遵循并执行这两条简单准则会省去你不少麻烦。

搬开愚蠢的路障，更不要聪明到以聪明去为自己设障。我们首先要更有效地管理好自己。

德鲁克一再强调：不论是最高主管、经理人的上司或经理人本身，甚至员工，都应该管理自己。

所以管理你的上司之前，先管理好自己。

细节

细节是一个整体事件中极小的环节和情节。在一个事件或一个系统中，一些细节通常会被人忽略。尤其是当我们拎着自己的开山刀行进在枝蔓横生的征途上的时候，所有的魔鬼与天使几乎都掩藏于那些微小的细节之中。

美国西点军校以"魔鬼训练营"著称，它有一项鲜为人知的考试科目：

在空旷地带挖一个深坑，坑里置一个直径 2 米、高 4 米的圆桶，圆桶内壁光滑，受训人员被放进桶内，限一夜时间爬出来，如果出不来，不仅考试为零分，还要被地面的士兵从上面抛土以示惩罚，直至被埋至半腰……这项科目设置以来，徒手走出圆桶的人几乎为零。

直到后来的美国著名军事家道格拉斯·麦克阿瑟出现，才突破了这个零的纪录。当年西点高才生麦克阿瑟毕业考试，同样经历了这项测验，那天他被放入桶中，尽管他聪明过人、身材高大，但面对这个没有任何着力点的金属圆桶，仍一筹莫展。他没有超越常人的生理极限，无法徒手爬出圆桶，只好在桶内过夜。第二天，当主考官命令士兵向他抛掷惩罚的泥土时，他灵光顿现，一下捕捉到了那个细节：不断抛向他的泥土。他不像先前所有的受罚者那样等着被泥土掩埋，而是闪转腾挪，挥拳踢脚，把那些抛下来的泥土踩踏在脚下，很快他脚下的土越堆越高，最后他终于伸长双臂，够住桶沿，一纵身跃出了圆桶。主考官微笑走来，恭贺他获得了满分。

在绝境与制度的惩罚游戏中，规则隐藏了这些细节。

一切皆有可能是说在看似不可能的"一切"里面实际埋藏着很多种"可能"，只是要我们冷静下来，深入体味，才能发现并捕捉到它，也只有我们捕捉并利用好它，才会成功。

同样的道理，一些失败的细节也隐藏在某些事物之中。

有一位建筑材料公司的销售主管，去拜访一位房地产公司的女总裁，销售主管一进办公室就远远伸出手，女总裁勉强站起来，极不适应地伸出手，而主管快速在她的手上触碰一下，赶紧缩回，去抽取袋中的资料来要为她介绍产品。女总裁客气地说："很高兴你为我公司介绍你们的产品。这样吧，你留下资料，我先看一看，然后再和你联系。"两分钟不到，销售主管被礼送出门。以后尽管他多次打电话联系，均被对方秘书以"总裁不在"挡回。销售主管为什么在两分钟内就败下阵来？

总裁在一次形象讨论课上谈到了这件事，她说："首次见面，他留给我的印象是既不懂最基本的商业礼仪，又没有绅士风度。他是一个大男人，位置又低于我，却像个王子一样，伸着高贵的手，让我去握他，而他伸出的手是一只什么样的手呢？一触冰凉毫无生机，像一条死鱼，而且我还没有握住呢，他又赶紧抽回去拿资料……就几秒钟，他留给我一个极坏的印象，他的手没有让我感到自己被尊重，没有感受到他的真诚，感觉到的是，他对我们的会面并不重视，也许他的心和他的手一样，冰冷。"

全世界的人都憎恨这种死鱼式的握手方式。它在冰冷、僵硬、无力的后面传递出虚弱、虚伪、傲慢、无知和愚蠢。

握手是陌生者之间交往的第一个细节，也是第一次身体接触，短短几秒十分关键，伸手的先后、握手的方式、用力的轻重、时间的长短、手掌的湿度，每一个细枝末节都无声地向对方描述和传递着你的修养、性格、友好度、可信度、心理状态，其中一个小小的疏忽和闪失，都将会使你在瞬间失去对方的好感、信赖与尊重。失去了对方，也就失去了机会、合作、订单、成功。所以，一握值千金，握手这个细节的经济效益和能量岂容小觑。

细节不只决定成败。生活中"一榫承梁"、"一穴溃堤"、"一失留憾"的现象比比皆是。一个小榫的缺失，可能导致梁坍屋塌；一个小小的蚁穴，可以使大堤毁溃；"一粒枣核支撑大坛"，说的就是一个小的东西，可以支撑大的东西，当我们把关键位置那粒枣核大小的东西从大坛下抽离的时候，会发生什么？倾倒。

已故苹果首席执行官乔布斯生前有一次说到细节时，讲了一件小事：在欧洲市场上，AC尼尔森曾经对苹果进行过一次品牌测试，当消费者被问及"当提到 Apple 品牌时，您的头脑中会浮现什么画面"时，大多数消费者一下提及的是 "挂着耳机自由行走的精灵"。这个便是苹果让人记住的最为鲜明的细节之一。乔布斯的成功正是源自他点点滴滴的细节：生命的经历。

在一次斯坦福大学毕业典礼演讲中，乔布斯讲述了自己生命中的几个小故事。他讲述的第一个故事就是关于生命中的细节，他是怎样串起这些细节，怎样串起这些生命中的点点滴滴的……他说："我在里德大学待了 6 个月就退学了，但之后仍作为旁听生混了 18 个月后才最终离开。这件事情做起来一点都不浪漫。因为没有自己的宿舍，我只能睡在朋友房间的地板上；可乐瓶的押金是 5 分钱，我把瓶子还回去，好用押金买吃的；在每个周日的晚上，我都会步行 7 英里穿越市区，到 Hare Krishna 教堂吃一顿大餐，我喜欢那儿的食物。我跟随好奇心和直觉所做的事情，事后证明大多数都是极其珍贵的经验。"

他举了一个例子：那个时候，里德大学提供了全美国最好的书法教育。整个校园的每一张海报，每一个抽屉上的标签，都是漂亮的手写体。由于自己已经退学，不用再去上那些常规的课程，于是自己选择了一个书法班，想学一学怎么写出一手漂亮字。在这个班上，他学习了各种衬线和无衬线字体，如何改变不同字体组合之间的字间距，以及如何做出漂亮的版式……那是一种科学永远都无法捕捉的充满美感、历史感和艺术感的微妙。乔布斯发现这太有意思了。正是这个太有意思的细节，串起了他非同凡响的精彩人生。当时，他压根儿没想到这些知识会在他的生命中有什么实用价值。但是在 10 年之后，当他的公司设计第一款 Macintosh 电脑的时候，这些东西全派上了用场。他把它们全部设计进了 Mac，这是第一台可以排出好看版式的电脑。

他说："如果当时我在大学里没有旁听这门课程的话，Mac 就不会提供各种字体和等间距字体。自从 Windows 系统抄袭了 Mac 以后（全场大笑），所有的个人电脑都有了这些东西。如果我没有退学，我就不会去书法班旁听，而今天的个人电脑大概也就不会有出色的版式功能。"

乔布斯坦承：念大学时，他不可能有先见之明，把那些生命中的点点滴滴都串起来，但 10 年后再回头去看，生命的轨迹就变得非常清楚。只有在你回头看的时候，你才会发现这些点滴之间的联系。

强者训练

我们希望强大，也多少都有一些英雄情结，曾无数次幻想自己无论在职场、商场、资本市场的角逐中都所向披靡、战无不胜。

但一个不可战胜的人的标志是什么呢？重温一下马可·奥勒留的话："一方面足够强健地承受，另一方面又能保持清醒的品质，正是一个拥有一颗完善的、不可战胜的灵魂的人的标志。"

当世袭和家族的礼教遗风影响日微，或者已渐渐蜕变成为一种痼疾，我们必须与因循守旧果断地割裂，转而与那些精神巨人对话，聆听他们的教诲。先贤圣哲们的智语能够触动我们的灵魂，开启我们的心智，激发我们僵硬与虚弱的身体意识，对于那些横亘在我们面前的山岭丛林，我们可以直接穿越，而不是沿着边缘绕行。

要完成对心智体魄的强健，"拓展训练"是穿越"山岭丛林"的一条捷径，它是当今世界比较科学、有效的体验式培训方式之一，是素质教育在职业素养教育方面的一个分支，它绝不等同于我们熟知的传统的灌输式教育培训方式。拓展训练源于英文 Outward-Bound（又称外展、体验式培训），原意为一艘小船离开安全的港湾，驶向波涛汹涌的大海，接受一次次挑战，战胜一个个困难。

"拓展训练"的概念于 20 世纪 90 年代末进入中国，首先受到一些精英阶层及成功人士的青睐，继而普及到越来越多的经理人、老板、高管、职员乃至公司员工和高校学生。在今天，知识和技能成为重要资本，而强烈的进取心、顽强的意志和良好的沟通与合作精神更成为一种无形的力量与财富。

努力与放弃，积极与消极，体验与了解，控制与超越，在体验中感受真切，在失败中战胜自我，在突破中磨炼胆识，在超越中提升勇气，感受失败与成功，失败后重来，再失败，再重来……就这样反复体验，不言放弃，不断强化，战胜自己。

任何一个普通人，都可以通过这样的拓展训练来达到强大自己的目的：在一片空地上，在距地面十几米的高空，用木板架起来一座颤颤巍巍的断桥，断桥之间，有一个一米多宽的缺口，缺口深及十几米下的地面。这时候假如我们站在那个晃晃荡荡的断桥口，孤悬空中，只有一条护腰的绳索，面对一米多宽的深达地面的缺口，我们敢迈出去腿吗？敢跨出这一步吗？盯着"断桥"缺口，它并不大，一米左右，如果在地面，轻而易举一抬腿就可以迈过，但不幸的是，我们现在是悬在十几米高空，难度、惊险度令人望而生畏，只是看一眼断口就让人头皮发麻，迈步之前，我们第一意识出现的是恐惧，不由自主会想到失败，会浮现出那些"失足"的险象：身悬空中，往下坠落，坚硬触地粉身碎骨……这时候脑袋轰一下一片空白。

这就是拓展训练中的"高空断桥"。实际上当我们面临以上情况时有四种选择和结局：

一是忘掉恐惧，奋力一跃，稳稳地站在对面桥上。

二是带着恐惧，勉强一跃，因为力道不足而失足落空。

三是放弃，掉头回去。

四是原地不动。

前进、后退或原地不动，以一步之遥挑战自我，重新认识自我，从而提高自信、勇气、果敢和决断的能力，知道并了解自己本有的无限潜能。

有一位女士曾在一次"断桥"训练中停留在我们所说的第四种状态，站在高空断桥的缺口前进退不得，不敢跳，不敢退，这样足足僵持了 20 分钟……后来她说，在这一段时间，她的内心不知道演绎过多少次失败、成功、放弃，脑子里不断闪现各种结局：失败很恐怖，后果很严重，甚至不敢往下想；成功很快乐，前景美妙，无限大的天地与空间令人神往；放弃令人沮丧，招致嘲弄，打击自信，会长时期陷入心理灰暗。有瞬息间她脑子里是一片空白，那是崩溃前夕的一段真空，必须抓紧摆脱，20 分钟变得非常漫长，它有可能就此决定自己一生的成败，这时在地面学友的不断鼓励下，她终于一咬牙，奋力一跃，跨过断桥，最终战胜了自我。

在一项"信任背摔"的项目训练中，她记下这样的感受：当我的手脚都被绑住，背对着我的队友，而向后面倒时，只有信任自己的队友才能顺利完成这个动作。我闭上眼睛，用耳朵聆听队友的提醒、帮助与鼓励，心里有一种非常踏实的感觉。当我倒下的一瞬间，我感到了队友的有力支撑。因为我们彼此信任，让我和队友都深深体会到信任的重要、信任的快乐和幸福。

紧盯住前方

前方有什么？我们为什么要紧盯住前方？

因为我们在路上，我们挥动自己的开山刀披荆斩棘，要去往的就是前方，因为前方有我们的目标，每个人都有自己的目标，至于目标大与小、目标是什么、该怎样理解，全无所谓，我们只需要紧盯住前方，因为那是我们要去往的地方，是我们的目标……

我们来看看大师们怎样理解确定自己的目标。

管理大师德鲁克对目标这样解析：目标不是命运，是方向。目标也不是命令，是承诺。目标并不决定未来，但它实现未来。目标是动员一切力量和资源的手段、标准乃至基础。大师认为方向、承诺、实现未来和动员一切力量的手段、标准乃至基础都属于目标范畴，那么这位"大师中的大师"又是怎样确立自己的目标呢？他的目标又是什么呢？

"一个人必须使别人的生活有所不同。"这就是德鲁克一生追求的目标，也是他终生衡量自己成败的标准。

大师目标的确立缘于一次小小的经历，1950 年 1 月 3 日，德鲁克随父亲一起去看望哈佛大学的熊彼特教授，教授当时已是著名的经济学家，也是美国经济学会主席，年轻时他曾经是德鲁克父亲的学生，当年的熊彼特曾经被人问到过这样一个问题："你将来想被后人记得什么呢？"熊彼特回答："我要成为伟大的经济学家和欧洲美女的情圣。"

30 多年过去了，师生重逢，昔日的老师又旧话重提，他问当年的学生："你现在还跟人提起你将来想被后人记得什么吗？"熊彼特回答说："是的。这个问题今天对我仍然很重要。但是，客案却不同了。到了现在这个年纪，人们是不是记得我写的书和理论已经变得不重要了。一个人如果不能够使别人的生活有所不同，那么他的一生也只能算是表现平平而已。"让别人的生活有所不同，就是这句话触动了德鲁克的心灵。

德鲁克从此确立了一生衡量自己成败的标准，这个标准也成为他的终生目标和一生从事学术研究的重要法则，他终身以教书、著书和咨询为业，一共出版了 39 本书，其中《卓有成效的管理者》一书被称为现代管理学的圣经。1954 年，德鲁克在《管理实践》一书中提出了一个具有划时代意义的概念：目标管理。概念一经提出，不只在美国企业大行其道，而且很快风行世界。2002 年，德鲁克在接受采访时，有人同样问到了他那个相同的问题：

"你希望将来被后人记起什么？"德鲁克回答说："那就是我曾经帮助过一些人实现了他们的目标。"

德鲁克强调"一个人必须使别人的生活有所不同"，并终生乐此不疲为这个目标勤奋工作。

另一位传奇人物杰克·韦尔奇同样谈到过他的目标。

他在谈到自己当年的目标时陶醉不已，说起当年入主通用自己提出的宏大目标时满怀激情，他说自己充分享受着实现这一目标的全部过程，那是他人生中最美妙的时光。

1981 年，杰克·韦尔奇入主通用电气公司，在担任通用公司首席执行官达 20 年的时间里，使通用电气的市值达到 4500 亿美元，增长 30 多倍，通用的排名也从世界第 10 位提升到第 2 位，他推行的"六西格玛"标准、"全球化"、"电子商务"几乎重新定义了全球的现代企业。至此，他被称为"美国国粹"、杰出的商业魔术师、全球第一 CEO、一个"有心灵、有灵魂、有头脑"的商业巨子，他也因此成为全世界薪水最高的首席执行官。回首往事时他说："在 GE 这个百年企业工作的 20 年，如同人生的速写……把一个好公司搞得更好，变得更伟大，是董事长工作的全部。"这也是他致力于达到的目标。

杰克·韦尔奇在 2001 年出版的自传中写道："大约 20 年前，我站在纽约彼埃尔酒店的讲台后面，向华尔街那些分析家们描述我构想的 GE 前景。尽管当时我的预期目标非常宏大，但我无论如何也没想到这家公司及其员工能达到今天的高度。"

2001 年 9 月，杰克·韦尔奇离开 GE，在此后的辞别演讲中说："我 20 年前得到这份工作，我们在一起进行了很多变革，和许多人一起变革，一起实现公司的宏大目标，这是一段奇妙的旅程，是一段有趣、精彩、充满美好回忆和长久友谊的旅行……往事已成为过去，忘掉它们，全新的游戏已经开始，你闻所未闻的变化正以你闻所未闻的速度进行着。那些抓住了它的人将是多么幸福，而那些与之失之交臂的人又将是多么的不幸和害怕。"杰克·韦尔奇这样评价自己："虽然我不是吊灯中最耀眼的一个，但多年以来我始终相信自己能使所有的灯泡放射出最大的光亮。"

这和大师彼德·德鲁克是多么相像。两个人的目标都是帮助别人实现他们的目标，都致力让别人发出他们最大的光亮。大师的心灵之弦跃动着同样的音符和旋律。

大师之外，我们来看看那些"球馆老鼠"（球星）们的目标。

1974年，摩西·马龙高中毕业，当时他对母亲说："妈妈，我不想让你再操劳了。"随后，他登上NBA联盟（美国篮球协会）的选秀台。1983年，摩西·马龙率领费城76人队夺得冠军，成为NBA史上仅有的一位高中生总决赛MVP（最有价值球员），摩西·马龙也从此成为美国NBA著名的球星之一。

1989年，肖恩·坎普也是勉强上完高中，这个从贫民区走出来的男孩成绩一直不尽如人意，他这样说："既然我作弊都没法通过大学入学考试，我干脆去打NBA得了。"后来，肖恩·坎普被西雅图超音速队选中，一举成为20世纪90年代NBA最杰出的暴力美学扣篮手。"雨人"之名，响彻联盟。

21世纪关注NBA的球迷们没有谁不关注科比，这个昔日的"球馆老鼠"成为NBA最耀眼的孤独闪电之星。在创造了NBA历史诸多纪录的同时，他也成为NBA历史上最受争议的明星之一，1996年4月29日，当时还在高中上学的科比一本正经向外界宣布："经过长时间考虑，以及听取了许多人的意见后，我决定将自己的才华直接带进NBA。"科比的这个决定把他的父母直接推进了舆论的旋涡，在一片"迫害孩子"的声讨下，父亲乔·布莱恩特不得不挺身而出告诉媒体："我们家并不缺钱。"

的确如此，科比不同于当年的高中生摩西·马龙，也不同于"雨人"肖恩·坎普，前者有单亲家庭带来的孤僻，后者有贫民区混混的放荡不羁，而科比出身富裕家庭，接受着良好的教育。在他5岁的时候，父亲乔·布莱恩特（天赋很高的篮球运动员）就选择了亚平宁半岛的意大利，并成为意大利家喻户晓的球星，父亲在意大利辛苦拼搏积攒的财富足以使他们一家居住在费城富人区，并供科比在洛马里昂中学（一所贵族学校）接受最好的教育，这使科比远离了其他美国篮球少年共有的经历：贫民街区、大麻贩子、球探骗子、枪声乃至警察。

高中毕业的科比完全可以完成更高学业，这时候多条坦途和多种选择等待着他：继续到名牌大学深造，成为学者、政治家、企业家，将来也可以像成功竞选美国总统的奥巴马那样风光显赫、魅力四射，尝试权力巅峰，他有这个条件，拥有近臻完美的家庭、背景和优势，但"球馆老鼠"的目光只盯着一个目标——篮球。

和那些把篮球仅作为一种兴趣运动的普通孩子不一样，科比视篮球为生命，今天他成为众多 NBA 球迷的偶像，也成为 21 世纪 NBA 最耀眼的球星之一，一只小篮球带给他的光环、效应、财富、荣耀，丝毫不亚于那些学者、大师、政治家和富商。

世界就是一个光影迷离的大舞台。

大师的目光关注更远的地方，明星的目光则聚焦在台上，当大师们身处高寒之地时，内心是热烈而充盈的；而当明星们被欢呼热捧时，心灵却往往陷入孤独。但他们都具有一个通向成功的特质：眼光独到、目标明确。

一切乐音，均为它鸣响。

穷尽一生，专心致志，紧盯住前方，因为前方是我们的目标。那是我们以生平"所学、所历、所思、所想"凝聚成的一团熹光，是我们用"心血、心灵、灵魂乃至生命"点亮的一盏"明灯"，这盏"明灯"一直悬挂在我们头顶的前方，一直照亮着我们的生命，一直引领着我们生命的全部行程。

结语

需要是变化之母，变革是创新之父。著名未来学家约翰·奈斯比特认为：变化的基因一直在围绕永恒这一轴心而转动。

他列举公元前 3000 年所罗门国王的一段话：已有的事，后必再有，已行的事，后必再行，日光之下，并无新事……这是被许多史实佐证了的。但奈斯比特又坚决认为：现在人们每天常说的是，太阳底下都是新鲜事，21世纪是一个充满变革的世纪，未来 10 年发生的变革甚至要多于过去 100 年发生变革的总和，对此大部分国家都还没有做好准备……

但变革还是要来，该来的，会不断地来。

　　这包括我们自己。当我们粗略浏览过前面那些有关财富与生命的文字、符号以后，我们的内心会否有些许触动？今天与昨天比较，我们有什么改变吗？我们蜕变了吗？涅槃了吗？假如没有，那又怎样？如果财富果真来了，那就来吧，让它来，请它来好了。财富这个东西是尤为善变的，它不以人的意志为转移，也不以上帝的意志为转移，人类早期历史由东方移至西方，现在又由西方回移东方，宇宙之间就是这样一个循环系统，恒定而律动，它来了，至少可以帮助我们过上一种非同凡响的生活，我们每一个人不是都希望过上非同凡响的生活并执意追求这种生活吗？

　　当然我们还是要处理好一些关系，渴望财富，但不膜拜，我们需要一种态度。正如美国作家梭罗所说："多余的财富只能够买多余的东西，人的灵魂需要的东西，是不需要花钱买的。"一个人在精神上没有经历过磨砺和修炼，在思考财富生涯中某些细节的时候，就会把很多时间浪费在那些懊悔之上，浪费在埋怨之上，我们每天都渴求那些力所不及的东西，而对于力所能及的东西又极度不满意，我们往往因积怨过重又过度关注细枝末节、放纵个人欲望而因此错失许多良机和财缘。一句话，一个人如果没有把财富的"理念"问题从根本上解决好，财富于他就是魔障，既折磨神经，又摧残精神。

　　我们的确需要一种态度，于是把目光瞄向那些尘世之外的人，一个超脱尘世的佛门中人，他又如何来渴望人世间的财富呢？

　　我们有幸了解中国台湾地区佛光寺的星云大师，读大师经历，读大师的感悟，读大师的态度，他亲历过北伐战争、抗日战争、解放战争，对生活的贫困与生死别有体验。他 12 岁出家，一生清贫艰苦，却一直甘之如饴。大师说："对于金钱，我的态度一直是'以无为有'"。

　　然而大师却笑言自己并不喜欢"贫僧"这个称呼，他说过去出家人自谦"贫僧"，从物质财富上来说，确实是清贫。但他觉得出家人内心富有三千大千世界，怎么能是"贫僧"呢？这就是所谓的佛心海量了，既然佛家都不屑一个"贫"字，何况我们凡夫俗子，虽然态度各异，心迹不同，但试想一个人心中如果存"三千大千世界"，那人世间还有什么东西可以让他困惑呢？

　　只是我们仍心怀惴惴……于是拙文之后，把星云大师虔心为求财富的祈愿辑录进来，是为余韵，不以开示，只为祈愿……

财富的祈愿

——星云大师

慈悲伟大的佛陀！求您加持我获得人间的财富。

因为在经济重于一切的社会，如果我没有金钱财富，将生活得十分艰苦；甚至想发心做一点善事，也需要一些钱财。因为在物质不可缺少的人间，如果没有柴米油盐，日子将不会好过；甚至想发心学佛修道，也要有一些资粮。

慈悲伟大的佛陀！我不是好欲贪求，我只希望生活安然平顺。

慈悲伟大的佛陀！我要向您祈求七种财富：

第一种：祈求您给我一个健康的身体。

第二种：祈求您给我慈悲的心肠。

第三种：祈求您给我智能的头脑。

第四种：祈求您给我勤俭的美德。

第五种：祈求您给我宽广的胸怀。

第六种：祈求您给我内心的智能。

第七种：祈求您给我世间的因缘。

慈悲伟大的佛陀！

我希望拥有财富，不是想要消费物品，而是想得到慈悲的气质；我希望拥有财富，不是想买巨厦豪宅，而是想买到平安的居家；我希望拥有财富，不是想买高官厚禄，而是想去广结善缘；我希望拥有财富，不是用来滋养色身，而是长养家人慧命。

慈悲伟大的佛陀！

我希望以热忱，获得善缘的财富；我希望以勤劳，获得信誉的财富；我希望以喜舍，获得友谊的财富；我希望以正见，获得真理的财富。

慈悲伟大的佛陀！

　　我将以财富孝顺父母，使师长老有所养；我将以财富供养三宝，使佛教发展成长；我将以财富养育妻儿，教他们德业增长；我将以财富从事正业，造福国家社会；我将以财富投入公益，裨益世界人类。

　　慈悲伟大的佛陀！

　　一文一钱，我知道来之不易；一丝一缕，我知道物力维艰。

　　慈悲伟大的佛陀！

　　祈求您加持我，让我懂得以智能运用钱财，做一个为世间创造财富的人，做一个与众生共有财富的人……

参考文献

［1］［美］阿尔文·托夫勒，海蒂·托夫勒. 财富的革命（修订版）［M］. 吴文忠，刘微译. 北京：中信出版社，2006.

［2］司马迁. 史记·货殖列传（修订版）［M］. 北京：中华书局，2013.

［3］［古罗马］马可·奥勒留（Marcus Aurelius）. 沉思录［M］. 何怀宏译. 北京：中央编译出版社，2008.

［4］［英］亚当·斯密. 国富论：国民财富的性质和起因的研究［M］. 谢祖钧译. 北京：新世界出版社，2007.

［5］［美］N. 格里高利·曼昆. 经济学原理：（5 版·微观经济学分册）［M］. 梁小民，梁砾译. 北京：北京大学出版社，2009.

［6］［以色列］尤瓦尔·赫拉利. 人类简史——从动物到上帝［M］. 林俊宏译. 北京：中信出版社，2014.

［7］［英］史蒂芬·霍金. 时间简史［M］. 许明贤，吴忠超译. 长沙：湖南科学技术出版社，2008.

［8］老子. 道德经［M］. 李湘雅译. 北京：人民文学出版社，2006.

［9］［美］杰克·贝蒂. 大师的轨迹——探索德鲁克的世界［M］. 李田树译. 北京：机械工业出版社，2006.

［10］新旧约全书［M］. 中国基督教协会，中国基督教三自爱国运动委员会（南京）印，1982.

［11］［美］本·斯泰尔. 布雷顿森林货币战：美元如何统治世界［M］. 符荆捷，陈盈译. 北京：机械工业出版社，2014.

［12］［法］托马斯·皮凯蒂. 21 世纪资本论［M］. 巴曙松，陈剑，余江，

周大昕，李清彬，杨铎铎译. 北京：中信出版社，2014.

[13] 王阳明（明）. 传习录［M］. 于自力，孔薇，杨骅骁注译. 郑州：中州古籍出版社，2008.

[14]［法］托克维尔. 旧制度与大革命［M］. 冯棠译. 北京：商务印书馆，2012.

[15]［英］萨伦·麦克斯维尔. 财富特质——英国亿万富翁调查报告［M］. 汪洪友译. 北京：中国社会科学出版社，2007.

[16]［美］托马斯·弗里德曼. 世界是平的——21 世纪简史［M］. 何帆，肖莹莹，郝正非译. 长沙：湖南科学技术出版社，2006.

[17]［新西兰］K. T. Strongman. 情绪心理学——从日常生活到理论［M］. 王力译. 北京：中国轻工业出版社，2006.

[18] 徐光兴主编. 世界文学名著心理案例集［M］. 上海：上海世纪出版集团，上海教育出版社，2004.

[19]［美］约翰·奈斯比特. 定见［M］. 魏平译. 北京：中信出版社，2007.

[20]［澳］约翰·赫斯特. 极简欧洲史［M］. 席玉苹译. 南宁：广西师范大学出版社，2011.

[21] 黄平，罗红光，许宝强主编. 当代西方社会学·人类学新词典［M］. 长春：吉林人民出版社，2003.

[22]［美］查尔斯·都希格. 习惯的力量［M］. 吴奕俊，陈丽丽，曹烨译. 北京：中信出版社，2013.

[23]［美］亨德里克·威廉·房龙. 人类的故事［M］. 徐承，沈健译. 北京：中国华侨出版社，2010.

[24]［新加坡］李光耀. 李光耀观天下［M］. 周殊钦，林琬绯，陆彩霞，顾耀明译. 台北：远见天下文化出版股份有限公司，2014.

[25]［美］彼得·林奇，约翰·罗瑟查尔德. 彼得·林奇的成功投资（修订版）［M］. 刘建位、徐晓杰译. 北京：机械工业出版社，2007.

[26]［美］杰克·韦尔奇，约翰·拜恩. 杰克·韦尔奇自传［M］. 曹彦博，孙立明，丁浩译. 北京：中信出版社，2001.

[27] 戴问天. 西方海军的"船坚炮利"形成于何时？读世界近现代海战史系列 [J]. 博览群书, 2007 (7).

[28]［英］理查德·希尔, 伯纳德·爱尔兰, 安德鲁·兰伯特. 世界近现代海战史系列——风帆时代的海上战争、铁甲舰时代的海上战争、1914~1945 年的海上战争 [M]. 谢江萍, 郑振清, 向静译. 上海：上海人民出版社, 2005.

[29]［美］凯文·菲利普斯. 一本书读懂美国财富史 [M]. 王吉美译. 北京：中信出版社, 2010.

[30] 李灏译. 阎学通对话米尔斯海默——中国能否和平崛起 [J]. 凤凰大学问, 2013 (29).

[31] 陈新焱, 徐庭芳, 张玉洁. 香港梦代表李嘉诚：从"超人"到"万恶的资本家"[N]. 南方周末, 2013.

[32]［英］威尔·赫顿. 奥斯本在中国——睁大眼睛, 天真又无知 [EB/OL]. 参考消息网, 2013.

[33]［英］乔治·奥斯本英国不再伟大 对中国深感震惊和钦佩 [EB/OL]. 北京：新华社——参考消息, 2013.

[34] 李开复. 只争朝夕 抓住一切探寻生命的意义 [J]. 中国企业家, 2013(9).

[35] 李开复. 世界因你不同 [M]. 北京：中信出版社, 2009.

[36] 黄锐. 中国身家 10 亿美元富豪达 212 人 居世界之首 [N]. 新京报, 2013.

[37] 胡润全球富豪榜——中国十亿富豪最多 盖茨首次跌出前三 [EB/OL]. 凤凰财经, 2013.

[38] 李硕豪. 穆斯林（MSL）的"真理"和西方的"普世价值"[EB/OL]. 新浪博客, 2013.

[39] 文舟. 中国人智商全球最高 [N]. 环球时报, 2003.

[40] 乔磊. 美国富人五种习惯：致富思维多数中产阶层不具备 [J]. 理财周刊, 2013.

[41] 王石. 跳出来看中国的一切都理所当然 [EB/OL]. 中国企业家网,

2013.

[42] 侯继勇. 马云第三次创业：布局电商、金融、数据三大帝国［N］.
21 世纪经济报道，2013.

[43] 尹守革. 马云隐退背后：曾翻看中国商史　发现除范蠡都不得善终
［J］. 南方人物周刊，2013.

[44] 马坚（中文译者）. 古兰经［M］. 北京：中国社会科学出版社，2009.

[45] 尸佼（战国）. 尸子译注［M］. 朱海雷译. 上海：上海古籍出版社，
2006.

[46] 韩毓海. 立国显始做宏略——青年毛泽东《心之力》特立独行倡"新
学"［N］. 北京日报，2015.

[47] 韩非子（战国）. 诸子译注丛书——韩非子译著［M］. 张觉等译注.
上海：上海古籍出版社，2007.

[48]［美］阿尔文·托夫勒. 力量转移［M］. 刘炳章译. 北京：新华出版
社，1996.

[49]［英］塞缪尔·斯迈尔斯. 信仰的光芒［M］. 陈豪译. 北京：金城出
版社，2011.

[50]［英］塞缪尔·斯迈尔斯. 品格的力量：重新发现你自己［M］. 关明
孚译. 北京：现代出版社，2015.

[51]［美］爱德温·李费佛. 股票大作手回忆录［M］. 丁圣元译. 南京：
凤凰出版社，2012.

[52]［法］夏多布里昂. 墓中回忆录［M］. 郭宏安译. 北京：中央编译出
版社，2015.

[53] Katie Silver. 人类真的能找到万物理论吗［EB/OL］. 朱贝壳译. 译言
网，2015.

[54] 赵吉士，丁廷楗，卢询. 徽州府志［M］. 合肥：黄山书社，2010.

[55] 沙路编著. 军事数据辞典［M］. 济南：黄河出版社，1992.

[56] 何新. 明清时代欧洲科技发明及中国之落后［EB/OL］. 凤凰博报，
2014.

［57］［英］戴维斯.上帝与新物理学［M］.徐培译.长沙：湖南科学技术出版社，2011.

［58］张衍阁.中国城市新分级：成都杭州等居一线　玉溪等居五线［J］.第一财经周刊，2013.

［59］［英］约翰·吉林厄姆，格拉夫·A.格里非思.日不落帝国兴衰史——中世纪英国［M］.沈弘译.北京：外语教学与研究出版社，2015.

［60］［英］海伦·尼克尔森.中世纪的世界：十字军［M］.刘晶波译.上海：上海社会科学院出版社，2013.

［61］陈少明.齐物论——及其影响［M］.北京：北京大学出版社，2004.

［62］佚名.安徽状元知多少？历代安徽籍状元谱［EB/OL］.安徽文化网，2007.

［63］李硕豪（博客）.穆斯林（MSL）的"真理"和西方的"普世价值"［EB/OL］.新浪网，2013.

［64］乔新生.西方动武就像砸人窗户——通过战争转嫁危机［N］.环球时报，2011.

［65］晋商文化［EB/OL］.互动百科，2013.

［66］陈立旭.区域工商文化传统与当代经济发展——对传统浙商晋商徽商的一种比较分析［J］.浙江社会科学，2005（3）.

［67］王世华.徽商和晋商之比较研究［J］.安徽师范大学学报（人文社会科学版），2005，33（6）.

［68］郭文静.美国百余富豪要求多缴税　帮助国家"减赤"［EB/OL］.环球网，2011.

［69］［意］马可·波罗.马可·波罗游记［M］.冯承钧译.呼和浩特：内蒙古人民出版社，2008.

［70］张研，孙燕京主编.中国实业志（浙江省）（民国史料丛刊第597册）［M］.郑州：大象出版社，2009.

［71］王强主编.近代中国实业志［M］.南京：凤凰出版社，2014.

［72］刘建生.晋商概况与经营种类［N］.太原日报，2012.

［73］张奎胜.晋商（平阳帮）［N］.华夏经纬网，2010.

［74］曾国藩（清）.曾国藩·智谋全书［M］.北京：北京出版社，2007.

［75］刘继兴，王伟.揭秘曾国藩四句话遗嘱：让后代没出一个败家子［EB/OL］.凤凰网，2011.

［76］曾国藩，梁启超.曾文正公嘉言钞［M］.北京：中国书店出版社，2012.

［77］熊文宇（上传）.晋商经营管理浅析［EB/OL］.百度文库·教育专区·高等教育经济学，2010.

［78］黎靖德（宋）.朱子语类［M］.北京：中华书局，1986.

［79］范金民.徽州商帮衰落记：贻误徽商是儒学［N］.中国经营报，2011.

［80］席大伟.前十名富豪、2014 胡润全球富豪榜榜单（据胡润官网）［EB/OL］.新浪财经，2014.

［81］［法］阿利埃斯.古代欧洲人如何看财富：贫穷是原罪　崇尚不劳而获［EB/OL］.杜比，李群等译.中国经济网，2011.

［82］何中然.研究报告称 2009 年中国百万美元富豪增加 31%［EB/OL］.中国新闻网，2010.

［83］晨曦.富豪榜折射商业生态十年变迁［N］.中国青年报，2009.

［84］［德］卡尔·马克思.资本论［M］.中共中央马恩列斯著作编译局译.北京：人民出版社，1975.

［85］傅鹏.福布斯公布富豪慈善排行榜：盖茨 280 亿美元居首［EB/OL］.深圳新闻网，2009.

［86］谷超杰，王璟.财富管理时代来临［EB/OL］.凤凰网，2009.

［87］卢琰源.李嘉诚［M］.南昌：江西人民出版社，2010.

［88］张秀枫.追寻历史的真相［M］.郑州：河南文艺出版社，2008.

［89］金岩石.上半年买股票　下半年买房子［EB/OL］.凤凰财经，2009.

［90］刘建位.巴菲特一生中滚的三个大雪球［J］.证券市场红周刊，2009.

[91] [德] 奥斯瓦尔德·斯宾格勒. 西方的没落 [M]. 江月译. 长沙：湖南文艺出版社，2011.

[92] [美] 本杰明·格雷厄姆. 聪明的投资者 [M]. 王中华，黄一义译.北京：人民邮电出版社，2011.

[93] [美] 奥里森·马登. 羊皮卷 [M]. 宏鸣译. 哈尔滨：北方文艺出版社，2007.

[94] [以色列] 施罗默·桑德. 虚构的犹太民族 [M]. 王崇兴，张蓉译.上海：上海三联书店，2012.

[95] 狄振鹏. 制度才是真正的老板 [M]. 北京：人民邮电出版社，2012.

[96] [美] 凯文·凯利. 失控——全人类的最终命运和结局 [M]. 东西文库译. 北京：新星出版社，2010.

[97] 索甲仁波切（藏）. 西藏生死书 [M]. 郑振煌译. 杭州：浙江大学出版社，2011.

[98] 星云大师（港）. 舍得 [M]. 南京：凤凰传媒出版集团，江苏文艺出版社，2009.

[99] 无碍. 佛教的故事 [M]. 北京：北京出版社，2004.

[100] 慧广法师（台）. 生命的真相 [M]. 广州：花城出版社，1995.

[101] 胡孚琛，吕锡琛. 道学通论 [M]. 北京：社会科学文献出版社，2004.

[102] 傅佩荣. 孟子的智慧 [M]. 北京：中华书局，2009.

[103] 南怀瑾. 老子他说 [M]. 上海：复旦大学出版社，2002.

[104] 南怀瑾. 大学微言 [M]. 北京：世界知识出版社，1998.

[105] 任自斌，和近健. 诗经鉴赏辞典 [M]. 南京：河海大学出版社，1989.

[106] 吴军. 数学之美 [M]. 北京：人民邮电出版社，2014.

[107] [美] 阿尔伯特·哈伯德. 把信送给加西亚 [M]. 路军译. 北京：企业管理出版社，2002.

后　记

收工了。轻松瞬息之后脑子跌入空白。

劳作的过程常不由自主地生出一些感慨，但更多的是感谢……现在却又不知道感慨什么、感谢什么？脑子都想疼了，突然想到它——互联网，是应该感谢它吗？百度、搜狗、谷歌等庞大搜索引擎为人们提供了无限可能，感慨共享时代人类在共享财富、经济、文化和美食的同时也共享思想、观点、情绪。

当编码这些文字符号时，难免有些观点及说法与某些"大V"冲突，或相近、相左，恳望体谅，初衷在前言说了，只求抒意实无其他。而文字、语法、内容包括某些观点的欠妥之处，则更应该感谢本书的编辑，他以智慧、经验、辛劳托住书稿，深深致意！另外因个别参考文章实难查出原作者名，一并致歉并感谢！

作　者